近现代国际关系史研究

第二十辑

徐　蓝　主编

世界知识出版社

图书在版编目（CIP）数据

近现代国际关系史研究. 第二十辑 / 徐蓝主编. --北京：世界知识出版社，2022. 11

ISBN 978-7-5012-6567-1

Ⅰ. ①近… Ⅱ. ①徐… Ⅲ. ①国际关系史—研究—近现代 Ⅳ. ①D819

中国版本图书馆 CIP 数据核字（2022）第 195820 号

责任编辑 狄安略 罗庆行
责任出版 赵 玥
责任校对 陈可望

书　　名 **近现代国际关系史研究（第二十辑）**
Jinxiandai Guoji Guanxishi Yanjiu（Di-Ershi Ji）
主　　编 徐 蓝

出版发行 世界知识出版社
地址邮编 北京市东城区干面胡同 51 号（100010）
网　　址 www.ishizhi.cn
电　　话 010-65233645（市场部）
经　　销 新华书店
印　　刷 北京虎彩文化传播有限公司
开本印张 787 毫米×1092 毫米 1/16 22⅞印张
字　　数 356 千字
版次印次 2022 年 12 月第一版 2022 年 12 月第一次印刷
标准书号 ISBN 978-7-5012-6567-1
定　　价 78.00 元

《近现代国际关系史研究》学术委员会

目　录

Contents

Selection of Archives

Books Reviews

Reviews on Symposiums

近年来德国冷战史研究状况概述*

葛 君**

摘 要 本文试图对近年来德国史学界在冷战史研究领域内所取得的成果择要进行介绍，探寻当前德国冷战史研究的一些发展特点和未来趋势。在德国，冷战史被纳入当代史这个更大的论域之内，这意味着“冷战”不应只是对二战结束之后国际政治格局的描述，而应该是对当代世界历史整体特征的概括。德国学者对冷战做了大量的专题性研究，凸显了德国史学的研究传统，同时紧跟西方历史学的发展前沿，对于新课题和新方法都通过研究予以呼应和运用。

关键词 冷战史；当代史；德国史学；研究综述

作为一个历史学的研究领域，冷战史（Cold War History）或冷战国际史（Cold War International History）研究主要滥觞于美国学术界。其原因不外乎以下三个方面：首先，自冷战爆发以来，围绕着冷战为何发生以及如何认识冷战等学术性问题，主要在美国外交史学界形成了“正统派”“修正

* 本文系上海市哲学社会科学规划青年课题“冷战时期东、西德对华关系研究（1949—1989）”（项目编号：2018EL002）阶段性成果。

** 葛君，华东师范大学历史学系、社会主义历史与文献研究院讲师。

派”以及“后修正派”之间的争论。其次，在“冷战史新研究”（The New Cold War History）作为一种学术新潮流形成、兴起的过程中，美国的外交史学者，尤其以约翰·加迪斯为代表，起到了关键性的作用。① 最后，自20世纪90年代以来，一批重要的冷战史研究机构率先在美国成立。特别是伍德罗·威尔逊国际学者中心于1991年设立冷战国际史项目，支持有关冷战历史的档案文献的开放与研究。该项目成为推动国际学术界开展冷战史研究的重要引擎。

当“冷战史”或以冷战为主题的研究成为英美史学界一个重要的领域之时，作为现代史学发祥地的德国接受“冷战”（Der Kalte Krieg）或“冷战史”（Geschichtedes Kalten Kriegs）作为史学研究一个特定领域的时间则显得相对滞后。这或许与德国史学自身研究方式的内向性有关，二战之后，德国史学的核心任务在于回答德国为何走上“通向纳粹主义之路”，其视野因此集中在德国自身的政治、军事、外交、社会经济结构、民族文化传统上。这样的做法完全出于非民族主义的意愿，反而强化了民族历史的书写。②

因此，“冷战史”这个概念长期以来在德国史学研究中并未像在美国那样得以凸显，尤其是德国没有成立那么多以“冷战”来命名的研究机构。但这并不意味着在德国史学界内缺乏冷战史研究的优秀成果，本文就试图对近年来德国史学界在冷战史研究领域内所取得的成果择要进行介绍。

一、德国“当代史”研究中的“冷战史”

如果说冷战是一部在多个不同舞台上同时上演的戏剧，那么德国无疑是其中最重要的一个舞台，这部冷战“大戏”中最具标志性的开场和收尾都是在德国上演的。对德国而言，冷战史是一段自身从分裂再到重新恢复统一的历史，它在冷战史研究中自然拥有无可取代的重要地位。根据德

① 参见陈兼、余伟民：《“冷战史新研究”：源起、学术特征及其批判》，《历史研究》2003年第3期。

② 范丁梁：《思想史书写的德国脉络》，《史学理论研究》2020年第5期。

国历史学界对历史阶段的划分习惯，冷战正好处于德国“当代史”（Zeitgeschichte）这个时段内。

那么到底什么是“当代史”？根据1949年成立于慕尼黑的当代史研究所（Institut für Zeitgeschichte）① 的创始人汉斯·罗特费尔斯的经典定义，当代史应当被理解为人类亲历其间并同时对它进行学术研究的一段历史时期。② 通俗地讲，当代史就是本朝人写的本朝史。但严格来说，当代史作为一个历史分期，其实会随着时间的流逝而不停地发生变动，其中的标准在于作为研究主体的史学家本人。例如，1962年的古巴导弹危机对一位“50后”研究者而言是当代史，可对一位“90后”研究者来说就不是。

罗特费尔斯的定义使得当代史这个概念变得非常复杂。因此，对于一般研究者而言，仍然有必要对“当代史”的时间范围进行一个大致的界定。起初，德国史学界把1917年视为当代史的开端，这一年美国参加一战，俄国爆发革命，欧洲的旧君主制开始土崩瓦解。随着20世纪的结束，史学界对当代史也出现了新的定义，逐渐开始把二战结束的1945年视作当代史的开端。假如采取后一种界定，那冷战史基本上就可以作为当代史的一个同位概念。对于前一种界定，学者们也提出了一个可以自圆其说的观点，那就是冷战其实起源于1917年，特别是在俄国爆发十月革命建立苏维埃政权之后，资本主义与社会主义这两股意识形态的斗争在世界范围内开始变得更加尖锐。③

因此，无论采取哪一种界定，“冷战”势必成为德国“当代史”研究当中一个无法回避的核心议题，只是德国史学界较少用“冷战”这个概念来统括这个历史时期的总体特征。直到2015年3月，在德国才出现第一个以

① 1947年在当时的美占区内就曾有成立“纳粹政治研究所”的计划，到了1949年，研究所正式以“德国纳粹时期历史研究所”的名称运行，到1952年则更名为“当代史研究所”。从这里也可以看出，最初成立这个研究所的目的与任务主要是为了回答德国为何走上纳粹之路这个大问题。

② Hans Rothfels, “Zeitgeschichte als Aufgabe,” *Vierteljahrshefte für Zeitgeschichte*, Jg. 1, H. 1, 1953, S. 2.

③ 拥有这样的看法的学者其实不在少数，最近的代表无疑是著名的冷战史学者文安立（Odd Arne Westad）。他提出，冷战起源于20世纪之初的两个重要的历史进程之中，分别是美国参与一战与1917年的俄国革命。参见 Odd Arne Westad, *The Cold War: A World History* (Basic Books, 2017), p. 19。

“冷战”来命名的研究机构柏林冷战研究中心（Das Berliner Kolleg Kalter Krieg），它其实是由当代史研究所、德国统一社会党专政评估工作联邦基金会、柏林洪堡大学、汉堡社会研究所共同组建而成的。[①] 目前，在德国从事与冷战史相关研究的独立科研机构（不包括大学）主要是以下这三个：慕尼黑的当代史研究所、波茨坦的当代史研究中心以及德国统一社会党专政评估工作联邦基金会。

慕尼黑的当代史研究所目前主要有四个研究项目领域，分别为20世纪的专制政治、民主及其历史的自我认知、晚近当代史中的社会转型、国际关系与跨国关系。冷战史的研究课题或多或少都与这四个领域存在联系。更为重要的是，该研究所受德国外交部委托，承担《联邦德国对外政策文件集》的编辑出版工作。此外，该研究所组织出版的各类学术丛书中包含有一大批与冷战密切相关的重要成果，其主办的刊物《当代史季刊》（*Vierteljahrshefte für Zeitgeschichte*）也是德国当代史研究最重要的学术发表平台。[②]

波茨坦的当代史研究中心成立于1996年，其前身是由马克斯·普朗克学会（Max-Planck-Gesellschaft）于1992年发起设立的“当代历史研究重点”项目。该中心于2009年加入莱布尼茨科学联合会（Leibniz-Gemeinschaft）。中心起初的研究方向集中于民主德国的反对派与抵抗运动、中东欧地区的经济比较、冷战中的意识形态与思想文化。如今研究中心的范围已扩大到整个20世纪以来的德国与欧洲历史，由四个研究项目领域构成，分别为共产主义与社会、经济史、传媒与信息社会的当代史以及社会治理。中心同时组织出版当代史学术丛书，主办一年三期的学术刊物《当代史研究》（*Zeithistorische Forschung*）。[③]

---

① 柏林冷战研究中心的网站：https://www.berlinerkolleg.com/de。从目前中心网站上所反映出的情况来看，汉堡社会研究所已经不再参与中心的工作。

② 慕尼黑的当代史研究所网站：https://www.ifz-muenchen.de。

③ 波茨坦的当代史研究中心网站：https://zzf-potsdam.de/。

作为德国当代史研究当中一个具有特殊地位的领域，“东德史”[①] 的研究同样与冷战史紧密相关。自20世纪90年代开始，德国统一社会党、民主德国以及苏联东欧各国的历史档案纷纷得到解密、整理与公开。在德国，这一状况被称为一场“档案革命”（Archive revolution），它真正彻底解决了东德史研究中“巧妇难为无米之炊”的困境。[②] 在如此优渥的史料资源条件下，德国史学界在1990年后掀起了一股东德史研究的热潮，各类研究成果呈现“井喷”状态。这一状况其实就是与“冷战史新研究”的兴起同步发生的。

目前，在德国单单拥有东德历史档案馆藏的机构就有52家，再加上各种图书馆、博物馆、研究所、基金会等，涉及东德史研究的各类机构总共有500多家。[③] 特别是联邦德国在国家层面设立了德国统一社会党专政评估联邦基金会，旨在通过对东德史的全面研究和分析，实现提高德国公众对于东德史认识的政治教育目的。[④] 截至2016年1月，德国国家图书馆所藏1990年以来出版的有关东德史研究的书籍总数已达7000余册，这其中很大一部分自然都属于利用新档案进行“填补空白”的研究。[⑤] 研究者们可以毫

---

① 之所以称“东德史”而非“民主德国史”的原因在于：“民主德国史”这个概念无法囊括战后苏联军队从1945年5月至1949年10月占领德国东部地区实施直接管制的历史时期。德国史学界的解决办法是采用“苏占区/民主德国”（SBZ/DDR）这样一个非常精准的概念，可是这个概念的中文表达显得过于冗长。因此，使用“东德”这个概念去涵盖“苏占区”与“民主德国”这两个概念可以说仍然是比较恰当的。

② 有关冷战史研究的德国档案资源更加具体的情况介绍，参见姚百慧主编《冷战史研究档案资源导论》第二版，世界知识出版社，2019，第232—303页；沈志华主编《东欧各国社会制度转型档案文献编目》（第四卷·东德篇），社会科学文献出版社，2019。

③ 对于目前德国东德史研究档案资源的馆藏情况，可参见 Ulrich Mählert (hrsg.), *Vademkum DDR-Forschung* (Springer Fachmieden, 1999); Bernd Schäfer, Henning Hoff and Ulrich Mählert (eds.), *The GDR in German Archives: A Guide to Primary Sources and Research Institutions on the History of the Soviet Zone of Occupation and the German Democratic Republic, 1945-1990* (German Historical Institute, 2002)。

④ 德国统一社会党专政评估联邦基金会网站：https://www.bundesstiftung-aufarbeitung.de/。

⑤ Ulrich Mählert, “Totgesagte leben länger. Oder: Konjunkturen der DDR-Forschung vor und nach 1989,” in *Die DDR als Chance: Neue Perspektiven auf ein altes Thema*, hrsg. Ulrich Mählert (Berlin: Metropol Verlag, 2016), S. 9.

无障碍地在解密档案中进行发掘，这似乎让东德史一度成为一座取之不尽的史学“金矿”。

二、德国冷战史研究成果概述

（一）对冷战史的整体性叙述

在近 20 年的德语出版物中，对冷战史进行整体性叙述的学术著作并不多。其中，德国著名当代史学家罗尔夫·施泰宁格 2003 年所撰写的一本名为《冷战》的小册子是重要的代表性作品。该书 2016 年发行至第 6 版，2019 年在更换出版社之后再度出版，[①] 再版次数和频率都足以反映此书的受欢迎程度。此书被分为大致相等的两部分：第一部分按照时间顺序，以简洁的文字提纲挈领式地陈述从二战结束到苏联解体的历史；第二部分则“深入讨论”，集中论述了作者认为影响冷战历史进程的六个重要问题：马歇尔计划、朝鲜战争、柏林危机与柏林墙的修建、古巴导弹危机、越南战争以及核武器。这本书为有志于从事冷战史研究的人提供了一个良好的起点。

2003 年，还有另外一本同样题为《冷战》的小册子在德国出版，作者是波茨坦当代史研究中心的贝恩德·施特弗尔，该书 2017 年发行至第 5 版。[②] 该书基本上是按照时间顺序叙述了冷战从开始到终结的历史过程，不过其中的第 5—7 章集中论述了冷战时期的思想文化、冷战向第三世界的转移以及冷战的缓和。以这本小册子作为基础框架，施特弗尔在内容上进行扩充后，于 2007 年出版了一部更为翔实的著作《冷战 1947—1991：一个极端时代的历史》。该书在 2017 年出版了中文版，这应该是目前中文世界中

① Rolf Steininger, *Der Kalte Krieg* (Frankfurt am Main: Fischer Taschenbuch Verlag, 2003, 6. Auflage 2016). 最新的一版为：Rolf Steininger, *Der Kalte Krieg 1945-1991* (Studien Verlag, 2019)。

② Bernd Stöver, *Der Kalte Krieg* (München: Verlag C. H. Beck, 2003, 5. durchgesehene Auflage 2017).

唯一的一部由德国学者撰写的冷战史。[①]

2007年正值加迪斯的《冷战：一部新历史》在德国出版。[②] 当时许多评论家不约而同地把施特弗尔的《冷战1947—1991：一个极端时代的历史》与加迪斯的《冷战：一部新历史》进行比较，有人认为施特弗尔对加迪斯的著作做了"完美的补充"，也有人称赞此书开拓了第三世界与冷战的课题。这些评论普遍反映了一种倾向，即把《冷战1947—1991：一个极端时代的历史》视为德国学者在"冷战史新研究"中的代表性成果。

总体而言，《冷战1947—1991：一个极端时代的历史》是一部尝试整体性描述冷战的著作，施特弗尔试图把冷战史叙述为一部具有全球性的，多极化的，政治、文化、经济以及社会相互纠缠在一起的多层次历史。但此书的资料基础主要是前人的研究成果，而不是第一手的档案文献，所以从史料运用的角度来看，很难将它划入"冷战史新研究"的行列。该书的贡献更多体现在研究视角的拓展上。

早在2000年文安立就已经指出，未来冷战史的研究中将存在三种可能的新范式：意识形态、技术与第三世界。这里所谓的"范式"指的是一种理解和解释历史的模式，是观察纷繁复杂的冷战历史的路径和视角。[③]《冷战1947—1991：一个极端时代的历史》恰好就是在上述三个研究范式上有所创新与突破。它的亮点和优势体现在全书的第5—9章，其中施特弗尔在意识形态、技术、第三世界这三个范式方面都作出了自己的贡献。但此书的缺点同样明显，特别是全书在资料利用上存在局限性，在章节结构编排上显得比较突兀，对第三世界这个范式方面的研究存在明显缺失。因此，该书的价值主要体现在对传统外交史叙事方式的突破，在社会文化史的层次上对冷战进行了研究。同时，作为德国学者，施特弗尔在书中大量列举

---

① Bernd Stöver, *Der Kalte Krieg 1947-1991: Geschichte eines radikalen Zeitalters* (Verlag C. H. Beck, 2007). 德贝恩德·施特弗尔：《冷战1947—1991：一个极端时代的历史》，孟钟捷译，漓江出版社，2017。

② John Lewis Gaddis, *Der Kalte Krieg: Eine neue Geschichte* (Siedler Verlag, 2007).

③ Odd Arne Westad, "The New International History of the Cold War: Three (Possible) Paradigms," *Diplomatic History* 24, no. 4 (2000): 551.

民主德国和联邦德国的史实进行论证说明，这对于致力于研究战后德国当代历史的国内学者而言是具有较大的阅读参考价值的。[①]

2017年，德语世界又出版了一本以冷战为主题的著作，即由奥地利国际政治研究所所长海因茨·格特纳撰写的《冷战：联盟、危机与冲突》。[②]由于该书作者是一名政治学者而非历史学者，因此它的结构让人感到耳目一新。有别于历史学家们一直以来所习惯的以时间为线索的叙事方式，格特纳以冷战时期的重大政策以及国际格局的不同状态来设置章节。比如，作者设专章讨论遏制政策、缓和政策以及核威慑；两次柏林危机和古巴导弹危机被统一安排在“危机”一章进行论述；专设“中立与不结盟”一章来讨论奥地利、芬兰、瑞典、瑞士以及南斯拉夫等不结盟国家的冷战政策。格特纳之所以采取这样的叙事方式，目的在于试图厘清“冷战的结构”，希望揭示两极对立的规律，同时试图找出终结这一对立的方法。

还有一部仍处于撰写过程中的冷战史著作可能值得关注，即弗朗茨·克尼平（Franz Knipping）的《冷战中的世界：1945—1989年的国际关系》。此书原先计划作为费迪南·舍宁出版社“国际关系史手册”书系的第9卷出版，从这个书系已经出版的著作来看，该书应该是一本传统且系统的关于冷战时期国际关系史的著作。但根据最新了解的信息，该书的出版计划已经中止。[③] 此书最终是否能够问世还需要予以密切追踪。

（二）“旧题”新论

冷战史中的许多重大事件和危机都与德国密切相关，德国学者在这类论题上的研究其实用力颇深，并且常常被英语学界忽略。虽然德国学者研究的可能都是一些冷战史研究中的“旧题”，但围绕这些“旧题”的争论与研究从未停止。

---

① 葛君：《〈冷战 1947—1991〉：超越大国关系的尝试》，《澎湃·上海书评》2018年3月2日。

② Heinz Gärtner, *Der Kalte Krieg: Bündnisse-Krisen-Konflikte* (Marix Verlag, 2017).

③ Franz Knipping, *Die Welt im Kalten Krieg: International Beziehungen 1945 - 1989* (Paderborn: Schöningh, 2037). 该书被移出出版计划的信息见网站：https://www.schoeningh.de/view/serial/HGIB?rskey=PvLIZP&result=1。

第一个“旧题”便是攸关德国统一的“斯大林照会”（Stalin-Note）。1952年3月10日，苏联政府向美、英、法三国政府发出照会，建议立即讨论对德和约问题，并且附上了自己关于对德和约原则的草案，其中的政治条款第一条建议是使“德国恢复成为统一的国家，从此终止德国的分裂状态”。① 这个照会在西方史学界被简称为“斯大林照会”。在联邦德国与民主德国相继成立的第三个年头，当苏联向西方发出这个照会，再次提出恢复德国统一的建议时，它是认真的吗？斯大林本人真的希望德国恢复统一吗？早已分裂的德国真的早在1952年就拥有一个能够恢复国家统一的机会吗？围绕着这些问题，从20世纪80年代开始，德国史学界进行了长期的争论。

1985年，罗尔夫·施泰宁格出版了《一个被浪费的机会：1952年3月10日的斯大林照会与重新统一》一书，他通过研究当时刚刚得到解密的一批英美外交档案，大胆提出“斯大林照会”是德国错失的更早实现重新统一的一个机会。② 可以说，施泰宁格是当时德国第一个正面评价“斯大林照会”的历史学家。但事实上施泰宁格的研究在史料上存在明显的缺陷，那就是他在当时无法利用苏联档案。等到苏联档案解密之后，维尔弗里德·洛特在研究苏联外交部档案的基础上延续了施泰宁格的论点，认为苏联在1952年3月10日发出“斯大林照会”的动机是想要促成一个独立于西方的统一的德国。③

无论如何，德国学者中间有关“斯大林照会”的争论并没有结束。相对于施泰宁格和洛特的“真诚派”观点，更多的德国学者属于“诡计派”，这一派学者认为，“斯大林照会”其实是苏联的诡计，即故意提出一个西方绝对不会接受的方案，其目的只是不希望苏联为分裂德国承担罪责。赫尔曼·格拉姆尔（Hermann Graml）以及格哈德·韦蒂希（Gerhard Wettig）是

① 《苏联政府提出对德和约原则草案》，《人民日报》1952年3月13日第4版。

② Rolf Steininger, *Eine vertane Chance: Die Stalin-Note vom 10. März 1952 und die Wiedervereinigung: Eine Studie auf der Grundlage unveröffentlichter britischer und amerikanischer Akten* (Berlin: Dietz Verlag, 1985).

③ Wilfried Loth, *Die Sowjetunion und die deutsche Frage: Studien zur sowjetischen Deutschlandpolitik von Stalin bis Chruschtschow* (Vandenhoeck & Ruprecht, 2007).

其中的代表，他们和洛特之间的争论被于尔根·扎鲁斯基（Jürgen Zarusky）合编成册，成为进入 21 世纪后有关“斯大林照会”争论最为集中的一部论文集。[①]

有关“斯大林照会”最新的研究是奥地利路德维希·波尔茨曼战争后果研究所（Ludwig Boltzmann Institut Kriegsfolgenforschung）研究员彼得·鲁根塔勒尔的著述。虽然在最终的结论方面他仍然属于“诡计派”学者，认为“斯大林照会”只是苏联的一个外交宣传策略，但他在两个方面作出了自己的贡献。首先，他将与“斯大林照会”密切相关的 141 份苏联高层档案进行了编辑出版。[②] 其次，他从两个新的角度来论证自己的结论。他将当时的奥地利问题拿来和德国问题进行比较，认为苏联当时拒绝了在奥地利问题上与西方进行谈判，可见其当时并不是真心想要与西方一起缔结对德和约。另外，他论证了“斯大林照会”其实是德国统一社会党总书记瓦尔特·乌布利希（Walter Ulbricht）的主意，那么自然就不存在洛特认为的苏联为寻求德国统一而愿意放弃民主德国的观点。[③]

第二个“旧题”便是联邦德国的“新东方政策”（Neue Ostpolitik）。这项政策直接改变了冷战在欧洲的历史进程，因此长期以来成为德国外交史学者研究的重点。虽然研究者们对于联邦德国从何时开始已经采取新的东方政策有着不同的看法，但一般而言，“新东方政策”是与维利·勃兰特政府紧密相关的。但如果只是单方面回答联邦德国的“新东方政策”是如何形成的，这样的研究显然是不够的，研究者还需要了解“铁幕另一边”的反应，尤其是要研究苏联这一时期的对德政策。为此，德国的阿登纳基金会通过与俄罗斯国家当代史档案馆合作，在其网站上公布了 72 件苏联档案

---

① Jürgen Zarusky (hrsg.), *Die Stalin-Note vom 10. März 1952: Neue Quellen und Analysen* (Oldenbourg, 2002).

② Peter Ruggenthaler (hrsg.), *Stalins großer Bluff: Die Geschichte der Stalin-Note in Dokumenten der sowjetischen Führung* (Oldenbourg, 2007).

③ Peter Ruggenthaler, “The 1952 Stalin Note on German Unification: The Ongoing Debate,” *Journal of Cold War Studies* 13, no. 4, 2011, pp. 172–212.

供研究者利用。[①]

另外，德国学者对“新东方政策”进行深入研究的目的也不仅仅在于完善和补充历史发展中的细节，更加重要的是试图重新定义冷战。长期研究“新东方政策”的德国历史学家戈特弗里德·尼德哈特在其2019年出版的《穿过铁幕：勃兰特时代与冷战的终结》一书中提出，“冷战”一词仅适用于概括1948年至20世纪60年代的国际格局，而以联邦德国勃兰特政府的“新东方政策”为标志，两大阵营自此进入缓和时代，冷战时代便随之终结了。因此，才有所谓从20世纪80年代开始的“第二次冷战”之说。

缓和时代与冷战时代存在着哪些区别？尼德哈特认为主要有以下三个：首先是交流成了缓和时代的关键环节。与冷战相比，东西方阵营内的重要政治人物拥有更多更新的秘密交流渠道，通信工具对“新东方政策”的兴起也至关重要。其次是和平成了缓和时代各国外交政策的基础。就像勃兰特所言：“和平必须始终是全世界的头等大事，而不是民主与人权，甚至不是自由。”最后是缓和政策比遏制或对抗政策显得更有生命力且具有长期性。在缓和政策中建立的新机制，对之后国际格局的变动产生了更加深远的影响。[②]

第三个“旧题”则是对冷战终结的研究，德国重新统一无疑是其中最为重要的标志性事件。由于统一问题在德国当代史中所具有的特殊性，因此在联邦内政部和联邦档案馆的联合主持之下，研究者们越过30年档案保密期的限制，整理出版了一批事关德国统一的联邦总理府档案，[③] 足见这一课题在研究者心目中所拥有的分量和对其进行研究的急迫性。

---

① Deutschland-, Ost- und Entspannungspolitik: Neue sowjetische Dokumente 1967 – 1972, https://www.kas.de/de/web/wissenschaftliche-dienste-archiv/portal-ostpolitik .

② Gottfried Niedhart, *Durch den Eisernen Vorhang: Die Ära Brandt und das Ende des Kalte Kriegs* (WBG Theiss, 2019).

③ Hanns Jürgen Küsters und Daniel Hofmann (hrsg.), *Dokumente zur Deutschlandpolitik: Deutsche Einheit: Sonderedition aus den Akten des Bundeskanzleramtes 1989/90* (Oldenbourg, 1998). 除了德国档案外，德国学者还十分重视对在俄罗斯出版的相关苏联档案进行翻译：Aleksandr Galkin und Anatolij Tschernjajew (hrsg.), *Michail Gorbatschow und die deutsche Frage: Sowjetische Dokumente 1986 – 1991* (Oldenbourg, 2011)。

德国统一已经过去30多年，随着各类相关研究成果的推出，最新的研究已不再把目光拘泥于统一进程或冷战结束进程中的两个德国，而是进一步向外扩展。研究者们首先关注的就是其他相关国家在德国统一进程中所扮演的角色，其中最具矛盾性的就是法国。弗里德里克·朔特斯（Friederike Schotters）的研究便首次探讨了弗朗索瓦·密特朗及其外交政策小组在“第二次冷战”与德国统一之间所采取的政治行动策略。同时，他的研究首次系统地使用了情感史的方法来研究密特朗所进行的种种政治决策与行动，从“恐惧”与“信任”这两种情感入手来分析密特朗政府的外交和安全政策。

密特朗和他的决策团队寻求在两极之间建立信任，但同时引发了对超级大国的恐惧。朔特斯在书中详细描述了这一过程，并把这两种情感作为其政治行动的“资源”。特别是当联邦德国总理赫尔穆特·科尔（Helmut Kohl）宣布推动重新统一的“十点纲领”之后，密特朗变得“被恐惧所驱使”，这让前者的计划蒙上了一层阴影。虽然密特朗并不是真心想阻止德国的统一，但他在有关活动中的种种行为让旁观者不禁产生“法苏在密谋”的遐想。[①]

如果说哪一个外部力量对德国的统一进程具有最大的影响，那无疑是苏联。最近的研究已经不再讨论米哈伊尔·戈尔巴乔夫在德国统一中扮演了怎样的政治角色，而是从话语和传播学角度来讨论戈尔巴乔夫的形象在西方是如何被塑造的。根据时任美国驻联邦德国大使理查德·伯特的说法，没有其他任何人会像德国人那样关心戈尔巴乔夫领导下的苏联改革。这种观察共同适用于联邦德国和民主德国，20世纪80年代末，两德的普通民众对苏联领导层的态度不再是反感和怀疑，而是亲切和友好。赫尔曼·文特克尔（Hermann Wentker）便研究了苏共总书记的观点及其在两德国内的传播情况，分析了戈尔巴乔夫在媒体、政治家以及公众话语中的形象变化，

① Friederike Schotters, *Frankreich und das Ende des Kalten Krieges: Gefühlsstrategien der Équipe Mitterrand 1981–1990* (De Gruyter, 2019).

并探讨它们与政治行为者的思想行动的关联性。①

（三）新课题与新方法

除了在“旧题”上进一步深化研究或扩展视角，德国历史学者在冷战史研究方面也很注意紧跟当前冷战史研究中的前沿热点，并且将当前西方史学方法上的创新自觉运用于冷战史研究的新课题上。对每一位冷战史的研究者而言，对各国政治和外交决策的研究都是无法回避的课题。美国学者格雷厄姆·艾利森的《决策的本质：解释古巴导弹危机》无疑是其中的经典之作，作者通过三种决策模式——理性行为体模式、组织行为模式以及政府政治模式——试图分析古巴导弹危机期间的美苏决策。不过，除了决策自身的模式，有关决策的其他课题同样值得研究，诸如不同政治体的决策文化有何差异？决策的空间场合以及先进的通信手段（如电话）的运用对决策的程序是否产生了改变？社会中下层的知识精英参与决策的程度如何？对于这些问题，托马斯·格罗斯伯尔廷与斯特凡·莱尔共同编著的《冷战时期的政治决策》尝试予以解答。参与此书的各位作者以美国、苏联、联邦德国、民主德国以及捷克斯洛伐克等国家作为案例，对各国的政治决策进行了深入的分析和研究。②

不过，冷战史研究已经不再仅仅局限在传统的政治、外交或经济、贸易领域，当前“文化外交”已成为一个非常热门的新话题。为什么冷战期间有许多西欧人支持苏联？这些人是如何接受苏联影响的？他们实际上在多大程度上促进了铁幕两边的文化和社会交流？索尼娅·格罗斯曼（Sonja Großmann）的《冷战中的假朋友？》一书对冷战期间苏联的“文化外交”进行了示范性的研究。她利用许多回忆录、杂志和档案资料，对20世纪下半叶苏联在西欧设立的“友好协会”进行了考察。这种组织在西欧虽然无法产生广泛影响，但至少动员了另外一批不愿加入可疑的欧洲共产主义政

① Hermann Wentker, *Die Deutschen und Gorbatschow: Der Gorbatschow-Diskurs im doppelten Deutschland 1985-1991* (Metropol Verlag, 2020).

② Thomas Großbölting und Stefan Lehr (hrsg.), *Politisches Entscheiden im Kalten Krieg: Orte, Praktiken und Ressourcen in Ost und West* (Vandenhoeck & Ruprecht, 2020).

党的苏联同情者。这本书揭示了苏联对外是如何进行自我描绘的，为研究“铁幕”另一边的国家和社会角色之间的互动以及西方共产主义组织开辟了新的视角。①

此外，冷战不仅是美苏两大阵营之间的对抗，更是一场国内斗争，敌人既在“铁幕的另一边”，也在国家的内部。在东方有对“持不同政见者”的镇压，在西方则有对“亲共分子”的迫害。1968 年通常标志着西方国家国内出现了反抗力量，其中“新左派”在世界范围内成功捍卫了自己免受传统价值观的侵害。同时，那些不把 20 世纪 60 年代后期的抗议活动视为一场突发性的事件，而是看作各个民族国家运动之间的相互作用的人，都必须进一步回顾战后共产主义和社会主义运动所遭遇的动荡，以及 1956 年以来一批知识分子对建构新左派的尝试。米夏埃尔·弗赖的《1968 年之前：冷战与联邦德国和美国的新左派》以联邦德国和美国的新左派为例，分析了 1968 年之前跨国性左翼反抗斗争的出现。弗赖以一种全球史的视角来观察这场运动，书中对美国左翼杂志的起源和发展的分析显得尤为突出。关于联邦德国方面，作者则分析了从反对重新武装开始出现的新左派与之后“六八一代”的延续性。②

“第三世界”目前仍然是冷战史研究中一个可以进行广泛开拓的领域。由莱娜·达利沃特（Lena Dallywater）等人编辑的论文集《非洲南部的解放运动与全球冷战的“东方”：跨国的激进主义（1960—1990）》，讨论了非洲南部的民族解放运动与东欧社会主义国家之间的关系。该书的作者们一致认为，非洲南部的民族解放运动与东欧社会主义国家的关系是随着时间的迁移不断变化的，这主要表现在物质援助和精神鼓励的形式的不断变化。然而，传统的冷战意识形态和地缘政治学不足以完全解释这些转变。因此，必须回到地方性的立场上去理解这些活动，而不是主要依靠传统的冷战两极竞争的解释框架来看待这些问题，特别是需要找到那些“创造性的解决

① Sonja Großmann, *Falsche Freunde im Kalten Krieg? Sowjetische Freundschaftsgesellschaften in Westeuropa als Instrumente und Akteure der Cultural Diplomacy* (De Gruyter, 2019).

② Michael Frey, *Vor Achtundsechzig: Der Kalte Krieg und die Neue Linke in der Bundesrepublik und den USA* (Wallstein Verlag, 2020).

方案”以整合来自不同意识形态阵营的行动者的努力。[1]

最后，在前文中已经有所提及的是，西方史学界近年来掀起了情感史的研究热潮。[2] 对情感的重视乃是基于这样的一种见解，即理性与感性并不是截然对立的。情感通常会渗透到关于他者的形象、知觉以及解释模式的结构当中，并且同理性行为存在着复杂的联系。这种情况在冷战国际关系史当中同样屡见不鲜，埃莱娜·米亚尔-德拉克鲁瓦与安德烈亚斯·维尔申共同主编的《冷战时期的情感与国际关系》便是第一次尝试系统地从情感史的角度来叙述冷战。研究者们从情感的角度考察冷战的各个重要阶段和场域，从而让历史学中的各种不同的方法论展开对话。[3]

三、结语：特点与趋势

本文以蜻蜓点水的方式对近年来德国史学界在冷战史研究方面所取得的代表性成果进行了介绍，只能起到管中窥豹之效。不过，从中可以发现当前德国学者在冷战史研究方面的一些基本特点，这些特点其实也就构成了他们未来在冷战史方面的研究趋势。

首先，“冷战”不应只是对二战结束之后国际政治格局的描述，而应该是对 1945 年以来当代历史特征的整体概括。德国的冷战史研究从一开始就是同当代史研究相重叠的，历史学家们所要考察的是在这样一种以两大阵营全面对抗的结构之中，人类世界在政治、社会、经济、思想文化等各个层面的行为以及表现。也就是说，应该把冷战史当作一部世界史，而不再是一部国际关系史。

其次，德国学者并不热衷于撰写一部全面的冷战史，对冷战史的整体

---

① Lena Dallywater, Chris Saunders and Helder Adegar Fonseca (eds.), *Southern African Liberation Movements and the Global Cold War "East": Transnational Activism 1960-1990* (De Gruyter, 2019).

② 国内学者对情感史的讨论可参见王晴佳的《“情感史研究和当代史学的新走向”笔谈》(《史学月刊》2018 年第 4 期)。

③ Hélène Miard-Delacroix und Andreas Wirsching (hrsg.), *Emotionen und Internationale Beziehungen im Kalten Krieg* (De Gruyter, 2020).

性论述反而都是一些概要性的小册子，主要的注意力仍然放在具体的专题性研究上。在这些研究中，大部分成果都十分明显地反映了德国史学的研究传统，对档案文献的广泛运用和细腻考证仍然是目前德国冷战史研究中的一大特点和优势。

最后，许多西方历史学发展的前沿理论和方法都能很快被德国学者自觉地运用于冷战史的研究当中。在这方面，他们主要通过召开学术会议和设立研究项目的形式，集体完成对新课题和新方法的讨论，并出版论文集。这样做既能够针对新事物做比较全面的研究，也有助于学术共同体的形成。同时，这并不意味着那些长期困扰冷战史研究的“旧题”被无视或搁置了。对于那些存在争议的“旧题”，德国学者仍然会不遗余力地撰写论文、出版著作、开展学术辩论。也正是在这个反复不断的争鸣过程中，“旧题”的新意和价值被更清晰地展现在了读者面前。

21世纪以来的俄罗斯冷战史研究*

崔海智**

摘　要　21世纪以来，俄罗斯国内苏联档案材料的进一步解密和开放，冷战史学术力量的进一步发展，以及学术活动的广泛开展，为俄罗斯冷战史研究的发展提供了强大的动力。在此基础上，俄罗斯冷战史学者积极开展学术研究活动，不仅拓展了研究领域，提升了研究水平，还产出了大量研究成果，并在一些领域取得了突破性的进展。同时，他们还加强了国际学术交流，在冷战起源、冷战爆发的责任、冷战的结束和“新冷战”等问题上与西方学者展开了激烈的讨论。今后，随着大国关系博弈的加剧和俄美关系的变化，俄罗斯国内对冷战史研究的关注还将持续下去。在此背景下，俄罗斯冷战史研究将取得进一步的发展。

关键词　俄罗斯；苏联档案；冷战；冷战史研究

20世纪90年代，在西方学界的影响下，俄罗斯的冷战史研究逐步突破了官方意识形态的影响。学者们利用最新解密的苏联档案材料，在冷战史研究方面达到了“国际史研究”的水平，并在冷战起源、斯大林之后冷战的发展、苏联军工综合体、冷战与第三世界、文化冷战、冷战的结束等领

---

* 本文是国家社科基金一般项目“东欧剧变中的波兰圆桌会议研究”（项目编号：20BSS040）的中期成果。

** 崔海智，历史学博士，华东师范大学社会主义历史与文献研究院/历史学系副研究馆员，主要研究领域为苏联史、冷战史。

域取得了丰硕的研究成果,[①] 为冷战国际史的发展作出了重大贡献，同时确立了俄罗斯冷战史研究在国际学界的地位。

21 世纪以来，随着国际环境的恶化，俄罗斯国内加强了对冷战问题的关注，不仅学术界，而且政界和大众媒体也对冷战史表现出更大的兴趣。在这样的社会背景下，同时受西方学界“冷战史新研究”潮流的影响，俄罗斯的冷战史研究进入一个全新的阶段。俄罗斯冷战史学者积极利用多国解密档案材料特别是最新解密的苏联档案材料开展学术研究活动，不仅拓展了研究领域，提升了研究水平，还产出了大量研究成果，并在一些领域取得了突破性的进展。

一、俄罗斯冷战史研究的发展动力

21 世纪以来，俄罗斯国内苏联档案材料的进一步解密和开放，冷战史学术力量的进一步发展，以及学术活动的广泛开展，为俄罗斯冷战史研究的发展提供了强大的动力。

（一）档案材料的解密和开放

在经历 20 世纪 90 年代初苏联档案的解密和开放高潮之后，相关档案的解密和开放进程极大地减缓，这在一定程度上影响了学术研究工作的开展。不过，相关档案的解密和开放工作仍在不断推进，特别是在俄罗斯学者的推动下，通过他们与档案馆之间的合作，出版了一批重要的档案文献集。其中，与冷战史研究相关的主要包括苏联的对外政策和对外关系、东欧剧变和冷战结束、二战后的战俘问题、苏联的核项目等。

1. 关于冷战时期苏联外交政策的档案文件集

与冷战结束后的前十年相比，21 世纪以来仍然出版了许多关于冷战时

① *В. М. Зубок, В. О. Печатнов*, Отечественная историография “Холодной войны”: некоторые итоги десятилетия// Отечественная история, 2003, № 4, с. 143–150, № 5, с. 143–150; *И. В. Быстрова*, Современная отечественная историография холодной войны// Новый исторический вестник, 2004, № 1 (10), с. 295–307.

期苏联对外政策的档案文献集，其中值得一提的有三类。第一类是2003—2008年出版的三卷本《苏共中央主席团会议记录（1954—1964）》[①]，这部档案集收录了俄罗斯联邦总统档案馆的档案材料，特别是第三卷中的一些档案材料对冷战史研究极具价值，其中包括赫鲁晓夫在苏共中央主席团会议上关于第二次柏林危机、古巴导弹危机、苏美关系等问题的发言，以及与外国领导人的会谈记录等。第二类是以赫鲁晓夫、勃列日涅夫个人卷宗为基础的档案材料集，其中包含很多关于冷战时期苏联对外政策的文件，它们对于研究苏联最高领导层在一些重大问题上的决策具有重要意义。[②] 第三类是关于苏联与近东冲突的档案材料集。这类档案集揭示了苏联对苏伊士运河危机的政策，苏联与阿拉伯国家、美国和以色列的关系，苏联外交在中东战争期间的角色等问题。[③]

2. 关于冷战时期苏联对外关系的档案文件集

21世纪以来，关于苏联对外关系的档案材料进一步解密，其涵盖的范围更广，涉及的国家更多，主要包括以下几种。

（1）苏联与美国关系

莫斯科国际关系学院教授B. O. 佩恰特诺夫主编的系列档案文件集包含了二战后期和战后初期苏联和美国最高领导人关于战争和战后安排问题的

① *А. А. Фурсенко* (гла. ред.), Президиум ЦК КПСС 1954–1964, Том 1–3, Черновые протокольные записи заседаний, Стенограммы, Москва: РОССПЭН, 2003, 2006, 2008.

② 这些档案集为：*А. Н. Артизов*, и др. (сост.), Никита Сергеевич Хрущев, Два цвета времени, Документы из личного фонда Н. С. Хрущева, Том 1–2, Москва: МФД, 2009; *А. Н. Артизов*, и др. (сост.), Никита Хрущев. 1964, Стенограммы пленума ЦК КПСС и друге документы, Москва: МФД, 2007; *С. В. Кудряшо*, Л. И. Брежнев, Рабочие и дневниковые записи, В 3–х томах, М.: Историческая литература, 2016。

③ *В. В. Наумкин* (отв. ред.), Ближневосточный конфликт, 1947–1956, Из документов АВПРФ, Т. 1–2, Москва: МФД, 2003.

往来信函，为冷战起源相关问题的研究提供了宝贵的史料来源。[①] 民主基金会出版的关于 1939—1945 年、1945—1948 年、1949—1952 年苏美关系的三部苏联档案文献集，反映了苏美关系从战时合作走向战后对抗的历程，揭示了冷战的起源和演变过程。《缓和时期的苏美关系》是俄罗斯外交部和美国国务院为纪念俄美两国建交 200 周年而联合出版的关于两国关系的重要文件集，[②] 其中收录了俄罗斯和美国外交部门最新解密的档案文件，内容包括两国领导人之间的往来信函、苏联驻美大使和美国总统国家安全事务助理基辛格的会谈记录等。这些文件不仅反映了这一时期苏美关系从“冷战”到“缓和”的复杂转变过程，还对研究苏美中三角关系、越南问题、近东冲突、印巴冲突等问题都具有较高的学术价值。此外，俄罗斯国家历史档案馆负责人 M. Ю. 普洛祖门希科夫主编的关于 1962 年赫鲁晓夫和肯尼迪维也纳会谈的档案文件，揭示了苏联领导人在谈判前后就此次会谈所涉及的一系列重要国际问题做出的决策。[③]

（2）苏联与社会主义国家关系

这类档案集首先涵盖苏联与东欧国家的关系，主要是有关苏联国家安全委员会、苏联内务部和苏共中央与匈牙利事件、“布拉格之春”的档

① *В. О. Печатнов, И. Э. Магадеев*, Переписка И. В. Сталина с Ф. Рузвельтом и У. Черчиллем в годы великой отечественной войны, Документальное исследование, Том 1－2, Москва: Просвещение, 2017; *В. О. Печатнов*, Сталин, Рузвельт, Трумэн: СССР и США в 1940－х гг.: Документальные очерки, Москва: ТЕРРА－Книжный клуб, 2006; *О. А. Ржешевский*, Сталин и Черчилль: Встречи, Беседы, Дискуссии (1941－1945), Москва: Наука, 2004.

② *С. В. Лавров* (пред.), Советско－американские отношения, Годы разрядки 1969－1976, Сборник документов, Том 1－2, Москва: Международные отношения, 2007.

③ *М. Ю. Прозуменщиков* (отв. сост.) и др., Венский вальс холодной войны (вокруг встречи Н. С. Хрущева и Дж. Ф. Кеннеди в 1961 году в Вене), Документы, Москва: РОССПЭН, 2011.

案材料。[1] 其中，《“布拉格之春”和1968年的国际危机》档案集收录了俄罗斯等国的档案材料，揭示了苏联和其他社会主义国家对捷克斯洛伐克事件的反应，以及关于华约军队介入的决定等。此外，还有关于1948—1973年苏联与匈牙利的经济关系，[2] 1946—1980年苏联和南斯拉夫最高领导人的会谈和谈判，[3] 以及苏联因素对东欧国家发展进程影响的档案集。[4]

其次是关于苏中关系的档案集。它们主要是民主基金会出版的《20世纪的俄中关系》第五卷，即《1946年到1950年2月的苏中关系》[5]，以及关于20世纪50年代中国社会经济建设、文化教育发展的档案文献。[6]

此外，还有关于1955—1985年苏联与蒙古经济关系、[7] 苏联与印度支

---

① *А. А. Зданович*, и др., Венгерские события 1956 года глазами КГБ и МВД СССР: сборникдокументов, Москва: Объед, ред, МВД России, 2009; *Н. Ф. Самохвалов* (Глав. Ред.), Венгерские события 1956 года, глазами КГБ и МВД СССР, Сборник документов, Москва: Обьединенная редакция МВД России, 2009; *Н. Г. Томилина, Карнер Стефан, А. О. Чубарьян*, “Пражская весна” и международный кризис 1968 года, Документы, Москва: Международный фонд Демократия, 2010; *Н. Г. Томилина* (Гл. ред.), Чехословацкий кризис 1967 – 1969 гг. в документах ЦК КПСС, Москва: РОССПЭН, 2010; Чехословацкие события 1968 года глазами КГБ и МВД СССР: сборник документов, Москва: Объед. редакция МВД России, 2010.

② *А. Артизов*, Советско–венгерские экономические отношения, документы, 1948–1973, Москва: Демократия, 2012.

③ *М. Милошевич, В. П. Тарасов, Н. Г. Томилина* (гл. ред.), Встречи и переговоры на высшем уровне руководителей СССР и Югославии в 1946–1980 гг., В 2 т., Москва: МФД, 2014, 2017.

④ *Т. В. Волокитина, Г. П. Мурашко* (отв. ред.), Советский фактор в восточной Европе 1944–1953, Т. 2, 1949–1953, документы, Москва: РОССПЭН, 2002; *Волокитина Т. В.*, Власть и церковь в Восточной Европе, 1944–1953, Документы и материалы российских Архивов, Т. 1–2, 1949–1953, М., 2009; *Ю. С. Новопашин, Е. Л. Валева*, Анатомия конфликтов: Центральная и Юго – Восточная Европа: документы и материалы последней трети XX века, Т. 1–2, СПб, 2013.

⑤ *А. М. Ледовский, Р. А. Мировицкая, В. С. Мясников* (сост.), Русско–китайские отношения в XX веке, Документы и материалы, Том V, Советско – китайские отношения, 1946 – февраль 1950, Москва: Памятники исторической мысли, 2005.

⑥ *В. С. Мясников* (под ред.), Китайская народная республика в 1950 – е годы, Сборник документов, Т. 1–2, Москва: Памятники исторической мысли, 2009, 2010.

⑦ *А. В. Юрасов* (отв. ред.), Советско–монгольские экономические свзи, 1955–1985 гг., сборник документов, Москва: Фонд “Связь Эпох”, 2019.

那国家关系的档案集。①

（3）苏联与西方国家关系

这类档案集中最为重要的是关于苏德关系的内容，主要是关于从二战结束到1954年的苏联对德政策，包括四卷本《苏联与德国问题》②，1945—1953年苏联内务人民委员部和国家安全部驻德机关，③ 苏联驻德军政府在文化、科学、教育、宗教等领域在占领区实施的政策，④ 苏联与联邦德国外交关系的建立等。⑤ 此外，还有关于1953—1970年苏联与意大利关系、⑥ 1944—1955年苏联与奥地利关系、⑦ 1944—1948年苏联与芬兰关系，⑧ 以及苏联与以色列等国关系的档案文献集。⑨

---

① *И. А. Конорева, И. Н. Селиванов*, Документальная истории советско－вьетнамских отношений 1945－1956, Курск: Курск. гос. Ун－т, 2016; *И. А. Конорева*, СССР и страны Индокитая: исследования, документы, Курск, Изд－во Курского гос, ун－та, 2007.

② *Я. Фойтцик* (ред.), Советская политика в отношении Германии, 1944－1954: Документы, Москва: РОССПЭН, 2011; *Г. П. Кынин, Й. Лауфер*, СССР и германский вопрос, 1941－1949, Документы из Архива внешней политики российской федерации, Том 1－4, 2000－2012.

③ *Н. Петров, Я. Фойтцик*, Аппарат НКВД－МГБ в Германии 1945－1953, Москва: МФД, Материк, 2009.

④ *Н. П. Тимофеева, Я. Фойтцик* (отв. ред. и сост), Политика СВАГ в области культуры, науки и образования: цели, методы, результаты, 1945－1949, Москва: РОССПЭН, 2006; *В. В. Захаров* и др. , СВАГ и религиозные конфессии Советской зоны оккупации Германии, 1945－1949: Сборник документов, Москва: РОССПЭН, 2006.

⑤ *А. В. Торкунов* (пре.), Установление дипломатических отношений между СССР и ФРГ: Сборник документов и материалов, Москва: МГИМО (У) МИД России, 2005.

⑥ *А. Салаконе, В. Н. Шилов* (отв. Ред.), КПСС и советско－итальянские отношения в 1953－1970 гг. , док. , Москва: Нестор－История, 2019.

⑦ *В. И. Кунина* (подее общ, ред.), СССР и Австрия на пути к Государственному договору, Москва: Политическая энциклопедия, 2015; *Г. Бордюгов*, и т. д. ред. , Советская политика в Австрии, 1945－1955, Сборник документов, Москва－Санкт－Петербург: АИРО－XXI , 2006 .

⑧ *ИДД МИД РФ, ИВИ РАН*, Советско－финские отношения в 1944－1948 гг. , Сборник документов, Москва: Наука, 2002.

⑨ *Б. Л. Колоколов* (пред.), и др, Советско－израильские отношения, Сб, док, Т. 1, 1941－1953, Москва: Международные отношения, 2000.

3. 关于东欧剧变和冷战结束的档案文件集

俄罗斯和奥地利科研机构合作编著的《时代的终结：苏联和东欧国家的革命（1989—1991 年）》收集了俄罗斯国家当代史档案馆最新解密的档案材料，在一定程度上反映了 20 世纪 80 年代末到 90 年代初东欧社会主义国家发生的革命进程，以及苏联做出的反应。[①] 戈尔巴乔夫基金会主编的《应对时代的挑战》档案集包含戈尔巴乔夫同外国领导人的会谈和谈判记录、苏共中央政治局会议关于一些国际问题的讨论记录等。此外，该档案集还收录了对戈尔巴乔夫的一些访谈，在很大程度上反映了其关于冷战结束的看法。可以说，这是一部关于冷战结束史的文献。[②] 切尔尼亚耶夫主编的《戈尔巴乔夫和德国问题》根据戈尔巴乔夫基金会的档案材料，揭示了德国问题的解决过程。切尔尼亚耶夫主编的另一部档案集《在政治局……》主要包含了切尔尼亚耶夫、梅德韦杰夫、沙赫纳扎罗夫对苏共中央政治局 1985—1991 年的一些会议和报告记录，揭示了这一时期苏联的国内改革政策和对外政策问题。

4. 关于其他问题的档案集

这类成果主要是关于战后苏联的外国战俘政策的制定、苏联对战俘劳动力的利用的档案集，[③] 冷战时期苏联核项目和战略核武器发展的档案材

---

① *С. Карнер, Е. И. Пивовар*, Конец эпохи, СССР и революции в странах Восточной Европы в 1989–1991, Документы, Москва: РОССПЭН, 2015.

② *Горбачев–Фонд*, Отвечая на вызов времени, Внешная политика перестройки: документальные свидетельства, По записям бесед Горбачева с зарубежными деятелями и другим материалам, Московa: Весь Мир, 2010.

③ *М. М. Загорулько* и др. (ред.), Военнопленные в СССР, 1939–1956, Документы и материалы, Том 1–5, Волгоград: Государственное учреждение «Издатель», 2000–2006; *В. Л. Воронцов* (отв. ред.), Венгерские военнопленные в СССР: Документы 1941–1953 годов, Москва: РОССПЭН, 2005; *В. Г. Макаров, В. С. Христофоров*, Генералы и офицеры вермахта рассказывают..., Документы из следственных дел немецких военнопленных, 1944–1951, Москва: МФД, 2009; *С. В. Карасев*, История пребывания японских военнопленных в советском плену в документах (1945–1956 годы): сб. Документов, Иркутск: Изд–во НИ ИрГГУ, 2011; *В. С. Христофоров*, Тайны дипломатии Третьего рейха: Германские дипломаты, руководители зарубежных военных миссий, военные и полицейские атташе в советском плену, Документы из следственных дел, 1944–1955, Москва: МФД, 2011.

料，[1] 以及关于1947—1967年苏联对近东问题政策的档案文献。[2] 此外，俄罗斯的《近现代史》《祖国历史》《历史档案》《史料》等学术期刊上也会经常发表一些与冷战史相关的重要史料。

在出版大量档案文献集的同时，俄罗斯还出版或再版了冷战时期一些苏联外交官和重大事件亲历者的回忆录，其中包括苏联外交部长谢瓦尔德纳泽的回忆录、[3] 苏联驻美大使多勃雷宁的回忆录、[4] 苏联驻华外交官阿布拉西莫夫和贾丕才的回忆录、[5] 苏联驻日外交官尤里·库兹涅佐夫的回忆录，[6] 也有一些普通人关于冷战中相关事件的回忆录等。[7] 这些回忆录在一定程度上弥补了相关档案不足的问题，对冷战史研究也起到了重要的作用。

苏联档案材料的解密和开放为俄罗斯学者提供了研究的基础，相关档案集的出版也极大地便利了国际学术界对苏联档案材料的利用，对冷战国际史研究的发展作出了重大贡献。

（二）冷战史学术力量的发展和学术活动的开展

冷战结束以来，俄罗斯科学院世界通史研究所逐渐成为俄罗斯国内研

---

① *Л. Д. Рябев* (общ. ред.), Атомный проект СССР: Документы и материалы, Том 1-3, Моква: Наука, 1998-2010; *В. И. Ивкин*, *Г. А. Сухина* (сост.), Задача особой государственной важности, Из истории создания ракетно-ядерного оружия и Ракетных войск стратегическогоназначения (1945-1959 гг.), Сборник документов, Москва: РОССПЭН, 2010.

② *В. В. Наумкин* (отв. ред.), Ближневосточный конфликт, 1947-1956, Из документов АВПРФ, Москва: МФД, 2003, с. 1-603; *В. В. Наумкин* (отв. ред.), Ближневосточный конфликт, 1957-1967, Из документов АВПРФ, Москва: МФД, 2003.

③ *Эдуард Шеварднадзе*, Когда рухнул железный занавес: встречи и воспоминания, Москва: Европа, 2009.

④ *А. Ф. Добрынин*, Сугубо доверительно, Посол в Вашингтоне при шести Президентах США (1962-1986 гг.), Москва: Международные отношения, 2008.

⑤ *П. А. Абрасимов*, Четверть века послом Советского Союза, Москва: Национальное образрение, 2007; *М. С. Капица*, Мои воспоминания, Москва: РОССПЭН, 2008.

⑥ *Ю. Кузнецов*, Моя дипломатическая карьера, Москва: Серебряные нити, 2009.

⑦ *Г. М. Корниенко*, Холодная война: Свидетельство ее участника, Москва: Олма-пресс, 2001; *Леонид Шинкарев*, Я это все почти забыл… Опыт психологических очерков событий в Чехословакии в 1968 году, Москва: Собрание, 2008.

究冷战的主要机构。1995 年，该研究所成立了“冷战研究小组”，1999 年该小组更名为冷战研究中心。此外，俄罗斯科学院斯拉夫学研究所、祖国历史研究所、远东研究所，以及圣彼得堡俄罗斯科学院历史研究所、莫斯科国立国际关系学院等科研机构和高校的学者也从不同角度对冷战史的某些领域进行研究。他们在积极利用苏联解密档案材料的同时，还密切关注国际学界关于冷战史的最新研究成果，不仅经常介绍西方重要的冷战史研究成果，[①] 还将一些优秀的成果翻译成俄文出版。

俄罗斯冷战史学者还与国外研究机构，特别是与美国威尔逊研究中心、美国华盛顿大学冷战史研究项目和英国伦敦政治经济学院冷战史研究项目保持着密切的联系。除了积极参加国外举办的一系列关于冷战国际史的国际会议，他们还在本国多次举办关于冷战史的国际会议，同国外学者就冷战史研究的一些重要问题进行对话。这些会议包括：2002 年 6 月 27—28 日，俄罗斯科学院世界通史研究所和俄罗斯外交部外交学院在莫斯科举办了主题为“冷战与缓和政策”的国际会议。[②] 2008 年 9 月 2—15 日，波莫瑞国立大学等机构在阿尔汉格尔斯克举办了主题为“北极冷战”的国际学术会议。2008 年 10 月 23—24 日，俄罗斯科学院斯拉夫学研究所在莫斯科召开了主题为“1968 年‘布拉格之春’和苏联、中欧、东南欧国家社会舆论的变化”的国际学术会议。2009 年，俄罗斯科学院斯拉夫学研究所举办了“中欧和东南欧国家的革命和改革：20 年之后”国际会议，并在会后出版了

---

① 关于西方学者在冷战史研究方面的介绍，参见 *Н. И. Егорова*, Проблема окончания холодной войны: основные направления историографических дискуссий// Электронный научно-образовательный журнал «История», Выпуск 2 (25), Дата публикации: 28. 06. 2014; *Филитов Алексей Митрофанович*, Четверть века «послевоенной» историографии холодной войны, Электронный научно-образовательный журнал «История», Выпуск 2 (25), Дата публикации: 28. 06. 2014; *Н. И. Егорова*, «Новая история “холодной войны”» в современных зарубежных исследованиях// Новаяи Новейшаяистория, № 4, 2009, с. 116-129。

② *Н. И. Егорова, А. О. Чубарьян* (отв. ред.), Холодная война и политика разрядки: дискуссионные проблемы, Ⅰ, Ⅱ, Москва: ИВИ РАН, 2003.

论文集。[①] 2016年3月24日，地缘政治问题学院等单位在圣彼得堡召开了“冷战与现代性”国际会议。2019年3月26日，俄罗斯国立人文大学和俄罗斯科学院世界通史研究所举办了“冷战结束的转折点：东西方的观点”国际学术会议。

除了举办国际学术会议，俄罗斯冷战史学者还举办了一些圆桌会议，就俄罗斯冷战史的发展、冷战的遗产及其教训等问题进行讨论。这些会议包括：2006年3月，俄罗斯科学院世界通史研究所在莫斯科举办了“20世纪国际关系中的冷战现象：研究结果和前景”圆桌会议。2016年10月26日，俄罗斯科学院世界通史研究所冷战研究中心举办了“冷战结束的进程：辩论、事实、教训”圆桌会议。

在俄罗斯冷战史学者积极开展学术活动的同时，相关教学工作也在进一步发展。很多俄罗斯高校开设了冷战史课程，并编写了冷战史研究教材。[②] 一些高校还进行了冷战史方向副博士和博士学位研究生的培养，其中一些研究生的论文达到了较高的学术水平。此外，俄罗斯科学院世界通史研究所还与美国国家安全档案馆合作，举办了两次冷战史暑期学校（2001年在萨拉托夫国立大学，2003年在克拉斯诺达尔的库班国立大学），俄罗斯和美国的相关专家应邀举办了一些讲座。

二、21世纪以来俄罗斯冷战史研究的成果

21世纪以来，俄罗斯的冷战史研究取得了丰硕的研究成果，出版了数百部（篇）相关学术专著和论文。这些研究利用最新解密的档案材料，进一步揭示了冷战的起源、本质和演变阶段，冷战的推动力和威慑力，冷战的升级和缓和，以及最后导致冷战结束的条件等具体问题。

可以说，在“冷战史新研究”的影响之下，俄罗斯的冷战史研究不断

---

① *К. В. Никифоров* (отв. ред.), Революции и реформы в странах Центральной и Юго-Восточной Европы: 20 лет спустя, Москва: РОССПЭН, 2011.

② *Н. И. Егорова*, История холодной войны, 1945 – 1991 гг., Москва: Издательство Юрайт, 2020.

拓展研究领域，正日益凸显跨学科的特点，不仅在冷战时期苏联与资本主义和社会主义阵营国家关系等领域取得了丰硕的研究成果，而且在冷战与第三世界，冷战期间世界经济体系（包括经济冷战），冷战期间的社会、文化、心理战等领域取得了重要的研究成果。①

（一）苏联与资本主义阵营国家的关系

21 世纪以来，俄罗斯冷战史研究的核心主题仍然是苏联与美国的关系，内容包括两国从战时合作转向战后对抗的原因，以及它们在国际危机（第一次和第二次柏林危机、苏伊士运河危机、古巴导弹危机、朝鲜战争、越南战争、阿以战争）中的角色。通过对这些问题的研究，俄罗斯冷战史学者从地缘政治和意识形态、社会文化、心理战等角度对美苏之间的冷战对抗进行了阐述。

莫斯科国际关系学院教授 B. O. 佩恰特诺夫运用最新解密的苏联和美国档案材料，通过对苏联和美国政策的比较分析，以及对其政治外交互动的追溯，对苏联和美国在 1945—1947 年从联盟走向关系破裂的历史过程进行了研究，并对两国走向对抗的原因进行了分析，认为战后两个超级大国之间的对抗是由意识形态和地缘政治原因综合导致的。② B. Л. 马尔科夫则从 20 世纪苏美两国社会文化的角度对苏美关系进行了研究。他认为，用意识形态或现代化模式的不可调和性来解释战后对抗的起源是不够的，强调要考虑到社会文化因素的影响。马尔科夫的研究是俄罗斯史学界通过社会文化和文明的视角研究冷战的代表性成果。③ T. B. 卡西林娜的专著主要探讨了苏美战略武器削减协议的法律问题，其沿用了传统的研究方法，将美国向缓和政策的过渡与越南战争的失败、尼克松总统政治影响力的加强及其

① 本文探讨的仅限于在俄罗斯国内公开发表和出版的学术成果。

② *В. О. Печатнов*, От союза-к холодной войне: советско-американские отношения в 1945-1947 гг., М., 2006.

③ *В. Л. Мальков*, Россия и США в XX веке, Очерки истории межгосударственных отношений в социокультурном контексте, М., 2009, гл. V, с. 286-303; гл. VII, с. 324-384; гл. VIII, с. 385-430; гл. IX, с. 431-465.

阻止苏联解决中东问题的希望以及“掩饰”其在美国外交政策其他方面的失败联系起来。[①] A. B. 奥科洛科夫和维罗尼卡·克拉申尼科娃则从心理战的角度对苏联和美国之间的冷战对抗进行了阐述。在他们看来，美国的地缘政治野心及其传统的“恐俄症”使得苏美之间的冷战不可避免；美国反对的不是共产主义，而是“俄罗斯帝国主义”。这种观点也常常被俄罗斯学者用于对当代美西方与俄罗斯的关系进行解释。[②]

苏美之间的冷战对抗也体现在第三世界中，因此一些俄罗斯学者从地缘战略竞争的角度对冷战时期苏联和美国在第三世界的斗争和对抗进行了深入的研究。例如，И. А. 科诺列娃和 Д. 祖斯马诺维奇分别对苏美在印度支那问题上的对抗进行了研究。[③] Т. В. 拉布什对苏美 1978—1984 年在阿富汗的对抗进行了研究。[④] 在关于古巴导弹危机的研究中，С. А. 米高扬的专著占据着非常重要的地位，尤其是作者根据苏联历史档案，揭示了苏联领导人在古巴导弹危机中的决策。[⑤] Ф. 拉德金、В. 洛塔则对古巴导弹危机前夕和危机期间苏军情报总局的情报对苏联领导层在古巴部署核导弹的决定产生的影响进行了研究，并得出结论：古巴导弹危机的原因是美国的“侵略政策”，而苏联在古巴的行动是防御性和报复性的。[⑥] 此外，В. П. 萨夫罗诺夫对战后初期苏美就对日占领政策和和约签署等问题进行的对抗和斗争

---

① *Т. В. Каширина*, Советско－американские отношения в области разоружения: политико－правовые основы в 1969－1980－х годах, М. , 2010.

② *А. В. Окороков*, СССР против США, Психологическая война, М. , 2011; *Вероника Крашенинникова*, Россия－Америка: холодная война культур, Как американские ценности преломляют видение России, Москва: Издательство Европа, 2007.

③ *И. А. Конорева*, Из истории холодной войны: идеологическое противоборство США и СССР по проблемам Индокитая, 1954－1975, Курск, 2004; *И. Н. Селиванов*, Международные отношения в Индокитае: геополитика, дипломатия, правовые проблемы (1939－1954), Курск, 2008; *Д. Зусманович*, Советско－американские отношения и война во Вьетнаме, 1964－1968 гг. , Москва: Алгоритм, 2016.

④ *Т. В. Рабуш*, История противоборства США и Советского Союза в афганском конфликте (1978－1984), СПб, 2012, с. 183.

⑤ *Серго Анастасович Микоян*, Анатомия Карибского кризиса, Москва: Academiam, 2006.

⑥ *Фёдор Ладыгин, Владимир Лота*, ГРУ и Карибский кризис, Секретная хроника опасной конфронтации, М. , 2012.

进行了研究。[①]

俄罗斯学者还出版了一些关于冷战时期国际关系的教科书，从苏美对抗的角度对两极国际关系体系（雅尔塔-波茨坦体系）形成和演变的原因进行了解释。А. Д. 波加图罗夫主编的教科书强调了超级大国的地缘政治抱负与思想和道德价值领域的对抗之间的相互联系。М. М. 纳林斯基则从地缘政治角度重点关注了原反法西斯联盟国家在战后对势力范围的争夺。[②] 此外，В. 亚姆希科夫关于苏美登月竞赛的专著是为数不多关于苏美在冷战时期进行太空合作的研究成果。[③]

值得注意的是，在苏美关系的研究中，俄罗斯学者的研究重点从优先分析苏美双边关系，同时承认苏美之间的矛盾在全球对抗中发挥了关键作用，转向考虑美苏与其各自盟友在军事政治集团中的关系，以及处于这些对立的社会政治体系中国家的领导人在地区冲突中的角色。

除了对苏美关系的研究，俄罗斯冷战史学者关于苏联与资本主义阵营其他国家关系的研究也取得了一些有价值的成果。这些成果包括：关于战后初期和冷战时期苏联对德政策的研究，[④] 关于苏联、法国与欧洲的统一和

---

① *В. П. Сафронов*, СССР – США – Япония в годы “холодной войны”, Москва: Институт российской истории РАН, 2003.

② *А. В. Торкунова*, Современные международные отношения, Учебник, М. , 1999; *А. Д. Богатурова*, Системная история международных отношений в четырех томах, События и документы 1918–2003, Т. 3, М. , 2003; *М. М. Наринский*, История международных отношений, 1945–1975, М. , 2004; *Ю. А. Дубинин*, *Б. Ф. Мартынов*, *Т. В. Юрьева*, История международных отношений (1975–1991 гг.), М. , 2006.

③ *Юрий Караш*, Тайны лунной гонки, СССР и США: сотрудничество в космосе, Москва: Олма–Пресс, 2005.

④ *В. В. Захаровотв* (ред), Деятельность и управление СВАГ по изучению достижений немецкой науки и техники в Советской зоне окупации Германии, 1945–1949, гг. ; Москва: РОССПЭН, 2007; *А. М. Филитов*, Германия в советском внешнеполитическом планировании, 1941 – 1990, М. : Наука, 2009.

20 世纪 50 年代国际危机的研究，[1] 以及苏联与意大利关系和欧洲集团对抗的形成问题研究。[2]

（二）苏联与社会主义阵营国家的关系

21 世纪以来，关于苏联与其东欧盟国的政治和经济关系的研究仍然是俄罗斯学者关注较多的领域。随着冷战的结束，东欧国家出现了新的变革，促使人们对东欧集团内部的发展历程进行深入研究，并在某些方面对华沙条约组织的历史进行研究。

首先，俄罗斯学者特别是俄罗斯科学院斯拉夫学研究所的学者们根据最新解密的档案文献资料，重新审视了 20 世纪 40 年代初至 1953 年苏联与东欧各国的关系。吉比扬斯基对社会主义政权和苏联集团的形成过程，以及苏联对东欧人民民主政权建立的影响程度进行了研究。此外，他还对苏联和南斯拉夫的冲突进行了深入的研究，并由此对东欧国家的“苏维埃化”进程进行了讨论。H. 彼得罗夫对斯大林时期苏联国家安全机关（内务人民委员部和国家安全部）对东欧国家政策的影响进行了分析。诺斯科娃在《20 世纪波兰政治史纲》中认为，苏联领导层最初考虑在二战结束后继续与美国合作，并在东欧维持多党权力模式，直到 1947 年杜鲁门主义和马歇尔

---

① *М. М. Наринский* (отв. ред.), СССР, Франция и объединение Европы (1945–1957), Москва: МГИМО–Университет, 2008; *М. М. Наринский* (отв. ред.), Советский союз, Франция и международные кризизы пятидесятых годов XX века, Москва: МГИМО–Университет, 2005, с. 134.

② *И. А. Хормач*, СССР–Италия и блоковое противостояние в Европе, вторая половина 40–х первая хполовина 60–х гг. , Москва: Институт российской истории РАН, 2005.

计划提出后，欧洲分裂成两大阵营，莫斯科才需要加强与东欧国家间的凝聚力。①

其次，学者们对20世纪50年代中期到90年代中期社会主义阵营内部国家关系的变化进行了研究。苏联集团内部出现动荡始自20世纪50年代中期。斯蒂卡林依据大量的文献，从外部因素（苏联集团的内部政策和西方破坏东欧国家稳定的计划对波匈事件的影响）和内部因素（东欧民众对共产党当局的社会和经济政策的抗议日益增多）方面对1956年的波匈事件进行了分析，并对南斯拉夫的发展模式、罗马尼亚的独立倾向以及中苏分歧对60年代及以后苏联集团离心倾向不断加强的影响进行了研究。② В. Л. 穆萨托夫对苏联对东欧政策的各个阶段，特别是戈尔巴乔夫时期苏联东欧政策的失败进行了分析，还对苏联与1956年匈牙利事件、1968年捷克斯洛伐克事件和1980—1981年波兰危机的关系问题进行了研究。③ А. А. 蒂霍米罗夫就民主德国对斯大林的个人崇拜问题进行了研究。④

关于社会主义阵营内部危机的研究，值得关注的是2008年10月23—24日俄罗斯科学院斯拉夫学研究所在莫斯科召开的题为“1968年‘布拉格之春’和苏联、中欧、东南欧国家社会舆论的变化”的国际学术会议。与会学者们根据新的档案材料，以新的研究方法对20世纪社会主义阵营内部的

---

① *Н. И. Егорова, А. О. Чубарьян*, Холодная война, 1945 – 1963, историчекая ретроспектива, сборник статей, Москва: Олма–пресс, 2003; *А. Б. Едемский*, От конфликта к нормализации: советско–югославские отношения в 1953–1956 годах, М. , 2008; *Т. В. Волокитина, Г. П. Мурашко, А. Ф. Носкова*, Москва и Восточная Европа, Власть и церковь в период общественных трансформаций 40 – 50 – х годов XX века, М. , 2008; *Э. Г. Задорожнюк*, От крушения Пражской весны к триумфу «бархатной» революции, Из истории оппозиционного движения в Чехословакии. Август 1968–ноябрь 1989, М. , 2008; *Н. Петров*, По сценарию Сталина, Роль органов НКВД – МГБ СССР в советизации стран Центральной и Восточной Европы, М. , 2011; *А. Ф. Носкова*, Польша в XX веке, Очерки политической истории, Раздел Ⅳ, М. , 2012.

② *А. С. Стыкалин*, Прерванная революция: Венгерский кризис 1956 г. и политика Москвы, Москва: Новый хронограф, 2003.

③ *В. Л. Мусатов*, Россия и Восточная Европа: связь времён, Москва: Издательство ЛКИ, 2008.

④ *А. А. Тихомиров*, “Лучший друг немецкого народа”: культ Сталина в Восточной Германии (1945–1961 гг.), Москва: РОССПЭН, 2014.

危机问题进行了研究。А. Б. 叶吉姆斯基、А. М. 菲利托夫、И. И. 奥利克等俄罗斯学者对南斯拉夫、联邦德国等国家舆论界对捷克斯洛伐克事件的反应进行了研究。Г. П. 穆拉什科、И. В. 克留奇科夫、Н. Д. 克留奇科娃利用档案材料研究了苏联知识界、斯塔夫罗波尔边疆区对捷克斯洛伐克事件的反应。В. К. 沃尔科夫、К. В. 尼基福罗夫等人则提出，捷克斯洛伐克事件对包括苏联在内的所有社会主义国家的社会情绪都产生了重要的影响，这一事件是欧洲社会主义史的分水岭。①

再次，除了关注社会主义阵营的内部关系，俄罗斯学者 А. А. 乌鲁尼扬对阿尔巴尼亚、保加利亚、罗马尼亚和南斯拉夫从华沙条约组织成立到 20 世纪 70 年代缓和政策结束这一时期的国防政策进行了研究。乌鲁尼扬强调，与东欧国家相比，巴尔干社会主义国家处于北约和欧洲常规武装力量的军事和政治集团对抗的地缘战略边缘。然而，这并没有降低它们在美国和苏联的国防和外交政策计划中的重要性。实际上，美国和苏联的国防和外交政策计划反过来也影响了这些国家的军事规划。②

最后，苏中关系也是俄罗斯学者重点关注的一个研究领域。21 世纪以来，随着相关档案材料的解密和开放，在对苏中关系破裂的原因及其后果等问题进行研究之后，③ 俄罗斯学者对冷战时期苏中关系的研究主要集中于苏中边界问题。Г. В. 基里耶夫在国际法文件的基础上，根据直接参与苏中边界问题有关工作的经验，对俄中 300 多年来的领土划界问题，特别是对 20 世纪 80 年代末至 90 年代初苏中关于边界问题的谈判进行了研究。④ Е. Д. 斯捷番诺夫对 20 世纪下半叶中国的边界政策和苏中边界问题进行了研究。А. П. 塔拉索夫、И. 彼得罗夫、Д. С. 利亚布什金对 1969 年苏中珍宝岛冲

① *Т. В. Волокитина, Г. П. Мурашко, А. С. Стыкалина* (под ред), 1968 год, "Пражская весна", Историческая ретроспектива, Москва: РОССПЭН, 2010.

② *Ар. А. Улунян*, Балканский «щит социализма», Оборонная политика Албании, Болгарии, Румынии и Югославии (середина 50-х гг. -1980 г.), М., 2013.

③ *Б. Т. Кулик*, Советско-китайский раскол: причины и последствия, Москва: ИДВ РАН, 2000.

④ *Г. В. Киреев*, Россия - Китай: Неизвестные страницы пограничных переговоров, Москва: РОССПЭН, 2006.

突进行了研究。[1] Н. П. 里亚布琴科对从1969年苏中边界冲突到1982年两国关系出现缓和这一时期的双边关系进行了研究。[2]

（三）冷战与第三世界的关系

冷战所呈现的战后历史不是简单的美国和苏联两个超级大国间的对抗，而是包括第三世界国家在内的多国间的复杂互动。在“冷战史新研究”的影响之下，21世纪以来，在俄罗斯学者的研究中，“第三种力量”在现代世界中的角色及其在全球化进程、地区战争、民族冲突中的作用都被提到了重要的位置。与此同时，俄罗斯冷战史研究的地理范围不断扩大，出现了关于近东、中东、非洲和东南亚地区冷战史的研究。

中东和近东仍然是俄罗斯冷战史学者研究较多的地区。佩利帕斯在对1956年苏伊士运河危机进行具体历史研究的框架下，重点分析了美国在中东地区的国家利益的形成及其主张，提出了冷战向第三世界国家蔓延的问题。佩利帕斯认为，1956年11月英法以三国军事行动的失败是北约集团内部出现危机趋势的表现，处于冷战外围的苏伊士运河危机对西方集团的破坏作用，就像匈牙利危机对苏联集团的影响一样。[3] А. А. 乌鲁尼扬的专著《东西方之间的希腊和土耳其》对20世纪50年代希腊和土耳其的一些重大内外政策进行了研究，揭示了作为北约成员国的希腊和土耳其利用自身重要的地缘战略地位，并试图利用美苏在地中海和中东地区的竞争为自己的国家利益服务，从而构建了冷战期间小国与大国之间的关系模式。[4] 鲁缅采夫的专著在美英矛盾的背景下对美国的中东政策进行了分析。作者认为，

① *А. П. Тарасов*, Даманский: оглянуться без ненависти, Чита, 2014; *И. Петров*, Советско－китайские войны: Правда о Даманском, Москва: Яуза－Эксмо, 2009; *Д. С. Рябушкин*, Мифы Даманского, Москва: Издательство АСТ, 2004.

② *Н. П. Рябченко*, КНР－СССР: годы конфронтации（1969－1982）, Владивосток: Дальнаука, 2006, с. 159.

③ *М. Я. Пелипась*, Суэцкий кризис 1956 года// *Н. И. Егорова*, *А. О. Чубарьян*, Холодная война, 1945－1963, историчекая ретроспектива, сборник статей, Москва: Олма－пресс, 2003.

④ *Ар. А. Улунян*, Греция и Турция между Западом и Востоком（1950－е годы）, М.: ИВИ РАН, 2011.

苏伊士运河危机间接影响了美国中东政策的形成和艾森豪威尔主义的发展。同时，乌鲁尼扬的研究也证明，英国后来在该地区的政策是服从于美国利益的观点是错误的。①

冷战向非洲的扩展问题是近年来俄罗斯学者开始关注的一个重要领域。马佐夫对苏联在西非的外交战略和策略，以及美国在该地区反苏联政策的形成和实践方法进行了研究，揭示了美苏在非洲殖民体系崩溃后的初期为争夺在非洲的势力范围而进行争斗的过程。此外，他的研究还表明冷战时期非洲国家的领导人并非总是被动和软弱的一方，他们也会巧妙地游走于苏联和美国之间，为自己获取最大限度的经济援助和必要的政治支持。② В. Г. 舒宾利用丰富的多国档案材料和当事人的回忆录，对南非的民族解放运动和苏联在这一运动中的作用进行了研究。舒宾认为，冷战期间的大多数冲突不是由两大集团之间的斗争所引起，而是由特定地区的内部动态所引起，进而使外部力量介入了冲突。③

冷战时期苏联对东南亚地区的政策也是近年来俄罗斯学者开始关注的一个领域。И. А. 科诺列娃对 1943—1976 年苏联和印度支那地区的关系进行了研究。她认为，1943—1954 年苏联在经济和地缘政治方面对印度支那事务的兴趣并不大，在处理一些问题时依赖于中国；而在 1954—1965 年，苏联不仅要在该地区与美国竞争，还要与中国竞争，因此情况十分复杂。④

此外，俄罗斯学者还对苏联参与地区战争和冲突的相关问题进行了研究。特别是近几年来，出现了关于苏联与第三世界国家的军事技术合作以及对苏联在冷战期间的损失进行评估的著作。⑤

---

① *В. П. Румянцев*, Ближневосточная политика США и Великобритании в 1956 – 1960 гг., Томск, 2010.

② *С. В. Мазов*, Политика СССР в Западной Африке, 1956 – 1964: неизвестные страницы истории холодной войны, М., 2008.

③ *В. Г. Шубин*, Горячая «холодная война»: Юг Африки (1960 – 1990), М., 2013.

④ *И. А. Конорева*, Советский Союз и Индокитай: 1943 – 1976, Курск, 2011.

⑤ *А. В. Окороков*, Тайные войны СССР: Советские военспецы в локальных конфликтах XX века, М., 2012; *Г. Ф. Кривошеев*, Россия и СССР в войнах XX века, Книга потерь, М., 2010.

（四）冷战时期的世界经济体系

近十年来，俄罗斯学者更加关注冷战期间的东西方经济关系和世界经济体系问题。俄罗斯科学院世界通史研究所的 M. A. 利普金、H. И. 叶戈罗娃、Э. P. 伊维尔对苏联与欧洲的一体化问题进行了研究。[①] 特别是 M. A. 利普金教授通过对苏联从战后初期到 20 世纪 60 年代对欧洲一体化的态度进行研究后指出，从战后初期到 1947 年，苏联存在加入欧洲一体化进程和世界经济体系的机会，但由于担心失去从二战中得到的胜利果实——在东欧的势力（范围）和德国的战争赔款，苏联最终放弃了加入这一进程的努力。在对欧洲一体化的态度上，苏联国内的政治因素起到了重要作用。Д. Б. 米兰科夫教授以经互会和欧共体为例，对 20 世纪下半叶的欧洲一体化进程进行了研究。[②] M. A. 利普金、A. H. 巴科夫斯基、B. И. 达希切夫、П. Г. 卢基扬诺夫则对经互会的历史及其经验教训进行了研究。[③]

---

① *М. А. Липкин*, Советский союз и интеграционные процессы в Европе: середина 1940－х－конец 1960－х годов, Москва: Университет Дмитрия Пожарского, 2016; *Н. И Егорова.*, Реакция советских лидеров на «план» Шумана и Пленвена; *М. М. Наринский* (отв. ред.), СССР, Франция и объединение Европы, с. 67－86; *Э. Р. Ивер*, К вопросу о единой Европе: СССР и первые шаги в европейском строительстве; *М. М. Наринский* (отв. ред.), СССР, Франция и объединение Европы, с. 87−96.

② *Д. Б Мираньков.*, Развитие интеграционных процессов в Европе во второй половине XX века на примере деятельности СЭВ и ЕЭС// Экономика и управление, Том 25 (64), 2012, № 1, с. 108−118.

③ *М. А. Липкин*, Совет Экономической Взаимопомощи: исторический опыт альтернативного глобального мироустройства (1949−1979), Москва: Издательство «Весь Мир», 2019; *А. Н. Барковский*, СЭВ: исторический опыт интеграции плановых экономик// Россия и современный мир, 2009, № 3, с. 181－186; *В. И. Дашичев*, Неудавшиеся попытки реформирования СЭВ (к 60－летию создания СЭВ)// Социально－гуманитарные знания, 2009, № 5, с. 181－198; *П. Г. Лукьянов*, История Совета экономической Взаимопомощи, Могилев: МГУ, 2004, с. 1−128.

（五）冷战时期苏联的军工综合体以及意识形态、外交、军事、文化等问题

冷战的起源和进程不仅受到意识形态和政治因素的影响，还受到国际和国内政治生活中一些事件的影响。在此方面，俄罗斯学者也完成了许多令人瞩目的研究成果。他们对冷战初期苏联的军工综合体和人民的社会生活进行了深入研究，指出斯大林主义退出苏联以及20世纪40—50年代苏联与西方国家对抗的加剧在很大程度上不是外部因素造成的，而是内部因素造成的。①

此外，关于冷战时期苏联的意识形态、外交、军事、文化等问题，俄罗斯学者也进行了研究。T. M. 戈里亚切娃通过对苏联书报检查制度的研究，不仅揭示了苏联党政机构对意识形态和政治控制的形式和方法的多样性，也揭示了知识分子对这种控制的抵制和不得不做出的妥协。② Л. В. 西林娜根据苏共中央宣传部的档案材料对1945—1985年苏联对外政策宣传的体系和机制进行了研究，并与美国新闻宣传机构的活动进行了比较。③ O. C. 纳戈尔纳娅、O. Ю 尼科诺娃对冷战时期苏联的文化外交进行了研究，弥补了俄罗斯学者在这一领域研究的空白。④ B. И. 费斯科夫对冷战时期苏联军队的组成、部署等方面的数据资料，特别是对苏联军队参与的各种军事冲突进行了研究。⑤ A. A. 达尼洛夫的专著对冷战初期苏联内政和外交政

---

① *И. В. Быстрова*, Военно－промышленный комплекс СССР в годы холодной войны, Вторая половина 40－х－начало 60－х годов, Москва: ИРИ РАН, 2000; *Виталий Семенович Лельчук, Г. Ш. Сагателян*, Советское общество: Будни холодной войны, М.; Арзамас, 2000.

② *Т. М. Горячева*, Политическая цензура в СССР, 1917－1991, М., 2009.

③ *Л. В. Силина*, Внешнеполитическая пропаганда в СССР в 1945－1985 гг. (по материалам отдела пропаганды и агитации ЦК ВКП (б) －КПСС, М., 2011.

④ *О. С. Нагорная, О. Ю. Никонова*, Советская культурная дипломатия в условиях Холодной войны 1945－1989, Москва: РОССПЭН, 2018.

⑤ *В. И. Феськов*, Советская Армия в годы «холодной войны» (1945－1991), Москва: Томского Университета, 2004.

策之间的关系进行了研究。①

（六）其他问题

除了上述问题，21世纪以来俄罗斯冷战史学者还在以下领域取得了一些研究成果。

1. 资本主义阵营内部关系

近年来，冷战时期资本主义阵营的内部关系问题进一步引起俄罗斯学者的关注。托木斯克大学的О.Г. 莱卡连科和М.Н. 沃尔科夫从美国在冷战最初十年对加强西欧国家防务能力的贡献，以及20世纪60年代初以前美国对欧洲一体化进程的影响的角度，对美国与其他北约成员国的关系进行了探讨。② А.В. 皮尔科则对20世纪50年代后半期以来北约出现危机趋势的原因和表现形式进行了研究。通过对1949—1955年北约的结构和运作机制的分析，皮尔科得出的结论是，西欧需要美国，因此在北约内部普遍存在"共识型关系"，但双方地位的明显不平等使这个军事政治集团充满了矛盾和冲突。③

2. 东欧剧变

在加强对苏联和东欧国家关系研究的同时，俄罗斯学者也对20世纪80年代末至90年代初东欧国家发生剧变的原因和形式进行了研究，并出现了一批有代表性的成果。④ 但总的来说，冷战对中欧和东南欧国家政治和社会

---

① *А.А. Данилов, А.В. Пыжиков*, Рождение сверхдержавы: СССР в первые послевоенные годы, М., 2001.

② *О.Г. Лекаренко, М.Н. Волков*, Американская крепость Европа: Политика США по укреплению оборонного потенциала стран Западной Европы (1947－1955), Томск, 2009; *О.Г. Лекаренко*, США и процесс объединения стран Западной Европы в 1955－1963 гг., Томск, 2012.

③ *А.В. Пилько*, «Кризис доверия» в НАТО: альянс на пороге перемен (1956－1966), М., 2007; *А.В. Пилько*, Североатлантический альянс: от договора о намерениях к полноценному военно－политическому блоку (1949－1955 годы)// Новая и новейшая история, 2013, № 6, с. 39－54.

④ *Э.Г. Задорожнюк*, Власть－общество－реформы: Центральная и Юго－Восточная Европа, Вторая половина XX века, Москва: Наука. 2006; *К.В. Никифоров* (отв. ред.), Революции и реформы в странах Центральной и Юго－Восточной Европы: 20 лет спустя, Москва: РОССПЭН, 2011.

经济变革，以及对民族和领土问题的解决、政治危机发展的影响等问题，仍然有待进一步的深入研究。

3. 联合国和多边外交

联合国是冷战时期东西方两大阵营之间进行对抗的重要舞台，关于联合国等国际组织的研究也是俄罗斯学者关注的一个重要领域。在此方面，И. В. 盖杜克等俄罗斯学者对1950年的联合国危机、苏联在联合国对1960年刚果危机的立场、联合国机构在国际海洋问题上的多边讨论和国际海洋法的发展方面发挥的作用等问题进行了研究。① М. А. 利普金对冷战时期国际经济组织的形成、西欧一体化组织和联合国下属的一些国际组织等进行了研究。②

总之，近20年来，在冷战史研究领域，俄罗斯学者不仅积极利用苏联档案材料，顺应“冷战史新研究”的学术潮流，不断拓宽研究领域，积极运用跨学科的方法，还不断探索新的研究方向，逐步突破注重实证研究、缺乏理论研究的局限，在关于冷战起源、冷战结束等理论问题上进行了积极的探索。

三、关于冷战问题的学术论争

21世纪以来，俄罗斯国内学者之间、俄罗斯学者与国外学者之间在关于冷战起源、冷战爆发的责任、冷战结束和“新冷战”等问题上继续进行着激烈的讨论，出现了百家争鸣的局面。

（一）冷战的起源

俄罗斯学者纳杰夫将冷战的开始时间定为1917年，并将其与两种政治

---

① *Н. И. Егорова* (отв. ред.), Многосторонняя дипломатия в биполярной системе международных отношений, М., 2012; *И. В. Гайдук*, В лабиринтах холодной войны: СССР и США в ООН, 1945–1965, М., 2012.

② *М. А. Липкин*, Советский Союз и европейская интеграция: середина 1940-х-середина 1960-х годов, М., 2011.

和社会制度的结构性矛盾联系起来。他将冷战产生的主要原因归结为两种制度间的意识形态对抗，认为二战是一个分水岭，之后是一个新的、更活跃的冷战阶段。另一些俄罗斯学者认为，冷战缘于二战的最初几年或二战结束后的国际冲突。但多数俄罗斯学者认为，冷战起源于二战结束和战后的最初几年。

（二）冷战爆发的责任

关于美苏两国对冷战爆发的责任问题，俄罗斯史学界仍然进行着争论。总的来说，这些争论可以归纳为四种观点。第一种观点认为，美国对冷战爆发负有唯一责任。① 第二种观点认为，苏联对冷战爆发负有主要责任。② 第三种观点认为，冷战的爆发不单单是美苏某一方的责任，两个超级大国都对冷战的爆发负有责任。这种观点得到了大多数俄罗斯冷战史学者

---

① *Н. С. Леонов*, Холодная война против России, М. , 2010; «Холодная война» была выгодна Сталину?// Родина, 1998, № 8. с. 2-4; *Н. Н. Бонцевич*, Общественное мнение США и Гарри Трумэн: поворот к антисоветизму (1946-1950)// Американский ежегодник, 2002, М. , 2004, с. 139-158; *И. Ф. Максимычев*, Вступление в холодную войну Москва не планировала конфликта с США и Великобританией после победы над нацистской Германией// Независимая Газета, 2008, 16 июня; *Г. А. Арбатов*, Нам грозит более опасный период, чем холодная война// Россия в глобальной политике, Т. 6, 2008, № 1, с. 132-140; *И. М. Ильинский*, Главный противник: Документы американской внешней политики и стратегии 1945-1950 гг. , М. , 2006, с. 3-64.

② *Д. Я. Травин*, Путинская Россия: от рассвета до отката, СПб, 2009; *В. Л. Исраэлян*, На фронтах Холодной войны: Записки советского посла, М. , 2003; *Е. Ю. Зубкова*, Послевоенное советское общество: политика и повседневность, 1945-1953 гг. , М. , 2000; «Холодная война» была выгодна Сталину?// Родина, 1998, № 8, с. 2-4.

的支持。[①] 第四种观点认为，美苏两个超级大国对冷战的爆发负有相同的责任。[②]

（三）冷战是否已经结束

冷战结束后，俄罗斯史学界的一个显著特点是对冷战是否仍在继续（或“新冷战”）的问题特别感兴趣。一些俄罗斯学者从文明的角度出发对冷战进行了重新定义，认为冷战是针对俄罗斯文明而发动的；冷战没有结束，对现代俄罗斯的冷战是以“无情的压力”和更先进的方式进行的。[③] 一些学者则提出了对俄罗斯的“新冷战”，认为西方国家针对“日益壮大的俄罗斯”展开了新的冷战，其目的是试图阻止“已经开始的世界权力的再分配”。[④]

不过，以叶戈罗娃为代表的大部分俄罗斯冷战史学者认为，冷战是 20

① *Г. М. Корниенко*, «Холодная война», Свидетельство ее участника, М. , 1994; *А. М. Филитов*, Как начиналась «холодная война»// *Л. Н. Нежинский* (Отв. ред.), Советская внешняя политика в годы «холодной войны» (1945–1985): новое прочтение, Москва: Международные отношения, 1995; *В. О. Печатное*, Каким СССР вышел из войны (в оценках американской разведки и дипломатии)// США, Канада: экономика, политика, культура, 2005, № 5. с. 3 – 22; *В. С. Иванова*, Субъективный фактор в американо – советских отношениях на завершающем этапе войны в Европе// Внешняя политика США в первой половине XX века, СПб, 1996; *А. Д. Богатуров, В. В. Аверков*, История международных отношений, 1945 – 2008, М. , 2010; *В. В. Кожинов*, Россия, Век XX (1939 – 1964), Опыт бесстрастного исследования, М. , 2001; *В. О. Рукавишников*, Холодная война, холодный мир: Общественное мнение в США и Европе о СССР, М. , 2005.

② *К. С. Гаджиев*, От биполярной к новой конфигурации геополитических сил// Внешняя политика и безопасность современной России (1991 – 1998), М. , 1999. с. 54–77; *Л. Н. Нежинский*, Советская внешняя политика в годы «холодной войны» (1945 – 1985): новое прочтение, М. , 1995; *Е. П. Бажанов*, Актуальные проблемы международных отношений: избранные труды, в 3 – х томах, Т. 1, М. , 2001; *А. П. Косое*, Российская историография о роли США в развязывании холодной войны// Белорусский журнал международного права и международных отношений, 2004, № 3; *А. И. Уткин*, Холодная война, М. , 2004.

③ *И. Ф. Максимычев*, Холодная война или историческая норма?// Международная жизнь, 2007, № 10, с. 91; *Н. Леонов*, Холодная война против России, М. , 2010.

④ *С. А. Караганов*, Новая холодная война// Россия в глобальной политике, 2008, № 5, URL: http://www.globalaffairs.ru/printver/10427.html.

世纪下半叶国际关系的一个特殊历史时期，是两种对立的社会政治和经济制度之间的全球对抗，其基本特征随着苏联在20世纪90年代初的解体而消失。因此，不应把新时期俄罗斯与西方国家的复杂关系看作是冷战的延续。尽管当前的世界局势确实相当紧张，也许比冷战时期更加危险，但这还不是冷战。

（四）冷战的结束

关于冷战的结束时间一直是学术界争论的一个问题，各国学者对此存在不同的看法。美国学者M. 克莱默认为，冷战结束于苏联解体的前两年。俄罗斯学者K. Г. 米亚洛也将1989年确定为冷战的终点（苏联从阿富汗撤军；东欧的“天鹅绒革命”；戈尔巴乔夫和布什在马耳他的会面）。美国最后一任驻苏大使J. F. 马特洛克则认为，冷战结束于时任美国国务卿乔治·舒尔茨和苏联外长谢瓦尔德纳泽1985年10月在联合国的会晤，并就这一问题与俄罗斯学者展开了激烈的争论。[①] 迄今为止，俄罗斯史学界还没有关于冷战结束时间的专著，而俄罗斯学者一般也认为，冷战的时间框架问题需要进一步研究。但大部分俄罗斯学者认为，冷战的结束不应被视为一次性事件，而是在1989—1991年发生的一个历史过程，并且将冷战的结束与苏联的解体联系在一起。关于苏联解体的原因，俄罗斯学者从外部因素、内部主客观因素等几个方面，以及集权主义、法律、现代化等角度进行了研究和阐释。[②]

（五）冷战的输赢

针对在外国史学界特别是在美国学者中最为普遍的所谓“凯旋

① 详见 Круглый стол: «Новая холодная война» как концепт и реальность// Вестник РГГУ, 2019, № 4, с. 37-59。

② 关于俄罗斯学者就苏联解体原因问题进行研究的成果介绍，详见 *Е. С. Оболкин*, Историография причин распада СССР// Известия Лаборатории древних технологий, Том 16, № 2, 2020, с. 201-210; *А. В. Корочаров*, Распад СССР в отечественной историографии: основные методологические подходы// Россия и современный мир, № 1, 2020, с. 221-241。

论”——关于冷战赢家和输家的辩论，俄罗斯学者也发表了自己的看法。他们认为，俄罗斯现在正为冷战付出高昂的代价——冷战中疯狂的军备竞赛破坏了苏联的经济，苏联在争夺第三世界的过程中浪费了国家资源，而且冷战阻碍了苏联的社会政治制度改革。从苏联解体这一结果来看，在两种制度的对抗中，自由主义民主和市场模式即资本主义模式获胜了，但作为社会主义阵营领导者的苏联，也就是国家本身却主动退出了冷战。至于苏联解体之后的俄罗斯，它也放弃了战后与西方对抗的共产主义国家思想。西方国家对结束冷战也作出了一定的贡献：一是通过长期对抗使苏联因军备竞赛和无力克服经济落后而精疲力竭，二是通过支持（尽管不是立即支持）戈尔巴乔夫的改革及其关于裁军和“欧洲大厦”的倡议推动苏联体制变革。然而，在根本原因的层面上，社会主义阵营尤其是苏联的内部危机起到了决定性的影响。社会主义阵营长期以来存在离心倾向，从内部对其造成了破坏。此外，由于冷战结束的时间正好是苏联解体的时间，这在客观上保证了美国作为当今世界唯一超级大国的地位。从这一点来看，西方国家是赢家。但总的来说，冷战的结束使其所有参与者都有所受益，特别是使他们都摆脱了无节制的军备竞赛和经济军事化，从而可以集中力量解决全球化时代的复杂问题。

四、展望

如果说从冷战结束到20世纪末的近十年，俄罗斯冷战史学者“在西方学术界卓有成效的工作的影响下，已经为这一独特时期的世界史研究作出了自己的贡献”,① 那么21世纪以来，俄罗斯的冷战史研究已经逐步摆脱西方学术界的影响，形成了自己的研究特色，建立了自己的话语体系，不仅达到了可以与西方学术界进行对话的水平，还在一些领域走在了国际学术界的前列。

---

① *В. М. Зубок, В. О. Печатнов*, Отечественная историография «холодной войны»: некоторые итоги десятилетия// Отечественная история, 2003, № 5, с. 139–148.

俄罗斯的冷战史研究取得的成就与苏联解体后相关档案的解密和开放是紧密相关的。可以说，俄罗斯冷战史学者的研究仍然主要是以苏联解密档案为基础，围绕苏联和其他国家存在的“冷战”的历史、本质、属性和后果等问题进行的研究。21 世纪以来，苏联档案的解密和开放进程虽然有所放缓，在一定程度上影响了对一些重大问题的研究，但总的来说，相关档案的解密和开放工作仍在不断推进，而且已经形成定期解密的机制。特别是 20 世纪 70 年代的一批重要档案材料开始解密和开放，为冷战史学者开辟新的研究领域提供了重要的基础。

俄罗斯的冷战史研究也受到了西方冷战史研究的影响，经历了传统学派、修正学派和后修正学派等几个发展阶段。最近 20 多年来，随着西方学界“冷战史新研究”的开展以及相关研究成果的出版，俄罗斯的冷战史研究也开始不断突破传统研究框架，并呈现出新的特点：一方面扩大了研究的地理范围，特别是更加重视第三世界国家的作用；另一方面扩大了研究的时间范围，特别是开始考虑冷战与 20 世纪的其他主要历史进程，特别是与二战前开始并持续至今的政治、经济和文化全球化之间的密切联系。此外，学者们也开始把冷战史纳入 20 世纪国际关系史（通史）中进行阐述。①

21 世纪以来，俄罗斯冷战史研究的发展与俄罗斯面临的国际局势，特别是俄罗斯与美国和西方国家关系的发展紧密相关。为了汲取冷战的经验教训，在新的复杂国际局势下维护国家利益，俄罗斯国内对冷战的关注日益强烈，并掀起了关于“新冷战”的讨论。可以预料，随着大国关系博弈的日益加剧，特别是对俄罗斯与美国关系前景的担忧，俄罗斯国内对冷战史研究的关注还将持续下去。在此背景下，俄罗斯冷战史研究将取得进一步的发展。

---

① *А. О. Чубарьян*, Всемирная история, Т. 6: Мир в XX веке: эпоха глобальных трансформаций, Кн. 2, М. : Наука, 2018; *А. Д. Богатуров*, Системная история международных отношений, Том 3, Москва, 2003.

福特政府时期美国对伊朗的石油政策探析*

刘长新**

摘　要　福特政府时期，美国基本延续了尼克松政府的“双柱战略”，继续视伊朗为重要盟友，但双方围绕石油价格出现了严重分歧。为了尽快恢复自身及西方盟友的国内经济，福特政府一方面对伊朗施压，另一方面联合沙特阿拉伯压低油价，从而破坏了巴列维政府所期望的油价上涨计划，这加速了伊朗国内危机的爆发。美伊双方围绕油价的紧张关系，尤其是巴列维不妥协的态度，表明两国“特殊关系”并不稳固。同时，福特政府内部存在的政策分歧也使得油价问题乃至双边关系进一步复杂化。

关键词　福特；石油；巴列维；“双柱战略”

尼克松政府时期，美国在海湾地区提出了“双柱战略”，伊朗成为其重要的代理人，美伊两国关系进入蜜月期。福特政府时期，该战略得到了延续，但是两国围绕油价问题出现了明显分歧。福特政府采取的联合沙特阿拉伯打压伊朗的政策不但恶化了伊朗的国内经济，加速了伊斯兰革命爆发，

---

* 本文是山西省高等学校哲学社会科学研究项目“欧洲安全格局中的欧安组织研究”（项目编号：2019W061）的阶段性成果。

** 刘长新，山西师范大学历史与旅游文化学院副教授、硕士生导师，主要研究方向为美国外交史。

而且对美伊双边关系造成了消极影响。一直以来，国内外学术界对福特政府时期美伊关系的研究较少，并且已有研究也主要侧重于尼克松政府“双柱战略”背景下双方合作关系的探讨，对于双方之间的分歧关注较少。[①] 本文试图在相关研究基础上，通过论述20世纪70年代中后期福特政府对伊朗采取的石油政策，分析双方围绕油价问题进行的博弈过程以及美国政府内部的政策分歧，探讨两国之间的内在矛盾，从而更全面地认识美伊两国的“特殊关系”，同时加深对沙特政府在其中扮演的角色的认知。

一、福特政府对伊朗石油政策制定的背景

1974年8月，杰拉尔德·福特接替因“水门事件”辞职的尼克松，继任美国总统。此时的美伊关系仍处于自20世纪50年代初就已开始的“蜜月期”，双方在政治、经济、军事及外交等领域保持着密切的合作关系。对于美国而言，其对伊政策的出发点是为自身谋求利益，这一点在50年代初美国国家安全委员会起草的对伊朗立场的报告中就已得到清晰阐述。该报告指出伊朗的地理位置及其所拥有的资源和易受攻击的特点使其很容易成为苏联扩张的目标，进而苏联可以控制西欧经济所依赖的石油，获得在中东地区进一步扩张的基地，从而损害美国及西方社会的利益。因此，美国对

① 现有成果主要关注于双方的“蜜月关系”，认为虽然美伊特殊关系受到了美国政府内部成员及国会的挑战，但出于对抗苏联的需要，福特总统仍决定维持并深化与伊朗的军事关系。参见Stephen McGlinchey, “Beyond the Blank Cheque: Arming Iran during the Ford Administration,” *Diplomacy & Statecraft* 27, Iss. 3 (2016)。有的研究以伊朗干涉阿曼内政为视角，探讨了福特政府对伊朗巴列维政府外交政策的纵容。参见 James F. Goode, “Assisting Our Brothers, Defending Ourselves: The Iranian Intervention in Oman, 1972-75,” *Iranian Studies*, Vol. 47, Iss. 3 (2014)。有的研究谈及了巴列维政府与福特政府在中东及石油等问题上的合作。参见冀开运：《巴列维王朝的波斯湾战略及其地区影响》，《阿拉伯世界研究》2017年第4期；吴艳：《美国与伊朗“蜜月”关系演变研究（1953—1979）》，硕士学位论文，兰州大学历史文化学院，2012；郑功：《20世纪70年代的两次石油危机与美国中东石油政策的调整》，博士学位论文，南京大学历史学院，2015。但是也有少量研究谈及了双方的分歧，指出福特政府在油价问题上的策略加剧了巴列维政府的困境，促成了伊斯兰革命的爆发。参见Andrew Scott Cooper, “Showdown at Doha: The Secret Oil Deal That Helped Sink the Shah of Iran,” *Middle East Journal* 62, no. 4 (Autumn, 2008)。

伊朗政策的主要目标是阻止苏联统治伊朗，防止伊朗在冷战中采取亲苏或是中立立场，保持伊朗与西方世界的结盟。① 通过积极介入伊朗1953年政变，扶植亲美政权，美国与伊朗逐步确立了坚实的盟友关系。

进入20世纪70年代，美国与伊朗之间的关系更为密切。尼克松就任总统后，面对国际形势的重大变化，提出了“伙伴关系、实力、谈判”三原则，鼓励其盟友承担更多的安全责任，从而维护美国的长远利益。② 在海湾地区，“双柱”政策确立并实施，“两个最大的海湾国家伊朗和沙特承担了更大的责任，帮助加强该地区的稳定”。③ 尼克松总统称巴列维国王是“最好的朋友”。④ 同时，美国政府还默许伊朗占领霍尔木兹海峡附近的几个岛屿，整个70年代，美国仅仅在波斯湾部署了象征性的海军力量，伊朗则承担着重要的安全责任。但与此同时，美伊两国围绕石油价格问题的分歧也愈加明显。

石油禁运给美国等西方国家的经济带来了严重冲击，此前石油输出国组织成员国为了维护自身权益而进行的提价及石油国有化等行动也沉重打击了西方国家在国际石油市场中的话语权。虽然伊朗出于维护美伊关系等考量，并未在第四次中东战争期间加入石油禁运国行列，但在不断推动油价的上调。在1973年7月出访美国的过程中，巴列维表示伊朗油价的上涨符合美国及西欧等国的利益。⑤ 12月23日在德黑兰举行的石油输出国组织成员国会议上，伊朗等国主导了油价的上涨行动，将油价翻了一番，并决

① *Foreign Relations of the United States*（以下简称“FRUS”），IRAN, 1951 - 1954, Vol. X, https://history.state.gov/historicaldocuments/frus1952-54v10/d6，访问日期：2022年7月20日。

② Richard Nixon, *Message to the Congress Transmitting the First Annual Report on United States Foreign Policy*, February 18, 1970, https://www.presidency.ucsb.edu/documents/message-the-congress-transmitting-the-first-annual-report-united-states-foreign-policy，访问日期：2022年7月20日。

③ Richard Nixon, *Fourth Annual Report to the Congress on United States Foreign Policy*, May 3, 1973, https://www.presidency.ucsb.edu/documents/fourth-annual-report-the-congress-united-states-foreign-policy，访问日期：2022年7月20日。

④ Editorial Note, *FRUS*, Iran, Iraq, 1973–1976, Vol. XXVII, p. 207.

⑤ “Memorandum of Conversation,” July 26, 1973, *FRUS*, Iran, Iraq, 1973–1976, Vol. XXVII, p. 114.

定建立新的价格体系。[1]

面对日益严峻的能源危机与经济困境，尼克松政府内部主张对伊朗施压的呼声日益强烈。负责近东及南亚事务的副助理国务卿罗杰·戴维斯在石油输出国组织德黑兰会议召开之前，就通过伊朗驻美大使向伊朗政府表明了反对立场，认为这会给工业国尤其是发展中国家带来严重问题。[2] 财政部长威廉·西蒙催促尼克松向巴列维施加压力，指出伊朗是国际原油价格上涨的元凶之一。[3] 1974 年 4 月，由美国商务部、原子能委员会及联邦能源局等部门成员组成的一个跨部门小组在一份提交给基辛格的关于美伊关系的报告中指出，为了更广泛的全球利益，美国政府需要采取措施影响伊朗的油价。[4] 8 月份，在国会的听证会上，负责近东及南亚事务的助理国务卿艾尔弗雷德·L. 阿瑟顿指出，油价出现了显著上涨，这对大多数石油消费国的经济稳定形成了严重威胁。[5] 作为外交政策的主导者，尼克松与基辛格两人在此问题上的立场则具有“两面性”。一方面，两人均认为高油价不符合美国的国家利益，巴列维抬高油价的举措与美国的利益相反。为了降低油价，尼克松与基辛格很早就开始向沙特国王施加压力。1974 年 2 月在华盛顿召开的国际能源会议上，尼克松与基辛格积极主导并协调建立能源消费国组织，以对抗石油输出国组织，稳定石油价格，维护自身利益。[6]

---

① “Telegram from the Embassy in Iran to the Department of State,” December 26, 1973, *FRUS*, Energy Crisis, 1969-1974, Vol. XXXVI, pp. 774-775.

② “Telegram from the Department of State to the Embassy in Iran,” December 22, 1973, *FRUS*, Iran, Iraq, 1973-1976, Vol. XXVII, p. 163.

③ “Memorandum of Conversation,” July 9, 1974, *FRUS*, Energy Crisis, 1969-1974, Vol. XXXVI, p. 1024.

④ “Paper Prepared by an Interdepartmental Working Group,” April 25, 1974, *FRUS*, Iran, Iraq, 1973-1976, Vol. XXVII, p. 184.

⑤ “Department Reviews U. S. Relations with the Countries of the Arabian Peninsula-Persian Gulf Region,” August 7, 1974, *The Department of State Bulletin*, Vol. LXXI, No. 1836, https://www.fordlibrarymuseum.gov/library/document/dosb/1836.pdf，访问日期：2022 年 8 月 15 日。

⑥ Richard Nixon, “Remarks at a Working Dinner of the Washington Energy Conference,” February 11, 1974, https://www.presidency.ucsb.edu/documents/remarks-working-dinner-the-washington-energy-conference，访问日期：2022 年 8 月 15 日。

另一方面，与对沙特的直接施压不同，两人并不愿公开向伊朗施加压力。面对财政部长西蒙提出的施压请求，尼克松表示伊朗是美国最好的朋友。① 当西蒙与巴列维因为石油禁运对美国的影响问题出现公开争论后，尼克松选择写信安抚巴列维，强调不支持西蒙的观点，并就此致歉，重申对双边关系的重视。基辛格在 1974 年 3 月发给美国驻伊朗大使的电报中指出石油贸易仅仅是美伊之间短时期内的一个小问题，双方需要建立高级别的合作机制，深化并扩展各领域的长期合作。②两人的立场甚至引起了其他国家的不解，法国外长米歇尔·若贝尔在 1973 年 12 月 19 日与基辛格的交谈中表示，难以理解美国政府对巴列维的支持态度，认为后者正在利用局势有意推动油价的大幅上涨。③

二、福特政府初期美国对伊朗石油政策的调整

1974 年 8 月尼克松辞职后，继任的福特总统在阐述美国的外交政策时指出，此前他一直全力支持尼克松总统的外交政策，现在他仍将继续坚持下去。④ 基辛格继续成为外交政策的主导者。此时苏联正积极通过支持巴解组织等反美势力，试图扩展苏联的影响力。⑤ 在美伊关系上，福特和基辛格在给巴列维的信中陈述了继续强化双方合作的重要性，表示将竭力推动美伊的友好关系。⑥ 但在油价问题上，与尼克松政府整体上的放任无为政策相比，福特政府开始了政策上的逐步调整。

---

① "Memorandum of Conversation," July 9, 1974, *FRUS*, Energy Crisis, 1969-1974, Vol. XXXVI, p. 1024.

② "Telegram from the Department of State to the Embassy in Iran," December 22, 1973, *FRUS*, Iran, Iraq, 1973-1976, Vol. XXVII, p. 163.

③ Ibid.

④ Gerald R. Ford, "Address to a Joint Session of the Congress," August 12, 1974, https://www.presidency.ucsb.edu/documents/address-joint-session-the-congress，访问日期：2022 年 8 月 15 日。

⑤ 沈志华主编《苏联历史档案选编》第 33 卷，社会科学文献出版社，2002，第 44—45 页。

⑥ "Telegram from the Department of State to the Embassy in Iran," August 9, 1974, *FRUS*, Iran, Iraq, 1973-1976, Vol. XXVII, pp. 224-225.

福特本人对于居高不下的油价非常担忧，认为这将扭曲全球经济，造成经济衰退以及世界安全秩序的崩溃，因此极力赞成采取措施降低油价。福特就职第二天，基辛格与伊朗驻美大使就伊朗油价问题进行了会谈，这为与巴列维开启建设性会谈奠定了基础。在会谈中，基辛格表示他并不认为油价的高低完全取决于伊朗，但是可以就此问题进行讨论。① 8 月 13 日，在国务院就油价问题召开的会议上，基辛格认为沙特短时间内难以成为美国最可靠的石油来源，单独向伊朗施加压力有风险，但是他将告诉巴列维任何减产行为都将会损害两国的整体关系，并表示伊朗的石油政策极为重要，政府要引导其与美国采取合作立场。② 西蒙认为，顾虑到与美国的长期关系，巴列维必定会谨慎采取行动。8 月 17 日，在白宫召开的石油问题会议上，基辛格再次反驳了西蒙提出的与巴列维进行直接对抗的想法，认为这不符合美国的利益，并质疑沙特在油价问题上能否配合美国。但与此同时，基辛格也提出可以采取其他办法来迫使伊朗降低油价，如削减军事援助、召开主要石油消费国参加的国际能源会议协调立场以及在国际货币基金组织理事会会议上讨论行动方案等，并且基辛格表示将会在 10 月前往伊朗讨论该问题。③ 9 月 25 日及 10 月 5 日，负责近东及南亚事务的副助理国务卿西德尼·索伯以及中情局的代表分别在与伊朗内政部长贾姆希德·阿穆泽加尔及巴列维的会谈中，重申了美国政府对当前国际油价的担忧，希望伊朗政府能够在此问题上与美国政府进行合作而不是对抗。④ 11 月 1 日，基辛格在德黑兰与巴列维的会谈中指出，石油价格的突然上涨将影响并威胁现有的政治格局，特别是西欧等地区的稳定，石油输出国组织成员国很多领导人的视野都很狭隘，美国不希望与伊朗在这一问题上

---

① "Telegram from the Department of State to the Embassy in Iran," August 9, 1974, *FRUS*, Iran, Iraq, 1973–1976, Vol. XXVII, p. 225.

② Ibid., pp. 2–4.

③ "Memorandum of Conversation," August 17, 1974, *FRUS*, Energy Crisis, 1974–1980, Vol. XXXVII, pp. 12–14.

④ "Telegram from the Embassy in Iran to the Department of State," September 26, 1974, *FRUS*, Iran, Iraq, 1973–1976, Vol. XXVII, pp. 241–242, 247–248.

出现对抗。[1]

福特政府就职初期在伊朗油价问题上出现的态度转变主要是出于经济上的考虑。福特上任时所面临的是“这个国家和平时期有史以来最严重的通货膨胀、本世纪最高的利率、正在萎缩和混乱的证券市场、伴随高失业率的经济滞胀、日益恶化的国际贸易和支付地位”。[2] “到 1974 年 12 月上旬，经济出现了明显的变化，通胀问题之后又是失业问题，我们处于二战后最严重的经济衰退之中……”[3] 这种局面迫使福特政府必须尽快采取措施来应对，而作为石油消费大国，石油价格又与美国的经济息息相关。第四次中东战争之后的石油禁运已经给美国造成严重的冲击，高昂的油价将极大地抑制美国经济的复苏。另外，其他西方国家也难以从能源危机带来的经济衰退中脱身。

同时，随着尼克松的离去，美伊“特殊关系”开始削弱，美国政府及国会内部对于巴列维的质疑不断增加，财政部、国防部及参议院等机构的不少官员均质疑尼克松与基辛格在油价及军售问题上绥靖伊朗国王的策略适得其反，进一步助长了巴列维的民族主义情绪。尤其是面对美国政府降低油价的呼吁，巴列维表示西方国家通胀的主要原因并不是油价，如果西方想降低油价，完全可以减少石油公司的利润，而不是要求伊朗放弃自己该得的东西。[4]

三、1975 年巴列维美国之行与美伊分歧的扩大

美伊关系蜜月时期，巴列维国王曾经多次出访美国，1975 年 5 月，巴

---

① “Message from Secretary of State Kissinger to the President’s Deputy Assistant for National Security Affairs (Scowcroft),” November 3, 1974, *FRUS*, Iran, Iraq, 1973-1976, Vol. XXVII, p. 269.

② Gerald R. Ford, *A Time to Heal: The Autobiography of Gerald R. Ford* (Harper and Row, 1979), p. 147.

③ Yanek Mieczkowski, *Gerald Ford and the Challenges of the 1970s* (Kentucky University Press, 2005), p. 4.

④ “Telegram from the Embassy in Iran to the Department of State,” September 26, 1974, *FRUS*, Iran, Iraq, 1973-1976, Vol. XXVII, pp. 237-238.

列维进行了福特就职总统后的首次美国之行。在这次出访中，双方在双边关系、地区安全及国际形势等问题上重申了合作立场，福特政府也表明了将继续视伊朗为可信赖的盟国。但与此同时，随着一些新状况的出现，双方在油价问题上的分歧并未缓解，甚至还有所扩大。

首先是美国国内政治环境的变化。作为“双柱”之一，伊朗长期受到美国政府的支持与援助，尼克松总统对巴列维的信任更是达到了顶点，基辛格也一直被视为巴列维的坚定盟友。但是，这种支持与信任的力度随着美国国内政治环境的变化而不断下降。尼克松下台后，基辛格曾一度主导国家的外交决策，不过随着时间的推移，他的这一地位受到削弱。在政府内部，基辛格受到了包括国防部长施莱辛格在内的反对者的有力挑战，他们与基辛格在美苏缓和、中东政策等众多问题上存在显著分歧。同时，基辛格与国会的关系也日趋复杂。国会对于尼克松时期的秘密外交与个人主义的外交决策方式早已不满，批评基辛格在越南战争、推翻智利阿连德政权等事件中所扮演的角色。尤其是越南共和国政权的垮台给美国民众带来了巨大冲击，部分反基辛格的议员在听证会上指出基辛格必须要为他自己“信誉的下降”承担责任。[①]

与此相伴随的是从 1975 年开始不断出现的关于基辛格将要辞职的传言。作为回应，白宫不断对外营造仍然信任基辛格的印象。[②] 但是随着福特地位的稳固，特别是由于面对即将到来的 1976 年大选，福特不想被视为没有主见的领导人，尤其是在外交领域，因此基辛格的外交主导权开始旁落。1975 年 10 月福特突然改组了内阁，基辛格失去了总统国家安全事务助理的职位，其盟友洛克菲勒也放弃了副总统的提名，而新任国防部长拉姆斯菲尔德也是基辛格的竞争对手，这些都削弱了政府内部对巴列维的支持力量。

其次是作为“双柱”之一的沙特的外交政策，尤其是石油政策的转变。第四次中东战争导致美沙关系因石油禁运等问题陷入僵局，两国围绕石油问题进行了长时间博弈，甚至美国与伊朗都制订了干涉沙特的应急军事行

---

① Robert D. Schulzinger, *Henry Kissinger: The Doctor of Diplomacy* (Columbia University Press, 1989), p. 181.

② Gerald R. Ford, *A Time to Heal*, p. 129.

动计划。虽然后来在解除禁运问题上，沙特采取了迎合美国的立场，不惜以退出石油输出国组织相威胁来推动禁运的取消，但是基辛格等人对沙特领导人并不信任，认为他们是“最没有能力、没有胆量的阿拉伯人，不会在油价问题上合作”。[①] 1975 年沙特国王费萨尔去世，新一代领导人开始调整外交政策，决定利用本国的石油资源进一步深化与美国的关系，实现国家利益最大化。对于美国政府而言，深化美沙关系一方面有助于美国获得稳定的能源供应，另一方面也有助于通过沙特来维护美国在波斯湾乃至中东地区的利益。事实上，在 1974 年 3 月禁运解除之初，美国总统尼克松就指示成立高级别跨部门小组立即研究制订深化美沙在经济、军事及科技等领域合作的计划。[②] 1975 年 3 月 25 日费萨尔遇刺身亡的第二天，福特总统就指示国家安全委员会成立专门小组研究中东地区主要国家最近的变动，思考美国在该地区的具体目标、利益及具体策略。[③]

在巴列维抵达美国之前，福特、基辛格及斯考特罗夫特三人讨论了与巴列维的会谈内容。基辛格指出，巴列维强硬冷漠且具有地缘政治眼光，美国在能源问题上难以获得伊朗的帮助。[④] 在此前给福特的备忘录中，基辛格已经提出希望不要在会谈中向巴列维提出油价问题，以免引起后者的对抗与不满。基辛格表示：“由于美国公众及国会对伊朗油价政策的批评，国王心烦意乱……美伊双方之间最大的问题就是油价问题。”[⑤]

在 15 日的首次会谈中，双方讨论了包括苏联威胁、中东地区安全在内的一系列问题，对于石油问题也有所涉及，但并没有直接谈及伊朗政府的石油政策。基辛格提出沙特政府上调了石油价格，对此巴列维表示沙特需

① “Memorandum of Conversation,” September 10, 1974, *FRUS*, Energy Crisis, 1974-1980, Vol. XXXVII, pp. 13-14.

② “Joint U. S. -Saudi Economic, Military, and Technological Cooperation,” March 12, 1974, *Digital National Security Archive*（以下简称“DNSA”）, PR01242, Presidential Directives, Part II.

③ “U. S. Policy in the Middle East,” March 26, 1975, *DNSA*, PD01480, Presidential Directives, Part I.

④ “Memorandum of Conversation,” May 15, 1975, *FRUS*, Iran, Iraq, 1973-1976, Vol. XXVII, pp. 371-372.

⑤ Andrew Scott Cooper, “The Secret Oil Deal That Helped Sink the Shah of Iran,” *Middle East Journal* 62, no. 4 (Autumn, 2008): 575.

要的并不是金钱，而是要解决领导层的腐败问题。由于担心沙特出现类似于卡扎菲式的领导人，双方还讨论了在特殊情形下如何出兵干涉沙特，从而掌握沙特的石油财产等问题。[①] 16日中午，巴列维与美国国防部长施莱辛格举行了会谈。会谈前施莱辛格收到的备忘录中指出，美国的政策仍然是尽可能满足巴列维的需求，使其至少在一段时间内成为美国在波斯湾地区的支点。但是双方未来可能出现的分歧越来越多，包括原材料价格问题，因此双方需要进行坦率的讨论来寻求弥合分歧。会谈中，在谈到原料价格问题时，巴列维表示以前一些国家可以以低价购买石油，但是现在已经不可能了。廉价石油的时代已经过去，任何国家都必须足额支付。[②]

当天下午，巴列维与福特及基辛格再次举行了会谈。面对国内的经济形势以及各方的压力，福特总统向巴列维提出了油价问题，指出美国以前是低油价的受益者，现在正努力与能源生产者与消费者合作，希望能够"拯救"能源消费者。美国承认能源生产者的权利，但是他们必须看到美国面临的问题，因此希望伊朗能够提供建议。对此，巴列维表示石油的价格必须要与其他能源的价格持平，并且在油价上涨的同时，伊朗等国购买的工业产品价格有着更大幅度的上涨，伊朗将会帮助美国等西方国家克服通胀问题，也将捍卫自身的购买力。[③] 对于巴列维而言，伊朗此时严峻的国内经济形势是他必须要考虑的问题。一方面，高油价加剧了西方经济的停滞，减缓了对石油的需求，进而对伊朗造成了冲击；另一方面，油价的下跌又将直接减少伊朗的主要收入来源，同样会带来不小的压力。不过，在会谈的最后，福特再度称赞了巴列维，称他对世界局势有着客观的认识，巴列维则祝愿福特赢得总统选举。

虽然油价问题并没有在此次双边会谈中成为焦点，但在会谈后的第二天，形势发生了显著变化。5月17日，在离开美国前召开的新闻发布会上，巴列维宣布将会再次提高油价，伊朗官方公布的具体幅度为35%。巴列维

---

① "Memorandum of Conversation," May 15, 1975, *FRUS*, Iran, Iraq, 1973-1976, Vol. XXVII, pp. 374-375.

② Ibid., pp. 380-381.

③ Ibid., pp. 385-386.

的这一举动严重刺激了美国民众，招来了众多的批评，而这一决定发布的时机更是让福特政府陷入被动境地。面对巴列维的表态，福特与基辛格没有做出回应，但这毫无疑问进一步助长了美国国内不满巴列维的势力。“美国对巴列维的来访致以深深的鞠躬”，报纸的头条做出了这样的评价。

四、多哈会议的摊牌与影响

自巴列维访美之后，美国政府对巴列维的态度产生了很大转变，越来越多的官员开始质疑巴列维对美国的忠诚问题，基辛格对伊朗的绥靖政策面临着更多的挑战。总统经济顾问委员会主席格林斯潘指出，控制油价不再上涨将会对全世界产生积极的心理影响，而工业强国需要稳定的油价带来的信心。[①] 在他看来，伊朗的涨价将对西方国家造成进一步冲击，福特总统需要采取措施制止巴列维。拉姆斯菲尔德则质疑美国一直以来对伊朗做出的承诺。对于伊朗政府提出的售伊武器价格过高的问题，他认为是石油等原材料价格上涨等多种原因造成的，代理费则可能涉及腐败问题。[②] 由此，两国之间的军事合作关系出现了明显降温。此外，美国政府还积极协调在石油消费国与生产国、工业国及发展中国家之间建立对话机制，进而向石油生产国表明单方面行使其涨价的权力并不符合共同利益。[③] 在国会方面，1976 年 7 月，参议院外交关系委员会发布了一份直率的报告，警告向伊朗不加限制地出售武器的危险，以及批评基辛格作为一个战略家的可信性，称“没有证据表明总统以及国务卿意识到了美国与伊朗的军事关系带

① “Memorandum of Conversation,” December 7, 1976, *FRUS*, Energy Crisis, 1974–1980, Vol. XXXVII, p. 395.

② “Memorandum of Conversation,” January 19, 1976, *FRUS*, Iran, Iraq, 1973–1976, Vol. XXVII, p. 470.

③ “Department Discusses Status of International Energy Program,” July 14, 1975, *The Department of State Bulletin*, Vol. LXXIII, No. 1885, https://www.fordlibrarymuseum.gov/library/document/dosb/1885.pdf, 访问日期：2022 年 7 月 15 日。

来的深远影响”。[①] 对伊朗不利的各种政府内部报告被泄露给报社，报纸中出现了不少批评美国对伊政策的评论。

作为政策的制定者，基辛格仍然试图为巴列维辩护。在与福特的会谈中，他表示了对美伊关系状况的担忧，并认为财政部与国防部正在调查巴列维，而他们都是阴险的反伊朗分子，“美国已经抛弃土耳其，现在轮到了伊朗”。[②] 1976 年 8 月，基辛格飞到伊朗与巴列维举行了会谈，重申了美国对伊朗的承诺，并制定了进一步的措施以深化对巴列维政权的支持。在油价问题上，巴列维仍然为自己的政策进行辩护，提出油价的上涨与通货膨胀相关，对此基辛格并未做出强硬回应。基辛格非常清楚此时伊朗国内已经问题重重。事实上，自从 20 世纪 70 年代开始，伊朗国内已经危机四伏，巴列维制定的雄心勃勃的国内发展计划以及军备建设导致国内出现经济问题，大规模的开支则导致了物价的迅速上涨。由此，伊朗的国内经济在 70 年代中期陷入衰退，与此同时，国内的社会问题也层出不穷，政府面临着广泛的不满与反对。基辛格在给福特的备忘录中曾多次指出伊朗的石油收入与开支之间的巨大差距，以及伊朗原油出口量的持续下降及其寻求福特政府帮助增加原油出口的问题。

不过，福特总统显然在油价问题上接受了基辛格对手们的意见——在寻求与沙特合作的同时，加大了对伊朗的施压力度。1976 年 9 月，在会见沙特王子萨乌德时，福特表示“油价在今年 12 月石油输出国组织会议以及 1977 年的任何增长都将是极其有害的，世界经济会衰退到去年的灾难状态，我将会跟伊朗讨论这个问题”，萨乌德则表示“沙特将会拒绝超出合理限度的增长，而这在很大程度上依赖于你对伊朗及委内瑞拉所采取的政策”。[③]

① Don Oberdorfer, "Study Says Nixon OKed Unrestricted Iran Arms Sales," *The Los Angeles Times*, August 2, 1976, p. A1.

② "Backchannel Message from Robert B. Oakley of the National Security Council Staff to the President's Assistant for National Security Affairs (Scowcroft)," August 6, 1976, *FRUS*, Iran, Iraq, 1973–1976, Vol. XXVII, p. 540.

③ "Memorandum from Robert Hormats of the National Security Council Staff to the President's Assistant for National Security Affairs (Scowcroft)," September 15, 1976, *FRUS*, Energy Crisis, 1974–1980, Vol. XXXVII, p. 366.

在 10 月 29 日写给巴列维的信中，福特以强烈的措辞警告巴列维提高油价的后果，强调油价的新一轮上涨将破坏经济复苏的趋势，加剧重要工业国面临的经济问题。同时，美国向伊朗出售 F-16 战机及其他军事装备的行动正处于风险中，伊朗此时支持石油输出国组织上调油价将会有利于那些“敌视美伊关系的人”。[①] 由此，福特总统清楚地表明他对巴列维的政策失去了信心。对于福特的施压，巴列维在回信中拒绝接受来自西方的指责，即高油价导致了西方的经济困难。他表示，英法的失败在于其未能对国内经济政策进行有序调整。福特总统的能源独立计划是失败的，而伊朗自身的发展严重依赖于石油，因此其不能采取自杀式行为。另外，如果美国国会及其他反伊朗势力阻止伊朗的繁荣及其军事的强大，“我们可以求助于其他国家获得武器供应，没有什么比这种威胁的语气以及家长制作风更能引起我们的反感”。[②]

至此，基辛格姑息绥靖巴列维的政策无论对巴列维还是福特都没能产生任何积极影响，两人逐渐成了彼此的对手。在多哈会议即将召开之际，福特总统于 11 月 29 日邀请沙特驻美国大使前往白宫，向其阐明了油价上涨带来的消极影响，同时强调他本人一直在维护沙特的利益并且支持两国建立最密切的关系；但是，油价的上涨将会让美国民众质疑，如果沙特想成为美国的战略伙伴，必须要像盟友一样采取行动。对此，沙特驻美大使表示，他的政府很同情美国的处境，沙特将尽一切努力帮助美国，但是需要美国向石油输出国组织其他成员国施加压力。[③] 这是因为石油输出国组织奉行全体成员国一致原则，会议的所有决定，除程序事项外，均须经全体正式成员一致同意。[④] 12 月 9 日，沙特哈立德国王在给福特的信中表示沙特将

① “Telegram from the Department of State to the Embassy in Iran,” October 30, 1976, *FRUS*, Iran, Iraq, 1973-1976, Vol. XXVII, p. 571.

② “Letter from the Shah of Iran to President Ford,” November 1, 1976, *FRUS*, Iran, Iraq, 1973-1976, Vol. XXVII, pp. 573-574.

③ “Memorandum of Conversation,” November 29, 1976, *FRUS*, Energy Crisis, 1974-1980, Vol. XXXVII, pp. 390-391.

④ *OPEC Statute*，参见 https://www.opec.org/opec_web/static_files_project/media/downloads/publications/OPEC_Statute.pdf，访问日期：2022 年 7 月 12 日。

继续与石油输出国组织其他成员国一起控制油价，实现合理及可接受的最低油价涨幅。与此同时，美国与伊朗的对抗继续升级。在 12 月 7 日与伊朗驻美大使阿德什·扎赫迪的会谈中，福特表示他不同意巴列维关于石油价格的观点，并且美国政府不想与伊朗陷入公开的对抗，希望伊朗能在多哈会议上发挥影响力。但是扎赫迪强调涨价是不可避免的，幅度可能是 20%—25%，并且巴列维也不会提出推迟会议。针对格林斯潘提出的异议，扎赫迪则表示现在采取行动已经太迟，美国政府现在期望的应该是此次会议上油价的涨幅不要超过 10%。[①]

1976 年 12 月 15—17 日，石油输出国组织多哈会议召开。会议前一天，沙特驻美大使扎赫迪向福特总统转达了沙特政府的最新决定，表示沙特不会允许油价上涨幅度超过 10%；考虑到石油公司的态度，最终确定涨幅为 5%。福特总统对此举表示了感激。令美国政府意外的是，在会议过程中，沙特政府做出了更大的让步。面对以伊朗为首的另外 11 个石油输出国组织成员国做出的将油价在 1977 年上调 15%的决定，沙特政府不予理睬，宣称将大幅增产，将其国内石油产量从日产 860 万桶提高到 1160 万桶，从而将价格涨幅限制在 5%以内。[②] 沙特和伊朗之间未能达成妥协，结果是石油输出国组织形成了双重石油价格体制。会议结束当天，福特表明了美国政府的态度，表示对石油输出国组织再次提高油价的决定深感遗憾，但是非常赞赏沙特等少数国家做出的努力，而大多数成员国缺乏国际责任感。[③]

随着多哈会议的破裂以及沙特政府实施大幅提高石油产量以控制油价的策略，伊朗面临的困境愈加严重。此前，西方国家经济衰退导致的石油需求量的下降以及巴列维在国内进行的大规模建设已经恶化伊朗的经济形

---

① “Memorandum of Conversation,” December 7, 1976, *FRUS*, Energy Crisis, 1974-1980, Vol. XXXVII, pp. 394-395.

② “Telegram from the Department of State to All Diplomatic Posts,” December 22, 1976, *FRUS*, Energy Crisis, 1974-1980, Vol. XXXVII, pp. 398-399.

③ Gerald R. Ford, “Statement on Decision by the Organization of Petroleum Exporting Countries to Increase Oil Prices,” December 17, 1976, https://www.presidency.ucsb.edu/documents/statement-decision-the-organization-petroleum-exporting-countries-increase-oil-prices，访问日期：2022 年 8 月 20 日。

势。到1976年，伊朗许多城市受到了粮食短缺、电力不足以及运输瓶颈的冲击，以至于巴列维多次向美国政府施压，要求美国石油公司购买更多的伊朗石油，以缓解伊朗的经济压力。此时伊朗的经济发展极度依赖石油的产量以及西方的消费需求，因此巴列维寄希望于多哈会议能够通过大幅涨价的决议来增加伊朗的石油收入。然而，美国与沙特政府联手破坏伊朗计划的举措无疑给后者造成了严重的心理冲击，并很快在经济方面体现了出来。巴列维最亲密的助手、宫廷大臣阿萨多拉·阿拉姆于1977年1月在给巴列维的信中指出："我们现在处于可怕的经济危机之中，如果想生存的话，我们必须勒紧自己的腰带。"① 由于缺少资金，巴列维政府不得不放弃了第五个经济发展计划，采取了冻结政府开支、大幅度减少军费及增加税收等诸多措施。同时，经济形势的恶化也加重了伊朗国内原已存在的经济通胀以及失业问题。到20世纪70年代末，伊朗的城市劳动力市场一片混乱，数百万失业者及半失业者在各城市的街头游荡，这些都加速了随后伊斯兰革命的爆发。

五、结语

美国、伊朗和沙特围绕油价问题所进行的长期博弈以及最终的结果，既表明了伊朗与沙特这两大君主国之间微妙复杂的关系，也宣告了福特政府对"双柱战略"的显著调整。多哈会议结束后，在给沙特国王的信中，福特表达了对沙特的钦佩与感激之情，指出沙特在巨大压力之下仍然抵制了大幅涨价的要求，这一决定减缓了对世界经济的冲击，有利于两国的双边合作。同时，他强调美国将与沙特政府密切合作，共同解决全球经济以及中东和平等问题，而两国的密切关系也有助于维护地区及世界的和平与稳定。② 这与此前对巴列维不妥协立场的持续批评形成鲜明对比。一方面，

---

① Asadollah Alam, *The Shah and I: The Confidential Diary of Iran's Royal Court, 1969 - 1977* (St. Martin's Press, 1991), p. 537.

② "Letter from President Ford to Saudi King Khalid," December 29, *FRUS*, Energy Crisis, 1974 - 1980, Vol. XXXVII, p. 402.

这表明沙特得到了更多的认可，并且至少在一段时期内将成为美国在波斯湾地区最忠诚的盟友。同时，虽然伊朗仍然是美国波斯湾战略的支柱之一，但是双方之间的特殊关系显然受到了冲击。除了在政治经济层面，在军事领域，由于国内状况的不断恶化，伊朗不得不取消了部分对美军购订单，并且其海军基地建设项目也被搁置。另一方面，从决策过程来看，福特政府与沙特政府共同合作打压油价的举动的初衷并非在于削弱伊朗，而是更多地通过控制油价来恢复自身的经济稳定。但是这在客观上与伊朗的石油政策相矛盾，并且最终加剧了伊朗的财政危机，动摇了伊朗的经济。

新中国成立初期中埃交流中的郭沫若

陈 瑜*

摘 要 自1956年中埃建交以来，中国与埃及和衷共济，双边关系不断深化。郭沫若是我国文化界的领袖，他的文化外交是新中国国际交往中的一大特色。在新中国成立初期的中埃交流中，郭沫若开展了一系列活动。特别是1957—1958年访问埃及并出席亚非人民团结大会之后，郭沫若创作了组诗《游埃及杂吟十二首》，歌颂了埃及人民的反侵略斗争，赞扬了亚非人民团结大会的反帝主旨。郭沫若是中埃友谊的推动者与见证人，为中埃文化交流乃至中国与阿拉伯、非洲国家的交流作出重要贡献。

关键词 新中国外交；埃及；郭沫若；文化外交

新中国成立后，面临复杂的国际形势，坚定反对帝国主义、殖民主义和霸权主义，奉行独立自主的和平外交政策。由此，新中国积极发展同社会主义国家和第三世界国家的关系，支持世界各国人民的反帝反殖斗争。1955年4月，亚非29个国家的政府首脑在印尼万隆举行会议，会议《最后公报》吸收中国代表团的建议，形成了和平共处、友好合作的十项原则，使和平共处五项原则得到体现和引申。1956年5月中埃两国建交，标志着新中国与非洲和阿拉伯国家的外交关系取得了历史性突破，埃及成为中国在非洲和阿拉伯世界的重要友好合作伙伴。郭沫若是中国的文化巨匠，在

* 陈瑜，中国社会科学院郭沫若纪念馆馆员。

中国文化界有着巨大影响力，新中国成立后担负着国家事务、科学文化教育和国际交往等方面的领导工作。在中埃两国的交往中，郭沫若开展了一系列活动，增进了两国间的文化交流，促进了亚非人民间的团结。

一

二战后，世界分为两大阵营。一方面，以美国为首的资本主义阵营敌视社会主义国家。另一方面，以苏联为首的社会主义阵营开展“保卫世界和平运动”，与以美国为首的资本主义阵营进行针锋相对的斗争。中国实行“一边倒”的外交方针，坚定拥护社会主义阵营的保卫世界和平运动。1949年4月20—25日，以郭沫若为团长的中国代表团参加了在巴黎和布拉格举行的第一届世界保卫和平大会。会上，中国代表团向全世界表达了中国人民反对侵略战争、争取民主和平的愿望。同年10月2日，中国人民保卫世界和平大会在北京召开。大会成立了中国保卫世界和平大会委员会，选举郭沫若为主席。大会通过了《中国保卫世界和平大会宣言》，表明了中国维护世界和平的坚定立场。在1950年11月16日的第二届世界保卫和平大会上，郭沫若又当选为世界和平理事会副主席。此后，在世界保卫和平运动的框架下，郭沫若多次率领中国代表团，辗转亚非拉和欧美各国，出席各种国际会议，进行了广泛的友好活动。

20世纪50年代中期以后，亚非人民团结运动发展得如火如荼，亚非拉人民特别是非洲人民的民族独立运动风起云涌。此时的中国正处于中美关系持续紧张、中苏关系逐渐恶化的状况，以反帝统一战线为基础开展多边外交，并在和平共处五项原则的基础上积极发展与亚非国家的友好合作关系。1956年2月，中国亚非团结委员会在北京成立，郭沫若任主席。

1956年5月16日，埃及宣布承认中华人民共和国，成为世界上第23个承认新中国的国家。5月30日，两国发布建交公报，宣布正式建交。中埃建交产生了巨大而深远的影响。对中国来说，这为新中国与阿拉伯国家和非洲国家发展关系开辟了道路。外交新局面的打开突破了西方国家对新中国的封锁，为新中国实行国际和平统一战线政策提供了前所未有的机会。

1957年，亚非团结运动进一步发展，印度提议召开第一届亚非人民团结大会，埃及同意担任东道主，决定在1957年底在开罗召开会议。为此，中国保卫世界和平大会委员会专门制定了《关于出席亚非团结大会的方针任务》，指出要“本着求同存异和充分协商的方针，谦虚谨慎，尊重东道国和发起国，自己不居于突出地位”，并“把主要矛盾集中到反抗殖民主义和帝国主义上面，特别集中打击美国侵略集团”。[①] 1957年12月26日，第一届亚非人民团结大会在开罗大学体育馆开幕，郭沫若率领中国代表团出席会议。

二

事实上，在1957年第一届亚非人民团结大会召开前，郭沫若就已与埃及结缘。1956年，埃及政府将苏伊士运河收归国有，但遭到英法两国反对，随后爆发了苏伊士运河危机。8月15日，中国政府发表《关于苏伊士运河问题的声明》，强烈谴责英法两国的侵略行动，表示中国政府和人民完全支持埃及政府维护主权和独立的正义行动。

9月21日，郭沫若在《人民日报》发表了题为《埃及，我向你欢呼!》的诗歌，声援埃及在苏伊士运河上的主张。诗中说：

> 埃及，我向你欢呼！/楚唐卡曼[②]已从金字塔中醒来，/司芬克狮[③]发出了吼声，/古代的“死书”[④] 启示了/人类解放史的新的篇页。/新生的浪潮/通过苏彝士运河[⑤]，/荡击着世界的各个角落。//全世界都有你的友人，/正义是在你的方面，/胜利是在你

① 《关于出席亚非团结大会的方针任务》，中国外交部档案馆档案，档号：108-00004-01（1）。

② 即埃及法老图坦卡蒙。

③ 即古埃及神话中的狮身人面兽斯芬克斯。

④ 古埃及陪葬品，用莎草纸写成。

⑤ 即苏伊士运河。

的方面。/强盗们升堂入室的时代，/让它永远过去吧！/粉碎了的镣铐，/谁敢再拿来/加在主人的手足上？//西方银行家的管事们，/杜勒斯和他的仆从，/要再一次坐在泰晤士的浓雾中/做出一些糊涂的白日梦了——/他们要组织一个“使用国协会”，/管理埃及的苏彝士运河。//真是扑朔迷离的怪梦啦！/使用者就可以有权管理，/岂不是谁使用美钞/就可以管理美国国库？/这就是西方强盗们/使用了几百年的逻辑，/但在今天是行不通了！//怪梦有强盗做的自由，/协会也有强盗组织的自由——/不必客气啦，不仅组织一个，/尽可以组织一千零一个，/但是苏彝士运河/是在埃及境内掘成的，/埃及人民为它牺牲了/十二万人的宝贵生命，/它永远是属于埃及的，/它永远归于埃及管理！//埃及有权把运河收为国有，/它准备赎回运河公司的股权，/它更保证了运河的自由通航，/这已是做到了仁至义尽。/然而强盗们却使用武装威胁，/妄想制造借口，/发动侵略埃及的战争！//试试吧，谁敢侵略埃及，/谁敢以武力侵犯埃及的主权，/埃及人民已经庄严地宣誓：/“决不让侵略者有一人生还！”/阿拉伯国家都已经庄严地宣誓：/“侵略埃及就是侵略阿拉伯国家！”//是的，为了保卫和平，/我也要向全世界宣誓：/我们中国人民坚决地支持/任何民族的反抗侵略的斗争；/我们组织过志愿军支援朝鲜。/我今天就甘愿作为志愿军的一员，/走到尼罗河边，金字塔的下面，/和埃及的兄弟们并肩作战。//埃及，我向你欢呼！/你绝不是孤立无助的，/全世界的进步力量都在关怀着你。/你的胜利是全世界的持久和平，/你的胜利是全人类的共同胜利。/让我们斗争到全人类的解放吧！/不是流尽我们最后一珠血，/而是使冥顽的殖民主义者们/流尽他们的最后一珠血！①

诗歌首先借用埃及的文化符号——著名法老图坦卡蒙、神祇斯芬克斯、

① 郭沫若：《埃及，我向你欢呼！》，《人民日报》1956年9月21日。

古文献《死亡之书》，唤起读者对埃及这个文明古国的敬意，并表示埃及开启了“人类解放史的新的篇页”。随后，诗人历数西方殖民者对苏伊士运河强盗式的占有，表示这是镣铐“加在主人的手足上”。苏伊士运河属于为其付出巨大牺牲的埃及人民，埃及有权把运河收归国有。任何以此为由试图侵略埃及的行为，都将遭到中国人民的坚决反对；任何民族反对殖民、反抗侵略的斗争，都将得到中国人民坚决的支持。郭沫若在诗中表示，中国人民愿意与埃及人民并肩作战，为全世界的持久和平、为全人类的共同胜利斗争到流尽“最后一珠血”。

此后，郭沫若开展各种活动支持埃及人民接管苏伊士运河的正义斗争。1956年9月20日，全国人民代表大会常务委员会第46次会议上，郭沫若发言支持埃及人民的反殖民主义斗争。11月3日，郭沫若作为中国保卫世界和平大会委员会主席，在天安门主持首都人民支援埃及反抗英法侵略群众大会，并发表讲话。讲话中，郭沫若控诉了英法两国对埃及的武装侵略，认为英法两国的行为是“掩耳盗铃的阴谋诡计”，“是再愚蠢也没有的。放火的强盗说自己在救火。这能够欺骗得了三岁的小孩子吗?”他指出，中国人民也领教过殖民主义侵略者的罪恶，这种惨痛的历史是亚非国家共同经历过的，而反殖民、反侵略的斗争是中国人民、埃及人民乃至全世界爱好和平的人民所必将取得胜利的正义事业。[①] 大会后，郭沫若参加了游行，并会见埃及驻华大使拉加布，代表全中国人民表示支持埃及人民的坚定决心。11月11日，郭沫若出席中国人民支援埃及反抗侵略委员会第一次全体会议，并被推选为该委员会主席。11月13日，郭沫若与李四光代表中国科学工作者和全体中国人民致电埃及科学理事会及科学协会，声援埃及的反侵略斗争。这些活动得到埃及方面积极的反馈。1956年12月28日，埃及驻华大使拉加布致信郭沫若，感谢其写诗支援埃及。

除了声援埃及接管苏伊士运河，郭沫若作为中国科学文化界的代表，还积极参与中埃间的文化与学术交流活动。1956年5月，郭沫若作为中国科学院院长，设宴招待埃及古代史学家阿·费克里教授、夏瓦比教授，并

① 郭沫若：《在首都各界人民支援埃及反抗英法侵略大会上》，《人民日报》1956年11月4日。

参加周恩来总理与埃及文化使团的会见。12 月 21 日，郭沫若设宴招待埃及亚历山大大学教授穆斯塔法·埃尔-埃米尔博士。1957 年 10 月 30 日，郭沫若会见了以亚历山大大学校长爱尔赛德·穆斯塔法·赛义德博士为首的埃及文化代表团全体人员。这些文化交流活动加深了中埃双方对彼此的认识，推动了中埃友谊的健康发展。

三

1957 年 12 月，郭沫若率领中国代表团到访埃及首都开罗，出席第一届亚非人民团结大会，随行的还包括赵朴初等文化艺术界代表和达浦生阿訇等伊斯兰教人士。

临行前的 12 月 14 日，郭沫若出席在政协礼堂举行的首都各界人民支持亚非人民团结大会的集会，并发表题为《加强亚非人民的团结，促进世界和平运动的发展》的讲话。郭沫若指出："亚非人民的觉醒和团结正是从根本上来消灭殖民主义、消灭战争。因此，这次会议正是保卫世界和平的一次盛大的集会。"① 郭沫若盛赞东道主埃及抗击英国、法国、以色列的共同侵略所取得的胜利，重申毛泽东关于"东风压倒西风"的论断，并宣告中国人民全力支持亚非人民团结大会的召开。

12 月 22 日，中国代表团抵达开罗。次日，郭沫若率团到塞得港参加英法联军撤退一周年庆祝仪式。庆祝仪式结束后，代表团一行前往为抵抗英法侵略而牺牲的烈士墓地，郭沫若向烈士墓敬献花圈并讲话。

在这次亚非人民团结大会中，中国代表团一方面秉持不突出自己的政策，保持低调，求同存异，另一方面强调反对帝国主义、争取世界和平。12 月 26 日大会当天，《人民日报》发表社论《亚非人民大团结万岁》，强调："殖民主义是战争的温床，帝国主义总是用战争来维持和推行它的殖民制度；消灭殖民主义，也就是消灭战争的一个根源，并加强和平的力量。"②

---

① 郭沫若：《加强亚非人民的团结，促进世界和平运动的发展》，《人民日报》1957 年 12 月 15 日。

② 《亚非人民大团结万岁》，《人民日报》1957 年 12 月 26 日。

12 月 31 日，郭沫若在大会发言，题为《朋友们的斗争就是我们的斗争》。讲话再次强调和平共处五项原则，支持亚非各国人民根除殖民主义，争取民族独立斗争。郭沫若说："团结就是力量。帝国主义者所最不高兴的，就是我们的团结一致。他们的一贯的策略，就是分散我们，以便个别击破。帝国主义者所高兴的事，我们不做；帝国主义者所不高兴的事，我们加紧做。这可以作为我们的行动的一个指标。"[①] 因此，郭沫若号召亚非国家团结一致，为共同的命运、共同的任务、共同的目标斗争，争取共同的胜利。

1958 年 1 月 1 日，第一届亚非人民团结大会闭幕。大会通过了《告世界人民书》，重申亚非人民遵循 1955 年万隆会议通过的十项原则。

1 月 7 日，中国代表团离开埃及回国。在途经布达佩斯时，郭沫若对匈牙利记者发表谈话，称赞"这次会议是成功的"。

四

回国后，郭沫若在《人民日报》发表《访埃杂吟十二首》[②]，以组诗的形式记述了这次埃及之行。

初到飞机场受隆重欢迎

兄弟新交谊，欢呼震耳聋。时闻沙拉姆[③]，但听毛泽东。
绿帜[④]挥头上，鲜花满抱中。不遑劳步武，被拥出人丛。

1957 年 12 月 22 日，以郭沫若为首的中国代表团抵达开罗，出席第一

① 郭沫若：《朋友们的斗争就是我们的斗争》，《人民日报》1958 年 1 月 3 日。

② 收入人民文学出版社 1988 年出版的《郭沫若全集·文学编》第 3 卷，题目为《游埃及杂吟十二首》。

③ "沙拉姆"是穆斯林祝福问安语，意为"和平""平安"。

④ 作者原注：埃及国旗为绿色星月旗，星月呈白色。欢迎者人手一幅小旗，在头上挥动，不断高呼"沙拉姆"（阿拉伯语，意为"和平"）和"毛泽东"。

届亚非人民团结大会，受到埃及接待委员会和埃及人民的热烈欢迎。在《初到飞机场受隆重欢迎》中，郭沫若描绘了埃及人民热烈欢迎的场景。同行的达浦生阿訇这样描绘欢迎场景：“几百名埃及男女学生、工人和人民团体的代表挥舞着各式各样的绿色星月旗，抬着巨大的横幅标语，高呼：‘欢迎和平战士’‘争取民族独立’‘反对帝国主义’‘争取和平、不要战争’‘亚非团结友好’‘禁止原子武器’等口号。”①

离飞机场赴开罗市

夕日红于火，平沙满目黄。明驼怜瘦削，飞鸟怅苍茫。
古意流风远，新猷岁月长。何时椰枣树②，种遍漠中央？

从机场到市区途中，道路两旁的景色让郭沫若产生辽远的联想，古意流远，新猷岁长，古老的埃及具有悠久的历史，而埃及人民建功立业的岁月刚刚开始，今天的埃及未来可期。

宿开罗市 Semiramis③ 旅馆④

炜炜堡头桥，霓虹夜不消。雄狮双座镇，神隼一徽标。
新月天心近，喷泉水面高。春申相仿佛，煮茗话良宵。

中国代表团下榻的旅馆就在尼罗河边。“旅馆右首是一座大桥，桥的两边，从这头到那头，各装置着一条淡绿色霓虹灯，映在水里，像一道长虹。河的中央有一组喷泉，高达十余丈，电灯在下面照射着，形成一座水光交

① 达浦生：《从亚非人民团结大会归来》，《中国穆斯林》1958 年第 2 期。

② 作者原注：椰枣树，埃及名 Balakh，树如椰子树，其实类枣。埃及多有之。中国古籍中有海枣、金枣、波斯枣、千年枣、万年枣等名。

③ 即亚述女王塞米勒米斯。

④ 作者原注：Semiramis，古埃及女王名，旅馆以为号。在堡头桥（the bridge of castle）西端，俯瞰尼罗河。桥头各有铜狮一对。桥之北侧有一埃及国徽可见，其象为神隼。

织的宝塔。”① 该诗描绘了旅馆前的景色，并将其与上海对比，展现了埃及的热情周到给人宾至如归的感觉。

在塞得港参加胜利节②

荡荡苏彝士，长河大陆通。埃人百万血，抗敌一年功。
海盗逋逃尽，居民庆典隆。只今塞得港，火炬看熊熊。

12月23日，中国代表团在塞得港参加英法联军撤退一周年的庆祝仪式。从开罗到塞得港的路程正是沿着苏伊士运河的。郭沫若以《在塞得港参加胜利节》称颂埃及人民对侵略军的英勇抗击。

亚非人民团结大会团长会议上

兄弟亚非国，受灾历有年。求同情不异，反帝志弥坚。
独立期平等，共存重主权。殖民新主义，幻梦势难圆。

亚非人民团结大会开幕

有色夸吾党，光明自东方。西风今压倒，南甸此鹰扬。
国家四十六，代表半千强。种族反歧视，万隆又一章。

亚非人民团结大会闭幕

批判巴黎会，支援莫斯科③。和平声势大，团结道途多。
相助还相学，不挠复不磨。新年元旦日④，共唱凯旋歌。

① 赵朴初：《出席亚非人民团结大会杂记》，《世界知识》1958年第3期。

② 作者原注：一九五六年苏彝士事件后，英法侵略军以十二月二十三日由塞得港完全撤退，埃及政府定此日为胜利节。适届一周年，曾举行盛大庆祝。

③ 作者原注：“巴黎会”指一九五七年十二月十六日北大西洋公约组织会议；“莫斯科”指十月革命四十周年的六十四个共产党和工人党代表会议及其和平宣言。

④ 作者原注：开罗会议于一九五八年元旦闭幕。

亚非人民团结大会上，中国与其他与会各国求同存异，相助相学，共同主张民族独立，维护国家主权，反对殖民主义。亚非人民团结大会的成功召开，批判了 1957 年 12 月 16—19 日在巴黎举行的北大西洋公约组织首脑会议，支援了同年 11 月 16—19 日在莫斯科举行的 64 个共产党和工人党代表会议，成为“东风压倒西风”的证明，是万隆会议后世界人民维护和平、反对种族歧视的重要一章。

游 Giza 金字塔①

金字塔三座，威严逼四方。人狮惊岳岳，王庙忆堂堂。
巨石千钧重，方舟十丈长。劳工信神圣，奇迹叹无双。

“方舟”指 1955 年在金字塔前发掘的“一条巨型大木船，长达四十三公尺，宽达五公尺六十公分，橹桨等物，完全齐备。这是四千七百年前杰俄普王（基奥普斯，即埃及法老胡夫）殉葬之物”。② 同行的赵朴初另有《金字塔》诗：“方锥体势重如山，战胜风沙智力兼。额手巍巍金字塔，此邦精气五千年。”这两首诗都肯定了埃及劳动人民的辛勤劳动成果，讴歌了埃及人民的勤劳和智慧。

弄舟尼罗河上

双桨掖轻舟，尼罗河上游。晴光弥六合，天气拟初秋。
泗水人相继，解衣汗尚流。诚甘三度饮③，万感足和柔。

尼罗河是埃及的母亲河，水很甜。埃及人向代表团介绍说，凡是喝过

① 即吉萨金字塔。作者原注：Giza 金字塔凡三座，系祖孙三代之王陵，均四千六百年前古物。塔为巨大花岗石所砌成，每石平均重二吨半。最大一座为祖墓，计用石二百三十万个云。人狮石像一（Sphinx），甚雄伟，在祖墓前。祖墓前王庙亦用巨石建成，仅存废址。近年在塔旁发现太阳船一艘，木料在一千枚以上。因保藏在密闭石窖中，木质坚固未朽，埃及考古学家正从事复原工作。船甚宏大，系备死者返魂时水路旅行之用。船象在埃及古墓壁画中习见。

② 赵朴初：《出席亚非人民团结大会杂记》。

③ 作者原注：埃及口碑：“尼罗河之水，曾饮一次者，必饮至三次。”

一次尼罗河水的，一定会喝第三次。郭沫若听后回答说：“岂止三次，我愿意喝一千零一次。”①

游亚力山大行宫②

海色青如靛，行宫立岸前。楼台夸富丽，袍服尚鲜妍。
法老终浮海，人民待有田。尼罗河畔谷，疆场正无边。

夜由亚力山大港回开罗市

明月照荒漠，黄沙直入天。驰过金字塔，回忆太阳船。
劳力无今古，经纶有变迁。会看人定胜，万顷化良田。

在上埃及洛克沙市夜游尼罗河

市静人初定，天高月正圆。古祠群柱立，轻舸一帆悬。
袅袅歌声发，琮琮浪语传。尼罗河上夜，上下六千年。

代表团一行还游览了亚历山大港和尼罗河上游的洛克沙市，郭沫若这几首诗描绘了他看到的风光景色，赞扬了埃及悠久的历史文化，立足人民史观，歌颂埃及人民追求独立、当家作主、勤劳致富的奋斗精神。

这一组十二首中国传统五言诗表达了郭沫若对埃及的深厚情谊，中国和埃及两个世界文明古国的文化碰撞出灵感的火花，郭沫若由此被誉为“来自中国的尼罗诗人”。诗歌这样的艺术形式，可以跨越国界，引发不同民族、不同文化间的共鸣。郭沫若访问埃及，感受到精彩纷呈的异域文化，又联系到世界和平的政治愿景，情不自禁地讴歌埃及人民、风物，熔历史、风光、时事于一炉，实现文化创作，并得到出访国家及其人民的认同和信赖，配合党和政府的外交政策，达成卓有成效的民间外交。

① 赵朴初：《出席亚非人民团结大会杂记》。

② 即亚历山大蒙塔扎宫。作者原注：亚力山大港有行宫二座，在地中海岸上，已成博物馆。革命胜利时埃王法鲁克即由行宫之一乘船去国。埃及古语称国王为“法老”。埃及曾初步进行土地改革，但土地分配尚未及贫雇农。

以苏伊士运河危机为标志，帝国主义旧的殖民体系逐渐瓦解。同时，随着亚非各国民族独立运动的发展，第三世界国家在国际上形成一定政治力量。在这样的国际局势中，中埃两国互相支持、患难与共。其间，郭沫若成为中埃友谊的推动者与见证人，为中埃文化交流乃至中国与阿拉伯、非洲国家的交流作出重要贡献。

中国对阿尔巴尼亚的科技援助（1964—1976）
——以中国科学院为中心*

王勇忠　胡晓菁**

摘　要　20世纪60年代，在中苏关系破裂的背景下，中国加强了同阿尔巴尼亚等国的联系。除经济和军事援助外，科技合作也成为中国对阿方进行援助的重要方式和内容。从1964年开始，中国科学院先后与地拉那大学和阿尔巴尼亚科学院开展了较为密切的合作，涉及诸多科研领域和人员往来，对阿方科技水平的提高起到了较为重要的作用。但是这种合作也受到两国关系变动的影响，凸显了政治因素在国际科技合作中所起到的主导作用。

关键词　中国；阿尔巴尼亚；中国科学院；科技援助

一、中阿两国的科技合作

中阿科技合作的开展与两国的政治和外交关系有着密切的关系。1949年11月23日，中国同阿尔巴尼亚建立外交关系。1954年，两国正式互派

---

* 本文为国家社科基金年度项目“新中国成立后党领导对外科技援助工作的历史与经验研究”（项目编号：19BDJ058）阶段性成果。

** 王勇忠，中国科学院大学人文学院副教授，主要研究方向为中国近现代科技史；胡晓菁，中国科学院大学人文学院高级工程师，主要研究方向为中国近现代科技史。

大使。同年，以阿外交部长什图拉为团长的阿政府代表团访华。10 月 14 日，两国正式签订《中阿文化合作协定》和《中阿技术和技术科学合作协定》，标志着“两国人民兄弟般的友谊的进一步发展和巩固，标志着我们两国人民在政治、经济和文化方面的密切关系的进一步加强”。[①] 12 月，两国又在地拉那举行了中阿技术和技术科学合作联合委员会第一次会议，签订了 1955 年技术和技术科学合作议定书。[②] 此后，通过两国的科技合作途径，开展了包括派遣和接待考察专家（一般不超过 3 个月）和实习生（期限 1 年左右）、互聘技术援助专家、互相提供技术资料和种子苗木样品等项目。通过文化合作途径，开展了派遣和接待进修生、研究生、教师等项目，如 1954—1958 年通过此途径，中方共派出各类文化代表团 10 批共 115 人，阿方派出 7 批共 186 人，另有中国留学生 1 批共 6 人，阿方留学生 4 批共 11 人。[③] 此外，从 1955 年起，中国还无偿为阿方代印中文版的《新阿尔巴尼亚》画报。不过，总的来说，虽然两国科技和文化方面的合作开始得较早，但这一时期合作的规模和力度并不大。

两国科技合作的转折点出现在 20 世纪 60 年代中苏关系破裂之后。1960 年 6 月，在布加勒斯特举行的社会主义国家共产党和工人党代表会议上，阿方代表团表态支持中国共产党。由此，在意识形态领域相互认同的基础上，中阿两党迅速走到了一起。1966 年底，毛泽东在给阿劳动党第五次代表大会的贺电中将阿尔及利亚形容为“欧洲的一盏伟大的社会主义明灯”，将中阿关系比喻为“海内存知己，天涯若比邻”，[④] 两国关系由此进入蜜月期。但自 1972 年尼克松访华后，中阿间的政治分歧日益严重。1973 年以后，中阿双边往来大幅减少，访问规格不断降低。至 1975 年，两国共举行了 16 次联合委员会会议，议定书的内容由最初的“互相交换生产方面的经验”扩

① 《在阿尔巴尼亚解放十周年庆祝大会上李先念副总理的讲话》，《人民日报》1954 年 12 月 3 日第 3 版。

② 《中阿签订明年技术和技术科学合作议定书》，《人民日报》1954 年 12 月 12 日第 1 版。

③ 《阿尔巴尼亚概况和中阿文化关系》，1959 年，中国科学院档案，1959-04-037-32，中国科学院档案馆藏。

④ 王爱枝：《当惊世界殊：毛泽东与国际人士的交往》，山西人民出版社，2014，第 81 页。

大到“相互提供科学技术资料，相互接待专家、考察有关国民经济方面的生产经验和先进技术成就，以及派遣技术援助专家和实习人员”等。① 然而，随着1979年两国关系的破裂，双方的科技合作也就此中断。从建交到1978年中阿科技合作项目和科技合作人员交流情况见表1和表2。

表1　1954—1978年中阿两国科技合作项目情况②

单位：项

执行方	1954—1960年	1961—1966年	1967—1976年	1977—1978年
中方	159	442	865	
阿方	21	71	96	

表2　1954—1976年中阿两国科技合作人员交流情况

单位：人

执行方	类别	1954—1960年	1961—1966年	1967—1976年
中方	派援助专家	11	129	328
	接待实习生	26	24	156
	派考察专家			53
阿方	派援助专家			3
	派考察专家		16	349

二、中国科学院与地拉那大学的“院校合作”

20世纪50年代，作为当时中国科技事业的火车头，中国科学院是中阿两国间开展科技合作的主要力量。合作方式以交换科学资料、互派科技代表团和访问人员等为主，如根据文化合作协定1957年执行计划，中国科学院图书馆需“送出以外文出版的或附外文摘要的科学出版物每种2份；阿

① 《不断发展中国阿尔巴尼亚两国科学技术合作事业　中阿技术和技术科学合作会议议定书签字》，《人民日报》1963年10月18日第1版。

② 武衡、杨浚主编：《当代中国的科学技术事业》，当代中国出版社，1991，第352页。

科学研究所图书馆送出科学出版物每种2份；中国科学院为介绍中国科学的发展，在可能的范围内，将供给阿尔巴尼亚共和国科学研究所有关农学、畜牧、生物等的科学报告；双方通过会议、报刊、广播等方式纪念对方所推荐的科学、文化名人；双方将有关的材料于纪念日前2个月送出”。[①] 1958年，中国科学院还接待了来访的阿方科技代表团。1961年，根据科技合作协定的规定，中国科学院的硅酸盐研究所派出4位技工赴阿方进行玻璃技术方面的援助，通过现场培训和开设课程等方式，共培养了30名相关生产技术的专业人员，并教授了吹制鱼缸、烧杯等技术，制成的鱼缸很快得以生产并上市销售。他们还对一些相关设备进行了改进，在此基础上，阿方决定于1963年新建专门生产玻璃的车间，以取代大规模的进口。[②] 此外，中国科学院还为援阿工程项目提供大量的科技方面的支持。如被阿方领导人称为“阿尔巴尼亚的第二次解放”的爱尔巴桑冶金联合企业工程，是中国在冶金工业方面的最大援外项目，由上海冶炼厂、上海跃龙化工厂联合承担援建全套设备技术，并邀请中国科学院化工冶金研究所等单位参加技术攻关。针对阿方含镍钴红土铁矿的综合利用问题，冶金所的郭慕孙、陈家镛等提出的“阿尔巴尼亚红土矿还原焙烧—氨浸—氢还原湿法提取镍钴新流程”方案被审定采用。之后，研究所还派出科技人员到上海冶炼厂等单位进行了大量的半工业试验，积累了大量基础数据，确立了采用湿法工艺从红土矿中提取镍钴的新流程。

随着两国关系的加强，中国科学院和阿方相关机构逐渐建立了更加密切的联系。1959年，为了加强同社会主义国家间的科学合作和友谊，以吴有训副院长为首的中国科学院代表团访问了东欧兄弟国家，先后与民主德国、保加利亚、罗马尼亚、捷克斯洛伐克、波兰和匈牙利等6国的科学院商谈了科学合作协议和1959年执行计划。4月27日，代表团抵阿，对其进行

---

① 《中阿文化合作协定1957年执行计划》，1957年，中国科学院档案，1959-04-037-03，中国科学院档案馆藏。

② 《关于援阿尔巴尼亚玻璃技工完成任务回国的简报》，1962年，中国科学院档案，1962-04-008-36，中国科学院档案馆藏。

了5天的访问。其间，代表团走访了地拉那大学，[①] 参观了其教研室、实验室和图书馆等，并同相关教职人员举行座谈，交流科学发展情况。通过这次访问，中方了解了阿方科技水平的基本情况，同其建立了联系，为进一步开展科技合作创造了条件。[②] 1962年，为庆祝阿尔巴尼亚独立50周年，以周培源为团长的中国科学院代表团还出席了由地拉那大学主办的阿尔巴尼亚学研究会议。

1963年4月，阿驻华使馆代办向中国科学院转达了地拉那大学拟与中国科学院建立科技合作关系的意见，并送来阿方拟定的协议草案和1963—1964年执行计划。在上报国家科委的报告中，中国科学院提出了两个合作方案：（1）因地拉那大学的任务不仅是教学，也负责科研工作，且中国科学院已与绝大多数兄弟国家都有合作关系，从双方关系考虑，拟同意建立合作关系；（2）因对方是大学，项目可能不多，且所提项目大多与两国文化合作协定中的项目重复，从实效来讲，建议阿方将项目纳入两国科技合作或文化合作。[③] 最终经过研究讨论，决定采取第一个方案，即建立直接的合作关系。

阿方十分重视与中国科学院的合作，渴望了解中国科学院的科研组织和工作情况，以及高等院校的教学情况和经验等。根据合作协议，1964年2月，于利校长（阿劳动党中央候补委员）率领地拉那大学代表团一行8人来华，考察中国科学院的组织方式，并商谈合作事宜。按照中共中央的要

① 1947年，阿议会决定成立科学研究院，作为全国性的科学中心，分为语言文学部、历史经济部和自然科学部，设有中央各部门和科学机构的代表组成的科学与生产联系委员会。1957年9月，根据阿议会主席团的决议，在1951—1953年建立的5所独立的高等学校的基础上，成立了地拉那国立大学，学校设有文、法、理、工、医等15个专业，有250位教授、学者和科学工作者担任教师，共招收3300多名学生。学校尤其注重用科学为生产、为国家的经济和文化发展服务，是阿方培养高等专业人才和发展科学研究的最大中心。参见《地拉那国立大学》，《人民日报》1958年4月28日第5版。

② 《关于中国科学院代表团访问阿尔巴尼亚情况的报告》，1959年5月5日，中国科学院档案，1959-04-037-20，中国科学院档案馆藏。

③ 《关于接待阿尔巴尼亚地拉那大学代表团几个具体问题的请示》，1963年4月28日，中国科学院档案，1964-04-066-39，中国科学院档案馆藏。

求，中方决定在接待礼遇和规格方面与接待朝鲜科学院代表团和越南科委代表团相同，即“凡是中国科学院所属研究所都可以开放，涉及研究所承担的有关国防的研究工作时，只说明科学院本身的研究情况，不提委托单位的任务要求，不涉及院外国防单位的工作。院外单位，凡代表团要求参观的，都尽量予以满足，开放口径与对待朝院代表团相同。……如提出索要资料、图纸、样品、器材等，仍按照接待朝院代表团的规格办理，一般资料和百元以内的样品、实物、小型仪器，可以直接赠送，其余的统一报院处理”。[①] 这样的接待规格，基本满足了阿方提出的考察需求。他们先后在北京、南京、上海、杭州和广州等地参观了核物理、普通物理、农业、植物等方面的研究单位和多所大学，以及一些人民公社和工厂等，并受到邓小平副总理和聂荣臻副总理的接见。在会谈中，于利团长表示，“阿是小国，在地理上处在资本主义包围之中，和赫（鲁晓夫）修正主义完全断绝，只有从中国得到帮助”，[②] 并代表阿党中央向中方提出协助建立放射性同位素实验室的要求。3 月 25 日，双方签订了《中国科学院和阿尔巴尼亚地拉那大学科学合作协议》和“1964—1965 年执行计划”，决定开展物理、化学、微古生物、数学、植物和文学等方面的合作，包括中国科学院派核物理方面的科学工作者 5 人赴阿考察（1—2 个月），与阿方科学工作者共同提出建立同位素实验室规划的建议，并接受阿方派人来华进修（1—2 年），并赠送一批同位素实验室的基本器材和科研仪器，以及科学刊物和社科书籍等。同时，阿方赠送中方 10 个品种的油橄榄种子。另外，协议在财务方面规定：“派往对方进行考察、讲学、访问等的科学工作人员，其往返旅费一般由派遣方承担，接待国负担这些人员在本国境内的住宿、伙食、交通工具和医疗费用等，并根据派遣方通知的级别，每月发给零用费……进修、实习人员均免收实习费，由接待方供给伙食、零用津贴，并免费供给住宿、医疗、进修、实习所需的交通工具和其他用品，往返旅费和服装费由派遣

① 《关于阿尔巴尼亚地拉那代表团到各地参观事宜的通知》，1964 年 2 月 22 日，中国科学院档案，1964-04-066-43，中国科学院档案馆藏。

② 《致周恩来关于阿尔巴尼亚国立地拉那大学代表团的简况汇报》，1964 年 3 月 24 日，中国科学院档案，1964-04-068-07，中国科学院档案馆藏。

方负担”。[1]

1966年4月，由裴丽生副院长率领的中国科学院代表团一行7人赴阿尔巴尼亚，商签1966—1967年合作执行计划，并受到阿劳动党中央委员会第一书记霍查的接见。其间，在请阿方将其提出的院外项目通过两国科技合作途径解决后形成的综合草案和阿方补提2个项目的基础上，双方于25日签订了年度执行计划。[2] 然而，由于“文革”期间国内科研秩序受到严重的干扰，1966—1967年执行计划中原拟派出7批共13—15人，实际只派出了7人，只执行了工业微生物、静电加速、玻璃磨制和蛋白化学4个项目，而地理学、地质学、电子学3个项目均未执行。此外，地拉那大学还曾向中国科学院索要国内地质系、矿物系及石油系的教学计划和课程表等，但也因故未能实现。而阿方原拟在2年内派出的6批共10—16人，实际上也只派出了2批共2人，只有有机化学和核物理等项目得以执行，而财政工作者、放射化学、物理化学和静电加速等项目未能执行，主要原因是地拉那大学贯彻干部轮换制，人员调动甚大，人选有困难。[3]

1968年10月，以谢胡副校长为团长的地拉那大学代表团访华，双方签订了“1968—1969年执行计划”，包括阿方派人来华进修放射化学，中方派遣电子静电加速器专业工作组，派遣普通化学、无机化学和地质学专家，以及“根据可能赠给阿方自然科学方面的某些影印的外国期刊”等。在财务方面，规定发给对方考察人员的零用费标准改为每人每月30元人民币，中方发给阿方进修、实习人员的伙食费和零用费改为每人每月共60元人民币。[4] 1970年9月，以岳志坚代理秘书长为团长的中国科学院代表团参加了阿国国庆21周年的友好活动，并出席了地拉那大学核辐射实验室的开幕典

① 《中国科学院和阿尔巴尼亚国立地拉那大学科学合作协议》，1964年，中国科学院档案，1964-04-067-31，中国科学院档案馆藏。

② 《关于援阿任务完成情况简结》，1968年7月16日，中国科学院档案，1969-04-0007-0042，中国科学院档案馆藏。

③ 《关于中阿科学合作1966—1967年执行计划情况汇报》，1967年12月15日，中国科学院档案，1967-04-0013-0036，中国科学院档案馆藏。

④ 《中国科学院代表团与阿尔巴尼亚国立地拉那大学代表团会谈纪要》，1968年，中国科学院档案，1971-04-0026-0051，中国科学院档案馆藏。

礼，还受到霍查总书记的接见。此外，代表团还参观了18个工厂、企业和建筑工地，5个国营农场和农业合作社，3所高等学校和科研机构以及19个博物馆。其间，代表团按照相关批示的精神，“对阿方所提各种要求（包括会谈中临时提出的15项）从无产阶级国际主义出发，诚恳热情，不打官腔，凡能承担的，不管是否属于中国科学院业务范围，经请示国内后，尽可能承担下来；一时定不下来的，向阿方说明情况，并表示带回来研究后予以答复”。[①] 9月17日，双方签订了“1970—1971年执行计划”。

1972年9月，以梅罗校长为团长的地拉那大学代表团访华，并参加了中国国庆23周年的庆祝活动。按照“热情友好、谦虚谨慎”的有关指示精神，组织代表团先后访问了沈阳、大连和南京等6个城市，参观了多所科研机构、大中小学、工厂和人民公社等，并游览了一些名胜古迹。当时，阿方正在筹建科学院，大学与科学院即将分立，势必将由科学院代替地拉那大学与中国科学院进行科学合作。因此，阿方代表团的此次来访主要是为了争取中方对其给予更大的援助。如梅罗所称：“阿教育事业……遇到了困难，一个主要问题就是大学实验室的困难。为了克服这些困难，他们找过党中央，但不能解决，中央要求他们求助于中国，所以他这次是‘受中央之权向郭沫若同志提出要求’，……所提的要求比合作计划中的要求大得多……中央要他们得不到答复，不要回地拉那。”周恩来总理在接见代表团时对此做了原则性的答复，他表示：“尽一切努力满足你们的需求。这中间也要有一个机动余地，也可以说留有余地。‘尽一切努力’就是说在时间上也可能不一定能按照你们要求的时间，有些项目可能现在还没有，我们也可能在明年或后年的计划里能生产，供应你们。……你可以把单子交给郭沫若同志。”除众多的设备要求，阿方还提出要求中国科学院提供影印的外国科技书刊每种若干份，并再三强调阿方科技文献、资料十分缺乏。中方在研究后，决定按照向朝鲜供应影印书刊的办法处理，即由国际书店每年向阿方提供影印书刊增订目录，由其通过两国书刊贸易途径自行选定。关

① 《中国科学院访阿尔巴尼亚工作报告》，1970年10月30日，中国科学院档案，1970-04-0027-0011，中国科学院档案馆藏。

于合作的范围则根据阿方的要求，中国科学院将直属和双重领导的科研机构清单送给阿方，请其以后在这个范围内进行合作。

此外，中国科学院原本拟向阿方说明其索要器材设备中属于一般性标准的产品请他们尽可能自行解决，但阿方来华后又提出了规模更大的设备要求，所以为了避免影响会谈气氛，中国科学院在会谈中并未提及此问题。10月5日，双方在仅经过一次礼节性会见、一次正式会谈和一次双方外事负责人交换意见的情况下，签订了“1972—1973年执行计划”。其中，中方承担了总计40个项目中的33个，合作规模较前两年扩大了一倍。正如梅罗在欢送会上所说：“这次签订的计划，你们都满足了我们的要求。在满足我们这些要求时，你们是遇到了困难的。为了满足我们的要求，你们做出了自我牺牲。我们向你们表示深切的感谢。”① 1973年，针对之前阿方提出的共32页包括5个系14个专业的80多个实验室的长名单，中方在研究后，决定在一定规模内帮助阿方在地拉那大学现有实验室的基础上适当补充一部分教学所急需的设备；如确有需要，再考虑新建几个较重要的实验室（以教学为主，适当考虑科研工作的需要）。但是由于费用规模较大，建议阿方将其作为经援项目承担，以使用1970年10月16日的贷款余额，如阿方坚持不同意使用贷款的办法，拟同意通过经援途径赠送，规模同上。最终，阿方决定通过外贸途径解决（外贸途径解决也可以利用经援贷款）。② 1974年，中国科学院还派出“援地拉那大学冶金小组”（2人）赴阿，通过给教师讲课、为学生讲授专业课、开设冶金专业实验和设计与修复实验设备等方式，较好地完成了全面传授冶金专业教学经验的任务。③

---

① 《接待阿尔巴尼亚地拉那大学代表团工作小结》，1972年11月，中国科学院档案，1972-04-0006-0030，中国科学院档案馆藏。

② 《关于阿尔巴尼亚地拉那大学要求帮助装备大学实验室问题的处理经过》，1973年，中国科学院档案，1974-04-0084-0016，中国科学院档案馆藏。

③ 《赴阿尔巴尼亚冶金小组工作总结》，1974年7月20日，中国科学院档案，1974-04-0045-0016，中国科学院档案馆藏。

三、中国科学院与阿尔巴尼亚科学院的“院院合作”

1972 年，在吸收地拉那大学的一些研究所、系和实验室的基础上，阿尔巴尼亚科学院正式成立，分自然科学部、技术科学部和社会科学部，下设 4 个社会科学研究所、5 个自然科学和技术研究所及研究中心，其机构组成方式与中国科学院有一定的相似之处。在阿科学院成立后，中国科学院与阿方的科技合作转为“院院合作”模式。

1973 年 1 月，阿科学院第一次会议召开，推选阿历克斯·布达担任院长。[①] 霍查总书记在会上“对科学家们取得的科学成就表示祝贺，并且鼓励他们进一步开展创造性的研究工作，以便在较短的时间内取得更多和更好的成就，使阿尔巴尼亚的新的科学不断前进”。[②] 1973 年 11 月，由布达院长率领的阿科学院代表团访华。其间，阿方对原“院校合作”的协议提出了一些修改意见，中国科学院也根据自身情况做了回应，如：（1）阿方提出“增加双方科学院是中央科学机构的表述，因此在草案中列入了大学之间的部分合作内容，如要求双方互相培养大学干部、交换各种教材等”。对此，中国科学院认为“鉴于中阿两国已有文化合作、科技合作等不同途径，两院之间的合作，原则上应在各自现有的职权内进行，不同性质的合作项目，应尽可能通过不同途径解决”。（2）阿方提出“双方互相帮助，进一步补充所属部门实验室的物质基础，并提供某些专业的科学设备和器材”，这实际上是要中方长期无偿提供阿开展科研所需的器材和设备。对此，中国科学院认为在资料方面，在确保国家安全的原则下可适当照顾阿方要求；在器材设备方面，两院间的合作只能解决个别的、零星的、非标准的科研器材和设备，而属于研究所和实验室基本建设性质的成套的及较大数量的设备和器材，应通过两国政府间的经济技术合作和外贸途径解决。（3）阿方提出“以共同的力量完成专题性科学问题的研究和开展科学实验活动”。中国

---

① 尹产良：《阿尔巴尼亚科学院》，《国际论坛》1990 年第 1 期。

② 《阿尔巴尼亚举行科学院大会第一次会议　霍查同志和谢胡同志等党政领导人出席》，《人民日报》1973 年 1 月 27 日第 6 版。

科学院根据过去与苏联、东欧各国科学院合作的经验，认为这种形式涉及问题较多，特别是牵涉到主权问题，不好处理（如成果、经费、资料处理等），因此提出按照现有方式，即“互相邀请科学人员进行咨询和给予学术帮助”。[①] 经过会谈，双方基本采用了原“院校合作”的协定，于 21 日签订了《中国科学院和阿尔巴尼亚人民共和国科学院科学合作协定》和“1974 年执行计划”，包括通过阿方国家书店每年向中国国际书店订购 1500 种科技影印书刊等，原院校科学合作协定亦于即日起失效。

1975 年 3 月，以岳志坚代理秘书长为团长的中国科学院代表团访阿，参观了 11 个地区和城市，包括工厂、博物馆、科研和教育机构等，行程达 2700 多公里。此外，代表团中的多位科学家还做了“地震预报”“声全息成像技术”和“气相色谱固定相研究状况”等学术报告，并介绍了中国科学院的科研计划工作。3 月 28 日，代表团秉持“热情友好、谦虚谨慎、互相学习、实事求是、留有余地”的精神，在驻阿使馆党委的直接指导下与阿方签订了包括 15 个合作项目的“1975 年执行计划”。其中，人员往来 9 项（阿方来华进修和考察各 2 项，中方派遣援助人员 3 项，赴阿考察 2 项）；中方赠送阿方资料、影音期刊、科教影片、岩石、矿物标本共 5 项；双方图书馆交换各自出版的科技书刊 1 项等。[②] 此外，按照国务院的批示，对完全不属于中国科学院业务范围的 9 个项目，中方明确向阿方表示请他们转由两国科技合作和文化途径解决，并由有关部门负责答复阿方有关部门。[③] 1976 年 12 月，以奥马里秘书长为团长的阿科学院代表团访华，参观了长沙、韶山、广州和上海等 6 个城市，以及中国科学院的一些科研院所、北京大学以及一些工厂等。此次访问正值阿中两党分歧在阿劳动党七大上进一步加剧之际，中国科学院遵照国务院专门批示的“坚持无产阶级国际主义，本着坚持原

---

① 《关于签订中阿两科学院科学合作协定的请示》，1973 年 10 月 30 日，中国科学院档案，1974-04-0001-0003，中国科学院档案馆藏。

② 《关于访问阿尔巴尼亚总结》，1975 年，中国科学院档案，1975-04-0027-0038，中国科学院档案馆藏。

③ 《关于签订中阿两院科学合作协定一九七五年执行计划的工作汇报》，1975 年，中国科学院档案，1975-04-0027-0023，中国科学院档案馆藏。

则、维护团结，坚持友好、适当斗争”的方针和“必要和可能的”原则，共承担了阿方提出的各项要求中明确属于中国科学院的26个项目（包括无偿印制画册1项），并对无法承担的项目做了说明。① 阿方表示这次会谈是圆满成功的，是中阿友谊的体现，并感谢了中国科学院的帮助。

四、培训进修生和实习生

在“院校合作”或“院院合作”模式期间，中国科学院还为阿方培养了一大批科技人才，包括接收留学生在各研究所实地学习。1963年，在教育部部长杨秀峰访问阿尔巴尼亚时，阿教育文化部部长向其提出想从地拉那大学的教师和毕业生中选派一批进修生来中国的科学研究机构和高等学校学习或进行一定的实习，学习时间为半年或一年左右，不学汉语，直接用外语（选修生大都会俄语）教学，并送来了拟派进修生学习的13个专业（包括自然科学、地质、工程和经济）的清单。之后，杨秀峰部长写信给国家科委党组副书记韩光和中国科学院党组书记张劲夫，请其研究安排。② 在征求院内外多个部门的意见后，中国科学院和教育部系统考虑到有些专业在国内的研究工作尚很薄弱，设备较差，而阿方所提专业的要求和目的不明确（为了解决生产问题还是纯理论探讨等），有些项目还要派人到不同地方进修才能解决问题，以及具体来华人数不清等情况，因此表示只能考虑接受其中4个专业的进修生。③

随后，中国科学院承担了部分对外培训的工作。1965年，研究所接到国家科委的通知，需接收2名阿进修生来所实习，并被要求“培训工作只能做好，不能做坏”。为了做好这项培训和生活接待工作，研究所的办公室

① 《接待阿尔巴尼亚科学院代表团签订两院科学合作协定1976—1977年执行计划工作小结》，1976年，中国科学院档案，1976-04-0014-0036，中国科学院档案馆藏。

② 《关于国立地拉那大学拟派进修生到中国进修等问题的请示》，1963年12月12日，中国科学院档案，1964-04-068-16，中国科学院档案馆藏。

③ 《致外交部条约司关于安排阿尔巴尼亚地拉那大学来华进修生的专业问题的情况汇报》，1964年2月21日，中国科学院档案，1964-04-068-17，中国科学院档案馆藏。

主任亲自带领有关人员去上海市负责培训阿实习生的有关单位取经，以便了解他们的业务水平和民族特点等情况。经各单位反映，阿国学生对中国比较友好，但同时也存在基础差、水平低、生活比较自由散漫等问题。研究所汲取其他单位的经验，对阿进修生提出的要求能办到的就积极去办。如其反映的由于研究所地处郊区、星期日生活比较单调的问题，研究所主动帮助他们配备收音机和代购日用品，而对阿生提出的过高要求，经过耐心解释和说明，也取得了他们的理解。①

除了满足他们的日常生活需要，研究所也本着“积极影响，严格要求，友好对待”的原则，按预定计划安排他们的学习，尤其是十分重视他们的专业学习。比如，1967 年 6 月 27 日正式到研究所学习的阿进修生沙·扎果涅利，研究所以中阿友谊为重，同意他参加相关方面的研究课题，并克服较多内容缺乏准备、有些实验室任务较重等困难，为其制订了一份所有内容与之前在研究所的阿国学生的学习内容没有重复、详细程度胜过以往所有进修生的学习计划。②

与此同时，研究所也向阿进修生提出“尽量采用自己制作的或国产仪器设备”操作，并教育他们“运用毛主席的教导：‘我们是自力更生的。我们希望有外援，但是我们不能依赖它，我们依靠全体军民的创造力’”；还引导他们注意理论联系实际，安排其到与国民经济有直接联系的同位素应用单位进行短期的学习或参观；努力培养他们成为普通劳动者，积极要求其参加实验准备的工作，做到自己洗涤试管，自己打扫实验台，取得了一定的成效。比如，进修生斯坎迪在遇到困难时一般不是去找专家和教授，而是主动请教具有实践经验的同志。有的进修生还和工作人员一起搬运较重的铅砖、铅罐，并参加清除实验室的污水坑等工作。在生活方面，在“文革”前，进修生们拥有条件优越的专用食堂、浴室和办公室等，进出不分公私事均由专车接送。他们在工作时间可以不请假去观看球赛和戏剧，

① 《关于培训阿尔巴尼亚进修生的情况汇报》，1965 年 8 月 5 日，中国科学院档案，1966-25-019-12，中国科学院档案馆藏。

② 《关于阿尔巴尼亚进修生沙·扎果涅利同志的业务进修计划的报告》，1967 年 9 月 27 日，中国科学院档案，1968-04-0002-0001，中国科学院档案馆藏。

每人每月还可以领到120元人民币的生活费，导致“在生活上的挑剔竟达到吃鸡还要剥皮的程度”。之后，按照毛泽东同志的“外国专家及其孩子要同中国人完全一样，不许两样”指示，他们的“伙食费有了一定的控制，接受了每月生活费降为60元的规定，因私事派车基本取消，车费也均自理；逐渐有了卧室、办公室、实验室的打扫工作”，而原先“组织到外地参观、旅行两三个开放城市”和“三个星期在市内组织一次游玩”等活动也转为组织他们去韶山和井冈山参观。有进修生称，“这些地方是一所学校，不仅对中国青年有意义，对外国同志同样有意义”，“是他们一生不可忘却的”。①

五、结语

回顾中阿双方科技合作的历程，中国科学院开展的科技援助对阿方科技水平的提高和科技人才的培养起到了较为重要的作用。正如奥马里团长所说：“阿科学院是年轻的，如果说有点成绩，也是中国无私的真诚的帮助的结果。”由于国情和体制的差异，这种合作方式具有一定的独特性，如与中朝、中古之间单纯的“院院合作”模式和中越之间由越南国家科委主导并十分重视社会科学方面的模式不同，而是经历了从“院校合作”到“院院合作”的变化过程，也产生了一系列的相关问题。同时，由于阿方的科技水平和实际需要，其提出的要求更偏重于工业生产方面，而中国科学院的主要科研工作偏重于基础研究，并且经历了较大的机构调整和变动，所以双方的合作在学术的深度和广度方面远不如中朝合作。

综上所述，中阿两国虽然名曰开展“科技合作”，实则是中国科学院对阿方的单方面援助。甚至在很长一段时间内，中方对阿方的要求基本都予以满足。可以说，科技援助研究在学界以往有关对外援助问题的研究中常常被忽视。然而，科技援助既是对外援助的重要内容，与其他援助一样受到政治因素的影响，同时又具有一定的特殊性。认真总结其经验和教训，对于如何更好地开展对外援助有着重要的现实意义。

---

① 《呈报〈对外培训工作总结报告〉》，1968年12月10日，中国科学院档案，1968-04-0002-0020，中国科学院档案馆藏。

冷战转型视域下澳大利亚对印尼政策的调整（1974—1979）*

——以东帝汶危机为中心

张绍兵**

摘　要　葡萄牙"康乃馨革命"开启了东帝汶非殖民化进程。东帝汶随即成为澳大利亚与印度尼西亚关注的焦点。印尼决定以安全为幌子吞并东帝汶，积极与葡萄牙、澳大利亚和美国等沟通。澳大利亚出于意识形态和地缘政治的考虑，反对东帝汶独立、支持印尼以合法方式将其吞并。东帝汶内战爆发，社会民主协会改称东帝汶独立革命阵线并宣布独立后，印尼入侵东帝汶。澳大利亚"默许"印尼武力吞并东帝汶且暗中提供协助。与此同时，澳大利亚坚持民族自决，支持谴责印尼入侵、要求撤军的安理会决议。当东帝汶被国际社会逐渐遗忘后，澳大利亚为巩固、提升澳印尼关系，正式承认印尼吞并东帝汶。

关键词　印度尼西亚；澳大利亚；东帝汶危机

---

* 本文为西南民族大学中央高校基本科研业务费东南亚研究中心项目"澳大利亚东南亚政策的演变（1945—1972）"（项目编号：330022035102）成果。

** 张绍兵，西南民族大学旅游与历史文化学院讲师，研究方向为国际关系史。

20世纪60年代末70年代初，冷战转型引发东南亚安全结构的变化。英国从苏伊士运河以东撤离。美国从越南撤军，开启中美关系正常化进程。澳大利亚放弃“前沿防御”政策，重新审视与东南亚国家的关系。“九·三〇”事件后，苏哈托推行反共、亲西方的政策，给澳印尼关系带来转机。高夫·惠特拉姆（Gough Whitlam）领导的工党执政后，外交上以澳美同盟为基础，但高度重视澳亚关系。此时，“康乃馨革命”结束了葡萄牙专制独裁统治，加速了葡属殖民地的非殖民化进程。东帝汶[①]非殖民化进程的加速引起周边国家密切关注，成为影响澳印尼关系的重要因素。

东帝汶问题持续影响澳印尼关系，是学术界关注的焦点之一。早期研究多将澳大利亚的东帝汶政策置于澳地区政策或澳印尼关系的长时段中，且重点关注第二次东帝汶危机，对东帝汶危机[②]着墨较少。[③] 近年来，中国学者开始关注澳大利亚对东帝汶危机的政策，但在史料、方法和观点上仍有进一步探讨的空间。[④] 此外，有关东帝汶独立的著作会涉及澳大利亚的东帝汶政策，但都是粗略勾勒。[⑤] 本文在前人研究的基础上，运用档案材料[⑥]

---

① 东帝汶在不同历史时期或不同的文献中有葡属帝汶、东帝汶民主共和国和东帝汶省等称呼。为行文方便，本文统称东帝汶。

② 东帝汶危机，即印尼入侵、占领东帝汶导致1975—1976年和1999—2000年的危机。本文中东帝汶危机指1975—1976年的危机，1999—2000年危机称第二次东帝汶危机。

③ 相关文献：James Cotton, *East Timor, Australia and Regional Order: Intervention and Its Aftermath in Southeast Asia* (London: Routledge, 2004); Paul M. Monk, “Secret Intelligence and Escape Clauses: Australia and the Indonesia Annexation of East Timor, 1963-1976,” *Critical Asian Studies* 33, no. 2 (2001): 181-208; John Birmingham, “Appeasing Jakarta: Australia's Complicity in the East Timor Tragedy,” *Quarterly Essay* no. 2 (2001): 1-88。

④ 相关文献：吴耀庭：《1976—1979年澳大利亚对印尼的政策转变——以东帝汶领土归属为中心》，《海南热带海洋学院学报》2019年第3期，第14—19页；马吟风：《第一次东帝汶危机与澳大利亚的应对（1974—1976）》，《边界与海洋研究》2020年第4期，第113—128页。

⑤ James J. Fox, Dionisio Babo Soares, *Out of the Ashes: Destruction and Reconstruction of East Timor*, ANU Press, 2003；王文奇：《被塑造的小角色——东帝汶走向民族国家的进程（1974—2002）》，硕士学位论文，吉林大学，2007。

⑥ 本文主要利用的档案：Wendy Way (ed.), *Australian and Indonesia's Incorporation of Portuguese Timor: 1974-1976* (Melbourn: Melbourne University Press, 2000); Heike Krieger (ed.), *East Timor and the International Community: Basic Documents* (Cambridge: Cambridge university Press, 1997)。

梳理澳大利亚在冷战转型视域下如何削弱东帝汶危机对澳印尼关系的影响，并简单分析原因。

一、澳大利亚支持印尼以合法方式吞并东帝汶

帝汶岛地处太平洋与印度洋之间，南临大洋洲，具有重要战略意义。殖民时代，葡萄牙和荷兰相继进入帝汶岛，于1859年签订条约将其瓜分。1949年，印尼依据《圆桌会议协定》取得帝汶岛西部主权。印尼在争取独立和收回西伊里安主权的过程中强调继承荷属东印度领土，未对东帝汶提出主权要求，但大印度尼西亚[①]的思想在民族主义者的脑海中根深蒂固。

国际局势变化和宗主国政权更迭使东帝汶人看到独立的希望，各类政治团体相继出现。1974年5月11日，东帝汶民主联盟（Timorese Democratic Union，简称“民盟”）成立，主张暂时与葡萄牙合作，逐步实现自治、独立。20日，东帝汶社会民主协会（Timorese Social Democratic Association）成立，主张尽快摆脱葡萄牙统治，实现独立。随后，东帝汶社会民主协会改称东帝汶革命阵线（Revolutionary Front for an Independent East Timor，简称“革阵”）以寻求传统政治人物和农村基层组织对其独立主张的支持。27日，东帝汶民主协会（Timorese Association for Popular Democracy，简称“民协”）成立，主张与印尼合并。[②] 以上三大党派最具代表性，但均面临政治经验缺乏、影响力有限的问题。

与此同时，印尼开始寻找借口吞并东帝汶。印尼公开表示独立的东帝汶易受共产主义影响，且鼓舞了印尼分离主义势力。印尼还表示东帝汶的非殖民化事关印尼国家安全，并入印尼是最佳选择。[③] 东帝汶地狭人少从而

---

① 参见张绍兵：《澳大利亚西伊里安政策研究（1949—1962）》，博士学位论文，中山大学，2019，第13页。

② James Dunn, *East Timor: A Rough Passage to Independence* (Double Bag: Longueville Books, 2003), pp. 48-61.

③ “Cablegram to Canberra,” May 22, 1974, A1838, 49/2/1/1part2, National Archives of Australia (hereafter NAA), Canberra.

难以对印尼产生实质性威胁，维护自身安全只是印尼吞并东帝汶的幌子。印尼吞并东帝汶除了出于扩张领土的野心，帝汶海丰富的油气资源也是原因之一。① 此外，澳大利亚经过太平洋战争的洗礼后，高度重视东南亚的屏障作用，而东帝汶是其中重要一环。澳印尼均高度重视东帝汶的战略意义。东帝汶三大党派关于权力、未来政治路线的斗争和澳印尼的介入使东帝汶问题复杂化、国际化。

因东帝汶局势的急剧变化，澳大利亚外交部于5月底出台了东帝汶政策文件：首先，区分东帝汶与其他葡属殖民地。东帝汶经济脆弱，人民政治意识薄弱，暂不具备独立条件。其次，澳大利亚与葡萄牙在帝汶海划界问题上存在严重分歧。如果默许印尼吞并东帝汶，澳大利亚将来在与印尼的划界谈判中将占据优势。② 文件突出了默许印尼吞并东帝汶的益处。与之相反，外交部秘书艾伦·雷努夫（Alan Renouf）认为东帝汶问题存在多种解决方案，即葡萄牙统治下的自治、独立和并入印尼，但应坚持民族自决原则，由东帝汶人自己决定未来。③ 由此可见，外交部内出现分歧：一种观点强调结果合理，印尼吞并东帝汶符合国家利益；另一种观点强调程序合法，尊重民族自决权。

澳大利亚为提升澳印尼关系，于1972年关闭了帝力领事馆。这导致澳大利亚缺乏可靠的情报来源，难以做出正确的决策。外长唐·威尔西利用各种途径收集情报。首先，詹姆斯·邓恩率代表团赴东帝汶调查。代表团认为东帝汶人缺乏政治意识和经验，自决尚需时间。④ 其次，澳大利亚外交部积极与澳大利亚驻印尼大使馆联系。5月29日，澳大利亚驻雅加达公使约翰·麦克雷迪（John McCredie）致信外交部，认为默许印尼以隐蔽方式吞并东帝汶，有利于维护澳大利亚海洋权益和提升澳印尼双边关系。外交部东南亚司秘书格雷姆·费克斯（Graham Feakes）赞同其观点，但提醒印

---

① Jean A. Berlif, *East Timor's Independence, Indonesia and ASEAN* (Heidelberg: Springer Nature, 2018), p. 69.

② "Policy Planning Paper," May 23, 1974, A1838, 696/5part2, NAA, Canberra.

③ "Submission to Willesee," May 24, 1974, A1838, 3038/10/1part5, NAA, Canberra.

④ "Savingram to Posts," July 3, 1974, A10463, 801/13/11/1part2, NAA, Canberra.

尼不可忽视东帝汶民族主义力量。[①] 澳大利亚大使馆为提升双边关系，支持印尼以隐蔽方式吞并东帝汶，但外交部更强调民族自决。最后，澳大利亚外交部利用“革阵”领导人何塞·R. 霍塔（Jose R. Horta）访澳的机会了解东帝汶局势，但拒绝正式接触以免引起印尼误会。[②] 外交部积极收集情报，与相关部门沟通、协调，暂未形成一致意见。

随后，澳大利亚直接与印尼沟通。7 月 2 日，澳大利亚驻印尼大使馆一秘艾伦斯与印尼“准军方智库”战略与国际问题研究中心负责人曾春福就东帝汶问题交换了意见。曾春福坦率地表示印尼难以接受东帝汶独立，已得到国家情报局副主任阿里·穆托博的指示，制定吞并东帝汶的计划。[③] 澳大利亚驻印尼大使罗伯特·弗朗杰认为印尼吞并东帝汶之心已是昭然若揭，正积极寻求国际社会的支持。[④] 苏哈托派特使曾春福访问澳大利亚寻求支持，曾春福与惠特拉姆会谈时强调印尼出于地区安全考虑吞并东帝汶，行动计划不仅符合印尼宪法，而且顾及了东帝汶人的意愿。[⑤] 印尼在沟通中极力掩饰领土扩张的野心，但“整理地图”的态度十分坚决。

澳大利亚总理惠特拉姆访问印尼前夕，费克斯提交了一份报告，报告提出坚持民族自决原则，承认印尼在东帝汶的“特殊利益”，延缓东帝汶非殖民化进程。[⑥] 当天，弗朗杰也向惠特拉姆通报了印尼最新政策，印尼尊重东帝汶人的自决权，但更担心东帝汶成为东南亚的“古巴”。因此，印尼决定吞并东帝汶以维持地区稳定。[⑦] 惠特拉姆曾是非殖民化的积极推动者，但在东帝汶问题上陷入困境。东帝汶经济脆弱，且“革阵”“民盟”和“民协”领导人政治影响力有限，无力掌控全局。深谙外交事务的惠特拉姆在

① “Letter from McCredie to Feakes,” May 29, 1974, A1838, 3038/10/1part5, NAA, Canberra; “Letter from Feakes to McCredie,” June 6, 1974, A10463, 801/13/11/1part2, NAA, Canberra.

② “Submission to Willesee,” July 16, 1974, A1838, 3038/10/1part7, NAA, Canberra.

③ “Letter from Furlonger to Feakes,” July 3, 1974, A11443[1], NAA, Canberra.

④ “Letter from Feakes to Furlonge,” July 26, 1974, A11443[1], NAA, Canberra.

⑤ “Record of Meeting with Tjan,” August 21, 1974, A1838, 49/2/1/1part3, NAA, Canberra.

⑥ “Brief for Whitlam,” September 2, 1974, A10463, 801/13/11/1part3, NAA, Canberra.

⑦ “Cablegram from Furlonger to Whitlam,” September 2, 1974, A10463, 828/4/1part2, NAA, Canberra.

东帝汶问题上有自己的观点，认为东帝汶独立不符合澳大利亚利益，支持印尼在尊重民族自决权的前提下吞并东帝汶。

9月6日，惠特拉姆在日惹与苏哈托会谈时坦率地表示，独立的东帝汶不仅在经济上难以生存，而且可能成为地区不稳定因素。澳大利亚支持印尼通过国际社会认可的方式吞并东帝汶。① 日惹会谈奠定了澳大利亚东帝汶政策的基础，即以澳印尼关系为中心，忽视作为“小角色”的东帝汶。惠特拉姆与苏哈托会谈内容曝光后，舆论普遍持批评态度。② 在澳大利亚外交部尚未达成一致，且支持民族自决原则占多数的情况下，惠特拉姆力排众议，不支持东帝汶独立，认为其以合法方式并入印尼是最佳解决方式。

惠特拉姆的政策可从三个方面进行解读。首先，独立的东帝汶不受欢迎，澳大利亚政府不会予以支持。其次，惠特拉姆质疑东帝汶的生存能力。东帝汶经济基础薄弱，各党派领导人影响力有限，难以控制局势，而东帝汶的动荡必然影响地区稳定。最后，惠特拉姆附带提出东帝汶人有权决定自己的未来。这原是为了应付国内外舆论的权宜之计，但隐藏着巨大风险。如果东帝汶独立或印尼动武，澳大利亚将如何应对？

二、澳大利亚默许印尼武力吞并东帝汶

印尼吞并东帝汶的意愿强烈，但顾及国际舆论选择了隐蔽行动。日惹会谈后，印尼策划多起旨在通过秘密手段吞并东帝汶的行动。印尼军方在边界地区对支持并入印尼的人员进行军事训练。印尼官媒不断报道“革阵”受共产主义思想影响，接受中苏援助。③ 这些报道将争取民族独立的“革阵”塑造成共产主义组织，不仅迎合了印尼社会的恐共心态，而且博取了西方大国的支持。随着东帝汶民族主义势力的增强和葡萄牙加速推进非殖民化，印尼逐渐认识到隐蔽行动见效慢的缺点。10月16日，穆托博的私人

① “Record of Meeting between Whitlam and Soeharto,” September 6, 1974, A10463, 801, 13/11/1 part3, NAA, Canberra.

② “Political Trials Offer to Whitlam,” *Canberra Times*, September 9, 1974, p. 1.

③ “Memorandum to Canberra,” October 4, 1974, A10463, 801/13/11/1part3, NAA, Canberra.

秘书林辩奇（Lim Bian Kie）与弗朗杰会谈时表示，如果隐蔽行动短期内不能见效，东帝汶可能通过公投实现独立。“印尼希望以和平方式吞并东帝汶，但不排除使用武力。”[①] 印尼将武力吞并东帝汶提上了议事日程。

日惹会谈时，惠特拉姆支持印尼吞并东帝汶，但强调了程序合法性。当印尼将以武力吞并东帝汶的情报纷至沓来时，澳大利亚外交部和联合情报委员会于 12 月 11 日召开联席会议讨论东帝汶问题。联合情报委员会负责人戈登·约克尔反对印尼以武力吞并东帝汶。与西伊里安不同，东帝汶人独立意识更强，且大量居民受过军事训练。如果印尼一意孤行，东帝汶可能成为“雅加达鞋里的沙子”。[②] 会议结束后，费克斯建议威尔西推迟重开帝力领事馆，避免直接介入；积极与印尼沟通以免影响双边关系；坚持自决原则，反对使用武力；与东帝汶各派保持联系。[③] 与情报部门旗帜鲜明地反对动武不同，外交部囿于澳印尼关系拒绝明确表态。

澳大利亚各部门沟通、协商之际，“民盟”与“革阵”为争取东帝汶尽快独立，于 1975 年 1 月结成同盟。东帝汶民族主义势力增强，坚持自决原则可能导致东帝汶独立。1 月 30 日，曾春福约见澳大利亚驻印尼大使馆秘书艾伦·泰勒时表达了难以理解澳大利亚坚持民族自决的理由。[④] 印尼对澳大利亚的东帝汶政策流露出不满情绪。印尼枕戈寝甲之际，惠特拉姆计划用新任驻印尼大使理查德·伍尔科特赴任的机会致信苏哈托，阐明自己的东帝汶政策。雷努夫强调避免措辞影响澳印尼关系的重要性，约克尔主张表明反对以武力吞并东帝汶。威尔西执笔的信件更强调双边关系，未明确反对动武。[⑤] 东帝汶成为澳大利亚巩固、提升澳印尼关系的牺牲品。

4 月 4 日，惠特拉姆与到访的苏哈托会谈时表示，澳大利亚将东帝汶政

---

① “Letter from Furlonger to Feakes,” October 16, 1974, A11443[1], NAA, Canberra.

② “Record of Policy Discussion,” December 11, 1974, A1838, 696/5part3, NAA, Canberra.

③ “Submission to Willesee,” December 13, 1974, A10463, 801/13/11/1part4, NAA, Canberra.

④ “Record of Conversation between Tjan and Taylor,” January 30, 1975, A10463, 801/13/11/1part6, NAA, Canberra.

⑤ “Letter from Whitlam to Soeharto,” February 28, 1975, A10463, 801/13/11/1part7, NAA, Canberra.

策置于澳印尼关系的框架下，支持印尼吞并东帝汶，但囿于国内外舆论而坚持民族自决原则。苏哈托表示印尼正策划以东帝汶人自决的方式吞并东帝汶，向“民协”提供援助、分化“革阵”与“民盟”的同盟和拉拢“民盟”领导人等。此外，苏哈托希望澳大利亚采取有效措施阻止民间团体或个人对“革阵”的援助，但未得到满意答复。[①] 印尼积极与澳大利亚沟通，甚至通报了隐蔽行动的具体内容。澳大利亚国防部认为印尼与东帝汶的冲突必然影响地区稳定，而且怀疑印尼与澳大利亚沟通的动机，担心被卷入争端之中。[②] 澳大利亚未明确反对印尼以武力吞并东帝汶，但拒绝采取具体措施予以协助，竭力避免卷入争端之中。

会谈结束后，苏哈托陆续邀请东帝汶各派领导人访问印尼，希望借此改变“民盟”或“革阵”的领导人的政治主张。印尼不断的施压使“民盟”领导人克鲁兹（Lopaz Da Cruz）改弦更张：“东帝汶独立只能走印尼路线，否则独立难以长久。”随后，“民盟”与“革阵”的同盟破裂。[③] 与此同时，印尼积极展开外交活动为武力吞并东帝汶做准备。7 月 5 日，苏哈托在与美国福特总统的会谈中主动提及东帝汶问题。福特表示东帝汶经济脆弱，并入印尼是最合适的选择，追求独立的人一定是受到了共产主义影响。[④] 印尼得到澳大利亚和美国的支持后，坚定了以武力吞并东帝汶的决心。

国际和地区局势的变化凸显了印尼的战略意义。澳大利亚认为维持印尼稳定、提升澳印尼关系不仅与自身安全休戚相关，而且有助于遏制共产主义“扩张”。东帝汶的战略意义难以与印尼相提并论，且“革阵”被描绘成共产主义组织。澳大利亚受地缘政治和意识形态的影响以澳印尼关系为

---

① “Record of Conversation between Whitlam and Soeharto,” April 4, 1975, A10463, 801/13/11/1part10, NAA, Canberra.

② “Memorandum to Department of Defence,” August 26, 1974, A1838, 696/5part3, NAA, Canberra.

③ “Cablegram to Canberra,” April 17, 1975, A10463, 801/13/11/1part9, NAA, Canberra.

④ “Memorandum of Conversation,” July 5, 1975, *FRUS*, 1969－1976, Vol. E－12, Documents on East and Southeast Asia, 1973－1976, https://history.state.gov/historicaldocuments/frus1969－76ve12/d125, accessed September 1, 2022.

重，未明确反对印尼以武力吞并东帝汶，实际是一种“默许”式支持。澳大利亚在东帝汶问题上的表态，对印尼决定以武力吞并东帝汶起到了重要的推动作用。

三、澳大利亚对东帝汶内战的因应

印尼准备就绪后，穆托博故意向洛佩斯透露，“革阵”计划于 1975 年 8 月 15 日武装夺权，鼓动“民盟”提前行动控制东帝汶政权。8 月 10 日，“民盟”在印尼的支持下发动政变，占领帝力的港口、机场和广播电台等战略要地，还在“驱逐共产主义者”的口号下大肆逮捕、杀害“革阵”成员。“革阵”组建“东帝汶民族解放武装力量”发起反攻，内战爆发。“革阵”在群众支持下赢得内战，成为事实上的统治者。这意味着印尼的隐蔽行动失败，武力吞并成为其控制东帝汶的唯一选择。

东帝汶内战爆发后，伍尔科特急电澳大利亚外交部，指出苏哈托还在等待澳大利亚对东帝汶内战的态度以决定是否武力介入。威尔西主张尽快表态、划清界限，以免印尼的军事行动影响澳大利亚的国际形象。[①] 与之相反，惠特拉姆主张在印尼进一步行动前保持沉默。[②] 8 月 26 日，惠特拉姆在议会阐述澳大利亚对东帝汶内战的态度：“呼吁双方停火，恢复秩序；由葡萄牙、印尼和东帝汶各方协商解决；尊重东帝汶人的自决权。”[③] 印尼以武力吞并东帝汶的行动一触即发，惠特拉姆若选择沉默就意味着对印尼的支持。

印尼觊觎东帝汶已久，但为避免国际社会的谴责，需寻找一件“合法”的外衣来掩盖侵略行为。9 月 1 日，印尼胁迫逃亡的“民盟”和“民协”领导人签署呼吁书，称东帝汶人愿意并入印尼，呼吁印尼提供“志愿军”

① “Note from Willesee to Whitlam,” August 20, 1975, A1838, 3038/10/1/2part3, NAA, Canberra.

② “Cablegram to Jakarta,” August 25, 1975, A10463, 801/13/11/1part12, NAA, Canberra.

③ *Commonwealth of Australia Parliament Debate* (hereafter *CPD*), *House of Representative* (hereafter *HR*), August 26, 1975, p. 491.

和武器协助其与“革阵”作战。[①] 次日，惠特拉姆在议会提出，澳大利亚在东帝汶无任何企图，不承担任何责任；未与东帝汶各派接触，也未与印尼达成任何协议。[②] 澳大利亚为维护自身的国际形象，“拒绝介入”东帝汶事务。印尼找到冠冕堂皇的借口后，派军队越过边界，占领附近村庄、城镇。“革阵”不仅领导东帝汶人抵抗外敌，而且为引起国际社会的关注于 11 月 28 日单方面宣布独立，建立东帝汶民主共和国。澳大利亚高举民族自决的旗帜，却以“革阵”不能代表东帝汶人为由拒绝承认。

东帝汶宣布独立后，“民盟”“民协”和其他党派领导人在印尼外长亚当·马利克的威逼利诱下联合发表《巴里布宣言》，宣称东帝汶人愿意并入印尼，希望印尼政府采取措施保护那些支持并入印尼，但处于“革阵”统治下的东帝汶人。随后，马利克在访问帝力时宣称，印尼基于反殖、反帝和人道主义原则，有义务协助东帝汶人民按照其意愿实现非殖民化。[③] 至此，东帝汶问题从葡萄牙非殖化问题演变成耦合民族独立与大国博弈的地区危机。

与澳大利亚政府默许印尼武力介入东帝汶内战不同，该国媒体和民众普遍坚持民族自决、反对以武力吞并东帝汶。澳大利亚记者得知印尼入侵东帝汶后前往边境小镇巴里布收集证据。印尼军队为避免行动泄露先后杀害五名澳大利亚记者，史称“巴里布事件”。澳大利亚情报部门通过秘密手段查明真相，但为避免影响双边关系和暴露情报收集渠道而选择隐瞒。雷努夫建议威尔西就东帝汶危机发表声明，谴责印尼入侵东帝汶以转移民众注意力，削弱“巴里布事件”的影响以免激发民众反印尼、同情东帝汶人的情绪。[④] 但事与愿违，遇难者家属对事件真相的不断追问引起媒体对事件本身和澳大利亚政府东帝汶政策的讨论。10 月 30 日，《悉尼先驱晨报》批评澳大利亚政府：“未公开要求印尼停止使用武力，也没有就‘巴里布事

---

① “Record of Conversation between Tjan, Lim and Taylor,” September 2, 1975, A10463, 801/13/11/1 part13, NAA, Canberra.

② *CPD, HR*, September 2, 1975, p. 825.

③ Heike Krieger, *East Timor and the International Community: Basic Documents*, pp. 41-42.

④ “Submission to Willesee,” October 28, 1975, A1838, 3038/10/1/2part2, NAA, Canberra.

件’向印尼提出严重交涉。”① 随后，威尔西在议会就印尼入侵东帝汶发表声明，称坚持自决原则、反对使用武力，希望通过外交途径解决危机。② 澳大利亚在舆论压力下首次提出反对以武力吞并东帝汶，但未要求印尼就“巴里布事件”道歉和赔偿。“巴里布事件”给了澳大利亚反对印尼以武力吞并东帝汶的最后机会，但其选择以澳印尼关系为重，削弱事件的影响。

11 月 11 日，惠特拉姆因宪政危机被解职。自由党领袖马尔科姆·弗雷泽临危受命组建看守政府，安德鲁·皮考克任外长。外交部为避免政权更迭影响澳印尼关系，建议弗雷泽致信苏哈托表明看守政府不会改变该国东帝汶政策。③ 弗雷泽在信件中强调了澳印尼关系的重要性，并承诺在联邦选举前不接触“革阵”领导人。关于东帝汶危机，信件轻描淡写地提出希望印尼以合法方式解决。④ 皮考克曾猛烈抨击工党政府的东帝汶政策。1975 年 2 月，皮考克在澳大利亚议会提出，“革阵”与“民盟”的联盟代表了 95% 的东帝汶人，澳大利亚应协助东帝汶人实现民族自决。⑤ 弗雷泽执政后，为避免危机影响联邦选举而选择安常习故。澳大利亚政权更迭未影响该国东帝汶政策。可见，澳大利亚默许印尼武力介入东帝汶内战，竭力压制国内反印尼、支持东帝汶人的声音是跨越党派的共识。

与之类似，美国撤出越南的同时扶持印尼在维持地区稳定和遏制共产主义上发挥更积极的作用。12 月 6 日，福特和基辛格访问印尼。苏哈托强调印尼出于自身安全和维护地区稳定的考虑计划对东帝汶采取军事行动，希望美国理解。福特对此表示理解，称不会向印尼施压。基辛格补充道：“无论你们做什么，我们将采取最有利于印尼的处理方式。”⑥ 澳大利亚和美国的支持消除了印尼的后顾之忧。12 月 7 日，印尼向帝力发动大规模进攻。

① “Time to Speak on Timor,” *Sydney Morning Herald*, October 30, 1975, p. 2.

② “Statement by Willesee,” *Australian Foreign Affairs Record* 46, no. 10 (1975): 653–655.

③ “Submission to Peacock,” November 19, 1975, A1838, 3038/10/1/2part3, NAA, Canberra.

④ “Cablegram to Canberra,” November 25, 1975, A11443[11], NAA, Canberra.

⑤ *CPD, HR*, February 25, 1975, pp. 640–642.

⑥ “Telegram from the Embassy in Indonesia to the Department of State,” December 6, 1975, *FRUS*, 1969–1976, Vol. E–12, Documents on East and Southeast Asia, 1973–1976, https://history.state.gov/historicaldocuments/frus1969–76ve12/d141, accessed Setpember 1, 2022.

东帝汶危机升级为冷战的重要场域，形成内战国际化和冷战本土化的同构与互动。

当天，皮考克接受媒体采访时对东帝汶局势的恶化表示遗憾，认为局势恶化的主要原因是葡萄牙长期的殖民统治和“革阵”的霸权行为。① 12月9日，皮考克再次声明，印尼占领帝力解决了东帝汶各党派间的冲突、恢复了社会秩序，为民族自决奠定了基础，印尼的动机值得赞赏，但不赞成采用武力手段，将呼吁各方停火和将其提交联合国讨论。② 与皮考克歪曲事实、为印尼辩护不同，澳大利亚媒体普遍谴责印尼的侵略行为。12月8日，《堪培拉时报》以《印度尼西亚控制了帝力》为题进行了报道：“妇女和孩子在街道上被无差别地杀害。”③ 澳大利亚明白，印尼大规模入侵东帝汶意味着东帝汶被吞并已不可避免。弗雷泽政府呼吁停火和称将其提交联合国讨论只是为了应对国内外舆论压力和维护澳大利亚的国际形象。

四、澳大利亚推迟承认印尼吞并东帝汶

印尼入侵东帝汶，民族自决原则被践踏。澳大利亚未对印尼采取实质性制裁措施，只是将东帝汶危机提交联合国。首先，澳大利亚支持印尼提出的由东盟五国与澳大利亚、新西兰联合向联合国政治与非殖民化特别委员会提出议案，号召葡萄牙召集东帝汶各党派谈判制定自决方案。其次，澳大利亚常驻联合国副代表邓肯·坎贝尔批评“革阵”在东帝汶各党派中争夺霸权，无视“民盟”和“民协”并入印尼的主张。此外，坎贝尔呼吁东帝汶各党派停火，号召联合国推动各派通过谈判恢复有序的非殖化进

① “Indonesia Takes Control in Dili,” December 8, 1975, *Canberra Times*, p. 1.

② “DFA News Release, Portuguese Timor,” December 8, 1975, A1838, 935/17/13part12, NAA, Canberra.

③ “DFA News Release, Portuguese Timor-Statements by the Foreign Minister,” December 7, 1975, A1838, 906/30/14/3part1, NAA, Canberra.

程。[1] 澳大利亚深知“民盟”和“民协”已沦为印尼的代理人，谈判不可能有结果，而批评“革阵”争夺霸权能混淆视听。

东帝汶危机被提交联合国后，印尼常驻联合国代表安瓦尔·萨尼强调，印尼军队“受邀”进入东帝汶恢复秩序，不应被视为侵略者。1975 年 12 月 22 日，联合国安理会通过第 384（1975）号决议：“尊重东帝汶领土完整及东帝汶人的自决权，要求印尼从东帝汶撤军。”[2] 澳大利亚并非安理会成员，但积极参与相关问题的讨论，其提出任命东帝汶事务特别代表的建议也被采纳。澳大利亚作为中等强国希望在地区事务上发挥作用，特别是与自身安全休戚相关的东南亚事务，积极推动东帝汶危机沿着自己设定的方向发展。

随着东帝汶危机的复杂化、国际化，澳大利亚的政策出现两面性。澳大利亚支持印尼吞并东帝汶且暗中协助。1976 年 2 月 9 日，皮考克与防务委员会讨论东帝汶危机时承认澳大利亚未采取有效措施阻止印尼动武，但表示从未放弃民族自决原则。皮考克明确反对采取过激措施，如中断对印尼的经济、军事援助。[3] 4 月 14 日，皮考克访问印尼，再次强调澳印尼关系的重要性，表示理解印尼的处境，会继续向印尼提供经济、军事援助，限制国内反印尼、支持东帝汶的个人、社会团体的活动。[4] 与此同时，澳大利亚高举民族自决的旗帜，支持联合国相关决议。3 月 4 日，皮考克在澳大利亚议会提出解决东帝汶危机的四项原则：停止敌对行动、恢复国际援助、印尼撤军和民族自决。[5] 4 月 14 日，安理会讨论第 389（1976）号议案时，澳大利亚常驻联合国代表拉夫·哈里表示，支持要求印尼撤军和尊重东帝

---

① “Cablegram from New York to Canberra,” December 2, 1975, A1838, 906/30/14/3part1, NAA, Canberra.

② Heike Krieger, *East Timor and the International Community: Basic Documents*, pp. 53-54, 63.

③ “FAD Paper No. 1 Presented at Foreign Affairs and Defence Committee Meeting,” February 9, 1976, NAA: A12934, FAD1.

④ “Record of Conversation between Peacock and Panggabean,” April 14, 1976, A1838, 3038/1/10/1 part14, NAA, Canberra.

⑤ *CPD, HR*, March 4, 1976, p. 534.

汶人自决权的决定。[①] 澳大利亚深知联合国决议只有在大国一致的情况下才能起作用，美国偏袒印尼使决议成为一纸空文。澳大利亚顾及自身的国际形象支持决议，此举会对澳印尼关系产生消极影响，但在可控范围内。

印尼占领东帝汶后，扶持“民盟”“民协”等党派组建东帝汶临时政府，并由临时政府主导东帝汶人的“自决”。4月，东帝汶临时政府致信联合国东帝汶事务特别代表温斯皮尔通报东帝汶自决方案：各地区“选举”代表，组成人民委员会来决定东帝汶的归属。[②] 东帝汶临时政府向温斯皮尔和各国驻印尼大使发出邀请，希望他们以观察员身份出席东帝汶人民委员会会议。雷努夫认为出席会议意味着承认印尼吞并东帝汶，能提升澳印尼关系，但会损害澳大利亚的国际形象。[③] 皮考克认为即使参加会议也难以了解东帝汶的真实情况，而且联合国的拒绝使会议的政治意义已大打折扣。[④] 印尼已基本控制东帝汶，且不断加强对“革阵”的围剿，但“革阵”仍在山区坚持斗争，未来局势存在不确定性。澳大利亚权衡之后，拒绝派代表出席会议。

东帝汶人民委员会会议于5月31日开幕，会议通过一份请愿书：“人民委员会决定并入印尼，希望印尼政府能够尽快接受东帝汶人民的请求。”[⑤] 随后，东帝汶临时政府代表访问印尼，向苏哈托递交请愿书。印尼以“合法”手段吞并东帝汶。随后，印尼为寻求国际社会的承认，组织规模庞大的“寻找真相代表团”赴帝力考察，特别希望联合国和澳大利亚的代表参加。[⑥] 温斯皮尔提出除非严格执行安理会决议，否则拒绝参加。[⑦] 联合国决定不派代表参加后，澳大利亚随之拒绝。

如何解释澳大利亚东帝汶政策呈现出的矛盾性？澳大利亚制定外交政

---

① Heike Krieger, *East Timor and the International Community: Basic Documents*, p. 104.

② Heike Krieger, *East Timor and the International Community: Basic Documents*, pp. 51-52.

③ "Submission to Peacock," May 13, 1976, A1838, 3028/10/1/2part4, NAA, Canberra.

④ "Cablegram to Jakarta," May 28, 1976, A10463, 801/13/11/1part23, NAA, Canberra.

⑤ Department of foreign Affairs, *Process of Decolonization in East Timor*, Department of Information, 1976, pp. 36-37.

⑥ "Cablegram to Canberra," June 10, 1976, A1005, TS202/1/1Annex3, NAA, Canberra.

⑦ Heike Krieger, *East Timor and the International Community: Basic Documents*, p. 227.

策时不能违背国家利益，即提升澳印尼关系、维护地区稳定以确保自身安全。当国家利益与普世价值发生冲突时，澳大利亚对普世价值的追求让位于国家利益。因此，澳大利亚默许印尼以武力吞并东帝汶。此外，联合国宪章关于民族自决和和平解决国际争端的原则已得到国际社会的普遍认可，且联合国谴责印尼的侵略行为。澳大利亚媒体、社会团体和个人中同情东帝汶人、支持东帝汶独立运动的占较大比例。当印尼迫切希望得到国际社会的承认时，澳大利亚顾及国内外舆论，选择默认印尼吞并东帝汶的事实。

五、澳大利亚正式承认印尼吞并东帝汶

印尼吞并东帝汶后，切断东帝汶与外界的联系，特别是对媒体的管控，使东帝汶几乎与世隔绝。东帝汶逐渐被国际社会遗忘，但仍是澳印尼关系中无法回避的话题。据媒体报道，弗雷泽访美期间，美国曾告诫澳大利亚避免使东帝汶危机损害澳印尼关系，进而影响东南亚冷战格局。[①] 弗雷泽与福特的会谈中是否涉及东帝汶危机还有待考证，但这篇文章引起民众对澳大利亚政府东帝汶政策，甚至亚洲政策的讨论。[②] 澳大利亚开始考虑调整东帝汶政策。

此时，澳大利亚是继续默认印尼吞并东帝汶的事实，还是正式承认成为迫切需要解决的问题。1976 年 8 月，苏哈托邀请弗雷泽访问印尼，计划在帝汶海划界问题上让步以换取澳大利亚的正式承认。澳大利亚外交部官员罗杰·霍迪克（Roger Holdich）建议弗雷泽在访问印尼前调整东帝汶政策以推动双边关系发展。[③] 澳大利亚考虑到刚宣布坚持自决原则、反对使用武力，此时调整政策不仅会影响政府声誉，而且会使民众认为这是对苏哈托的抚慰。弗雷泽通过严格控制民间团体或个人对“革阵”的援助来为访问营造氛围。10 月，弗雷泽访问印尼，与苏哈托会谈时，因考虑到印尼已控制东帝汶，未谈及具体政策，而将重点放在应对东帝汶出现的人道主义危

① Michael Richardson, “Don't Anger Jakarta,” *Age*, August 3, 1976, p. 1.

② Michael Richardson, “Canberra Says PM Not Told,” *Age*, August 4, 1976, p. 1.

③ “Submission to Fraser,” August 6, 1976, A1209, 76/55part7, NAA, Canberra.

机上，宣布向印尼红十字会捐款 33 万美元。[①] 印尼对澳大利亚未正式承认印尼吞并东帝汶感到遗憾，但印尼红十字会取代国际红十字会成为受捐单位暗示着澳大利亚政策的变化。

澳大利亚媒体不满弗雷泽在东帝汶危机上模棱两可的言论。《堪培拉时报》认为，弗雷泽的言论意味着澳大利亚已事实上承认印尼吞并东帝汶。[②] 访问结束后，澳大利亚切断与“革阵”的联系。首先，中断与“革阵”的官方联系。其次，加大在帝汶海的巡查力度，阻止民间团体或个人向“革阵”提供援助。最后，拒绝向“革阵”领导人发放签证。[③] 澳大利亚暂未承认印尼对东帝汶的吞并，但从各项政策来看承认只是时间问题。

这时，“邓恩事件”的发生推迟了承认日期。邓恩作为澳大利亚前军事情报官和驻帝力领事馆外交官受民间团体资助，采访大量从东帝汶逃出来的难民后，认为印尼卷入东帝汶内战导致冲突扩大，引发严重的人道主义危机，包括大规模的屠杀、暗杀和性暴力等。[④] 邓恩报告不仅在民众中引起巨大反响，而且引发澳印尼外交争端。1977 年 3 月 14 日，马利克约见伍尔科特，表示印尼将允许民众在澳大利亚大使馆前举行示威活动或其他大规模活动来抵制邓恩报告。[⑤] 翌日，皮考克在澳大利亚议会接受质询时表示，澳大利亚希望在维持澳印尼友好关系和坚持自决原则、反对以武力吞并东帝汶之间寻求平衡。[⑥] 从坚持自决原则、反对武力到寻求平衡，澳大利亚东帝汶政策已发生实质性改变。伍尔科特建议承认印尼吞并东帝汶的现实，但外交部认为东帝汶危机经媒体连篇累牍的报道后不仅是外交问题，也是

---

① “Prime Minister’s Visit to Indonesia,” *Australian Foreign Affairs Record* 47, no. 10 (1976): 539.

② “Timor Fades Away,” *Canberra Times*, October 11, 1976, p. 2.

③ “Lid Close on Timor,” *Canberra Times*, November 19, 1976, p. 2; “Surveillance of the Timor Sea,” November 19, 1976, A4090, 757/2/1, NAA, Canberra; “Horta Criticizes Fraser Visa Refusal,” *Timor Information Service* 23, February, 1978, p. 5.

④ James Dunn, “The East Timor Situation: Report on Talk with Timorese Refugees in Portugal,” *East Timor News*, April 21, 1977, pp. 4-5.

⑤ “Jakarta Threat on Timor Issue,” *Canberra Times*, March 16, 1977, p. 1.

⑥ “Australian Foreign Minister’s Policy Statement,” *Australian Foreign Affairs Record* 48, no. 3 (1977): 138-139.

内政问题，政策的调整需等待合适的时机。[①] 随后，澳大利亚将外交工作重点放在降低邓恩报告在国内外的影响上。

1977 年 8 月，弗雷泽和皮考克赴吉隆坡参加东盟会议，返回时途经雅加达与苏哈托举行了非正式会谈，弗雷泽表示联邦选举后会将主要精力放在削弱东帝汶危机对双边关系的影响上。[②] 弗雷泽连任后，强调不应因舆论和部分民众的反对而拒绝承认印尼吞并东帝汶的事实。皮考克进一步解释了政策调整的原因，认为国际社会对东帝汶的关注日渐减少，拒绝接受东帝汶现状将损害澳印尼关系，称印尼的严密控制使东帝汶人的自决难以实现。[③] 此时，诸多独立调查报告出炉，反映出印尼入侵东帝汶带来了严重的人道主义危机。弗雷泽不仅忽视这些独立报告，甚至无视情报部门的报告。[④] 随着国际社会关注度的降低，澳大利亚开始引导、管控舆论，考虑以承认印尼吞并东帝汶换取印尼在帝汶海划界谈判中让步，获取更多油气资源。

1978 年 1 月 20 日，皮考克在新闻发布会上宣布："虽然存在反对意见，政府已决定承认东帝汶是印尼的一部分。"[⑤] 随后，弗雷泽接受印尼官方通讯社采访时，将承认印尼吞并东帝汶与澳印尼划界谈判联系在一起。1979 年，澳大利亚冒天下之大不韪，承认东帝汶是印尼的一部分。澳大利亚承认印尼吞并东帝汶，暂时提升了澳印尼关系，为解决帝汶海边界问题铺平了道路，但为未来双边关系的发展埋下了隐患。

---

① "Cablegram to Canberra," May 19, 1977, A10463, 801/13/11/1part28, NAA, Canberra; "Letter from Parkinson to Woolcott," May 24, 1977, A10463, 801/13/11/1part28, NAA, Canberra.

② "Record of Conversation between Fraser, Peacock and Woolcott," August 8, 1977, A10463, 801/13/11/1part28, NAA, Canberra.

③ "Foreign Affairs and Defence Committee, Cabinet Minute-Submission No. 1865," January 17, 1978, A12909, 1865, NAA, Canberra.

④ Joint Intelligence Organization (JIO), "The Indonesia Integration of East Timor," January 19, 1978, NAA: A13685, 1/1978, NAA, Canberra.

⑤ "Department of Foreign Affairs News Release," January 20, 1978, A1838, 3038/10/1, AnnexB, NAA, Canberra.

六、结语

20 世纪 70 年代，国际和地区局势的变化促使澳大利亚反思传统的亚洲政策。澳大利亚担心英美从东南亚撤出留下的“权力真空”给共产主义“南侵”留下机会，迫切希望巩固与东南亚非共产党国家的关系，确保自身安全和遏制共产主义。此外，亚洲经济的快速发展和世界经济的区域化、集团化使澳大利亚意识到资源丰富、市场广阔的亚洲在经济上的重要性。惠特拉姆修正自由党—乡村党联合政府盲目追随美国的政策，推行均衡外交政策，更重视澳亚关系，特别是澳印尼关系。作为“小角色”的东帝汶成为澳大利亚巩固、提升澳印尼关系的牺牲品。

战后，民族自决权和和平解决国际争端的原则被国际社会普遍接受，东帝汶独立斗争具有合法性。印尼以武力吞并东帝汶的情报传来，澳大利亚外交部顾及国内外舆论，未放弃民族自决原则。国际政治本身是现实的，法理正义无法改变现状。东帝汶非殖民化进程受到全球冷战的形塑，受制于美苏对抗和澳印尼关系。惠特拉姆以提升澳印尼关系为制定东帝汶政策的出发点，默许印尼对东帝汶的吞并。弗雷泽在东帝汶问题上萧规曹随，甚至更进一步，正式承认印尼吞并东帝汶。

英国废除“中国差别”政策的深层原因和影响分析[*]（1957—1960）

李继高[**]

摘　要　1957年，英国率先废除“中国差别”政策，除美国外的巴黎统筹委员会成员国也纷纷效仿。紧接着，巴统贸易管制清单物资大幅削减，让中国对外贸易获得巨大的发展空间。然而，中国与西方发达国家的贸易发展比较有限。原因在于，长期的封锁禁运造成中国对西方的怀疑和不信任，使中国或倾向于与苏联、东欧国家进行贸易，或依靠自身努力达到自给。与此同时，政治和意识形态因素也限制了中国与西方发达国家贸易的进一步扩展。“中国差别”废除的影响和意义，需要在更大的范围内进行考察。如果将视野和时段放宽，即将中国与英联邦国家和地区的贸易，以及20世纪60年代和70年代中国对外贸易政策调整的历史基础和选择空间纳入考察范围，那么“中国差别”政策废除的深远影响和意义就可以更加凸显出来。

关键词　中英贸易关系；巴黎统筹委员会；“中国差别”政策

---

*　本文是福建省社会科学规划项目（世界历史）一般项目“罗尔斯·罗伊斯公司与中国：贸易和技术交流史（1945—1985）”（项目批准号：FJ2019B042）和华侨大学高层次人才科研启动项目“东西方贸易关系重建的缘起——对1952年莫斯科国际经济会议及其意义的历史考察”（项目批准号：17SKBS203）的阶段性成果。本文同时得到广东省东方历史研究基金会项目资助，特此致谢。

**　李继高，华侨大学国际关系学院讲师。

1949年11月，美、英、法等国秘密成立“巴黎统筹委员会”（COCOM，以下简称“巴统”），对社会主义国家实行严格的禁运和贸易管制。朝鲜战争期间，为了加强对新中国的贸易禁运和经济封锁，巴统成立了中国委员会，专门实施比对苏联和东欧国家更为严厉的贸易管制政策，即“中国差别”政策。朝鲜战争结束后，鉴于东西方冷战局势有所缓和，巴统于1954年放松了对苏东国家的贸易管制，却继续维持对中国的差别禁运政策。1957年5月27日，英国率先宣布废除“中国差别”政策，除美国以外的其他巴统成员国也纷纷效仿，先后宣布废除这一对华差别禁运政策。① “中国差别”的废除，对处于冷战中的东西方贸易关系，尤其是中国的对外贸易产生了深远的影响。

一方面，“中国差别”政策的废除迫使美国重新审查“对中国贸易政策的全部问题”，并调整美国和巴统的东西方贸易管制政策。另一方面，“中国差别”政策废除后，英、法、日、意、联邦德国等西方国家与中国的进出口贸易获得了成倍的增长，“中国与西方市场的联系重新得到加强”。② 然而，值得注意的是，中国与上述国家的贸易增长是有限的，并且短暂而乏力。有学者通过考察中日贸易的发展状况也发现了这一点，并认为主要原因是日本政府坚持对中国的敌视政策，以及日本将东南亚和美国视为对外贸易的主要市场。③

---

① 李继高：《“中国差别”的废除与英美关系（1955—1957）》，《中共党史研究》2016年第2期；李继高：《英国废除“中国差别”政策的原因、过程及其影响》，硕士学位论文，华东师范大学，2012，第68—70页；崔丕：《美国的冷战战略与巴黎统筹委员会、中国委员会（1945—1994）》，中华书局，2005，第398页。

② 崔丕：《美国的冷战战略与巴黎统筹委员会、中国委员会（1945—1994）》，第400—413页；Douglas T. Stuart and William T. Tow, “Chinese Military Modernization: The Western Arms Connection,” *The China Quarterly*, no. 90 (June, 1982): 253-270; Wenguang Shao, *China, Britain, and Businessmen: Political and Commercial Relations, 1949-1957* (Macmillan Academic and Professional LTD, 1991), pp. 169-175。

③ 中日贸易在“中国差别”政策废除后迅速扩大，这对日本产业贸易政策具有重要意义。但这种势头并没有能够保持下去，主要原因是日本政府对中国持有敌视政策，并将东南亚和美国确定为对外贸易的主要市场。详细内容参见崔丕：《美国的冷战战略与巴黎统筹委员会、中国委员会（1945—1994）》，第401—406页；徐建华：《日本与“中国差别”政策的废除》，《武汉大学学报》（人文科学版）2006年第2期。

仔细考察中英贸易的发展状况也不难发现，带头废除“中国差别”政策的英国，其与中国的贸易增长势头也未能持续。① 也就是说，认为英国是出于经济利益（扩大对华贸易）考虑才率先废除“中国差别”政策的传统观点，其解释力并不充分。囿于传统和习惯性的认知与考察视角，学界长期以来对“中国差别”政策废除的根本原因及其废除后“未达预期”的结果、影响和意义都缺乏深入的探究。此外，国际学界历来都非常重视英国与其联邦关系的研究，但国内在这方面的研究相对比较薄弱。受此启发，本文尝试从英国废除“中国差别”政策的深层次原因入手，并将中国与英联邦国家和地区的关系纳入进来，考察“中国差别”政策废除的影响和范围，以期更加充分地阐释“中国差别”政策的废除问题。

一、英国废除“中国差别”政策的深层次原因

英国废除“中国差别”政策的深层次原因，主要体现在英国对东西方贸易管制，尤其是对华贸易管制的认识当中。

第一，在英国看来，“中国差别”政策是在特殊背景下，即朝鲜战争的背景下形成的，因此也应该随着战争的结束而取消。事实上，在巴统中国委员会建立的过程中，英国就表达了不同的意见。当时美国试图通过建立中国委员会，将日本纳入巴统贸易管制体系，以控制和强化对亚洲共产党国家的贸易管制。但这遭到了英国的强烈反对，因为其认为这会导致日本向东南亚拓展市场，与英国形成竞争态势。为了避免英国的反对而使中国委员会的建立受阻，美国采取秘密和单独交涉的方式，与日本就加入巴统

① 中英贸易总额 1957 年是 1.02277 亿美元，1958 年几乎翻了一倍，达到 2.02067 亿美元。然而，1959 年两国贸易进出口额下降为 1.93090 亿美元；1960 年则继续下降，前三个季度只有 1.31166 亿美元。详情可参见中国社会科学院、中央档案馆编《1958—1965 中华人民共和国经济档案资料选编》（对外贸易卷），中国物价出版社，2011，第 481 页。

和中国委员会达成了协议。[①] 然而，“中国差别”政策并未随着朝鲜战争的结束而废除。1951 年再次当选英国首相的丘吉尔认为，“东西方贸易的增加会使冷战解冻”，因此他决心推动对共产党国家贸易管制的缓和。[②] 在英国看来，对华经济制裁和更为严厉的差别禁运，只不过是在战争条件下的暂时性措施。更为重要的是，过度的贸易禁运将使中国更加彻底地倒向苏联。贸易作为诱使中国脱离莫斯科轨道而独立的手段，却一直都没有得到很好的运用。

第二，对英国来说，“海外贸易是英国的命脉”，东西方贸易对英国和美国具有不同的作用和意义。英国的商人、公司和银行与任何可能的国家都保持着较为密切的商贸往来，而美国具有丰富多样的国内资源和繁荣广阔的国内市场，对苏东国家的贸易只占美国出口额中的极小比重。二战结束后的英国亟待重建濒于崩溃的国内经济，“而更重要的是，国内经济的恢复大大依赖于英镑区贸易网络的重建”。作为美国的头号债务国，英国只能用国际通用货币——美元与美元区国家进行贸易，致使黄金储备与美元短缺成为英国长期无法克服的经济问题，而只能转向与非美元区——主要是苏东地区和中国进行贸易。因此，英国不愿基于贸易管制的原因而完全断绝与社会主义阵营国家的贸易。

第三，英美关于实施贸易管制的机制、方式和主导权存在分歧。在朝鲜战争的影响下，美国国会于 1951 年 10 月通过了《共同防卫援助统制法》（Mutual Defense Assistance Control Act of 1951），即《巴特尔法》（The Battle Act），将对外援助与受援国配合美国实施严厉的贸易管制相挂钩。英国对此表示强烈的反对。[③] 因为在英国看来，巴统已经对贸易管制做了统一的安

---

① “Memorandum by the Director of the Office of Northeast Asian Affairs (Young) to the Deputy Assistant Secretary of State for Far Eastern Affairs (Johnson),” August 4, 1952, *FRUS*, 1952–1954, Vol. XIV, China and Japan (in two parts), part 2, pp. 1292–1294.

② John W. Young, *Winston Churchill's Last Campaign: Britain and the Cold War 1951–5* (Clarendon Press, 1996), pp. 247–251; Ian Jackson, *The Economic Cold War: America, Britain and East-West Trade, 1948–63* (Palgrave, 2001), p. 124.

③ Frank M. Cain, “Exporting the Cold War: British Responses to the USA's Establishment of CoCom, 1947–1951,” *Journal of Contemporary History* 29, no. 3 (July, 1994), p. 518.

排，美国不应该通过《巴特尔法》再对英国的对外贸易进行干涉。英国认为，“一个非常重要的原则是，我们的经济活动不应该被美国政府基于国会立法而随意做出的决定左右”。基于这样的认知，英国内阁决定，“联合巴统相关各国共同抵制美国政府任何企图对金融援助附加条件来干涉目前英国与苏联集团的贸易的做法”，并“要求美国政府应该按照巴统制定的原则和步骤来执行《巴特尔法》”。① 换句话说，英国虽然在贸易管制的基本原则上与美国尽可能地配合，但是其实施贸易管制政策的主导权必须掌握在自己手中，而不能取决于美国随时变动的要求和决定，因此其通过联合巴统其他成员国的方式集体抵制美国进一步扩大贸易禁运和管制的范围。

此外，英国也明确表示反对美国政府将选择性禁运扩大为对中国全面禁运和更为严厉的经济制裁，更不愿意单独对中国进行这样的制裁，而只考虑在联合国集体框架范围内采取类似的有限禁运措施。②

第四，英国认为东西方冷战战略的重心在欧洲，因此东西方贸易管制的主要对象也应该是苏联和东欧国家。③ 但是，朝鲜战争期间美国不断在政治、军事和经济上对华加强遏制封锁，使英国忧虑美国冷战战略的重心被迫转移到远东的可能及其与中国在远东爆发全面战争的危险，会影响英国在远东的安全和经济利益。因此，英国坚持反对美国把朝鲜战争与共产主义在亚洲的“威胁”直接联系起来进行公开谴责的做法，并反对美国通过联合国对中国采取更为“激进”的制裁。④ 英国虽然在中国的联合国代表权

---

① C. C. (52) 1st Conclusions, Minute 1, Trade with Eastern Europe, Minute 5, The Economic Situation-Gold and Dollar Reserves, January 3, 1952, CAB128/24.

② C. M. (51) 34th Conclusions, Minute 2, Strategic Exports to China, May 7, 1951, CAB128/19.

③ Zhou Zhongfei, "The British Decision to Recognize the People's Republic of China and Its Aftermath," *American Asian Review* XXI, no. 1 (spring 2003): 146.

④ C. M. (50) 39th Conclusions, Minute 4, Korea, June 27, 1950, CAB128/17; C. M. (50) 43rd Conclusions, Minute 3, Korea, July 6, 1950, CAB128/18; C. M. (50) 73rd Conclusions, Minute 2, China-Intervention in Korea, Contribution towards Reconstruction in Korea, Formosa, November 13, 1950, CAB128/18; C. M. (50) 79th Conclusions, Minute 3, Korea, November 30, 1950, CAB128/18; C. M. (51) 4th Conclusions, Minute 5, Korea, January 18, 1951, CAB128/19; C. M. (51) 5th Conclusions, Minute 5, Korea, January 22, 1951, CAB128/19; C. M. (51) 8th Conclusions, Minute 1, Korea, January 25, 1951, CAB128/19; C. M. (51) 33rd Conclusions, Minute 2, Korea, May 3, 1951, CAB128/19.

问题上积极地站在美国一边，但是认为这与英国承认新中国为中国唯一合法政府的事实不相匹配。英国“不应该与亚洲集体的观点相左，我们对华政策的最终原则是不惜一切代价，避免中国成为苏联的臂膀”。① 英国并不反对中国加入联合国，反而认为中国加入后可以通过联合国来约束其行为，且可以通过增加信息沟通降低冲突的可能性。②

第五，东西方贸易管制尤其是对华禁运，让英国本土和英联邦经济社会的稳定与发展受到了很大的威胁与冲击。与中国保持传统密切经贸联系的英联邦国家和地区，眼睁睁看着本该直接出售给中国的“差别禁运物资”被其他国家转运到中国，其政治和心理上的离心倾向逐渐显现。这是英国最不愿意看到的结果，因为英联邦是英帝国恢复与维持的基础和最后的堡垒。在英国看来，严厉的出口管制不仅使中国更加彻底地倒向苏联，而且使英国经济本身在此过程中遭受到不必要的影响。相反，西方对华差别禁运并没有给中国造成严重的打击，因为中国与苏联同处社会主义阵营，可以从苏联和东欧转口获得几乎所有禁运的物资。同时，贸易管制的缓和将会使英国经济得到一定的恢复，但不会对欧洲的防卫造成损害。来自英国商人、议员和官员们的反对和批评也在不断增加，一些工党议员和推动对华贸易管制缓和的人士将矛头直接指向对华差别禁运政策。③ 因此，英国不仅要求将对中苏的贸易管制置于同一水平，而且其缓和的程度和范围超过了美国所能承受的最大程度。英国在不断要求美国放松对华差别禁运的同时，也充分利用“例外程序”和转运的方式在实践中一步步突破差别禁运的束缚。最终，由于对华进出口贸易难以再取得进展，英国似乎只有通过废除“中国差别”政策才能促进与中国的贸易增长，以改善其国内及英联

① C. M. (50) 52nd Conclusions, Minute 3, China-Representation on the Security Council, August 1, 1950, CAB128/18.

② C. M. (50) 72nd Conclusions, Minute 5, China-Intervention in Korea, November 9, 1950, CAB128/18.

③ Robert Boardman, *Britain and the People's Republic of China, 1949-1974* (The Macmillan Press, 1976), pp. 96-97.

邦处于困境中的政治和经济状况。①

第六，英国从热核战争的角度提出，“对工业品的出口管制并不能阻止莫斯科与西方的冲突”，而对华差别禁运在和平时期是根本没有理由的。②因此，英国主张取消对于工业化学产品和军民两用商品的管制。美国对此则强烈反对，其倾向于通过经济封锁和政治孤立来对中国施加压力和使战争范围有限化，最终导致中苏分裂或中国政权的崩溃。此外，英国认为中国政府不是莫斯科的傀儡，也不会受到任何经济封锁的严重影响，却能通过在印度支那、马来亚和香港制造混乱来严重打击西方利益；如果中国不是被迫与苏联结成紧密的联盟，那么它作为古老文明的意识将使它不会受到苏联的影响。③ 同时，英国也不断向美国政府诉说其收支失衡、黄金流失、美元短缺以及经济形势恶化的情况，以博得美国的同情和重视。④ 1954 年 8 月巴统第一次对管制清单进行修订，其中只放松了对苏东国家的贸易管制，这使“中国差别”问题凸显出来，也让英国更加难以接受。经过近两年的讨论，美国始终坚持保留“中国差别”政策。这使英国逐渐失去耐心，英国遂于 1957 年 5 月 27 日单方面宣布废除“中国差别”政策。⑤

二、对外贸易空间的拓展：巴统及其成员国政策的调整

英国废除“中国差别”政策的影响，首先表现在对西方的对华贸易政策上。“中国差别”政策的废除大大削弱了对华经济遏制的效果，并使中国委员会的对华多边禁运体系濒于崩溃。美国对外经济政策委员会认为，盟

① “Memorandum of a Conversation, Department of State,” January 31, 1956, *FRUS*, 1955-1957, Vol. X, Foreign Aid and Economic Defense Policy, pp. 304-308.

② Ian Jackson, *The Economic Cold War: America, Britain and East-West Trade, 1948-1963*, p. 144.

③ C. M. (50) 85th Conclusions, Minute 3, Prime Minister's Visit to Washington, December 12, 1950, CAB128/18.

④ C. M. (51) 60th Conclusions, Minute 5, Economic Affairs-Balance of Payments, United States and Canadian Loans, September 27, 1951, CAB128/20.

⑤ 李继高：《“中国差别”的废除与英美关系（1955—1957）》，《中共党史研究》2016 年第 2 期。

国贸易政策的重大改变将会给美国商人造成歧视性的竞争压力，美国将不得不重新审查其单边政策。[①] 对外经济政策委员会受命对美国的经济防卫政策进行了全面审查，认为主要盟国废除对华差别禁运政策使美国的禁运效果大不如前，但禁运仍然阻碍了中国军事和工业能力的发展。美国自身对华禁运的缓和将产生深远的政治与心理影响，从而严重削弱美国在远东的地位。[②] 1957 年 9 月 16 日，美国国家安全委员会通过了 NSC5704/3 号经济防卫政策文件（取代 NSC5704/1 号文件），指示所有相关部门、机构执行。[③] 不难发现，美国实际上承认了主要盟国废除“中国差别”政策的事实。为了抵消盟国在对华多边差别禁运体制中的分歧造成的消极影响，美国将主要加强对出口到中国和苏联的重要战略物资的管制及其有效性。此外，值得注意的是，该政策文件中有关根据技术发展以及出口到中国和苏联的战略物资的重要性的变化来调整贸易管制措施的规定，不仅为 1958 年巴统东西方贸易管制清单的再次修订铺平了道路，还为将来放宽出口管制物资的范围和标准调整了方向。

英国废除“中国差别”政策的影响，主要表现在 1958 年巴统大幅放宽出口管制物资的范围和管制标准的修订上。正如美国参谋长联席会议所认为的那样，随着“中国差别”政策的废除，盟国要求进一步缓和对苏东国家贸易管制政策的问题接下来也势必会被提上日程。[④] 果不其然，西欧盟国很快向美国提出建议，希望重新修订巴统的贸易管制清单。最先提出建议

① “Letter from the Chairman of the Council on Foreign Economic Policy (Randall) to the Secretary of Commerce (Weeks),” June 6, 1957, *FRUS*, 1955-1957, Vol. X, p. 475; “Memorandum from the Chairman of the Council on Foreign Economic Policy (Randall) to the Chairman of the Economic Defense Advisory Committee (Delany),” June 25, 1957, *FRUS*, 1955-1957, Vol. X, p. 483.

② “Memorandum from the Under Secretary of Commerce (Williams) to the Chairman of the Council on Foreign Economic Policy (Randall),” August 13, 1957, *FRUS*, 1955-1957, Vol. X, pp. 484-487.

③ National Security Council Paper, NSC5704/3, “Statement of U. S. Economic Defense Policy,” September 16, 1957, *FRUS*, 1955-1957, Vol. X, pp. 495-498.

④ “Memorandum from the Joint Chiefs of Staff to the Secretary of Defense (Wilson),” June 13, 1957, *FRUS*, 1955-1957, Vol. X, pp. 479-482.

的是法国，但其方式是非正式的。[①] 相比于法国，英国的建议更为具体。英国提请美国同意用一份禁运清单来取代巴统目前的三份贸易管制清单，而军事和原子能禁运清单则单独审定。[②] 1957 年 12 月 30—31 日，法国、加拿大、联邦德国、意大利和日本驻美国大使分别致信美国政府，建议尽快召开巴统会议，重新修订安全管制清单，调整整个多边贸易管制体系。面对盟国的一致要求，美国政府不得不表示同意。[③]

巴统会议讨论的草案是在会议正式开始前由英美两国讨论后提出的。在此过程中，英国提出了一份比美国拟定的草稿清单中所列物资少得多的禁运清单。[④] 英国的清单主要集中在电子和化学物品，而大幅删除了稀有金属、机器和工业设备等物资。[⑤]

很显然，英国力图取消巴统对中国和苏联非战略物资和工业化学产品的管制和禁运。面对英国的"激进"要求，美国国家安全委员会对英国的建议进行了评估，并建议由对外经济政策委员会重新审查美国关于巴统贸

① "Memorandum of a Conversation, Department of State," June 6, 1957, *FRUS*, 1955-1957, Vol. X, pp. 476-477.

② "Memorandum of a Conversation Between the Economic Minister of the British Embassy (Thorold) and the Assistant Secretary of State for Economic Affairs (Mann), Department of State," December 17, 1957, *FRUS*, 1955-1957, Vol. X, pp. 504-505.

③ "Memorandum of Conversations, Department of State," December 30 and 31, 1957, *FRUS*, 1955-1957, Vol. X, pp. 506-508.

④ 英国的建议是：将巴统 IL/Ⅰ清单中的禁运物资数量由 181 种减至 85 种（不包括 16 种军事禁运物资和 35 种原子能禁运物资）；取消对 IL/Ⅱ清单中限制出口数量的所有物资的限制（原来包括 25 种物资）；取消对 IL/Ⅲ清单中只监视其出口流向和用于交换情报的物资的限制（原来包含 63 种物资）。美国的建议清单是：IL/Ⅰ清单中包含 141 种禁运物资；取消 IL/Ⅱ清单；IL/Ⅲ清单中保留 53 种禁运物资（并对原来的物资类别进行更新和修改）。"Attachment 2, Memorandum of Discussion at the 356th Meeting of the National Security Council," February 27, 1958, *FRUS*, 1958-1960, Vol. Ⅳ, Foreign Economic Policy, p. 713.

⑤ "U. S. Policy Regarding Economic Defense, Memorandum of Conversation," January 15, 1958, *FRUS*, 1958-1960, Vol. Ⅳ, pp. 680-685.

易管制的政策。[①] 对外经济政策委员会研究讨论后认为，“应该从战略的目的而不是从苏联工业发展的基础出发，来考虑贸易管制的作用”。美国在巴统会谈中努力的目标，应该是“争取盟国的统一和维持多边贸易管制体系的有效性”。[②] 英国的不同意见和持续反对，使美国政府的内部人士也逐渐意识到从整体上重新审视和更新贸易管制观念和政策的必要。与此同时，相关专家也建议应该根据最新情报和技术的发展以及政治、经济和军事的目的来修改巴统安全管制清单。[③]

1958 年 3—7 月，巴统就东西方贸易管制清单的修订进行了多次讨论，并于 8 月 15 日公布了会议讨论的最终结果。这次调整的主要内容包括：对军事清单进行了更新，增加了一些具有战略和军事重要性的物资；原子能清单未做调整，留待 9 月开始讨论修订；IL/Ⅰ清单中禁运物资的数量由原来的 181 种削减为 120 种；取消了限制物资出口数量的 IL/Ⅱ清单，而 IL/Ⅲ清单只保留 35 种用于交换情报的物资；同意根据条件的变化于 1959 年秋再次修订贸易管制清单。对于会议的结果，英国虽然不甚满意，但能勉强接受。美国除了国防部认为贸易管制清单中未包含许多明显具有军事用途和战略重要性的技术和物资，其余所有部门（包括经济防卫顾问委员会）都对该次巴统会谈的结果表示肯定。[④] 从修订结果来看，贸易管制清单中禁运的物资减少了 70%—80%，是名副其实的“大幅”削减。此后巴统对管制清单仍有所调整，但对苏联和中国同等处理的原则没有改变。

表面上看来，“中国差别”政策废除本身只是巴统成员国将对中国和苏东的差别禁运政策取消，即对华禁运的放松，实际上是其对东西方以及各

① “Memorandum of Discussion at the 353rd Meeting of the National Security Council,” January 30, 1958, *FRUS*, 1958-1960, Vol. Ⅳ, pp. 689-690; “Memorandum of Discussion at the 354th Meeting of the National Security Council,” February 6, 1958, *FRUS*, 1958-1960, Vol. Ⅳ, pp. 692-693.

② “Memorandum from the Secretary of the Council on Foreign Economic Policy (Cullen) to the Executive Secretary of the National Security Council (Lay),” February 17, 1958, *FRUS*, 1958-1960, Vol. Ⅳ, pp. 696-697.

③ “Memorandum of Conversation,” February 18, 1958, *FRUS*, 1958-1960, Vol. Ⅳ, pp. 697-701.

④ “Minutes of the 78th Meeting of the Council on Foreign Economic Policy,” August 7, 1958, *FRUS*, 1958-1960, Vol. Ⅳ, pp. 725-728.

自阵营内部贸易关系的调整。对中国来说，1958 年巴统管制清单的修订是在之前的基础上进一步削减禁运物资的数目。因此，仅就中国而言，西方对华禁运缓和的力度之大前所未有，从而为中国的对外贸易提供了广阔的空间。

三、英国和英联邦对华贸易的发展及其局限性

“中国差别”政策废除的影响，最直接地体现在东西方贸易的扩大上。巴统成员国效仿英国废除“中国差别”政策后，联邦德国、法国、意大利和英国与中国的贸易额从 1956 年到 1958 年分别增加了 338%、95%、214% 和 153%。[①] 限于篇幅和范围，这里只考察中英贸易的发展状况，同时将中国与英联邦国家和地区的贸易也纳入考察范围。

就中国与英国的贸易来看，1958 年的贸易总额（2.02 亿美元）比 1957 年（1.02 亿美元）翻了一倍，其中进口增长了一倍还多（由 5835 万美元增加到 1.26 亿美元）。从商品结构来看，1957 年 6 月以来中英交换的商品与朝鲜战争前逐渐趋同。英国从中国进口的商品主要是大豆、花生、桐油、其他油籽、矿产品、猪鬃、肠衣、羊绒、皮张、蛋品、罐头、丝绸、茶叶、棉布、各种土特产、手工艺品、针织品等农副产品和原材料；出口的商品则主要是差别禁运范围内的机床、电工设备、轴承、汽车、拖拉机、船只、仪器、五金钢材、有色金属、化工原料，以及非差别禁运范围内的纺织品、羊毛条、人造丝等。[②]

中英两国间的官方贸易互访也开始频繁起来。1957 年 10 月，英国贸易部副部长弗雷德里克·埃罗尔访问中国。中国外贸部副部长卢绪章亲自予以接见，并邀请其参观了中国工厂。在公开谈话中，埃罗尔主动邀请中国

---

① Douglas T. Stuart and William T. Tow, “Chinese Military Modernization: The Western Arms Connection,” *The China Quarterly*, no. 90 (June, 1982): 253-270.

② 中国社会科学院、中央档案馆编《1958—1965 中华人民共和国经济档案资料选编》（对外贸易卷），第 481 页；《1959 年中国自英国进口主要商品分季统计表》，档案号 B170-1-631，上海市档案馆。

经贸团体和个人访英。[1] 英国对华贸易的“新手”——民间机构“英国48家集团”，以及“老手”——英中贸易协会，积极派人来华进行贸易洽谈和签订合同。[2] 值得一提的是，也正是在1957年，中国创办了广交会，其不断发展壮大并延续至今，在中国的进出口贸易和对外开放的过程中发挥了极其重要的作用。

同时，应该看到中英贸易增长的局限性。中英贸易在1958年迎来短暂的快速增长后，在1959年就开始呈现出衰退之势。从中国方面来看，在中苏关系破裂之前，虽然西方大大放松了对中国的贸易管制，但贸易禁运造成了中国对西方的怀疑和不信任，导致中国更倾向于与苏东国家进行贸易，或依靠自身努力达到自给。从英国方面来看，虽然其有很强的推动和扩大贸易的意愿，但因为政治和意识形态上的冷战考虑，英国在中国的联合国代表权问题上态度暧昧，这大大影响了中英贸易的深入开展。所以，尽管中英贸易额有所增长，但两国贸易关系仍旧停留在半官方和民间层面，每年有三四十个英商访问中国，且主要集中在一年两次的广交会期间。[3]

传统上认为，英国的对华政策，尤其是废除“中国差别”政策都是出于经济利益（扩大贸易）上的考虑。事实上，长期以来英国的对华贸易额只占到英国对外贸易总额的1%左右。说中英贸易对英国很重要，并进而大大影响了其对华决策，理由显然是不充分的。然而，将英联邦国家和地区与中国的贸易关系纳入考察范围，情况就有所不同了。从出口比例来看，20世纪50年代英国对英联邦的出口占其对外贸易总额的40%—50%。限于篇幅，这里主要对与中国保持较密切经贸联系的英联邦国家和地区（包括中国香港、马来西亚、新加坡、澳大利亚、新西兰、加拿大）进行考察。在对华贸易禁运的影响下，这些国家和地区与中国的贸易遭受重创，不仅丧

---

① “Commercial Relations between China and United Kingdom,” October-November, 1957, FO371/127357 (Folder 5).

② 解建群等编著：《贸促春秋——中国国际贸易促进委员会史（1952—1994）》（内部资料）上卷，中国国际贸易促进委员会，1995，第127—139页。

③ 中国社会科学院、中央档案馆编《1958—1965中华人民共和国经济档案资料选编》（对外贸易卷），第481页。

失了原来与中国进行自由贸易的机会，而且在“中国差别”政策的限制下，只能眼睁睁地看着本该属于自己的生意被其他国家抢走，其政治和心理上的离心倾向逐渐显现。这是英国最不愿意看到的结果，因为英联邦不仅是英国经济发展的最重要市场，而且是英国维持其大国地位的基础和最后的堡垒。

香港作为重要的贸易转口之地，其与中国内地的贸易联系最为紧密，受到禁运的影响最为严重。新中国成立之初，香港与中国内地的贸易额增长迅速，从1949年的11.78亿港元增加到1950年的23.19亿港元。受到对华禁运的影响，1951年香港与中国内地的贸易额虽有小幅增长（达到24.55亿港元），但1952年却骤降为13.5亿港元，至1955年更是降至10.79亿港元。香港与中国内地的贸易额直到1956年和1957年才有所恢复（分别为11.74亿和12.54亿港元），1965年才恢复并超过1951年的水平，[①] 尽管香港进出口额的基本趋势从1953—1961年都是逐年增长的（1953—1961年，香港进出口总额分别从38.72亿港元和27.33亿港元增加到59.7亿港元和39.3亿港元）。这一时期，美国和日本在香港进出口贸易额中的比重迅速增加，分别从1953年的5.8%和9.9%增加到1961年的12.4%和16.5%，这导致中国大陆在香港对外贸易额中的比重从正常的22%下降为17.2%。但是，英国在其中却始终保持在11%左右的水平。[②] 这说明，在香港对外贸易总额逐年增长的背景下，英国与香港的贸易额一直都是稳步增长的。

新加坡和马来亚在1950年与中国的贸易额高达4974万美元，但在禁运的影响下，其在1952年骤降为371万美元。1955年，新、马与中国的贸易额只恢复到1622万美元，而1957年英国废除“中国差别”政策之后又迅速增加到5790万美元。1958年，新、马与中国的贸易额进一步增加到8582万美元，比1957年增加了44%。受1958年8月开始的台海危机影响，美、英暂时加强了对中国的贸易管制，因此1959年新、马与中国的贸易额略降

① Wenguang Shao, *China, Britain, and Businessmen: Political and Commercial Relations, 1949-1957*, pp. 65-66.

② 中国社会科学院、中央档案馆编《1958—1965中华人民共和国经济档案资料选编》（对外贸易卷），第520页。

为 7481.6 万美元。[1]

自新中国成立以来，澳大利亚在政治上不承认新中国，在经济上追随美国对华实施禁运。1950 年两国贸易额为 462 万美元，1952 年降至 61 万美元。朝鲜战争结束后，两国贸易逐渐恢复，1953—1956 年分别为 319 万美元、385 万美元、758 万美元和 1137 万美元。1957 年英国废除“中国差别”政策后，中澳贸易额翻倍（达到 2179 万美元），1958 年进一步增加到 3590 万美元。在商品结构上，澳大利亚 1956 年以前出口到中国的商品 90%以上是羊毛和毛条；之后，五金钢材的出口增加迅猛，仅 1958 年就达到 20 万吨，比 1957 年增加了十几倍。加拿大与中国的贸易关系同澳大利亚类似，其从 1950 年开始追随美国对华实施禁运，两国间的贸易大多通过从香港和其他国家与地区转口的方式进行。1950—1956 年，中加双边贸易额分别为 653 万美元、55 万美元、109 万美元、127 万美元、110 万美元、326 万美元和 537 万美元。1956 年以后，加拿大经济状况恶化，导致美加矛盾加深，而中加间的半官方商贸来访逐渐增多，两国贸易额也增长迅速，由 1957 年的 576 万美元增加到 1958 年的 1037 万美元。至于新西兰，由于其出口到中国的商品主要是羊毛，因此中新贸易未受到禁运的太大影响，自 1955 年以来都在增加。1955 年到 1960 年（1—8 月），双方的贸易额分别为 56 万美元、86 万美元、149 万美元、332 万美元、429 万美元、621 万美元。[2]

不难看出，对华禁运的缓和确实使英联邦国家和地区与中国的贸易关系得到了较大的恢复与改善。其中，不仅之前实施差别禁运的物资现在可以自由进出口，而且其他非贸易管制商品的交换也随之增多。

四、“中国差别”政策废除对中国的长远影响和意义

进出口对于一个国家而言有拉动经济增长的“马车”之喻，其积极作

---

① 中国社会科学院、中央档案馆编《1958—1965 中华人民共和国经济档案资料选编》（对外贸易卷），第 533—534 页。

② 中国社会科学院、中央档案馆编《1958—1965 中华人民共和国经济档案资料选编》（对外贸易卷），第 501—503 页。

用和影响不容忽视。新中国成立后的一年里，与社会主义国家和资本主义国家的贸易额都有了很大的恢复和增长。然而，西方国家对新中国的封锁和禁运不仅让这一增长势头迅速逆转，而且使彼此间的贸易结构发生了前所未有的变化。[①]“中国差别”政策废除后，新中国的对外贸易结构开始发生新的变化：中国与资本主义国家和地区的贸易额迅速增长，而自1950年对华禁运以来与社会主义国家贸易额的持续增长势头逐渐放缓。1957年，中国对苏联及人民民主国家和资本主义国家进出口总值的比例为73.3%和26.7%。1958年，这一比例变为70.4%和29.6%。[②]

1960年，苏联单方面撕毁与中国签订的协议，撤回援华技术专家，并停止提供许多中国所需的重要物资。在此影响下，苏联和东欧国家与中国的经贸关系遭受重创，加剧了中国国内的经济困难，给中国造成了巨大的损失和伤害。由此，前述中国与西方国家经贸关系的恢复和改善就具有了政治和经济上的双重意义。1962年，中国适时做出政策调整，大力发展同西欧和日本的贸易关系，引进了国内经济建设急需的成套设备和工业产品，一定程度上缓解了中苏关系破裂带来的负面影响。很明显，“中国差别”的废除及其影响，即西方对华贸易管制的放松，给中国调整对外贸易政策提供了一定的空间。

前面提到，“中国差别”政策废除后，中国与西方国家的贸易增长短暂而有限。然而，彼此间的贸易接触和互访的意义却是非凡的。例如，1957年10月访问中国的英国贸易部官员埃罗尔在完成对中国市场的“侦察”任务后，在提交给政府的访华报告中总结道，“中英贸易额虽不会像英国期望的那样大幅增加”，但是“访华对于英国了解中国目前的市场情况，增加英国对华贸易的前景价值重大”。因此，“英国应该密切关注中国工业的发展进步，并任命专门的驻京工业专员”。在他看来，向中国出口存货和设备的

① 中国社会科学院、中央档案馆编《1949—1952中华人民共和国经济档案资料选编》（对外贸易卷），经济管理出版社，1994，第1051—1056页。

② 中国与社会主义国家和资本主义国家的进出口贸易总值（人民币）分别为：1957年为76.5540亿元和27.9466亿元，1958年为90.5794亿元和38.1415亿元。中国社会科学院、中央档案馆编《1958—1965中华人民共和国经济档案资料选编》（对外贸易卷），第84—85页。

最佳途径不仅是要“与中国的相关生产部门和进出口公司建立直接的联系”，而且“应该考虑接受中国技术人才来英国工厂进行培训”，这样“有助于说服中国再次转而购买英国的机械工业设备”。①

埃罗尔的判断和建议是有道理的。继中国技术代表团访问英国并参观了罗尔斯·罗伊斯公司在德比郡的工厂后，英国退役空军准将、罗尔斯·罗伊斯公司董事兼执行副总裁惠特尼·斯特莱特于1957年11月对中方进行了回访。斯特莱特回国之后，随即建议政府应该取消对中国民用飞机和发动机的出口限制，增加双方航空方面的人员互访，以及加强彼此间的技术交流与合作。在斯特莱特和英国政府的努力下，巴统取消了部分民用飞机及其发动机的对华出口限制。1961年11月30日，中国机械进出口公司与英国飞机集团的代表在北京签署了购买6架“子爵”式飞机的贸易合同。②这是中英首笔航空贸易，也打开了两国长达数十年的航空贸易和合作的窗口，并一直延续至今，其意义重大且影响深远。

西方对华贸易管制的放松，即中西方贸易关系的加强和发展，包括工业展览会的在华举办，成了中国接触和了解西方科学和技术及其产品的窗口，在某种程度上促进了中国工业和军事技术的发展。1957年对华差别禁运的取消也激发了西方商人和政府官员来华接洽业务的积极性。对于巴统绝对禁运的军事物资和其他具有重要战略价值的物资，虽然外商和外国政府都拒绝直接将其提供给中国，但他们可以通过中间商或拆分的方式将其秘密出售给中国。对于处于“禁运边缘”、界限难以划清的军民两用物资，相关资本家和政府为摆脱市场日益缩小的困境并获得经济利益，仍会想方设法将其出售或转售给中国。一旦有先例可循，效仿者便络绎不绝。1963年英国向中国出售了“维克斯子爵”式飞机后，各国商人都纷纷来中国兜售类似的商品。例如，加拿大航空公司来华推销运输机，法国永兴洋行来

① “Commercial Relations between China and United Kingdom,” October-November, 1957, FO371/127357 (Folder 5).

② 王红续：《毛泽东时代的中英经贸关系（1949—1976）》，中共中央党校，博士学位论文，1999，第126页。

华推销涡轮式喷气机。[①]

此外，澳大利亚一家公司（A. W. A）来中国出售通信器材，联邦德国“美最时”公司特意将其愿意提供给中国的商品的介绍资料译成中文，以便于中国购买。英国商人也不甘落后——和记洋行与怡和洋行急切地向中国推销其“彗星”式飞机以及飞机场的地面通信设备等。对于中国外汇暂时短缺的问题，英商还表示愿意接受延期付款。一家英商［Taylor Woodrow（Exports）LTD］甚至来华商谈“技术合作”，希望为中国提供与对印尼和缅甸的援助计划中相同的厂房设备。英国汇丰银行与渣打银行态度积极，表达了与中国扩大业务往来的愿望。对于这些违反巴统贸易管制规定的行为，美国不断向这些国家的政府和厂商施加压力，引起厂商的极大不满。中国也逐渐摸清这些国家政府和厂商的态度，利用他们与美国的矛盾为自己争取利益。比如，中国向英国厂商提出订购处于“禁运边缘”的 KDF9 电子计算机的请求，引起了英国厂商与政府间的激烈矛盾。尽管英国政府鉴于美国的压力，拖了半年多时间，但最后仍然同意出口了一台这种计算机。[②] 实际上，比这些商品本身更重要的是其产生的技术输出和转让，它们对于中国工业和经济的发展以及军事技术的进步意义重大。

五、余论

通过上文的论述可以看出，1957 年“中国差别”政策的废除和 1958 年巴统禁运物资的大幅削减，使中国对外贸易的对象和空间获得了巨大的扩展。这很大程度上为中苏关系破裂后中国大力开展与西欧国家的贸易创造了条件，也使新中国自禁运以来与西方恶化的贸易关系重新得到了恢复和改善。当然，必须指出的是，这些恢复和改善是比较有限的。原因在于，近代以来帝国主义对中国的侵略以及冷战期间两大阵营间的对抗和西方对

① 中国社会科学院、中央档案馆编《1958—1965 中华人民共和国经济档案资料选编》（对外贸易卷），第 482 页。

② 中国社会科学院、中央档案馆编《1958—1965 中华人民共和国经济档案资料选编》（对外贸易卷），第 482 页。

中国的封锁禁运，使中国对西方产生了怀疑和不信任，因此中国更倾向于与苏东国家进行贸易，或依靠自身努力达到自给自足。具体到中英贸易关系上，由于政治和意识形态上的冷战考虑，英国在中国的联合国代表权问题上态度暧昧，这大大影响了中英贸易的广泛开展。

中苏关系破裂后，中国与苏东国家的经济贸易关系急剧恶化，而西方对华贸易管制的缓和以及中国对外贸政策的适时调整在一定程度上缓解了相关负面影响。西欧和日本等国抓住机会扩大了与中国的进出口贸易，对其自身经济和社会的稳定与发展也产生了积极的作用。抛开冷战中不同意识形态和社会制度的优劣比较，对于东西方的经济发展和科学技术水平，中国和西方各国都是有深刻认识的，即西方国家的工业与技术水平是比较先进的。基于此认知，中国是愿意与英美等主要资本主义国家发展贸易关系的。

如果将历史时限拉长至20世纪60年代至70年代，“中国差别”政策废除的影响就会更加明显地体现出来。20世纪50年代是中苏贸易关系高歌挺进的时代，作为社会主义阵营中的重要一员，新中国最重要的贸易伙伴是社会主义国家，因此英、法、日等资本主义国家取消对华差别禁运的效应并未完全显现。20世纪60年代中苏关系破裂后，苏联与中国的经贸往来和对华技术援助全面断绝，西方国家缓和对华贸易管制的作用就凸显出来。中国也适时调整了对外贸易政策，转向从西方引进大型工业设备，并大力发展与资本主义国家的贸易。到了20世纪70年代，英国的对华军售与技术转移更是影响深远。中西方这些贸易政策的变化与中国20世纪70年代末的对外开放有直接的关系。将西方对华贸易禁运政策的放松与中国的改革开放相联系加以考察，已经开始得到学者们的注意。①

① 戴超武：《美国“贸易自由化”政策与中国“改革开放”（1969—1975）》，《史学月刊》2010年第2期。

英国与 1893 年暹罗危机

杨俊昭*

摘　要　1893 年，法国对老挝的殖民扩张不仅威胁暹罗的独立与完整，还危及英属印度的安全和英国的商业贸易利益。为了应对这场危机，英国经历了由“不介入”到参与与法国谈判的政策变化。英国一面敦促法国应维持暹罗的“独立与完整”，另一面又要求暹罗接受法国的谈判条件。最终，暹罗被迫屈从于法国，英法两国也达成协议，危机得以暂时平息。暹罗危机推动了英法在东南亚的殖民竞争从对抗到相互妥协的演变过程，也影响了暹罗的现代化改革进程。

关键词　英国外交；暹罗危机；法暹冲突

19 世纪英国在东南亚的殖民扩张是近代东南亚历史中一个重要的研究主题，其中英国和暹罗在这一时期的外交关系备受国内外学界的关注。然而，关于英国对 1893 年暹罗危机的政策的研究，目前仅有少数国外学者的专著与论文有涉及，国内学者对它鲜有问津。暹罗危机的直接起因是法属印度支那与暹罗争夺对老挝地区的管辖权。后来，该争端引发了法暹两国之间的武装冲突，并把与此事利益相关的英国卷入其中。这场危机的核心问题在于，当暹罗在法暹冲突中失利时，暹罗和英国应如何应对来自法国

* 杨俊昭，暨南大学人文学院历史系博士研究生。

的威胁以维护暹罗的“独立与完整”。[1] 危机期间有两个标志性事件对当时东南亚的局势甚至是欧洲列强间的关系都产生了重要影响：其一，1893 年 7 月 12 日发生的北榄事件[2]对暹罗的独立造成近于毁灭性的打击；其二，7 月 30 日，由暹罗危机引发的英法两国海军的紧张对峙使两国关系滑入“战争边缘”。为了尽可能地维护它的殖民利益，在不与法国发生直接武力冲突的前提下，英国积极参与了法暹两国的停战谈判。在谈判的最后关头，英国劝告暹罗接受法国的最后通牒要求，以免授其把柄继续侵略暹罗。暹罗最终被迫同意接受法国苛刻的停战条件，同时，根据英法两国在 7 月 31 日同意于英法殖民地之间确立中立区的协议，暹罗危机得以暂时平息。对英国与 1893 年暹罗危机的关系的研究，有利于进一步理解该时期英国在东南亚地区的殖民政策的特征，以及英暹法三国彼此间的关系对后来东南亚地区局势演变的影响。

国外学者对暹罗危机的研究较为丰富，其中的代表作如钱德兰·杰舒伦的《争夺暹罗（1889—1902)：一项有关外交竞争的研究》运用了大量英文档案史料对英法外交谈判的过程进行了追踪，反映了两国妥协过程的曲折性。[3] 帕特里克·塔克的《法国狼和暹罗羊：法国对暹罗独立的威胁（1858—1907）》依据法文档案史料分析了危机期间法国殖民者如何极力煽动入侵暹罗，并且强调暹罗外交在应对法国侵略时多处于被动的位置。[4] 然

---

① 梁英明和梁志明等人曾指出，近代以来所谓暹罗国家的“独立”主要是指暹罗国家政权依然掌握在本国人手中，暹罗的基本国土没有沦丧。但暹罗独立仍然是相对的、不完整的，它的经济命脉还操纵在外国资本手中。参见梁英明、梁志明等：《东南亚近现代史》上册，昆仑出版社，2005，第 240 页。

② 北榄事件也被泰国人称为“暹罗王国第 112 号事件”。

③ Chandran Jeshurun, *The Contest for Siam, 1889 - 1902: A Study in Diplomatic Rivalry* (Penerbit University Kebangsaan Malaysia, 1977).

④ Patrick Tuck, *The French Wolf and the Siamese Lamb: The French Threat to Siamese Independence, 1858-1907* (White Lotus, 2009).

而，上述研究通常缺乏对危机期间促使英国政策转变的影响因素的系统分析。[①] 国内学者则多关注于东南亚殖民史，尤其是对暹罗免于沦为殖民地的原因进行解释。[②] 代表性学者如梁英明、梁志明等人认为，泰国免于沦为殖民地的原因是多种因素的综合作用。[③] 另外，还有一些专题性论文对此进行研究，如李敏认为泰国的主动外交是主要原因，[④] 乔印伟则强调外交和地理位置等因素的重要影响。[⑤] 总体而言，国内学术界对近代暹罗外交的研究较为丰富，但由于缺少对1893年暹罗危机的深入研究和对英国官方外交文献的运用，或者是仅简单借鉴国外学者的观点，其得出的结论很难对暹罗免于沦为殖民地的原因进行具体解释。本文主要运用英国的官方外交文件，同时借鉴前人的研究成果，围绕英国应对暹罗危机的政策转变过程，着重分析英国与法国进行谈判的策略及其政策转变的原因，并阐述暹罗危机对当事各方以及在东南亚地区的影响。

---

① 国外学界涉及暹罗危机的研究还有：Ira Klein, "Salisbury, Rosebery, and the Survival of Siam," *Journal of British Studies* 8, no. 1 (November 1968), pp. 11-139; Gordon Martel, *Imperial Diplomacy: Rosebery and the Failure of Foreign Policy* (McGill Gueen's University Press, 1986); Claire Hirshfield, "The Marquis of Dufferin and Ava, Ambassador to France" (Ph. D. diss., University of Pennsylvania, 1965); Sneh Mahajan, *British Foreign Policy, 1874-1914: The Role of India* (Routledge, 2002); Clare Hirshfield, "The Struggle for the Mekong Banks 1892-1896," *Journal of Southeast Asian History* 9, no. 1 (March 1968), pp. 25-52; D. R. SarDesai, *British Trade and Expansion in Southeast Asia, 1830-1914* (Allied Publishers, 1977)；霍尔：《东南亚史》下册，中山大学东南亚历史研究所译，商务印书馆，1982；等等。

② 参见黄焕宗：《试论泰国免于沦为殖民地的原因》，《南洋问题研究》1985年第3期，第57—66页；蒋玉保：《近代泰国免于沦为殖民地的主要原因》，《唐山师范学院学报》2012年第1期，第50—52页。

③ 参见梁英明、梁志明等：《东南亚近现代史》上册，昆仑出版社，2005。

④ 参见李敏：《论19世纪泰国外交成功维护国家主权独立之原因》，《东南亚研究》2012年第5期，第106—122页。另外，佟建强在《泰国拉玛五世平衡外交研究》（硕士学位论文，云南大学，2015）中也持类似的观点。

⑤ 参见乔印伟：《再论泰国免于沦为殖民地的原因》，《安徽史学》2004年第4期，第24—29页。另外值得注意的是，王加明对拉玛五世王（朱拉隆功）统治时期泰国边疆的形成进行专题研究。他运用泰文材料，着重分析泰国在面对法国和英国蚕食其疆域时的应对策略，认为"第112号事件"是促使泰国从中央王朝向现代国家转变的重要历史节点，参见王加明：《拉玛五世王时期的泰国边疆形成研究（1868—1910）》，硕士学位论文，云南师范大学，2020。

一、暹罗危机的缘起

19世纪末的“新帝国主义”浪潮促使西方列强竞相参与瓜分世界的殖民活动。然而，到19世纪80年代后期，英法两大殖民帝国各自在东南亚的势力范围的“最后界线”仍未确定：1886年，英国在第三次英缅战争后吞并了缅甸。[①] 紧接着，法国在1887年1月完成了对越南南、中、北三圻的侵占，将这三个圻改称交趾支那、安南、东京，并将其与柬埔寨合并，组成了所谓的“法属印度支那联邦”。这样，英法两个殖民大国的势力便在中南半岛的中部迎头相撞，位于湄公河上游的老挝地区和属于暹罗核心统治区的湄南河流域遂成为两国接下来争夺的主要对象。[②] 为了打通东南亚与中国西南地区之间的贸易通道，英法两国的殖民者围绕湄公河的势力范围展开激烈的争夺。英国与暹罗有着重要的商业贸易往来，而且英国不仅是暹罗实行现代化改革所要效仿的重要对象，同时也是暹罗为保持独立而要极力拉拢的国家。但是，法国本应令英国感到警惕的由东京和安南海岸向西对湄公河地区的殖民活动起初并没有引起英国的太多关注，其主要原因，一是法国过去在东京遭遇的军事失利（1884年中法战事中法国陆军失利）最后导致法国茹费理政府在1884年垮台，据此英国认为法国尚无力在中南半岛推行大规模的殖民扩张活动；二是英属印度和英属缅甸把“独立”的暹罗视为抵御法国殖民扩张的重要屏障。[③] 直到19世纪90年代以前，由于暹罗王国仍对老挝地区行使较松散的管辖权，因此英国人未能重视法暹边

① Craig A. Lockard, *Southeast Asia in World History* (Oxford University Press, 2009), pp. 109–110.

② 梁英明、梁志明等：《东南亚近现代史》上册，第233页。

③ 参见 Clare Hirshfield, “The Struggle for the Mekong Banks 1892–1896,” p. 27。

界纠纷所产生的后果。[①]

鉴于英国在暹罗拥有重要的殖民利益，觊觎老挝领土的法国打算先试探英国对划分暹罗边界问题的态度。1889 年 4 月，法国驻英大使沃丁顿首先提议让暹罗中立化，并声称法国政府在该主张上有两个目标："第一个目标是法国愿维持一个强大和独立的暹罗王国，并确定它（东西）两边的边界不受侵犯；第二个目标则是法国想要与英国达成一项协议，即在英属殖民地和法属殖民地之间，建立一个永久的屏障"。对于法暹两国争夺老挝地区（特别是琅勃拉邦）的管辖权问题，沃丁顿表示"法国政府并不想把它的势力范围扩展到琅勃拉邦，但提议从琅勃拉邦东边的某个适合的地点向南到湄公河处画一条界线，顺着这条界线，一直至连接柬埔寨的领土以前，把湄公河作为法暹两国之间大致的领土分界线"。[②] 法国希望以保证暹罗独立的"承诺"，还有解决它与暹罗的边界问题的"温和"态度来获取英国的支持。时任英国首相的索尔兹伯里勋爵认为该提议与英属印度的利益紧密相关，于是他特意咨询了英印政府的意见。印度官员克洛斯认为应"先确定暹罗的边界，然后英法两国再为它的中立化达成协议"。[③] 索尔兹伯里于是答复沃丁顿：英国政府倾向于支持建立一个"强大、独立且有明确边界的暹罗王国"。[④] 英国不反对在英法殖民地之间维持一个"独立"的暹罗，但接下来的重点问题在于如何确定暹罗的东北部边界。

① 在 1893 年 2 月以前，法暹两国对湄公河东岸管辖权的争夺还仅限于外交层面。暹罗人以明显的策略如加强军事部署和行政管理，以及利用作为现代地理知识化身的绘图技术，还有具有现代象征意义的旗帜来对抗法国在湄公河东岸地区的殖民图谋；法国人对此也做出两方面的回应，一方面他们通过探险、设置商业代理和部署驻防军队，逐步增强法国在当地的影响，另一方面法国寻求支持其领土主张的证据以用于谈判，即声称安南对老挝地区拥有所谓的"藩属历史权利"。参见 Søren Ivarsson, *Creating Laos: The Making of a Lao Space Between Indochina and Siam, 1860–1945* (Nordic Inst of Asian Studies Press, 2008), p. 37。

② "The Marquess of Salisbury to the Earl of Lytton," April 3, 1889, No. 3, *British and Foreign State Papers: 1894–1895*, Vol. LXXXVII (Her Majesty's Stationery Office, 1900), p. 193.

③ "India Office to Foreign Office," July 24, 1889, No. 7, *Correspondence Respecting the Affairs of Siam*, No. 1 (Her Majesty's Stationery Office, 1894), p. 8.

④ "The Marquess of Salisbury to M. Waddington," August 27, 1889, No. 8, *British and Foreign State Papers, 1894–1895*, Vol. LXXXVII, p. 200.

接下来直到1892年初，英法两国没有就法暹两国的边界问题展开过深入对话，但在此期间，法国却加紧了对老挝地区的殖民渗透。法国驻琅勃拉邦副领事奥古斯特·帕维是推动法国政府对老挝地区实行殖民扩张的重要推手，他在琅勃拉邦的积极活动引起了暹罗政府的警惕，从而激化了法暹两国的矛盾。[①] 为了避免与英国发生直接冲突，法国政府欲了解英国对扩大法属印度支那殖民地的西部边界的态度。1892年2月，法国驻英大使沃丁顿提出了一个非正式的新提议，即将湄公河作为英法两国势力范围的分界线。[②] 索尔兹伯里再次询问了英印政府的意见，而印度总督认为，沃丁顿的提议与英国所设想的答案是相悖的。印度总督称，英属缅甸政府和暹罗政府此时正在进行边界谈判，其中缅甸景栋邦（Kyaingtong）的景真（Kyaingchaing）还没有完全割让给暹罗。如果暹罗没有接受该领土割让，那么英印政府将保留对跨湄公河东岸地区的景真的领土要求。印度总督强烈建议"目前我们仅限于表达尊重暹罗的完整的愿望"。[③] 当沃丁顿再次提及英法势力范围的划分问题，且将其具体范围限于湄公河上游时，[④] 英印政府认为除景真、江洪（Kiang Hung）的领土问题外，[⑤] "沃丁顿的主张似乎没

---

① 1886年5月，法暹两国签订了一个临时协定，暹罗政府同意在琅勃拉邦设一名副领事。兼并老挝正是"积极"的法国地方官员推动的结果；1889年，帕维曾在老挝大部分地方旅行并和暹罗就尊重老挝现状签订协议。参见 Frederick Quinn, *The French Overseas Empire* (Praeger, 2000), p. 149。1887年2月，帕维到琅勃拉邦上任后，曾两次组织所谓的"帕维使团"到湄公河地区从事探险活动，鼓动法国政府兼并湄公河东岸的老挝等地。参见 Auguste Pavie, *The Pavie Mission Indochina Papers, 1879–1895*, Vol. 3, *Travel Reports of the Pavie Mission: Vietnam, Laos, Yunnan, and Siam*, translated by Walter E. J. Tips (White Lotus Press, 1999)。

② "The Marquess of Salisbury to Mr. Egerton," February 16, 1892, No. 14, *British and Foreign State Papers, 1894–1895*, Vol. LXXXVII, p. 206.

③ "India Office to Foreign Office," April 5, 1892, No. 15, *Correspondence Respecting the Affairs of Siam*, No. 1, pp. 12–13.

④ "Foreign Office to India Office," May 14, 1892, No. 17, *Correspondence Respecting the Affairs of Siam*, No. 1, p. 13.

⑤ 景真和江洪的边界都延展到湄公河东岸地区。在殖民缅甸后，英国根据缅甸的"藩属历史权利"，宣称对地跨萨尔温江的景栋以及景栋以北的江洪（今西双版纳）有管辖权，但此时江洪事实上仍归中国管辖，直到1897年清政府将其割让给法国。参见霍尔：《东南亚史》下册，第783页。

有提及英国目前在湄公河的利益问题……如果同意法国大使的提议，英国政府则会处于尴尬的境地，因为这会增加英国和暹罗、中国在跨湄公河地区的领土划界工作上的困难。与此同时，此举等于向法国暗示，由于目前法国人离湄公河上游还有一段较远的距离，他们或许会借机由东京向西进行扩张，同时又能免受来自英国政府的抗议……"[①] 根据英印政府的意见，英国没有接受法国大使的新主张。英法两国未能实现谅解的原因是像克洛斯那样抱有"防御"思想的英印政府政治家们握有实权，其重视的是保障印度的"独立"地位。[②] 英国对法国扩大法属印度支那殖民地的图谋怀有戒心。英印政府尤其认为，地跨湄公河东岸的景真等地属于英属殖民地的一部分。从更宏大的范围来看，英国即使在那些未经殖民的湄公河附近地区也拥有重要的利益，因为它们可以构成阻挡法国人西进的缓冲屏障。一旦英国接受了法国的新提议，法属印度支那殖民地则可能会不受限制地进行扩张，最终威胁到英属印度的安全利益。

由索尔兹伯里领导的保守党内阁政府下台后，自由党的格莱斯顿组阁执政，并于 1892 年 8 月任命罗斯伯里勋爵担任外交大臣。当沃丁顿再次向英国政府重提以湄公河为界的主张时，由于对相关情况缺乏了解，罗斯伯里在询问英印政府后才在 12 月 23 日回复沃丁顿，称英属缅甸与暹罗和中国就景真、景栋等边界问题正在进行意见交换，但在最近达成的协议里，没有一个英国殖民地或保护国（邦）的边界会超过湄公河地区的地理范围。[③] 罗斯伯里的态度表明，此时英国对暹罗问题的利益考量主要限于湄公河上游的地区，没有明确反对法国对老挝地区的领土要求。在法国提出以湄公河作为英法两国在中南半岛的分界线后，英国为预防法国西进加快了英属缅甸与暹罗和中国的划界活动。但是，因为英法两国没有就暹罗的东北部边界问题达成谅解，法国在入侵老挝的同时必然会对抗争的暹罗提出更多

① "India Office to Foreign Office," May 27, 1892, No. 18, *Correspondence Respecting the Affairs of Siam*, No. 1, p. 14.

② Ira Klein, "Salisbury, Rosebery, and the Survival of Siam," pp. 124–125.

③ "The Earl of Rosebery to M. Waddington," December 23, 1892, No. 22, *British and Foreign State Papers, 1894–1895*, Vol. LXXXVII, p. 208.

的惩罚性要求，从而对暹罗的“独立与完整”乃至英国的殖民利益构成严峻威胁。可以说，英印政府对法国提议的模糊态度在很大程度上导致了英国预防暹罗危机政策的失败。

由此可见，英法两国对彼此在东南亚的扩张都持怀疑态度，尤其法国在老挝的殖民导致暹罗的“独立与完整”处于一种危险和不确定的状态。由于法国国内政治发生了重要变化，自 1892 年以来法国国内舆论逐渐关注海外殖民问题。[①] 同时，随着英法两国对解决它们在东南亚的势力范围划分问题的交涉尝试宣告流产，法国在 1893 年不可避免地对暹罗采取了一种更为坚定且极具侵略性的政策。[②] 因为前期对法国在中南半岛的扩张形势的误判，以及英印政府对英法谅解的抵制，英国没有积极干预法暹边界纠纷。1893 年 2 月底，因为法国和暹罗围绕老挝地区的管辖纠纷未能得到解决，法国决定使用武力来维护它所谓的“正当权利”。4 月 1—4 日，法国军队突袭了暹罗边境的上丁镇，并在随后占领了孔埠，这标志着“暹罗危机”的开始。[③]

二、暹罗危机的爆发和英国的“不介入”

在以帕维为代表的法国地方官员与暹罗政府协商未果后，法国决心采取单边行动。1893 年 2 月底，在得知暹罗政府未能“妥善”解决关于老挝归属权的纠纷后，法国报刊表现出“义愤填膺”的姿态。2 月 26 日，法国国民议会宣称在不对暹罗抱有“敌意”的前提下，决定不放弃通过兼并安

---

① 近年来有国内学者关注到法兰西第三共和国时期的殖民问题，指出经过 1885 年法国议会的两次辩论后，一个极具影响力的法国“殖民政党”（法语：parti colonial）开始形成。该团体在 1893 年暹罗危机期间对法国外交施加了很大的集团舆论压力，要求从暹罗政府那里获得更多的政治和经济特权。参见刘梦佳：《法兰西第三共和国的殖民转向——从 1885 年关于殖民问题的议会辩论谈起》，《史学集刊》2018 年第 4 期，第 126—127 页。

② Chandran Jeshurun, *The Contest for Siam, 1889–1902: A Study in Diplomatic Rivalry*, pp. 49–50.

③ 姆·耳·马尼奇·琼赛：《老挝史》下册，厦门大学外文系翻译小组译，福建人民出版社，1974，第 295 页。

南和柬埔寨而获得的“权利”。[①] 在法属印度支那总督的建议下，法国没有向暹罗公开宣战，而是利用柬埔寨和越南的地方部队，宣称要在法暹边界实行所谓的“警察行动”，一举兼并老挝及其附近地区。自信的法国人认为会很快达成其目的，到 1893 年 3 月，法军已经做好了相应的军事准备。[②] 尽管深知法国对老挝的殖民野心，但考虑到自身在军事上处于弱势，且英国在暹罗拥有重要的利益，因此暹罗政府选择向英国外交部求助。[③] 为了避免法国的猜忌，罗斯伯里与来自曼谷的外交代表就法暹冲突展开了“非正式”的对话。罗斯伯里称对法国和暹罗目前的敌对关系感到遗憾，但他对英国政府的干预有利于改善局面的观点持怀疑态度。罗斯伯里还表示，希望对法国在领土、赔偿等其他方面的要求有更确切的了解。[④] 可以看出，了解到法国对老挝抱有强烈扩张欲的罗斯伯里不愿过早介入法暹争端，而是寄希望于寻求法暹两国间可能的妥协点来尽快平息事态。

原国际法律师、时任暹罗政府外国顾问的罗林提议将法暹争端进行国际仲裁，并打算在巴黎（而不是在曼谷）与法国达成协议，但法国人对此表示拒绝。[⑤] 在与法国进行沟通的尝试失败后，由国王朱拉隆功主导的暹罗政府倾向于使用武力来抵御法国的侵略。[⑥] 鉴于法暹冲突已启，为了保护在暹罗的英国臣民的安全，4 月 13 日，英国外交部致电海军部，要求派英国

① Auguste Pavie, *The Pavie Mission Indochina Papers, 1879–1895*, Vol. 3, pp. 673–681.

② Patrick Tuck, *The French Wolf and the Siamese Lamb: The French Threat to Siamese Independence, 1858–1907*, pp. 105–106.

③ 学者怀亚特指出，危机期间有两个假设在支撑着暹罗的政策：运用国际法来处理与法国的争议是可行的；另外，在必要时可依靠来自英国的支持（即使只是“道义上”的）。参见戴维·K. 怀亚特：《泰国史》，郭继光译，东方出版中心，2009，第 192 页。

④ “The Earl of Rosebery to Captain Jones,” April 12, 1893, No. 37, *British and Foreign State Papers, 1894–1895*, Vol. LXXXVII, pp. 219–220.

⑤ Auguste Pavie, *The Pavie Mission Indochina Papers*, Vol. 3, p. 678.

⑥ Patrick Tuck, *The French Wolf and the Siamese Lamb: The French Threat to Siamese Independence, 1858–1907*, pp. 109–110.

军舰“敏捷”号前往曼谷。[①] 在收到暹罗人准备抵抗的消息以后，罗斯伯里希望暹罗能采取措施避免事态升级。他向英国驻曼谷领事琼斯上尉做出指示，称“你应该敦促暹罗政府保持谨慎，并让他们避免采取任何可能与法国断绝关系的行动”。[②]

5月初，暹罗人在湄公河低河谷处的孔埠攻击了法军。鉴于法国国内的一些舆论怀疑英国可能干预法暹冲突，罗斯伯里在12日致电英国驻法大使达弗林，他表示：“我认为，应该让法国政府得知此前我给予暹罗的建议。”[③] 6月4日，罗斯伯里向琼斯重申，应该让暹罗政府认识到，避免法暹两国间的友好关系破裂是十分重要的。罗斯伯里还希望暹罗政府能释放法暹冲突中一名被囚的法国军官（在孔埠战役中被俘的多辽上尉），[④] 以此向法国政府表明愿意和解的善意。显然，罗斯伯里没有改变他之前对法暹冲突“不介入”的态度。

在法国巡视员格罗斯古兰在法暹边界冲突中被杀的事件发生后，法暹冲突进一步升级。[⑤] 担忧法军会采取激进行动的罗斯伯里向达弗林做出指示，称“我们应该被告知法国舰队采取任何新行动的意向。以上做法都表明我方对法国的善意态度，因为英国政府一点也不希望被卷入冲突中。然而，我们在暹罗的利益是巨大的（如商业贸易），我或许会违背自己的意愿

---

① “Foreign Office to Admiralty,” April 13, 1893, No. 40, *Correspondence Respecting the Affairs of Siam*, No. 1, p. 25. 也有学者认为英国政府此时派军舰去曼谷的主要原因是为了应对来自议会的批评。参见Chandran Jeshurun, *The Contest for Siam, 1889-1902: A Study in Diplomatic Rivalry*, p. 51。

② “The Earl of Rosebery to Captain Jones,” April 24, 1893, No. 45, *British and Foreign State Papers, 1894-1895*, Vol. LXXXVII, p. 222.

③ “The Earl of Rosebery to the Marquess of Dufferin,” May 12, 1893, No. 52, *British and Foreign State Papers, 1894-1895*, Vol. LXXXVII, p. 225.

④ “The Earl of Rosebery to Captain Jones,” June 4, 1893, No. 70, *Correspondence Respecting the Affairs of Siam*, No. 1, p. 38.

⑤ 在法暹战事中，格罗斯古兰率一支边防军队从被放弃的据点返回湄公河，途中被暹罗人所杀。此事后来为法国舆论大肆炒作，法国人要求暹罗政府做出赔偿。参见霍尔：《东南亚史》下册，第788页。

而被迫进行干预”。[1] 罗斯伯里认为，法暹战事扩大化将损害英国在暹罗的利益，他不得不做好相应的准备。6 月 27 日，罗斯伯里要求尽快派停在新加坡的英船“智慧女神”号和“侏儒”号到曼谷去，作为保护英国臣民安全的预防措施。[2] 英法两国间也在进行紧张的磋商。次日，罗斯伯里与法国驻伦敦代办进行了谈话。法国代表埃斯泰内尔认为，法国外交部长德维尔已经给了达弗林足够的承诺，法国一直声明没有要侵犯暹罗王国的“中立或独立”的意图。罗斯伯里则重申，英国没有参与到法国和暹罗间的冲突中。[3] 罗斯伯里想借此向法国传达英国对冲突的“不介入”态度，但随着法暹战事愈演愈烈，法国国内舆论对暹罗的抵抗以及英国官方的“模糊”态度感到非常不满。罗斯伯里曾告诉维多利亚女王，“法国的外交官员已收到一些文件，据说是有两人吹嘘从英国大使馆中偷出的。（即使在已经澄清了事实后，）一些专门捏造信息的法国媒体仍向达弗林勋爵发起猛烈的批评。在这样的情形下，罗斯伯里恳求（因为偶然事件）逗留在伦敦的达弗林勋爵不要急于返回巴黎”。[4] 罗斯伯里对法国显露出的敌意感到不满，为了反制法国，英国暂时中断了与法国的高层外交对话。

罗斯伯里对法暹冲突升级的担忧不无道理。6 月底，法国驻中国的海军在西贡集结，准备接近曼谷王宫以尽快结束法暹双方的僵持局面。法国政府还对英国的“不介入”表示怀疑。7 月 8 日，法国外交部长德维尔致电帕维：“（有消息称）英国政府方面决定派一些军舰到曼谷，我们决定加强法国海军在那里的部署。你应该告知暹罗政府，新加入的法国战舰将与‘幽灵’号（现停在法国驻曼谷的公使馆附近）一起行动。”但帕维在 11 日回

① “The Earl of Rosebery to the Marquess of Dufferin,” June 19, 1893, No. 84, *British and Foreign State Papers, 1894–1895*, Vol. LXXXVII, p. 233.

② “Foreign Office to Admiralty,” June 27, 1893, No. 99, *Correspondence Respecting the Affairs of Siam*, No. 1, p. 49.

③ “The Earl of Rosebery to Mr. Phipps,” June 28, 1893, No. 102, *British and Foreign State Papers, 1894–1895*, Vol. LXXXVII, p. 240.

④ George Earle Buckle (ed.), *The Letters of Queen Victoria*, Vol. 8 (Cambridge University Press, 2014), p. 269.

电德维尔："暹罗政府称，并没有从英方处得知要派新的军舰前往湄南河（又称昭披耶河），故它不同意批准法舰过河。我敢肯定在等待您答复时，法舰'安康斯丹'号会根据条约的规定，[①] 于13日停在北榄附近。"法国决心无视暹罗的抗议，次日帕维又联系暹罗外交大臣德瓦旺萨亲王，称法国军舰的目的地没有变。[②] 最后，两艘法国炮舰"安康斯丹"号和"彗星"号在突破暹罗在北榄要塞的防御后停靠在法国驻曼谷的公使馆附近。此时，对暹罗政府而言，继续武装抵抗已不再现实。

在北榄危机发生后，英国政府被迫表明其立场，即在不引起法国反感的同时又表明维护其在暹罗利益的决心。7月17日，英国外交部的代表在议会发表公开声明称，英国在目前的法暹冲突中需保持中立。英国政府做出决定的困难在于获取清晰而确定的信息。在保护英国臣民和他国公民的安全方面，英国海军已做好充分准备。最后外交部代表还补充说，英国政府对暹罗的"独立和完整"问题"非常重视"。[③] 德维尔代表法国政府随后也发表了声明，称愿意与暹罗进行谈判："法国政府原本没有对曼谷发动进攻的意图。法国政府也不打算制造冲突。法国政府已经委托德维雷于7月8日从巴黎出发。作为与暹罗政府进行谈判的全权代表，德维雷收到的指示是，与暹罗政府就这场不幸的冲突达成解决方案，其中包括暹罗应割让湄公河左（东）岸附近的领土，以及做出其他一些必要的赔偿。"[④] 德维尔于是在7月19日告知帕维关于法国给暹罗的最后通牒的内容。[⑤] 罗斯伯里得到消息后认为，法国的最后通牒中的第一条内容（即割让领土部分的具体

---

① 1856年，法暹两国曾签订了一个不平等的条约，其中第15款规定，法国在必要时可派军舰前往北榄处停靠。

② Auguste Pavie, *The Pavie Mission Indochina Papers*, Vol. 3, pp. 712-719.

③ "The Earl of Rosebery to Mr. Phipps," July 17, 1893, No. 157, *Correspondence Respecting the Affairs of Siam*, No. 1, pp. 69-70.

④ "Mr. Phipps to the Earl of Rosebery," July 17, 1893, No. 158, *British and Foreign State Papers, 1894-1895*, Vol. LXXXVII, p. 257.

⑤ 法国的最后通牒主要包括以下四方面内容：割让湄公河东岸地区领土（包括老挝在内的大部分领土），赔偿法国在战事中的损失，惩罚战争罪犯和以马德望和暹粒两省的税收作为未赔偿的金额担保等。参见 Auguste Pavie, *The Pavie Mission Indochina Papers*, Vol. 3, pp. 728-730。

地理范围）是模糊的。[①] 7 月 20 日，英国驻法国的外交代表菲利普斯告知罗斯伯里，“法国外交部长称他无法确定，要割让的湄公河东岸的领土区最北将延伸到何处。湄公河仅被简单视为暹罗和法国殖民地之间的自然分界线；法国外交部长等待着今后和英方代表就与英国利益攸关的问题进行协商”。[②] 由于无法确定法国对暹罗的具体要求，同时又担忧法国要借最后通牒来扩大对暹罗领土的侵占，英国只能重启与法国的高层外交对话。同天，罗斯伯里通知达弗林，让这位驻法大使尽快返回巴黎，并与法国官员就最后通牒的内容交换意见。[③]

以上可以看到，从 3 月到 7 月中旬，英国对法暹冲突大体上采取“不介入”的态度。由于此时法国没有明显触犯英国的利益，并且为避免刺激法国国内对英国不利的舆论，英国政府选择保持“不介入”。英国一方面劝告暹罗要谨慎处理法暹关系，另一方面又密切关注法暹冲突的演变情况。然而，因冲突升级而引发的北榄事件，让法国借机对暹罗提出更加苛刻的要求。一旦法国的图谋得逞，暹罗的“独立和完整”将处于极其危险的境地。面对法国咄咄逼人的扩张野心，英国被迫直接与法国进行谈判以求维护自身利益。

三、英国政策的转变与英法谈判

北榄事件发生后，暹罗的“独立与完整”很大程度上只能依赖于英国的外交支持。在英国驻法大使达弗林返回巴黎以前，外交大臣罗斯伯里已告知达弗林在谈判时应遵循的基本方针，“针对湄公河左（东）岸地区的领土有两点问题需要考量：第一，‘左岸地区’一词含义过于宽泛，暹罗政府

---

① “The Earl of Rosebery to Mr. Phipps,” July 20, 1893, No. 170, *Correspondence Respecting the Affairs of Siam*, No. 1, p. 78.

② “Mr. Phipps to the Earl of Rosebery,” July 20, 1893, No. 171, *British and Foreign State Papers, 1894-1895*, Vol. LXXXVII, p. 260.

③ “The Earl of Rosebery to the Marquess of Dufferin,” July 20, 1893, No. 173, *British and Foreign State Papers*, 1894-1895, Vol. LXXXVII, p. 261.

无权转让他国（主要指英国）在当地所拥有的权利；第二，割让不能违反法国政府以前重申过的承诺"，但"如果以上这些领土问题能够被满意和决定性地解决，那么英国政府准备敦促曼谷朝廷同意接受法国的要求"。[①] 英国在湄公河地区的利益与暹罗的"独立与完整"是英方谈判的重要底线。为安抚英国人的情绪，英国官员菲利普斯在21日告诉罗斯伯里，"法国外交部长对最后通牒第一款做出了解释，所提出的割让包括岛屿在内的湄公河东岸领土的要求仅适用于暹罗人"。[②] 掌握法暹停战谈判主导权的英国力促暹罗政府保持谨慎。罗斯伯里告诉英国驻曼谷的领事琼斯："我们在巴黎发起了谈判……在目前的情况下，暹罗政府无论采取何种激进政策都是错误的。"[③] 面对德维尔发出的最后通牒，暹罗曾尝试对法国要求的内容做策略性修正，[④] 但法国谈判代表拒绝接受暹罗提出的修改意见。22日帕维向德维尔报告，称由于暹罗政府除北纬18度以北的领土外，没有割让其占湄公河东岸的所有领土，所以他准备在25日与法国炮舰一同离开曼谷。[⑤] 无力抵抗的暹罗政府只能把停战的具体条件留待英法两国谈判来处理。

7月22日，达弗林和德维尔就停战问题开始举行正式会谈。德维尔根据最后通牒的内容对包括跨湄公河东西两岸、原暹罗藩属省份琅勃拉邦等地（据称"近占暹罗王国约三分之一的领土"）提出领土要求。尽管达弗林没有全盘接受德维尔的主张，但德维尔对英法两国殖民地之间保留"缓冲国"原则的肯定为后来的谈判留下了余地。[⑥] 罗斯伯里和达弗林所不愿看到的是，德维尔受其国内支持殖民势力的"蛊惑"而背弃之前的承诺。23

① "The Earl of Rosebery to the Marquess of Dufferin," July 20, 1893, No. 173, *British and Foreign State Papers, 1894–1895*, Vol. LXXXVII, p. 261.

② "Mr. Phipps to the Earl of Rosebery," July 21, 1893, No. 175, *Correspondence Respecting the Affairs of Siam*, No. 1, p. 80.

③ "The Earl of Rosebery to Captain Jones," July 21, 1893, No. 177, *Correspondence Respecting the Affairs of Siam*, No. 1, p. 81.

④ Patrick Tuck, *The French Wolf and the Siamese Lamb: The French Threat to Siamese Independence, 1858–1907*, p. 120.

⑤ Auguste Pavie, *The Pavie Mission Indochina Papers*, Vol. 3, p. 730.

⑥ Chandran Jeshurun, *The Contest for Siam, 1889–1902: A Study in Diplomatic Rivalry*, p. 61.

日，罗斯伯里就昨日会谈的结果致电达弗林，称："我从中大体上得到的印象是良好的……因为那些所谓的法国殖民问题专家们时常为准备占领一些无用的地区而去冒点燃全世界的风险，你还特别提醒德维尔不要听信他们的意见，因此对我而言，阁下你的观点是极佳的。"①

法国的殖民野心对英国在暹罗的经济利益造成了极大的损害。罗斯伯里告诉达弗林，由于法国海军宣布要封锁暹罗的海岸线，"根据目前掌握的信息，英国人在曼谷的整个航运（对外）贸易中约占有87%的份额（按吨来计算），而在其（进出口）货物价值方面约占有93%的份额……这一因素应该引起极大的重视"。② 24日，一些英国商人、银行家还有船主们对罗斯伯里递交联合请愿书，对法国对暹罗的侵略行径表示了抗议。③ 暹罗是英国在东南亚的"非正式帝国"（informal empire）的重要组成部分：英帝国史学者约翰·加拉盖尔和罗纳德·罗宾逊认为，所谓的"帝国主义"可以被解释为，通过政治进程把新的区域整合到经济扩张中的行径，其中英国的帝国主义政策被解释为："如果可能就采取非正式手段，或必要时就采取正式的兼并手段"。早在1893年之前，英国已经通过"自由贸易"条约和建立"友谊关系"（或者"谅解"）的方式把暹罗纳入它的"非正式帝国"版图之内。④ 暹罗危机期间，英国商人向政府强烈要求干预危机：仅在7月，就有18份请愿书被置于外交大臣办公桌前，其内容大多强调英帝国（在东南亚的殖民地）在大米进口和航运贸易方面有着重要的利益。商人们认为，如果任由法国人的经济势力入侵暹罗，就会给英国商人带来强加的义务或关税等。一年后，英属婆罗洲公司在一次会议上也强调，目前整个

① "The Earl of Rosebery to the Marquess of Dufferin," July 23, 1893, No. 180, *British and Foreign State Papers, 1894-1895*, Vol. LXXXVII, p. 264.

② "The Earl of Rosebery to the Marquess of Dufferin," July 23, 1893, No. 181, *British and Foreign State Papers, 1894-1895*, Vol. LXXXVII, p. 264.

③ "Petition from Merchants, Bankers, and Ship-Owners to the Earl of Rosebery," July 24, 1893, No. 188, *Correspondence Respecting the Affairs of Siam*, No. 1, p. 86.

④ 参见 John Gallagher and Ronald Robinson, "The Imperialism of Free Trade," *The Economic History Review* 6, no. 1 (1953), pp. 5-11。

世界市场都处于紧张竞争的状态，英国商人因此有必要维持对既有市场的控制。[①] 为此，以罗斯伯里和达弗林为代表的英国外交官将不遗余力地维护英国在暹罗乃至东南亚地区的经济利益。

25日上午，法国代办埃斯泰内尔与罗斯伯里进行过一段耐人寻味的对话。埃斯泰内尔把法国政府将要对暹罗实施海上封锁的消息提前告知英方，而心系英国商贸利益的罗斯伯里则对法国封锁的具体实施办法提出疑问。埃斯泰内尔认为，封锁的问题之后会得到妥善解决，但据他所知，在法国国内，公众舆论已发展到令人警惕的状态。埃斯泰内尔甚至声称，在巴黎，每一位法国人都认为，英国战舰是被派往曼谷去鼓励暹罗人进行抵抗的。埃斯泰内尔是想暗示法国有“正当理由”向暹罗施压。罗斯伯里回答称，他不承认法国对英国的指责是有效的，还特别强调英国的“温和”政策一直依赖于法国的承诺，但遗憾的是，在目前的情况下，法国政府毫无疑问地没有履行以前的承诺。罗斯伯里对法国的政策表达了强烈不满。在这场对话的后面，罗斯伯里有的放矢地对埃斯泰内尔发出言语威胁，称英国打算延长从埃及撤军的时间，并且会在全世界范围内对法进行“静默战”。[②] 罗斯伯里借此向法国暗示，英国不会无条件地对法国政府妥协。倘若法国要一意孤行，那么一方面对法国而言，更为重要的埃及问题[③]（关系到法国在地中海的战略安全）将被搁置而无法解决；另一方面，因殖民问题恶化的英法关系也无法得到改善。同日，罗斯伯里在给维多利亚女王的信中表露出他的想法，称“暹罗问题现在仍十分敏感，他对此感到很焦虑。法国人的扩张将使它的殖民地与印度接壤（这会给我们带来巨大的负担和危险），而海上封锁曼谷实际上切断了英国与暹罗的商业往来。与此同时，巴黎的公众舆情仍处于兴奋状态，德维尔先生如今又避而不见达弗林勋爵。

① D. R. SarDesai, *British Trade and Expansion in Southeast Asia, 1830-1914*, pp. 241-243.

② Gordon Martel, “Documenting the Great Game: ‘World Policy’ and the ‘Turbulent Frontier’ in the 1890s,” *The International History Review* 2, no. 2 (April 1980), pp. 296-297.

③ 自1882年英国宣布占领埃及以来，英法两国关系就一直十分紧张。有学者评论称，1893年伊始，罗斯伯里在埃及问题上对法国抱有“好战”的态度。参见 Robert Rhodes James, *Rosebery: A Biography of Archibald Philip, Fifth Earl of Rosebery* (Weidenfeld and Nicolson, 1963), p. 287。

毋庸置疑，法国对暹罗的整个侵略史是卑鄙的。但是，我们不能对世界上任何地方都实行干涉”。[①] 英国在暹罗危机中与法国的冲突点主要在于英属印度殖民地的安全和在暹罗的商业和贸易利益，故罗斯伯里的政策目标很明确：在不变更与法国协调的情况下，维持暹罗作为英法殖民地之间“缓冲国”的地位，并敦促法国人尽快解除对暹罗的海上封锁。

26 日，达弗林恢复了与德维尔的谈话。他在随后给罗斯伯里的报告中说，德维尔对暹罗就此前最后通牒的“消极”答复感到非常不满。法国提出两点主张，一是安南对琅勃拉邦享有藩属权利，二是法国有“正当权利”要求占领湄公河左（东）岸地区的领土。达弗林做出反驳后，重申在英法两国殖民地间保留“缓冲国”的存在非常重要，而德维尔对此表示赞同。针对法国对暹罗提出的过分要求，达弗林在对话末尾还警告德维尔，称英国国内的舆论对法国在暹罗的扩张持警惕的态度。达弗林分析了这场谈话内容后，认为倘若法暹关系仍处在敌对状态（即暹罗人仍不接受最后通牒），那么法军将立即占领马德望与吴哥，[②] 以示对暹罗的“惩罚”。[③]出于法国可能向暹罗施加更大压力的担忧，达弗林向罗斯伯里提议，除非首相格莱斯顿愿意对法国采取威胁政策，否则我们应劝告暹罗政府尽快无条件地答应法国的要求。[④] 因为当时多数格莱斯顿内阁政府成员并不赞成对法国采取强硬政策，所以达弗林的意见自然是倾向于后者的。[⑤]

由于情况紧急，罗斯伯里迫切想获得法国确保暹罗“独立”的书面承诺，他于次日致电达弗林，称“如果英法两国政府能交换这样的协议记录，那会是很好的：双方原则上同意在各自殖民地之间维持一个中立或独

---

① George Earle Buckle (ed.), *The Letters of Queen Victoria*, Vol. 8, p. 284.

② 吴哥即暹粒省，这两地距离曼谷很近，而且经济上相当富裕。

③ “The Marquess of Dufferin to the Earl of Rosebery,” July 26, 1893, No. 317, British Cabinet Papers, 1880-1916, Part One, 1880-1905, Vol. 34, No. 40, CAB34, The National Archives (Kew, United Kingdom), Nineteenth Century Collections Online, http://tinyurl. galegroup. com/tinyurl/6pt3e0, accessed August 2018, p. 577.

④ Claire Hirshfield, “The Marquis of Dufferin and Ava, Ambassador to France” (Ph. D. diss., University of Pennsylvania, 1965), p. 198.

⑤ 参见 Gordon Martel, *Imperial Diplomacy: Rosebery and the Failure of Foreign Policy*, p. 134。

立的区域”。[①] 罗斯伯里要求达弗林向德维尔就法国海军封锁日期出现谬误的问题寻求解释，并且认为法国的封锁实际上是直接针对英国商业贸易的。[②] 罗斯伯里还基本赞同了达弗林对法让步的主张，他告诉英国驻曼谷领事琼斯：“我所能够从巴黎收到的消息的结果表明，如果暹罗人要继续抵制法国在最后通牒中所列举的条件，那么法国人的要求还会不断增加……比起拒绝接受，对它（暹罗）而言最好的选择仍然是立即无条件地接受法国人的条款内容。”[③] 在达弗林与德维尔进行谈判时，虽然德维尔向达弗林做出积极的保证，称如果暹罗接受了包括第一款在内的最后通牒要求，他就没有必要对暹罗再次发出武力威胁，但马德望和吴哥的问题仍让达弗林感到惊讶与不安。在达、德两人这次对话后面的阶段，德维尔不仅不承认1867年法暹条约的有效性（该条约确认了暹罗对马、吴两省拥有主权），还提出要对两省的区域进行重新划界。最后，达弗林再度肯定其之前的想法，认为那些正在主导殖民政策的法国人打算从暹罗夺得这两个省。[④]

28日，达弗林在向法国政府询问了有关海上封锁的问题后向罗斯伯里做了汇报，称法国政府的电报内容中出现的一些谬误是因为从巴黎到暹罗的报告日期有出入。[⑤] 罗斯伯里在回复达弗林时表示，法国人所谓的“和平封锁”（blocus pacifique）会对（英国的）中立船只造成消极影响，而英国政府认为这“不是友善的行为”，为此英国被迫对停在英国港口的法方船只

① “The Earl of Rosebery to the Marquess of Dufferin,” July 27, 1893, No. 198, *British and Foreign State Papers, 1894-1895*, Vol. LXXXVII, p. 276.

② “The Earl of Rosebery to the Marquess of Dufferin,” July 27, 1893, No. 204, *British and Foreign State Papers, 1894-1895*, Vol. LXXXVII, p. 277.

③ “The Earl of Rosebery to Captain Jones,” July 27, 1893, No. 207, *Correspondence Respecting the Affairs of Siam*, No. 1, p. 93.

④ “The Marquess of Dufferin to the Earl of Rosebery,” July 27, 1893, No. 320, CAB 34, No. 41, Nineteenth Century Collections Online, p. 578.

⑤ “The Marquess of Dufferin to the Earl of Rosebery,” July 28, 1893, No. 215, *Correspondence Respecting the Affairs of Siam*, No. 1, p. 97.

采取反制措施。[①] 可见，英法两国在对待封锁问题上的矛盾开始逐渐激化，英国对法国的政策日益不满。

由于法国殖民势力的咄咄逼人，暹罗逐渐意识到，它难以在没有英国外交支持的情况下解决危机，只得不情愿地听从英国外交部的劝告，最后同意无条件接受法国的最后通牒。得知暹罗的态度转变后，7 月 29 日，罗斯伯里立即致电达弗林，让他询问德维尔法国是否要继续维持对暹罗海岸的封锁。[②] 在达弗林与德维尔谈判时，在法国国内支持殖民扩张的舆论推动下，德维尔要求以马德望和吴哥来交换原来最后通牒所涉及的暹罗的一些北部领土，达弗林对此马上提出严重抗议。见英国反对法国扩大领土的要求的立场非常坚定，德维尔于是就搁置了两省的归属问题。至于海上封锁问题，德维尔在回答达弗林的问题时说，要等到内阁会议结束后，再来与达弗林进行对话。[③] 达弗林的谈判取得了一些效果，法国稍微降低了对暹罗的惩罚性要求，暹罗则暂时保住了马德望和吴哥。

然而到第二天，暹罗的情形似乎在朝着不可预料的方向发展。新传来的消息称，法国海军根据之前的封锁指令，竟然命令英舰“红雀”号立即离开湄南河。另外，正在执行封锁任务、航行于湄南河口的法舰居然用炮口瞄准了一艘停泊的英舰。得知法军的“挑衅”举动后，罗斯伯里非常恼怒，他立即告知琼斯，“为保护英国在曼谷的臣民安全，在如今的情况下，‘红雀’号不能离开此地”。[④] 时任英国外交部常务副大臣的格雷爵士在回忆这次事件时称，英法两国当天处于战争的边缘。[⑤] 罗斯伯里还通知维多利亚女王的助理亨利·庞森比爵士，让他尽快请德国驻英大使菲尔德公爵来商

① “The Earl of Rosebery to the Marquess of Dufferin,” July 28, 1893, No. 216, *Correspondence Respecting the Affairs of Siam*, No. 1, p. 97.

② “The Earl of Rosebery to the Marquess of Dufferin,” July 29, 1893, No. 221, *British and Foreign State Papers, 1894-1895*, Vol. LXXXVII, p. 284.

③ “The Marquess of Dufferin to the Earl of Rosebery,” July 29, 1893, No. 323A, CAB34, No. 42, Nineteenth Century Collections Online, p. 589.

④ “The Earl of Rosebery to Captain Jones,” July 30, 1893, No. 234, *British and Foreign State Papers, 1894-1895*, Vol. LXXXVII, p. 287.

⑤ Viscount Grey, *Twenty-Five Years: 1892-1916*, Vol. 1 (Hodder and Stoughton, 1925), pp. 13-14.

议此事。[①] 但不久后，英法两国间的误会解除了，法国海军表示无意于与英国海军发生正面冲突。在此之前，罗斯伯里曾针对暹罗危机与以德国为首的三国同盟的驻外大使们交换过意见，德方表示在不直接干预的前提下对英国立场采取“默许”的态度。在英法间的误会解除后，罗斯伯里立即向德方说明情况已好转。尽管罗斯伯里为德国表面上的“友好”态度感到高兴，[②] 但他并没有过多依赖后者的外交支持。正如罗斯伯里在26日给维多利亚女王的意见答复中所表示的那样，他认为“考虑到英国政府的尊严，英国应在没有向三国同盟寻求帮助的情况下独自解决暹罗问题”。[③] 罗斯伯里要避免的是出现英国被迫正式加入三国同盟阵营的情况，进而减少英国被卷入欧洲大陆未来可能发生的冲突的风险。[④] 从当时的欧洲外交形势来看，德国、奥匈帝国和意大利组成的三国同盟与英国关系良好，而法国和俄国却是19世纪末英国的海外殖民地面临的最主要的两大竞争对手。然而，英国此时在暹罗问题上拥有的优势不容忽视：值得注意的是，尽管法俄两国关系在1893年前后正处于逐步升温的合作趋势，[⑤] 但俄国政府既不了解有关曼谷事务的详情，也没有给予法国支持。[⑥] 另外，从英属印度的地缘战略角度来看，与来自东南方向的法国殖民势力的威胁相比，西北方向俄国

---

① George Earle Buckle (ed.), *The Letters of Queen Victoria*, Vol. 8, pp. 290-292.

② 德国对暹罗危机的态度可谓耐人寻味：它一方面担忧英国会怂恿意大利干预此事，但另一方面又认为英国媒体对“四国同盟”可能形成的种种暗示“十分令人满意”。德国总理还表示“对我们而言，最好由英国战舰打响下一场大战的第一枪，然后确保让三国同盟转变为四国同盟”。详见 E. T. S. Dugdale (ed.), *German Diplomatic Documents 1871-1914*, Vol. 2 (Harper & Brothers Publishers, 1928), pp. 236-249。

③ George Earle Buckle (ed.), *The Letters of Queen Victoria*, Vol. 8, p. 285.

④ 英政府的许多高层官员（特别是自由党的成员）对罗斯伯里的处理方式持肯定态度，认为罗斯伯里既维护了英帝国的利益，也避免了英国卷入与其他大国发生冲突的危险中。参见 Gordon Martel, *Imperial Diplomacy: Rosebery and the Failure of Foreign Policy*, p. 134。

⑤ 1894年，法俄两国正式达成了军事同盟协定，从此德奥同盟和法俄同盟两大对立的欧洲列强军事阵营开始形成。有关法俄同盟建立的问题，参见 A. J. P. 泰勒：《争夺欧洲霸权的斗争：1848—1918年》，沈苏儒译，商务印书馆，1987年，第367—389页。

⑥ E. A. Benians (ed.), *The Cambridge History of British Empire, Vol. Ⅲ: The Empire-Commonwealth, 1870-1919* (Cambridge University Press, 1959), p. 279.

的扩张所带来的军事威胁显然要更大。尽管英国要以陆权对抗俄国会十分困难，但英国皇家海军能对法国的海外殖民地造成足够的军事威慑。[①] 所以，俄国此时对暹罗危机的“中立”态度成为罗斯伯里与法国谈判的重要筹码。当然，罗斯伯里也没有否定法国在暹罗问题上的既得利益（比如对老挝地区的兼并）的“合理性”。尽管英法两国在东南亚地区的殖民竞争十分激烈，但它们在暹罗的利益冲突问题主要是通过外交谈判的方式来解决的。在英国的斡旋下，暹罗只能接受法国的最后通牒，因此危机最后并没有导致当事的英、法和暹三国外交关系的破裂。

7 月 31 日，达弗林从报纸上得知，暹罗对最后通牒的肯定答复被法国政府以“友好”的态度所接受。由此，达弗林和德维尔同意就英法殖民地间保留缓冲区一事先签订协议，然后将其具体划界工作留待日后处理。最终，达弗林与德维尔在巴黎签署了协议草案：英法两国同意通过让步的方式在它们的殖民地间建立缓冲区，而该区所涵盖的具体地理范围有待以后确定。[②] 英法两国签署协议后不久，法国海军解除了对暹罗海岸的封锁。在落实之前最后通牒内容的前提下，10 月 3 日法暹两国的代表于曼谷正式签订停战条约，老挝地区被割让给法国，并在随后成为法属印度支那殖民地的一部分。[③]

北榄事件以后，暹罗的“独立”曾经岌岌可危。虽然暹罗政府因为前期犯下一些外交“失误”而陷入困境，但从长时段的角度看，暹罗对法国侵略的抵抗有利于促使英国出于保障其商业和战略利益而改变自身的“自由放任”政策，进而为暹罗的“独立”提供正式的保证。[④] 法国一方面要确保它获得包括老挝地区在内的侵略“成果”，另一方面又想借机向暹罗施压

① Sneh Mahajan, *British Foreign Policy, 1874-1914: The Role of India*, p. 109.

② “The Marquess of Dufferin to the Earl of Rosebery,” July 31, 1893, CAB34, No. 42, Nineteenth Century Collections Online, p. 589.

③ 关于该条约的具体内容，因其核心部分与此前法国对暹罗的最后通牒重合，故这里不再详述，参见世界知识出版社编《国际条约集（1872—1916）》，世界知识出版社，1986，第 141—142 页。

④ Patrick Tuck, *The French Wolf and the Siamese Lamb: The French Threat to Siamese Independence, 1858-1907*, pp. 124-125.

以求得到更多利益，比如占领马德望和吴哥。英国则希望通过维持暹罗的“独立与完整”来维护英属印度的安全，以及它在暹罗的商业贸易利益。在与法国谈判的过程中，英国一方面再三要求法国遵守维持暹罗的“独立与完整”的承诺；另一方面，在情势紧急的情况下，它劝告暹罗尽快接受最后通牒，以求减少来自法国的要求。对法国而言，虽然它在对暹战事上占据了上风，但它并不想因为要求暹罗割让更多领土，进而引发与英国的直接冲突，更不愿在外交和海权优势不足的情况下，直接挑战英帝国在东南亚地区的霸权地位。7 月 31 日，英法两国签订的协议使得 1893 年的暹罗危机暂时告一段落。

四、结语

综上所述，19 世纪末英法两大殖民帝国在东南亚地区的争夺是 1893 年暹罗危机产生的重要历史背景。到 1893 年，尚未被瓜分的暹罗成为英法两国殖民者觊觎的对象。英国对谈判解决英法殖民地边界问题的模棱两可的态度给了法国殖民者可乘之机，法国于是在 1893 年 4 月初使用武力向暹罗提出包括老挝在内的边界领土要求。危机前期，由于法国没有对暹罗提出直接涉及英国利益的要求，而且英国也不愿予法国舆论以口实，故英国政府对法暹冲突采取“不介入”的态度。7 月 12 日发生的北榄事件标志着法国在暹罗的扩张进入一个新的阶段。本着维持英属印度的地缘战略安全以及英国在暹罗乃至东南亚的经济利益的考虑，罗斯伯里和达弗林与法国外交部展开激烈谈判，最终英法两国同意相互妥协并签署协议，迫使暹罗接受法国的最后通牒，危机才得以告一段落。在 19 世纪 90 年代初，尽管欧洲列强彼此之间的竞争愈演愈烈，但作为均势“平衡者”的英帝国的霸权尚未受到严重挑战，“大不列颠治下的和平”①（pax britannica）仍在国际秩序

---

① 关于“大不列颠治下的和平”的主要特征，如英帝国保卫其殖民帝国的能力，能在欧洲国家体系外发挥强大的非正式影响力以及能为国际共同体提供服务等，参见于尔根·奥斯特哈默：《世界的演变：19 世纪史》第 2 册，强朝晖、刘风译，社会科学文献出版社，2016，第 878 页。

中发挥着重要作用。英国延续了索尔兹伯里保守党政府的“光荣孤立”政策，[①] 通过灵活的外交手段来解决与其他欧洲列强的殖民地争端。可以看到，英国应对暹罗危机的方式是务实的，同时也反映出英国维护其“非正式帝国”的手段是有限的。19 世纪末，帝国主义国家掀起了瓜分世界的殖民浪潮，这对于因其霸权正缓慢衰落而倾向于维持现状的英帝国是不利的。英帝国也经历了一个其全球战略重心逐渐向“正式帝国”的核心部分[②]收缩的过程。在不与法国发生直接冲突的前提下，英国只能选择强迫暹罗牺牲自身大量的“边缘”领土（除湄南河流域外）来维护英国在暹罗乃至东南亚地区的殖民利益。自 19 世纪以来，英国依靠其对东南亚地区的政治和经济影响力来维系“非正式帝国”的存在，但后者随着时间的推移却在其他列强的帝国政策和东南亚民族主义的觉醒的作用下逐步走向衰落。[③]

暹罗危机对欧洲列强间的关系以及东南亚地区的局势产生了重要影响。首先，从列强关系来看，短期内英法两国关系一度变得十分紧张。罗斯伯里在任期间曾多次敦促加强英国海军舰队在新加坡殖民地的部署，以应付法国咄咄逼人的殖民扩张势头。1895 年 10 月，当索尔兹伯里再度上台执政时，英国政府还暗示：如果法国要继续对暹罗实施“炮舰政策”，那么它准备派印度的军队去暹罗边境驻扎（尽管索尔兹伯里对以上做法的可行性表示怀疑）。同样地，法属印度支那殖民地针对英国的动向也在做相应的军事准备计划。但是，由于受法国的反对和占领边境地区较困难等因素的影响，

---

① 基辛格将索尔兹伯里的“光荣孤立”政策表述为，“在海外坚定地对抗其他殖民强国，对欧陆诸同盟，则唯有在英国面临最后选择、否则均势有最后失衡之虞时才会介入”，罗斯伯里也继承了索尔兹伯里的看法。参见亨利·基辛格：《大外交》，顾淑馨、林添贵译，海南出版社，2012，第 174 页。

② 特别是指以加拿大、澳大利亚和南非等为代表的白人自治领，以及像埃及和印度等占有重要战略位置的殖民地。

③ 有学者指出，为维护英帝国在东南亚的利益，英国一方面有赖于和当地统治者（即暹罗的精英阶层）的协作，另一方面还须与其他西方列强达成妥协，两者是缺一不可的。参见 Andrew Porter (ed.), *The Oxford History of the British Empire: Volume Ⅲ: The Nineteenth Century* (Oxford University Press, 2009), pp. 392–393。

英国后来不得不放弃原来就缓冲国（区）划界的设想。此后在与法国交涉的过程中，英国逐渐认识到有必要调整它的殖民政策，以适应法国殖民势力已扎根于印度支那的现实需要。为了解决暹罗危机所遗留的问题，由索尔兹伯里提议，英法两国共同为暹罗的“独立与完整”（仅限于湄南河一带）担保，最终双方在 1896 年 1 月为此发表了共同宣言。① 因此，从长远来看，英法双方就避免发生直接冲突还是达成了一定的共识，这对于解决两国在其他殖民地的争端也起到了一定的积极作用。暹罗危机还对作为旁观者的德国的对外政策产生了一定的影响：德国在 19 世纪 90 年代初曾尝试拉拢英国，以确保它在欧洲大陆的霸权。经历了 1893 年暹罗危机后，德国认为英国对法国的态度过于“软弱”，于是打算在日后与英国合作时提出要有更确切的条件保证，而这在一定程度上导致了英德关系的疏远。其次，从东南亚地区来看，暹罗的“独立”地位被列强确认后，英法殖民地政府开始着手巩固各自在当地的殖民统治。英法两国在东南亚的殖民活动逐渐开始由领土扩张向经济掠夺转型。最后，作为当事国的暹罗在这次危机的处理中显得很被动，它蒙受了法国巨大的羞辱，对英国向法国的妥协表现出强烈的不满。② 因为惧怕法国在中南半岛的扩张将损害它在东南亚地区的殖民利益，英国加快了它在马来群岛扩张的步伐。③ 暹罗对英国在东南

① 参见 Kees van Dijk, *Pacific Strife: The Great Powers and their Political and Economic Rivalries in Asia and the Western Pacific 1870-1914* (Amsterdam: Amsterdam University Press, 2015), pp. 236-243。

② 有学者将 1893 年暹罗危机视为“现代泰国编年史”的起点。参见 Shane Strate, *The Lost Territories: Thailand's History of National Humiliation* (University of Hawaii Press, 2015), pp. 37-63。

③ 危机结束后，英暹两国很快达成了一系列秘密协议。有学者指出，暹罗和英国之间的关系存在三个潜在的摩擦点：一是多数英国商人和冒险家希望英国能占领北方马来各邦；二是法国和俄国提议要修穿过克拉地峡的运河，暹罗对此态度暧昧（1897 年英暹两国签订协议，暹罗同意不得把北纬 11 度以南的地区割让与他国）；三是英国在暹罗的居民的治外法权问题（1909 年两国达成协议，内容包括由两国的代表组成共同法庭来解决纠纷，英国为暹罗修建南方铁路提供贷款，以及英国获得对北马来四邦的宗主权等）。详见 D. R. SarDesai, *Southeast Asia: Past and Present*, 6 edition (Boulder, Westview Press, 2009), p. 127。

亚的殖民扩张的担忧日益加深，开始更多地向其他列强寻求外交支持，同时也加快了它的现代化改革步伐，以应对日益严重的国家存亡危机。①

① 例如，俄国在20世纪初对促使法暹关系的缓和起到过一些积极作用。参见烈勃里科娃：《泰国近代史纲》，王易今译，商务印书馆，1974，第403—412页；为防止法国人借机再次侵略，在一些得力的外国顾问帮助下（以罗林为例，他在取消治外法权方面成绩斐然），暹罗加快了现代化改革的进程。参见 Dean Meyers, "Siam Under Siege (1893-1902): Modern Thailand's Decisive Decade, from the 'Paknam Incident' to the First Flowering of the 'Chakri Reformation'," *Journal of the Siam Society*, Vol. 82, Pt. 2 (1994), pp. 125-132。

二战中的宣传战：苏联为推动第二战场的开辟在英国进行的宣传工作

胡子豪*

摘　要　卫国战争期间，为了推动第二战场的尽快开辟，苏联对英国朝野展开了广泛的宣传活动。苏联情报局伦敦分局是苏联在英国的主要宣传机构，其与英国媒体进行合作，通过报纸、广播、宣传册等方式向英国民众宣传东线战况，试图争取英国精英和民众的理解与支持。苏联情报局的宣传活动产生了诸多影响。与战前相比，苏联借助战时同盟的有利条件，得以在英国舆论界发出自己的声音。从英国朝野对苏联的态度变化情况来看，苏联达到了通过舆论向英国政府施压的目的，间接推动了第二战场的开辟进程，改善了苏联的国家形象。但与此同时，苏联在英国的宣传活动也始终受到英国反共势力的警惕和抵制。苏联在二战期间的宣传工作为其在冷战时期展开宣传战提供了经验。

关键词　二战；苏联；英国；宣传；第二战场

二战期间，第二战场的开辟时间始终是英美苏三国争论的主要问题。在英美两国实施诺曼底登陆之前，苏联在东线战场承担了巨大的军事压力。与美国总统罗斯福对开辟第二战场的积极态度不同，英国首相丘吉尔对这

* 胡子豪，清华大学人文学院历史系 2022 级博士研究生，研究方向为俄国史。

一问题并不热心，甚至反对过早在西欧进行登陆作战。因此，苏联除了通过外交手段催促丘吉尔，还试图通过英国舆论对丘吉尔施加压力，以便尽早开辟第二战场。苏联驻英国大使伊凡·迈斯基与苏联著名记者罗斯托夫斯基合作建立了苏联情报局伦敦分局，伦敦分局不仅借助自己主办的刊物向英国的精英和民众呼吁开辟第二战场，还与英国的媒体进行合作，把苏联的宣传材料刊登在英国各大报刊之上。苏联在宣传战线上的工作让相当一部分英国人了解到了苏联的战争贡献。研究伦敦分局的宣传工作，不仅可以延展过去有关第二战场问题在外交层面的解释框架，还能将研究拓展到二战中“人心”层面的交锋，为我们理解二战提供新的视角。目前国内关于开辟第二战场的讨论大多围绕英苏两国的外交活动展开，对苏联宣传战线的研究尚显不足。国外则只有俄罗斯学者对这一问题进行了初步的研究，[1] 但还有待进一步深化。鉴于此，本文拟对这一问题进行探讨，集中讨论苏联在宣传战线上为争取英国舆论的支持而做的宣传工作，以有助于深化二战史的研究。

一、英国朝野对开辟第二战场的复杂态度：苏联开展宣传的必要性

1941 年 6 月 22 日，德国对苏联发动了突然袭击。战争伊始，准备不足

① 目前国内未见有针对卫国战争期间苏联对英宣传的专题研究，而国外主要是俄罗斯学者的研究涉及了这一问题，后者可分为针对苏联战时宣传的整体性研究和专门性研究。整体性研究主要有：Г. А. Ковалев, *Совинформбюро в годы Великой Отечественной войны//Вопросы истории*, 1987, №6, С. 14－23; Н. Ю. Никулиина, З. Н. Сорока, *Советское информационное бюро в годы Великой Отечественной войны (анализ источников)//В. И. Гальцов, и др (отв. ред.), Проблемы источниковедения и историографии, Калининград*, 1999, С. 52－62。针对苏联对英宣传的专门研究主要有：О. А. Баландина, А. Ю. Дфвыдов, *Деятельность Совинформбюро в Великобритании в годы Великой Отечественной войны: структуры и люди// Научный диалог*, 2016, № 11, С. 170－180; О. В. Протопопова, *Боевые сводки и военная публицистика 1941－1945 годов как сверхтексты//Проплемы языкознания и педагогиги*, 2012, № 6, С. 96－105。俄罗斯学者的研究还存在两点不足：首先是论述较为片面，没有涉及英国朝野对苏联宣传活动的反应；其次是观点局限于对苏联情报局主要领导人个人成绩的评估。

的苏联损失惨重，情况极为危急。一时间苏联军心浮动，谣言四起，社会秩序出现了短暂的混乱。面对德国的全面进攻，苏联迫切地需要英国从西线发动对德国的联合作战，[①] 但以丘吉尔为首的英国内阁对开辟第二战场疑虑重重。丘吉尔虽然在苏德开战当日就通过广播发表了支持苏联的讲话，但他使用了“将以一切可能的方式帮助苏联和苏联人民”这种谨慎的措辞，并没有明确地承诺开辟第二战场。而且在之后写给斯大林的信件中，他只是保证提供帮助，并未明确说明帮助的形式。这种模糊的态度引起了苏联驻英国大使迈斯基的担忧，迈斯基认为：“‘一切可能的方式’的说法有各种各样的解释。从历史上看，军事联盟内部经常发生激烈的争端和分歧，即使在这种情况下也是如此。”[②]

丘吉尔模棱两可的说法是战争初期英国社会精英对苏联态度的缩影，他们担心苏联的抵抗决心和能力。战争爆发第一天，英国战时内阁成员比弗布鲁克在与迈斯基的谈话中就表达了这种疑虑。比弗布鲁克向迈斯基直截了当地表示：“你们会坚持抵抗吗？发生在法国的事情是否会在苏联重演？”[③] 虽然迈斯基立即表明了苏联坚定的抵抗决心，但是无法阻止这种忧虑的蔓延。英苏两国在 7 月 12 日签订的协议也体现出了同样的担忧。这份《英苏为对德作战采取联合行动协议》着重强调，“两国承诺在战争期间任何一方不得单独缔结休战或和平条约”。[④]

英国的政治和媒体精英同样怀疑苏联的抵抗能力。一战期间俄军的糟糕战绩令丘吉尔记忆犹新，因此他对苏军的战力持消极态度。[⑤] 最近的例子则是 1939 年苏军在芬兰的糟糕表现，再加之苏军目前节节败退，因此英国预测苏联的抵抗并不会坚持太久。英国外交大臣艾登（1940—1945 年在任）

---

① 叶月明：《试析 1941 年苏英关系中的第二战场问题》，《史学集刊》1984 年第 4 期。

② И. М. Майский, *Воспоминание советского дипломата, 1925–1945 гг.*, Москва: Наука, 1971, С. 521.

③ Там же, С. 521.

④ 世界知识出版社编《国际条约集（1934—1944）》，世界知识出版社，1961，第 330 页。

⑤ 温斯顿·丘吉尔：《第二次世界大战回忆录：德国东进》，朱建国译，青岛出版社，2015，第 388 页。

在他的回忆录中写道："我们的顾问对于苏联的能力是悲观的……苏联抵抗德国不可能超过三四个星期。"① 迈斯基在回忆录中虽然驳斥了德国军队的狂妄叫嚣，但是也承认了当时对战况的不安："英国的情报来源是严谨的，他们注意到了（德国）国防军的胜利和（苏联）红军的失败。国防大臣（丘吉尔兼任）说'德国人突破苏联就像刀子切黄油一般'。悲观主义者认为希特勒在六个星期后就会成为苏联的主人。乐观主义者则认为这将需要三个月。虽然红军的报告中说形势对我们有利，但是毋庸置疑的是，德军在前进，红军在后退。"②

对苏德战争前景的悲观看法被相当多的人所接受，而且通过报刊媒体进一步扩散。工党的主要媒体《每日先驱报》在报道苏德开战的文章中虽然呼吁了要对苏联进行援助，但是对苏联的军力同样持有悲观的看法。这篇文章认为，"苏联海军还没恢复到 1917 年革命前的实力，它的舰队仍然由一战时建造的船只组成"。③ 另一篇文章则认为，苏联空军"很大程度上无法与德国空军的现代机型相匹敌"。④ 与《每日先驱报》持相同看法的伦敦媒体为数不少。英国漫画家大卫·洛夫向迈斯基透露，报界甚至是议会都认为苏联坚持不了多久。⑤ 彼时英国朝野上下对苏联抱有信心的政治势力为数不多，主要党派中只有英国共产党公开表示苏联必将战胜法西斯。⑥ 这种悲观情绪的蔓延无疑影响了英国与苏联的合作。由此，不仅开辟第二战场的时间迟迟无法确定，对苏联的物资援助同样一波三折，很多人甚至担心对苏联的援助很快就会被德国夺取并被用来对付英国。

与政界、媒体精英们相比，英国民众同样怀疑苏联的抵抗能力。英国信息部 1941 年 6 月 25 日的士气调查报告显示，虽然苏德战争的爆发稍微缓

① 安东尼·艾登：《艾登回忆录》（中），瞿同祖、赵曾玖译，商务印书馆，1976，第 470 页。

② И. М. Майский, *Воспоминание советского дипломата, 1925–1945 гг.*, С. 523.

③ "Soviet Has Four Fleets," *Daily Herald*, June 23, 1941, p. 2.

④ "Stalin's Air Handicaps," *Daily Herald*, June 23, 1941, p. 2.

⑤ И. М. Майский, *Воспоминание советского дипломата, 1925–1945 гг.*, С. 561.

⑥ James Eaden, David Renton, *The Communist Party of Great Britain since 1920* (Antony Rowe Ltd., 2002), p. 86.

解了英国民众对孤军奋战的焦虑，但是“人们对苏联的军事能力几乎没有信心，这种军事能力从它与芬兰作战时的表现中可以看出”。战争爆发后的糟糕局势加深了这种认识，1941 年 7 月 2 日的报告里描述了这种焦虑：“如果苏联很快被打败，我们将受到‘一个因胜利而士气高昂的敌人的全面攻击，敌人背后的资源将比它以前更多’……我们在中东的地位将变得岌岌可危。”①

与此同时，信息部的调查报告也暴露出了另一个问题：英国民众对苏联的了解相当之少，既缺乏关于东线战况的信息，又缺乏对苏联的基本了解。信息的匮乏加剧了恐慌，“很多人觉得缺乏来自苏联前线的可靠消息表明‘苏联人难以招架’……有些人收听美国人从安卡拉发出的广播，据信它提供了有关苏联和近东局势的第一手资料”。② 罗斯托夫斯基在回忆录中也提到了苏联战况信息的稀少：“此时此刻在苏联，红军战士正在和德国法西斯进行无比惨烈的斗争，但是战争的情况却很少有英国人了解，英国读者很少能从报纸和杂志上读到相关的信息，甚至几乎没有。”③

整体来看，战争初期英国朝野对苏德战争的结果普遍持悲观态度。造成这种悲观态度的原因主要是两方面：英苏之间信息通道的阻塞是长期原因，而英国自 1939 年开始的“反苏风暴”则是短期原因。英苏之间信息通道的阻塞主要表现在英国民众对苏联缺乏了解，“季诺维耶夫信件案”风暴让英国对一切“苏联元素”都充满警惕。1932 年迈斯基就深刻体会到了这种敌意，参加伦敦市长就职宴会的他在上台讲话时不仅无人欢迎，还出现了很久的冷场。④ 在意识形态的高墙后，伦敦的报纸上很难出现关于苏联的

---

① “Secret Ministry of Information Weekly Report by Home Intelligence,” No. 38, June 25, 1941, http://www.moidigital.ac.uk/reports/home-intelligence-reports/home-intelligence-weekly-reports-inf-1-292-1-1/idm140465681878048/，访问日期：2021 年 3 月 9 日。

② “Secret Ministry of Information Weekly Report by Home Intelligence,” No. 41, July 16, 1941, http://www.moidigital.ac.uk/reports/home-intelligence-reports/home-intelligence-weekly-reports-inf-1-292-1-1/idm140465711869536/，访问日期：2021 年 3 月 10 日。

③ Эрнст Генри, *Заметки по истории современности*, М.: Агентство печати новости, 1970, С. 245.

④ Ivan Maisky, *Who Helped Hitler*, trans. by Andrew Rothstein (Hutchinson, 1964), p. 24.

消息。少量描述苏联情况的报纸几乎都着重渲染着苏联的落后。广受英国民众欢迎的《伦敦画报》就描绘了 1929 年苏联农民的贫困生活。[①]《泰晤士报》则报道了苏联的饥荒，并认为，“苏联的国内局势岌岌可危：城镇里食物短缺；农民的反抗运动此起彼伏；工业发展停滞不前”。[②] 苏联媒体很难在英国进行活动，有关苏联的消息也很少能进入英国。截止到战争爆发以前，英国民众普遍认为苏联是落后而野蛮的国家。

自 1939 年开始的“反苏风暴”更是加剧了这一认识的发展。在 1938 年英法德意签订《慕尼黑协定》之后，苏联于 1939 年与德国签订了《苏德互不侵犯条约》。随后，苏联与德国瓜分波兰及其入侵芬兰和波罗的海三国的行为在英国引发了空前的“反苏风暴”。迈斯基在回忆录中描述道：“在报刊、广播电台、议会甚至是教会里，人们都在声讨苏联人对波兰的‘背后袭击’、德国与苏联‘瓜分波兰’、布尔什维克的‘背信弃义’。”[③]《泰晤士报》认为苏联对波兰的军事行动是“公然的侵略行为”，意味着“苏联在欧洲扩张运动的开始”。[④] 信息部在调查报告中总结了英国民众此时对苏联的认识：“自俄国革命以来，人们对苏联的看法受到许多相互矛盾和往往耸人听闻的因素的影响，这种状态令人感到奇怪。布尔什维克的‘恐怖主义’，1924 年的英俄条约，季诺维耶夫信件案，莫斯科审判，苏联加入国际联盟及其对集体安全的支持，最近的苏德条约、苏联占领波兰及其与芬兰的战争，都引起了人们对苏联印象的剧烈波动。”[⑤] 与此同时，苏军在苏芬战争中的糟糕战绩也让英国对苏军的战斗力产生了怀疑，《每日镜报》在醒目位置报道了芬兰军队新的胜利和苏军的伤亡情况。[⑥]《伦敦画报》则以图片新闻的形式描述了苏军遭到芬军伏击的情形。

---

① “In a Village in Soviet Russia,” *Illustrated London News*, November 16, 1929, p. 11.

② “M. Stalin's Purge,” *The Times*, August 25, 1936, p. 11.

③ И. М. Майский, *Воспоминание советского дипломата, 1925-1945 гг.*, С. 522.

④ “Red Army in Polish Territory,” *The Times*, September 18, 1939, p. 6.

⑤ “Appendix U. S. S. R.,” July 1942, http://www.moidigital.ac.uk/reports/home-intelligence-reports/home-intelligence-weekly-reports-inf-1-292-1-2/idm140465670819856/，访问日期：2021 年 3 月 3 日。

⑥ “Reds Lose 15000 in New Finnish Victory,” *Daily Mirror*, January 9, 1940, p. 2.

当然，卫国战争的爆发也为迈斯基开展在英国的宣传工作提供了前所未有的机遇。在卫国战争爆发前，英国已经孤军奋战了近一年时间。苏联作为盟友的加入让英国政府暂时改变了对苏联的态度，在政治上放宽了对苏联外交活动的限制。在英国报界，东线的战况则是无数英国读者最为关心的新闻，来自苏联的消息有着巨大的市场。这种需求在莫斯科保卫战胜利之后更是进一步扩大。除此之外，无线电的发展与应用为莫斯科与伦敦之间的信息往来提供了技术支持。因此，苏联借助反法西斯统一战线的有利条件在英国开通新的信息传播渠道是极为必要的。

迈斯基注意到了此时开展宣传工作的重要性，表示“大使表达观点的场所不仅是在外交大臣的办公室和大使馆的来访者招待会上……更要在众人面前，在与民众的交谈中，在大学里和工人集会上……我很快就意识到要利用一切公开的场合来传播有关苏联的真相”。[①] 如果英国朝野对苏联始终保持着高度的怀疑态度，那将会对苏联对德作战产生很不利的影响——不仅对苏援助的数量会被一减再减，而且第二战场的开辟时间更是遥遥无期，导致苏联将独自在欧洲对抗纳粹德国及其仆从国。除此之外，在英国开展宣传还可以产生更深远的影响。信息部每周的调查报告显示，英国政府在小心翼翼地处理着民心士气的变化。英国民众对战争的态度不仅影响着战争的结果，还会对政客的选票产生直接影响。[②] 如果能够及时展开改善苏联形象的宣传，并搭建起苏联与英国之间的消息通道，那么对于苏联的外交活动将会有很大的帮助，并且偏向于苏联的舆论会对英国政府的决策产生进一步的影响，对英国政府形成来自国内的压力，从而推动第二战场的开辟。

① И. М. Майский, *Воспоминание советского дипломата, 1925–1945 гг.*, С. 566.

② Henry Irving, “The Ministry of Information on the British Home Front,” in *Allied Communication to the Public During the Second World War*, eds. Simon Eliot, Marc Wiggam (Bloomsbury Publishers, 2020), p. 21.

二、创办刊物和与英国媒体合作：苏联情报局的宣传活动

（一）苏联情报局的机构设置

1941 年 6 月 24 日，为了统一管理所有的信息发布渠道，苏联政府根据联共（布）中央的决议将重要宣传机关归于新设立的苏联情报局统一协调管理。苏联情报局被赋予了“通过广播和印刷品来宣讲国际和国内的事件、组织针对法西斯和其他敌对势力的反宣传、宣讲前线的军事行动、根据大本营的材料公布战报”的权力。①

随着战争的发展，苏联情报局下属的部门逐渐从 1941 年的 4 个部门发展到了 1944 年的 11 个部门。在战争爆发后的前两年里，最重要的 4 个部门是军事处、文学与艺术小组、反宣传处、国际生活处。② 到了 1944 年，苏联情报局下属的部门得到了进一步的细化，除了军事处、工人与工会材料处、图片照片处、驻外记者管理处、书籍处等基础性部门，还设置了英格兰及其自治领材料处。这些部门自身的职责以及它们之间的协作，为伦敦分局的活动提供了制度层面的基础。

伦敦分局一开始只有一个规模很小的报刊编辑部，在迈斯基和罗斯托夫斯基的经营下，伦敦分局才逐渐发展出多个部门。截至 1945 年 7 月，伦敦分局共下设 5 个部门，分别是《苏联军事新闻》（*Soviet War News*）和《苏联军事周报》（*Soviet War News Weekly*）编辑部、报社通稿供应处、图片供应处、宣传册印发处和音乐文化处。③

1941 年至 1943 年 9 月，伦敦分局虽然直接接收和处理来自莫斯科方面的宣传材料，但是在人事方面仍然是由“迈斯基（负责人）—罗斯托夫斯

① КПСС в рузолюциях и решениях конференций и пленумов ЦК, Т. 7, М.: Наук, 1985, С. 213.

② О. А. Баландина., А. Ю. Давыдов, *Деятельность Совинформбюро в Великобритании в годы Великой Отечественной войны: структуры и люди//Научный диалог*, 2016, № 11, С. 170-180.

③ Там же, С. 343.

基（主编）—分局雇员”的层级构成。迈斯基负责行政交涉事务，罗斯托夫斯基负责具体的编辑工作，后者因为曾在伦敦为苏联大使馆编写关于英国政治的报告而为迈斯基所熟识。到战争结束时，伦敦分局有 22 个雇员，其中有两人是苏联人（罗斯托夫斯基和 1945 年来到伦敦的库德洛夫）。[1] 1943 年 9 月迈斯基被调回国内，新任驻英大使古谢夫仍然拥有伦敦分局人事任命的权力。直到 1944 年莫斯科方面派遣萨克辛负责伦敦分局的事务时，伦敦分局才得以从行政层面被莫斯科方面掌握。

（二）创办《苏联军事新闻》和《苏联军事周报》

《苏联军事新闻》的编辑部是苏联情报局伦敦分局最早成立的部门，也是伦敦分局的核心部门。1941 年 6 月底，苏联驻英大使迈斯基让罗斯托夫斯基负责组织人手编写一份有关当时东线每日战况的报告。罗斯托夫斯基具有从事英文报纸编辑工作的丰富经验，是这一任务的最佳人选。[2]

起初，迈斯基的本意是为伦敦的社会精英提供一个获取关于苏联的消息的渠道，因此《苏联军事新闻》只是小范围免费发放给伦敦“著名的政治、社会、军事、工会和政党的领导人”。[3] 这与迈斯基当时从事的工作有关系。其时他正在极力促成英苏同盟与英国对苏联的物资援助，主要的工作对象是英国的社会精英。[4] 因此，迈斯基迫切地需要让这些人了解到苏德战争的信息与苏联坚决的抵抗意志。从这个角度来说，此时《苏联军事新闻》的性质更多的是苏联大使馆开展外交工作的辅助材料。《苏联军事新闻》无法进一步增加印刷数的客观原因也包括战争初期可供迈斯基使用的资源有限。1940 年，由于战时资源紧张，英国议会通过法案规定新闻用纸

---

① О. А. Баландина., А. Ю. Давыдов, *Деятельность Совинформбюро в Великобритании в годы Великой Отечественной войны: структуры и люди*, С. 175.

② Я. С. Драбкин, *Эрнст Генри: наш человек в XX веке//Новая новейщая история*, 2004, № 4, С. 175–189.

③ И. М. Майский, *Воспоминание советского дипломата, 1925–1945 гг.*, С. 562.

④ Там же, С. 544.

实行配给制，大使馆印刷《苏联军事新闻》的纸张并不充足。[①]

战事紧迫，《苏联军事新闻》的编辑工作迅速展开。编辑部工作人员极为稀缺，起初只有4个人负责这项工作。罗斯托夫斯基担任主编并亲自负责编辑与翻译工作，其他工作人员包括澳大利亚人玛格丽特·桑德斯和新西兰人肯·斯蒂特（两人都是在英国的左翼人士），[②] 以及一名英国雇员。可以看出，在人员结构方面，伦敦分局并不是由苏联情报局从莫斯科派往英国的人员建立的，具有一定的独立性。正如恩斯特·亨利所说："这项工作不是出于上级的命令，而是出于我们为事业奉献的心。"[③] 与大部分分支机构的建立不同，伦敦分局在诞生之初与苏联情报局呈现出平行发展的状态。它相当依赖英国左翼人士对苏联事业的支持，而且与莫斯科方面相比，它与苏联大使馆的联系更加紧密。总体来看，伦敦分局在工作上与莫斯科方面对接，但是苏联驻英大使拥有伦敦分局的人事任免权。

1941年7月11日，第一份《苏联军事新闻》面向英国社会正式发行。每份《苏联军事新闻》的版面有4页，内容则依据每日接收到的苏联情报局的材料决定。该报一开始只有军事内容，包括来自苏联情报局的报告、大本营发布的命令、战地记者的报告等，后来随着莫斯科方面各项工作的完善而不断丰富。一份标准的《苏联军事新闻》的版面格式为：第一版是来自《真理报》的苏联领导人的政论文章；第二版是来自《红星报》的前线战况信息；第三版是关于后方生产的内容；第四版是文学版面，是苏联作家有关前线的文学作品。[④]

在编辑部的事业逐渐步入正轨之时，苏联在莫斯科战役中胜利的消息更是激起了读者对苏联极大的兴趣。正如迈斯基以略带文学性的笔触所描绘的那样："我们为我们的国家做出上述诸多努力的结果很明显。自1941年6月22日（苏德战争爆发）开始，在英国人中蔓延数月的失败主义情绪

① 唐亚明、王凌洁：《英国传媒体制》，南方日报出版社，2007，第36页。

② Эрнст Генри, *Заметки по истории современности*, С. 249.

③ Там же, С. 249.

④ О. А. Баландина, А. Ю. Давыдов, *Деятельность Совинформбюро в Великобритании в годы Великой Отечественной войны: структуры и люди*, С. 173.

逐渐消失。东线持续了三个半月的血腥缠斗并未让我国崩溃，也并未使我们屈服于希特勒的威胁。我们还在继续战斗，继续奋力相搏，给敌人以沉重的打击。在欧洲深沉的暗夜里，这颗依然遥远而暗淡的星辰，使得英国人的意识中燃起了胜利的希望之火。"①

英国读者的兴趣让进一步拓展宣传工作显得极为必要。这不仅振奋了苏联的宣传人员，也让英国的媒体和出版商看到了商机。在即将到来的1942年里，不仅苏联在尝试进一步打开伦敦的信息通道，英国的媒体与出版商也在积极地与苏联情报局接洽，以取得来自苏联的消息源。面对英国人对关于苏联的信息的旺盛需求，迈斯基和罗斯托夫斯基意识到这是一个向英国民众展示苏联的极佳窗口。因此，他们决定再创办一份面向英国民众发行的报纸，以弥补先前《苏联军事新闻》内容过少、受众面窄的问题。新创办的刊物必须全面地报道苏联人的战斗与生活情况，于是《苏联军事周报》应运而生。

不同于《苏联军事新闻》那样有针对性地分发，《苏联军事周报》以商业报纸的形式销售，因此它在名义上是英国报业协会的注册刊物。《苏联军事周报》通过伦敦的各大报刊销售点向英国民众销售，其编辑部的人员组成和此前的《苏联军事新闻》相比没有变化，仍然是罗斯托夫斯基主持编辑工作。面对即将增加的工作量，原先临时设在大使馆里的编辑部的办公地点显得过于狭小，因此需要选定新址。罗斯托夫斯基先是将《苏联军事周报》的办公地点选在了特拉法尔加广场附近的一处房屋内，而后决定由在舰队街的一家由工党党员负责的印刷厂来进行印刷。②

与《苏联军事新闻》相比，《苏联军事周报》的版面增加到8版，除了原有的来自军事处和文学处的材料，还增加了更多的照片和讽刺漫画。漫画这一部分的添加可以看出，熟稔英国读者阅读习惯的罗斯托夫斯基在接收苏联材料的同时，也对报纸的内容进行了适应性调整，以获得更高的接受度。《苏联军事周报》还按照迈斯基的要求"增加和丰富了有关苏联人日

① И. М. Майский, *Воспоминание советского дипломата, 1925–1945 гг.*, С. 566.

② Эрнст Генри, *Заметки по истории современности*, С. 245.

常生活的内容”。[①]《苏联军事周报》通过在各个报刊上刊登广告来吸引英国读者来购买。《约克郡邮报》于 1942 年 1 月 24 日刊登了《苏联军事周报》的广告：“这是英国出现的第一份苏联报纸。”[②]《伯明翰邮报》也向读者推荐：“这是唯一一份苏联周报，你可以看到英国独家的来自东线战场的照片，看到苏联红军军官、工人、农民、官员和学者的形象。”[③]

整体来看，创立《苏联军事新闻》和《苏联军事周报》的最大作用是让苏联在英国拥有了官方的发声渠道。通过这两份报刊，英国的精英和民众都可以直接接收到关于苏联的消息。就像罗斯托夫斯基所形容的那样，“办这么一份真正由苏联红军主持的报纸非常重要”。自此，苏联的宣传部门在很大程度上摆脱了战前的被动局面。

（三）苏联情报局与英国媒体的合作

《苏联军事周报》虽然销量可观，但有两个因素限制了它进一步扩大宣传效果。20 世纪 30—40 年代是英国报业的“大亨时代”，各大报纸早已瓜分了英国的报业市场，《泰晤士报》《金融时报》等报纸坐拥上百万份的销量。《苏联军事周报》虽然登载的是来自苏联的第一手消息，但是很难通过增加发行量而让更多的英国读者接触到这些信息。因此，除了继续改进《苏联军事新闻》与《苏联军事周报》的内容，罗斯托夫斯基还试图通过战前与英国媒体的联系，将苏联情报局的文章通过英国的广播进行播送，或者发表在英国本土的报纸上。由于英国读者对东线战况的关注度极高，英国的许多媒体也对刊载关于苏联的文章充满兴趣。伦敦分局与英国媒体达成的合作可以分为两大类别，首先是与英国广播公司的合作，其次是与英国各大报刊的合作。

在此之前，英国媒体获取关于苏联的消息的途径并不多。塔斯社虽然和路透社一样，都是供应消息源的通讯社，但是塔斯社的对外业务并不发

① О. А. Баландина, А. Ю. Давыдов, *Деятельность Совинформбюро в Великобритании в годы Великой Отечественной войны: структуры и люди*, С. 173.

② “Soviet Paper in Britain, Yorkshire,” *Yorkshire Post*, January 24, 1942, p. 4.

③ “You Can Now Buy the Soviet War News Weekly,” *Birmingham Mail*, September 7, 1944, p. 4.

达，且已被纳入苏联情报局的运作机制之内，并不能起到消息源的作用。很多外国驻苏记者千方百计地探听有关苏联的各种新消息，苏联作家爱伦堡就曾经回忆过外国记者焦急地向他询问新消息的情形。[①] 而且伦敦分局给苏联情报局副局长洛佐夫斯基的汇报中提到，英国驻苏记者的文章往往并不利于宣传苏联，因为他们会刻意报道更多的负面情况以博人眼球。[②] 英国媒体还会转载来自《苏联军事新闻》和《苏联军事周报》上的文章。根据苏联情报局工作报告中的数据，1941 年和 1942 年两年里，英国媒体转发《苏联军事新闻》文章的数量达到了 5300 篇。[③] 但是，这一数字面对庞大的报业市场来说只是杯水车薪。除此之外，苏联刊发的文章并不完全适合英国读者的阅读习惯，从《真理报》或《红星报》等苏联主要报纸上直接转载文章并不现实。[④]

英国广播公司是最早与苏联大使馆展开合作的广播机构。战争爆发之初，两名英国广播公司驻塔斯社的代表就每周发回一次新闻稿，并由迈斯基亲自审阅修改。从整体上看，从最早的文章供应到后来在新闻材料和广播层面的合作，伦敦分局与英国广播公司的合作呈现出不断深化的特点。1942 年 1 月，罗斯托夫斯基和英国广播公司的管理层达成了协议，由伦敦分局每个月翻译整理 20—30 篇文章发送给英国广播公司。随着材料的丰富与工作人员的增加，这一数字逐渐增加到了平均每月 300 篇。迈斯基在报告中提到，“每天晚上 8 点，英国广播公司都会派人到罗斯托夫斯基这里来取来自莫斯科的新材料”。[⑤]

为了进一步深化与英国广播公司的合作，1943 年 12 月，伦敦分局向洛佐夫斯基提出建议，“如果能把我们的文章通过外国的媒体传达给读者，那

---

① 伊利亚·爱伦堡：《人·岁月·生活》，冯江南、秦顺新译，海南出版社，2008，第 247 页。

② А. Я. Лившин, И. Б. Орлов, *Советская пропаганда на завершающем этапе войны (1943–1945 гг.)*, Сборник документов, М.: Росспэн, 2015, С. 204.

③ Там же, С. 248.

④ Эрнст Генри, *Заметки по истории современности*, С. 247.

⑤ О. А. Баландина, А. Ю. Давыдов, *Деятельность Совинформбюро в Великобритании в годы Великой Отечественной войны: структуры и люди*, С. 177.

将是最为理想的情况”。[①] 为此，伦敦分局请示可否在英国广播公司内部设置一个小型的非正式的编辑组与苏联情报局对接，专门通过无线电接收来自苏联情报局的材料并加以编辑。此举将取得双赢的效果：一方面，英国广播公司乐于直接取得来自莫斯科的材料，这能让他们在与其他英国媒体竞争时获得优势；另一方面，经由英国本土媒体发布的消息，将扩大苏联在英国民众中的影响力，况且这些材料出自苏联作家和记者之手，降低了被歪曲报道的风险。[②] 与英国广播公司的合作将由莫斯科方面的英国处直接进行对接，英国处负责向英国广播公司的办公室发送材料。

除了确保来自莫斯科方面的材料供应，罗斯托夫斯基在1943年还建议苏联情报局加强全苏无线电广播委员会与英国广播公司的合作。在得到肯定的答复后，苏联广播的内容将被译成英文并在英国广播公司播送。这些内容将经过一两个小时的政治审查，然后被发送到英国。在苏联情报局的报告中，与英国广播公司的合作情况始终是头等大事，是要优先予以考虑的。[③]

在与英国广播公司合作的同时，伦敦分局于1944年初成立了报社通稿供应处，负责为诸多报社提供材料。[④] 罗斯托夫斯基从英国处发来的材料中挑选出适合在英国报纸上发表的新闻稿与文章，然后把它们寄送到与伦敦分局合作的各个报社。虽然苏联的消息在伦敦很受欢迎，但由于伦敦的报刊或多或少地受到政治立场的影响，因此它们在接收苏联的材料时更为谨慎，并且与伦敦分局达成合作的大型报社的数量也相对较少。

伦敦分局首先与左翼报刊进行合作，包括《工人日报》《每日先驱报》《每日镜报》等英国主要报纸。英国共产党的机关报《工人日报》作为苏联

---

① А. Я. Лившин, И. Б. Орлов, *Советская пропаганда на завершающем этапе войны (1943－1945 гг.)*, С. 204.

② Там же, С. 204.

③ О. А. Баландина, А. Ю. Давыдов, *Деятельность Совинформбюро в Великобритании в годы Великой Отечественной войны: структуры и люди*, С. 177.

④ А. Я. Лившин, И. Б. Орлов, *Советская пропаганда на завершающем этапе войны (1943－1945 гг.)*, С. 343.

对英宣传的传统平台，在1942年9月复刊后便迅速配合苏联的宣传政策，在复刊当天的头版头条报道了斯大林格勒战役的激烈战况和此次战役“挡住纳粹浪潮”的重要意义。[①] 与战前剑拔弩张的状态不同，1941年以后英国共产党受到了英国左翼派别的广泛欢迎，成员数一度达到了5.6万人。英国共产党总书记波利特主张与英国政府进行合作并配合苏联的宣传，以尽快开辟第二战场。《及时开辟第二战场》是经常见诸《工人日报》上的主题。在1944年6月之前，开辟第二战场几乎是英国共产党压倒一切的政治诉求。[②]

《工人日报》是转载伦敦分局提供的材料最多的报刊。战争期间，《工人日报》始终在头版头条的位置报道来自《苏联军事新闻》的苏德战事最新情况并附上相关的地图。与其他报道战况的英国媒体相比，《工人日报》的新闻标题并不避讳明显的情感色彩，如《红军铁拳扫荡德军残部》。[③] 面对丘吉尔在开辟第二战场问题上的拖延，《工人日报》有时会采取将东线的战况与丘吉尔的讲话并列放在头版的方式，以突出讽刺效果。1943年9月22日的《工人日报》上，《最大规模的战场还在东线》和《丘吉尔：我们将不会急切开辟第二战场》的标题被并列放置。[④] 综合来看，《工人日报》在英苏同盟的大环境下改变了旧的阶级斗争路线，与英国政府达成了暂时的和解。

除了英国共产党的报纸，左翼报刊中与伦敦分局合作较为密切的还有《每日先驱报》。早在战前，迈斯基就已经和工党广泛建立了联系，而罗斯托夫斯基和《每日先驱报》的主编珀西·库德利普也同样熟识。英国情报部门曾记录下库德利普在迈斯基的授意下通过《每日先驱报》发起了一轮

---

① "Stalingrad Still Holding Waves of Nazi Shock Troops," *Daily Worker*, September 7, 1942, p. 1.

② James Eaden, David Renton, *The Communist Party of Great Britain since 1920*, pp. 84, 86.

③ "Red Army Hammers Remnants of Stalingrad Germans," *Daily Worker*, February 1943, p. 1.

④ "Greatest Battle Yet in East," *Daily Worker*, September 22, 1943, p. 1.

新的呼吁开辟第二战场的浪潮。[①]《每日先驱报》在《苏联军事新闻》创立伊始就报道了它的发行情况："《苏联军事新闻》从7月11日开始每晚印刷出版。它不仅被送给各大报社，还被送到每位大臣、每位议员手中。"[②]《每日先驱报》还报道了《苏联军事周报》开始印刷的消息。苏联作家的文章有时会出现在《每日先驱报》的前几页，这些文章或是揭露纳粹的战争罪行，或是呼吁开辟第二战场。[③]《每日先驱报》并不会如《工人日报》一般在头版贴出宣传色彩强烈的标题，而且与直接援引《苏联军事周报》或《苏联军事新闻》的社论和文章相比，《每日先驱报》作为伦敦的大型报纸，在策应苏联宣传时更多地会使用自己旗下作者的文章。

在英国的右翼报纸中，《每日快报》（*Daily Express*）和《教会时报》（*Church Times*）与苏联情报局伦敦分局的合作最为密切，伦敦分局所提供的文章能够定期地刊登在这两份报纸之上。[④]《每日快报》是英国战时内阁成员比弗布鲁克旗下的一份报纸，这份原本隶属于保守派阵营的报纸与伦敦分局建立合作关系主要是源于比弗布鲁克自身的政治主张。必须指出的是，比弗布鲁克本身作为保守党人，在20世纪30年代曾坚定地支持张伯伦的绥靖政策，反对苏联与社会主义。但与此同时，他也是一位典型的现实主义者。苏联卫国战争爆发后，比弗布鲁克是丘吉尔战时内阁里最早提出对苏援助计划的大臣。虽然他在战争初期同样对苏联的抵抗能力持悲观看法，但他认为苏联坚持得越久越好，"只要苏联还在抵抗，它庞大的人力就可以给德国造成无穷无尽的麻烦"。[⑤] 这是他支持援助苏联计划的首要原因。除此之外，作为军需大臣，他认为英苏同盟的建立有利于提高英国国内工人

---

① "Note to D. B. from Press Section Retalks between Maisky and Various Newspaper Representatives in U. K. September 6, 1942," KV 3/305, The Security Service, Russian External Relations (other than Communists) with the U. K., The National Archives, Kew, United Kingdom.

② "Advertisement," *Daily Herald*, July 28, 1941, p. 2.

③ "Ehrenburg: Warned," *Daily Herald*, June 22, 1943, p. 2.

④ А. Я. Лившин, И. Б. Орлов, *Советская пропаганда на завершающем этапе войны (1943–1945 гг.)*, С. 343.

⑤ 乔纳森·施内尔：《拯救不列颠：温斯顿·丘吉尔与他的战时内阁（1940—1945）》，欧阳瑾、宋和坤译，上海人民出版社，2018，第252页。

的生产效率。彼时英国共产党在工会中占有重要地位，借助英苏同盟的建立，英国共产党在工会中的代表可以更有效率地鼓励工人提高生产率。此外，比弗布鲁克与迈斯基有着不错的私人关系，这一层关系为他加强与苏联的合作提供了便利。[①] 出于以上原因，比弗布鲁克旗下的主要报纸《每日快报》响应英苏同盟的宣传主张，并与伦敦分局达成了合作，定期转发来自莫斯科的消息，还为伦敦分局的作家们开辟专栏以刊登来自苏联的文章。

伦敦分局与《教会时报》的合作则是源于苏联东正教会与英国国教圣公会在战时建立的友好关系。苏联卫国战争爆发后，斯大林为了最大限度地团结苏联的各方力量，以苏联爱国主义作为旗帜，团结苏联东正教会并积极利用其进行外交活动，其中一项举措就是邀请英国圣公会代表团来苏访问。1943 年 9 月，英国国教圣公会约克大主教西里尔・戈尔贝特一行访问苏联，并与苏联东正教会大主教谢尔盖进行了会谈。戈尔贝特的这次访问是战争期间英苏一系列外交活动的重要组成部分。戈尔贝特回国后积极号召民众支援苏联，作为响应，英国圣公会的主要报纸之一《教会时报》和伦敦分局展开了合作，在报刊上刊登来自苏联的材料。[②] 根据英国信息部 1942 年 7 月的调查报告，受访英国民众对于苏联宗教问题的关注率居于首位，达到了 72%。[③]《教会时报》与伦敦分局的合作从宗教问题上更有利于改善民众对苏联的态度。

除此之外，伦敦分局还将文章刊登在了数百种英国地方报纸之上。截至 1943 年，英国外交大臣艾登旗下的《约克郡晚间邮报》（*Yorkshire Evening Post*）已经刊登了约 100 篇伦敦分局的文章。《希尔兹晚报》（*Shields Evening News*）也刊登了 124 篇伦敦分局的文章。另外，还有近百篇相关文章被英国各大报纸转载。[④] 值得一提的是，借助以伦敦为中心的传媒网络，伦敦分局的文章还远及印度、澳大利亚等英国殖民地。印度的《军民公报》（*The Civil*

---

① И. М. Майский, *Воспоминание советского дипломата, 1925–1945 гг.*, С. 523.

② Steven Miner, *Stalin's Holy War* (The University of North Carolina Press, 2003), p. 205.

③ "Appendix U. S. S. R.," July 1942.

④ А. Я. Лившин, И. Б. Орлов, *Советская пропаганда на завершающем этапе войны (1943–1945 гг.)*, С. 248.

and Military Gazette）、澳大利亚的《几内亚金报》（*Guinea Gold*）也经常转载来自伦敦分局的文章。[①]

然而，并非所有英国媒体都支持苏联的宣传，伦敦分局的材料也经常被一些英国报刊拒之门外，如《泰晤士报》这种传统的保守党报刊。《泰晤士报》很少援引伦敦分局的材料，一方面是因为报刊自身保守的政治立场，另一方面是因为苏联宣传材料本身的缺陷。由于文化环境不同，苏联的文章在英国报界有时会出现"水土不服"的情况。美国战地记者李·米勒曾评价道："这些材料是粗俗的宣传品，不大有趣，一模一样，真的一模一样……没有真正生命的生动脉搏，也没有什么独特的色彩。"[②] 不过，这一状况在苏联作家爱伦堡和西蒙诺夫等人的努力下逐渐得到改善。

除了报纸材料供应处，伦敦分局还在1943年设立了图片供应处，负责通过邮件和传真接收来自莫斯科总部图片照片处发来的照片。提供这些独家反映苏德战场情况的照片也成了伦敦分局吸引英国媒体合作的方式之一。图片供应处同样采取市场化的运营模式，其发布在英国各大报刊和影集上的数万张照片为伦敦分局获得了3150英镑的收入。[③]

总体来看，伦敦分局通过创办报纸、和本土媒体合作等方式搭建起了苏联与英国民众之间的信息通道。通过这条通道，来自苏联官方的声音得以直接传递给英国的民众。虽然一些读者对苏联官方信息的真实度将信将疑，而且由于战时的信息发布具有鼓舞士气、稳定人心的需求，往往也会出现言过其实或隐晦粉饰的情况，[④] 但仍然不能忽视苏联补上了之前官方信息平台缺位的意义，即便官方信息在传播过程中面临阻力，也会对非官方信息的传播造成一定的冲击。罗斯托夫斯基在战后提交给莫斯科方面的报告中提到了英国政府限制人们阅读《苏联军事周报》的情形，可见苏联情

① А. Я. Лившин, И. Б. Орлов, *Советская пропаганда на завершающем этапе войны (1943–1945 гг.)*, С. 249.

② Там же, С. 204.

③ Там же, С. 250.

④ Г. А. Ковалев, *Совинформбюро в годы Великой Отечественной войны//Вопросыистории*, 1987, № 6, С. 14–23.

报局的宣传工作发挥了可观的作用。① 它使苏联在英国国内有关苏联信息的传播场域内增加了一重不可忽视的力量。

三、英国民众与政府的反应：苏联情报局宣传活动的影响

借助伦敦分局的宣传平台，东线的战况被源源不断地传递给英国民众，有关苏联军民英勇战斗的情况也被英国民众所知晓。苏联红军在东线与德军鏖战的情形能够快速传递到英国，《工人日报》《泰晤士报》每日更新的东线战场态势图，都得益于苏联情报局的消息渠道。这种信息的输入让英国民众了解到了苏联人英勇坚定的战争决心，增强了民众支持尽快开辟第二战场的信心。尤其是在莫斯科保卫战胜利的消息被广泛报道后，苏联在英国民众中获得了极高的声望。根据英国信息部的士气报告，莫斯科保卫战胜利的消息是“对其他地方的坏消息最令人鼓舞的修正。苏联的进攻能力在经历了这一切之后，引起了人们极大的钦佩；他们的‘近乎传奇般的勇敢打破了德国无敌的思想’”。② 希望英国开辟第二战场以尽快结束战争的期望逐渐成为英国民众的主要诉求。自此，开辟第二战场逐渐成为英国政府必须以正面态度应对但又想方设法回避的问题。

英国民众对第二战场问题的态度则可以从战时士气调查的结果中进行分析。英国信息部就“是否觉得英国政府充分利用了苏德战争提供的机会”这一问题向民众发出问卷，结果只有 29%的人对政府的表现表示满意，49%

① S. N. Rostovsky, “On the Status of Soviet Propaganda in Britain to the Secretariat of the Central Committee of the All-Union Communist Party,” December 18, 1946, https://www.lse.ac.uk/ideas/projects/british-soviet-archive/year?from_serp=1，访问日期：2021 年 4 月 11 日。

② “Secret Ministry of Information Home Intelligence Weekly Report,” No. 63, December 15, 1941, http://www.moidigital.ac.uk/reports/home-intelligence-reports/home-intelligence-weekly-reports-inf-1-292-1-1/idm140465680427056/，访问日期：2021 年 3 月 20 日。

的人认为政府未尽全力，剩下的人表示不知道。[①] 在 1943 年针对苏联问题的专题调查中，民众对政府迟迟不开辟第二战场的行为感到焦虑。信息部在调查结果中表示，"民众认为我们还没有开始进行大规模的登陆以减轻苏联的压力。甚至许多对苏联很不友好的人也说，英国有足够的时间来发动和策划一次重大进攻，'把西西里作为我们的贡献，是对苏联的侮辱，也是对我们自己的耻辱'"；民众还认为，"如果我们不尽快采取重大行动从苏联转移轴心国的力量，如果苏联认为我们希望以它为代价赢得战争，在它筋疲力尽和虚弱的时候完成这一艰巨的任务，那我们只能怪我们自己"。[②] 由此可见，和一些英国主要报刊的观点相似，绝大部分英国民众在开辟第二战场问题上的态度达成了一致，那就是尽快行动。

当然，英国民众支持开辟第二战场的动机非常复杂，并不是所有支持者都受到了苏联宣传活动的影响。支持者的动机可以分为三类。首先是对尽快结束战争的期盼，这一点体现在《泰晤士报》记者帕克的报告中："英国工人非常疲倦，他们希望战争尽快结束，他们希望第二战场立即开辟，因为第二战场的开辟将使战争迅速结束。我毫不含糊地说，英国人民对第二战场的期望同苏联人的期望是一致的。"[③] 其次是对刺激苏联的担忧。很多英国民众担心英苏关系恶化会导致德国战败后英国与苏联爆发新的战争，比如"有人问，如果苏联人先到柏林，会发生什么"。最后则是英国民众对苏联惨烈战事的愧疚心理。"塔甘罗格和哈尔科夫的光复对士气的激励很大。据说，人们对红军的敬佩之情已经很深，人们对'她（苏联）救了我们所有人'表示感谢，'对我们无法提供更多公开的帮助而感到沮丧'。"[④] 这三种心态构成了赞成尽快开辟第二战场的观点的主流。

---

① "Secret Appendix," October 1941, http://www.moidigital.ac.uk/reports/home-intelligence-reports/home-intelligence-weekly-reports-inf-1-292-1-1/idm140465677627344/，访问日期：2021 年 3 月 25 日。

② "Appendix U. S. S. R.," July 1942.

③ "From the Diary of the Head of the Press Department of the People's Commissariat on Foreign Affairs of the USSR," October 5, 1943, https://www.lse.ac.uk/ideas/projects/british-soviet-archive，访问日期：2021 年 3 月 29 日。

④ "Appendix U. S. S. R.," July 1942.

虽然不可能从数字上精确还原英国民众的这三种心态受到苏联宣传影响的程度，但是从其内容来看，第一种心态显然是更容易自发产生的想法，因为尽快结束战争是普通民众最自然的期盼；第二种心态反映了苏联情报局工作的未及之处。苏联极力避免这种心态在英国民众中流行，因为这可能导致战后英苏之间新的对抗；第三种心态则可以反映出苏联宣传工作的成果。这种源自对苏联极大牺牲的了解而产生的心态，正是苏联情报局的宣传人员所希望达成的结果。这种心态在很大程度上符合苏联在战争时期向英国民众宣传的基本方针：让英国民众了解到苏联的巨大牺牲与突出的战争贡献，并由此对英国政府的拖延行为产生压力。

除此之外，苏联情报局的宣传增加了英国民众对苏联的了解，相当一部分英国民众认为苏联为战争的胜利作出了突出的贡献。这极大地改善了苏联的国家形象，还推动了战后英国左翼思潮的发展——很多英国民众对苏联施行的社会主义制度产生了兴趣，在许多国内问题上试图从苏联的成功中获取经验。战争后期，信息部对英国民众对苏联的兴趣进行了一项专题调查。根据调查的结果，信息部总结出了 8 个英国民众最感兴趣的问题，包括苏联普通人的日常生活（79%）、苏联的政治和社会制度（63%）、英国和美国对苏联援助的性质和范围（56%）、苏联在与德国开战前的内部成就（55%）、苏联的战争努力（54%）、苏联的长远目标（39%）、苏联领导人的个性（38%）、苏联的历史、文学和文化（31%）。① 对苏联社会制度的兴趣是居于前列的问题，公有制、工会组织在英国成为时髦的政治词汇，而 1945 年工党在大选中的全面胜利更是印证了这一趋势。

但与此同时，英国政府对苏联宣传活动的态度则更加复杂。虽然战时同盟赋予了伦敦分局更为便利的活动环境，但是它也同样受到了诸多限制。丘吉尔就曾经警告迈斯基不要进行过度的宣传活动。除此之外，英国媒体与苏联的合作也受到了信息部的管制。

丘吉尔对苏联的宣传活动一直怀有反感情绪，他在写给外交大臣艾登的信中警告说：“你必须记住，布尔什维克已用谎言和捏造的宣传破坏了许

① “Appendix U. S. S. R. ,” July 1942.

多强有力的政府，他们或许认为他们用这些方法会给我们带来某些影响。”与此同时，他却不得不以积极态度面对英苏同盟。这种矛盾在丘吉尔面对塔斯社关于北非战场的报道时显露无遗。1943 年 4 月，围绕北非战场是否可以被视作第二战场的问题，英苏之间产生了分歧。塔斯社在伦敦发布的关于北非战场的社论令丘吉尔怒不可遏，他在给艾登的信中写道：“在我们尽力而为的时候，苏联人这样做是不能容忍的。戈培尔恐怕也没有这样坏。”① 但是，在给迈斯基的公开信中，丘吉尔却不得不对塔斯社对北非事务的关心表示感谢。② 这种态度显示出迈斯基借助宣传向英国政府施压的意图已经奏效。丘吉尔在会见迈斯基时表达了对这种宣传活动的不满，“断然而又亲切向他（迈斯基）谈到苏联在这里所进行的开辟第二战场的宣传，指出其结果只能引起粗暴的反应和互相指责”。③

在这种警惕态度的影响下，英国的情报部门会收集每一份《苏联军事新闻》和《苏联军事周报》的内容并加以分析。除此之外，英国信息部还规定《苏联军事周报》的发行量不得超过同时期英国在莫斯科办的《不列颠盟友》，后者是英国驻苏联大使馆根据英苏同盟于 1942 年对等创办的一份报纸。④

英国共产党与英国广播公司的合作也受到了英国政府的警惕，英国政府始终担心苏联在西方媒体中的“渗透”行为。⑤ 艾登在日记中描述了一次会见美国记者时的情况：“同一些美国记者会见，相当麻烦……迈斯基显然

① 温斯顿·丘吉尔：《第二次世界大战回忆录》，第四卷：命运的关键（下部），北京编译社译，商务印书馆，1975，第 855、1234 页。

② “Letter from WSC to Jean Maisky,” CHAR 20/93A - B, April 14, 1943, http://ifgcx957c833e6e2a4565h05uf0w0p6opf6995.ficb.libproxy.ruc.edu.cn/，访问日期：2021 年 3 月 21 日。

③ 安东尼·艾登：《艾登回忆录》（中），第 482 页。

④ Е. А. Котеленец, М. Ю. Лаврентьева, *Еженедельник «Британский союзник»: инструмент информационной кампании против СССР в годы Второй мировой войны//История и теория СМИ*, 2019, № 3, С. 486-498.

⑤ “Cross Reference to Extract from Minute of Security Executive Meeting—Policy of the B. B. C. December 31, 1941,” KV 4/266, The Security Service, Policy on Control of Communists, The National Archives, Kew, United Kingdom.

给他们灌输了不少对我们没有开辟第二战场而发的怨言。”迈斯基的宣传活动在给英国政府带来压力的同时也引发了艾登的不满情绪：“当反复进行这些争论之际，迈斯基活动频繁，他试图对我国政府施加压力：向新闻记者轻率地发表谈话，把斯大林的要求告诉他们，谴责我们迟迟不作答……这些手法并不新鲜，迈斯基以前就曾用过，今后还会再用，但总是很讨嫌就是了。”[①]《泰晤士报》《标准晚报》《每日电讯报》上刊登的有关苏联的文章都曾被抄送到英国情报部门加以分析。迈斯基与英国各大报纸编辑的会面也被英国情报部门严密监视。1942 年 8 月末迈斯基与《每日先驱报》和《泰晤士报》记者会面并透露英苏关于开辟第二战场会谈内容的情况，就被英国情报部门加以记录并上报到外交大臣处。[②]

面对苏联的宣传活动，丘吉尔除了在会见时口头警告迈斯基，还试图加强对英国左翼媒体的控制。《每日先驱报》虽然时常批评内阁的作为，但是由于艾德礼率领的工党也在内阁之中，因而有所收敛。《每日镜报》因为经常批评政府的做法而受到丘吉尔的刻意打压。早在 1940 年时，丘吉尔就通过内政大臣莫里森警告《每日镜报》不要发表“颠覆性”的言论和文章。涉及军事和外交的重要文章都要受到信息部专员的审查。[③] 对此，《每日镜报》则联合其他左翼报纸呼吁维护新闻自由以对抗信息部的管制。[④] 英国政府对苏联宣传活动的管制受到了新闻自由和战时同盟两重因素的影响。

1943 年以后，苏联在东线逐渐取得优势，丘吉尔原先对关于开辟第二战场的宣传的厌恶转变成了对苏联向欧洲扩散共产主义的恐惧：“正因为伟大同盟的胜利只不过是时间问题，苏联的野心也就很自然随之增长起来。在炮声隆隆的苏联战线背后，共产主义抬头了，苏联是救世主，共产主义

---

① 安东尼·艾登：《艾登回忆录》（中），第 563、592 页。

② “Note to D. B. from Press Section Retalks between Maisky and Various Newspaper Representatives in U. K. September 6, 1942,” KV 3/305, The Security Service, Russian External Relations (other than Communists) with the U. K., The National Archives, Kew, United Kingdom.

③ Cedric Larson, “The British Ministry of Information,” *The Public Opinion Quarterly* 5, no. 3 (Autumn, 1941), pp. 412-431.

④ James Curran, Jean Seaton, *Power Without Responsibility: The Press, Broadcasting, and New Media in Britain* (The Taylor & Francis Group, 2003), p. 59.

就是它带来的福音。”[①] 丘吉尔和警惕共产主义宣传的大臣们并非毫无盟友，《泰晤士报》在战争中后期的报道中愈发表现出对苏联和共产主义的传播的担忧：“令人害怕的是，苏联在欧洲最新的胜利可能会被用来宣传共产主义。”[②] 迈斯基从伦敦回莫斯科述职时曾对爱伦堡提起这种氛围，称“他们对希特勒的迅速毁灭不感兴趣——（因为他们）害怕红军”。[③]

总体来看，二战期间苏联在英国开展的宣传活动取得了预期的效果。这些宣传活动改变了战前英苏之间信息阻塞的局面，使来自苏联的消息能够通过苏联情报局开辟的通道源源不断地传递到英国。苏联情报局创办的相关报纸成了宣传的主要阵地，而与苏联情报局达成合作的英国媒体则是拓展影响范围的主要方式。英国民众通过报纸能了解到苏德战场的第一手消息，并对苏联在东线的牺牲与贡献有了更为直观的认识。借助这些信息通道，英国民众不仅可以获取东线某场战役的胜利消息，还能阅读到苏联军民战斗与生产的诸多细节，从而更加全面地了解苏联。东线的战况增加了英国民众对苏联的兴趣，改善了苏联的国家形象。如果从利用舆论向英国政府施压的角度来看，苏联情报局的宣传的确达到了它的目的。虽然开辟第二战场客观上受限于军事行动的巨大复杂性，确实无法一蹴而就，但苏联的宣传活动切实地对丘吉尔和英国政府形成了压力。开辟第二战场成了不可否认的“政治正确”，也是盟国必须要完成的工作。这使英国政府无法拒绝苏联和英国民众关于开辟第二战场的提问，为苏联的外交活动争取了来自英国舆论方面的支持，不仅有利于推动第二战场的开辟，还为战后苏联在英国的外交活动建立了基础。

四、余论：“文化冷战”的预演

如果从近年来史学研究的新趋势来看，二战期间苏联情报局在英国的

① 温斯顿·丘吉尔：《第二次世界大战回忆录》，第六卷：胜利与悲剧（下部），北京编译社译，商务印书馆，1975，第 308 页。

② “Russia, Britain, and Europe,” *The Times*, November 6, 1944, p. 5.

③ 伊利亚·爱伦堡：《人·岁月·生活》，第 311 页。

宣传活动可以被看作是“文化冷战”的预演。自20世纪末起，国际关系史研究领域出现了“文化转向”。尤其是在冷战史研究范畴，学者们开始关注国家的文化宣传及其背后的意识形态因素。[①] 美国学者梅尔文·莱弗勒在他的《人心之争：美国、苏联与冷战》[②] 一书中，将冷战看作是美国和苏联背后的两种文化价值体系间的冲突。在这一层面上，冷战争夺的乃是“人心”，是两个超级大国对两种现代化路径的合法性的争夺。虽然莱弗勒的研究本身存在诸多问题，但是他提出的思路却显示出了冷战史研究的新方向。

如果将视角继续向冷战之前的时代回溯，便会发现这种争取民众认同国家事业的行为在二战期间已初具雏形。苏联宣传活动的背后是它试图争取英国民众支持苏联反法西斯事业的努力，继而宣传苏联国家的合法性与正义性。在战争初期，苏联的国家形象在英国民众心中处于尴尬的境地。由于英国媒体长期的反共宣传和苏联入侵波兰、芬兰和波罗的海三国的影响，战前英国民众大多认为苏联与纳粹德国相同，都是试图侵略扩张的国家。因此，苏联借助英苏同盟向英国民众宣传苏联的基本情况，有利于打破英国民众对苏联的旧有印象。与生死攸关的苏德战场相比，苏联在英国的宣传活动同样具有推动战争取得胜利的意义。苏联情报局不仅向英国民众说明了苏联军民为了保卫国家而付出的巨大牺牲，还介绍了苏联的社会制度、生产生活状况、五年计划等其他的方面。这在无形中向英国民众宣传了苏联政治和经济制度的优势之处，而战后英国工党在大选中的胜利从侧面证明了这种宣传的影响。此外，苏联在二战期间建立的宣传机构及其积累的宣传经验在冷战期间得到了进一步的发展。《苏联军事周报》在战后更名为《苏联新闻周报》并继续在英国发行，成为苏联在欧洲最大的官方宣传平台。因此，苏联在卫国战争期间的宣传活动也可以被视作是“文化冷战”的预演。

---

① 翟韬：《“文化转向”与美国冷战宣传史研究的兴起和嬗变》，《世界历史》2018年第3期。

② 梅尔文·P. 莱弗勒：《人心之争：美国、苏联与冷战》，孙闵欣等译，华东师范大学出版社，2012。

全面抗战开始前后 胡适“太平洋均势”学说的形成及演变

张子秋*

摘　要　在1936年的第六次太平洋国际学会会议中，胡适受到美国代表的启发，提出“太平洋均势”这一和平学说以遏制日本侵略。该学说基于他一向主张的国际主义，同时也基于他在华北危局后逐渐形成的民族主义思想。其主旨是：引入美苏等力量，在太平洋地区形成各国均势制衡，以维持和平；如均势打破，则引导美苏卷入国际大战，以使中国求得生存。全面抗战开始后，胡适首先选择了学说中的和平道路，希望太平洋各国在美国的引导下签订互不侵犯条约，恢复战前均势状态。在接受蒋介石的委派赴美后，胡适逐渐放弃了和平主张，转而思考其学说中的战争之路。“太平洋均势”学说是同时考虑“和”与“战”两条道路的积极学说，这使得胡适能够在关键时刻成为抗战的拥护者。

关键词　胡适；抗战；均势学说；和平学说

1936年至1938年初，全面抗战爆发前后这一关键时期，胡适身为中国知识界的重要人物，面对民族危机的加深，在数次国际交流中围绕“太平洋均势”构建出一套和平学说，以求国家生存。该学说的主旨在于，引导美苏直接参与远东问题，在整个太平洋地区形成均势制衡，以遏制日本侵

* 张子秋，北京师范大学历史学院博士研究生。

略。此过程中，他与美方外交人员展开了积极沟通，并不断深化对全球战略局势的理解。此后不久，胡适被南京国民政府委任为驻美大使，正是在全面抗战开始前后这段时期的理论构建为他从事对美外交工作奠定了基础。胡适于1936年的太平洋国际学会会议中初步提出这一学说，此后他对于“七七事变”和“八一三事变”的外交主张也由此演化而来。1937年中，胡适的对日态度不断“软化”，但依据这一学说，他得以对世界局势做出正确判断，顺利转变为抗战的支持者。

当前学术界对于胡适在抗战前后对日态度的研究已经比较充分，尤其集中在他的“和战”变化上。[①] 然而，对于胡适主张中“和”本身的内涵，仍可以进一步探讨。因此，本文将基于中外未刊档案，尽量还原胡适正式出任大使之前与美方人员的交流情况，在此基础上梳理胡适的“太平洋均势”和平学说“演进和形成”“变化和转型”的思想发展脉络，并尝试对这一学说进行评析，指出胡适的“和”思想与汪精卫等人的根本区别，从而探讨他为何能在关键时刻担负起争取美国支持的重任。

一、胡适“太平洋均势”学说的思想基础

胡适在赴美参加第六次太平洋国际学会会议并游历演讲的过程中构建了一套被称为“太平洋均势”学说的国际安全理论，该理论同时包含“和”

① 目前学界关于全面抗战爆发前后胡适对日“和战”主张变化的论文主要参见耿云志：《七七事变后胡适对日态度的改变》，《抗日战争研究》1992年第1期；杨奎松：《七七事变前部分中间派知识分子抗日救亡主张的异同与变化》，《抗日战争研究》1992年第2期；耿云志：《胡适与抗战》，《安徽史学》1989年第1期。期刊论文之外亦有学位论文专门对此进行探讨，参见莫镇湖：《浅析1931—1938年胡适的对日主张》，硕士学位论文，安徽大学，2012；李欣：《胡适对中日关系认识的轨迹——1915—1937年的考察》，硕士学位论文，东北师范大学，2013。上述文章都是基于一个时间段，对胡适的主张变化进行论述，没有聚焦胡适的和平主张本身，并对其深入探讨分析。除上述论文外，对与“太平洋均势”和平学说形成息息相关的太平洋国际学会也有专题研究涉及，非常值得借鉴。主要参见欧阳军喜：《胡适与太平洋国际学会——兼论现代中国自由主义的两难处境》，《安徽史学》2006年第1期；欧阳军喜：《中国太平洋国际学会简史》，《太平洋学报》2010年第8期。

与“战”两条路线。这一学说的思想来源，既有他一贯坚持的国际调解手段与和平主义，也有他在华北危局出现后逐渐坚定的民族主义，这两种认识的发展和完备为该理论的诞生创造了基础。

其中依靠国际调解来维持和平的思想是胡适的一贯主张。1936 年 2 月 17 日，他曾经在有中美多名代表参加的论坛上坦言，“我必须承认，我已经做了 20 年的和平主义者与国际主义者”。[①] “九一八事变”后，面对日本侵略，胡适这一理念仍未改变。他虽曾力主中日“直接交涉”，但又希望各国为中国主持正义。事变爆发初期，胡适等人首先将美方作为依赖对象。9 月 23 日，胡适与其他 20 余名学者通电美国政府，痛斥日本破坏《非战公约》，表示“吾辈盼望赞助该约之美政府及人民。为世界和平主持公道”。[②] 1937 年李顿调查团到达中国后，胡适又把希望寄托到国联身上，向日内瓦国联总部秘书长致电表达“使用独立方法，以证明中国人民之真正志愿”[③] 之希望，不过此时他仍然主张中日两国“进行两国全权代表的交涉”，[④] 国联只能起到斡旋的辅助作用。1937 年 10 月 2 日，国联报告书发布，胡适以“公允”二字进行评价，随后放弃了“直接交涉”的主张，倡导中日双方断绝往来把问题交给国联，甚至声称“如果中国不充分利用国际形势来对日本实施外交孤立，而是否认国联与李顿报告书，那么她将走上民族自杀的道路”。[⑤] 可以说，胡适始终处于一种既想利用国际同情，又担心中国独立自主受到威胁的矛盾和疑虑之中。在几番思想斗争后，胡适还是回到了国际主义与和平主义的路线上。

1935 年华北危局的爆发，激发了胡适“太平洋均势”学说的第二个思

① “The Counselor of Embassy (F. P. Lockhart) to the Secretary of State,” Records of the U. S. State Department Relating to Political Relations between China and Japan, March 5, 1936, 793. 94/7828, U. S. National Archives.

② 《日军行动显系违抗非战公约》，《申报》1931 年 9 月 24 日第 13 版。

③ 《胡适等揭破日人对满阴谋》，《申报》1932 年 3 月 30 日第 7 版。

④ 胡适：《对日外交方针》，《独立评论》第 5 期，1932 年 6 月 19 日，第 5 页。

⑤ “Comments on Current Events November 10-23 1932,” Correspondence of the Military Intelligence Division Relating to General, Political, Economic, and Military Conditions in China, 1918-1941, November 23, 1932, 2055-622/176, U. S. National Archives.

想基础——民族主义。国土分裂的危机感使得胡适重新思考时局，他的思想也由此发生了重要变化，首先他逐渐突破国际协调的路线去思考战争的可能性，其次他更加认同蒋介石对全中国的领导地位。这两点给胡适的和平学说注入了新元素。“何梅协定”签订后，胡适虽不知道协定具体内容，但从南京国民政府迁移河北省政府至保定、将河北省政府主席于学忠调任、将数支部队调离原防等处置中，中日关系未来已经猜到一二，于是感叹这一年以来“中日提携”的迷梦已经惊醒，开始重新构建内外政治方略。[①]

首先，在国际方面，胡适在 1935 年 6 月 20 日致王世杰的信中构想：“在一个不很远的将来，太平洋上必有一度最可惨的国际大战，可以作我们翻身的机会”。[②] 6 月 27 日他再度致信王世杰，放弃对日本将计就计、消极待变的想法，正式提出“总得先下决心作三年或四年的混战，苦战，失地，毁灭”，[③] 以达到通过“绝大牺牲”促成国际大战的目的，态度明显转向积极，并构建出一条和平调处之外的道路。1935 年 11 月 6 日，美方组织了一场由美国使馆人员、中国海关人员、胡适、林语堂共同参与的谈话会。谈话中，面对詹森，胡适分外肯定地说“中国在近期非常有可能会诉诸武力来抵御日本”，[④] 并将之前构想的抗日策略如实告知詹森，称“中日战争将会导致历史上最惨痛的大战，因为它最终将会把太平洋地区的其他国家卷入其中”，并进一步补充说明了个人观点，“看着这些国家加入战争之中正是中国的关注点之一”。[⑤] 此语意在向美国表示中国需要美方动员太平洋地区各国力量为马上到来的战争提供援助。对于胡适思想的这一转变，美方评价认为其想法太过于理想主义，然而并不否认在胡适的带领下，“中国的

---

① 胡适：《沉默的忍受》，《独立评论》第 155 期，第 3 页。

② 《致王世杰》（1935 年 6 月 20 日），欧阳哲生、耿云志整理《胡适全集》（24），安徽教育出版社，2003，第 234 页。

③ 《致王世杰》（1935 年 6 月 27 日），欧阳哲生、耿云志整理《胡适全集》（24），第 236 页。

④ "The Ambassador in China (Johnson) to the Secretary of State, ShangHai," November 6, 1935, *Foreign Relations of the United States Diplomatic Papers*, 1935, Volume Ⅲ, The Far East (United States Government Printing Office, 1958), p. 400.

⑤ "The Ambassador in China (Johnson) to the Secretary of State, ShangHai," November 6, 1935, *Foreign Relations of the United States Diplomatic Papers*, 1935, Volume Ⅲ, The Far East, p. 401.

公众舆论已经进入一条崭新并且更加深入的路线”,[①] 即一条不拘泥于和平主义的路线。随后在 11 月 12 日，蒋介石就处理中日关系一事亲自接见胡适后，胡适在当天写了一封 8 页的长函以建言献策，托翁文灏面呈蒋介石。信中，他特意强调以“各有专门智识又各有国家意识与世界眼光之人”组成国防设计委员会以备咨询，并大有建议蒋介石借华北问题利用国际同情，直接对日开战之意。这一利用国际大战的构想之后成了“太平洋均势”学说的一个重要组成部分。[②]

其次，在国内方面，胡适认为侵略可能促成中国渐渐成为一个新的民族国家，故主张拥护蒋介石的领导地位，将其作为“全国大结合”的力量核心。[③] 日本从 1935 年 10 月开始积极策动华北自治，11 月 30 日，何应钦为与日方磋商华北问题受命北上后，蒋介石便致电嘱咐称：“此次到平，以安定人心与为政府收拾人心，为最要工作。请面慰蒋梦麟及胡适之二先生或派天翼兄往访致慰为荷。”[④] 在华北分裂的危机和蒋介石的争取两个因素促成下，胡适倾向于拥护国民政府的决定。在得知成立冀察政务委员会一事后，胡适在国际和国内多个场合为其辩护，称“这一办法是中国人自己出台的，并且背后有国民政府的支持，而不是日本人的解决办法”，因此总体来看是“正当的”,[⑤] 他还鼓励社会信赖中央，信赖当时驻防华北的第二十九军。

---

① “The Counselor of Embassy (F. P. Lockhart) to the Secretary of State,” Records of the U. S. State Department Relating to Political Relations between China and Japan, November 12, 1935, 793. 94/7476, U. S. National Archives.

② 《胡适函蒋中正国防打击似宜有专门智识及国家意识之人从事问题研究》，1935 年 11 月 12 日，蒋中正“总统”文物档案，002/020200/00023/020，台北，“国史馆”藏。

③ 参考胡适：《沉默的忍受》，第 3 页。

④ 《蒋委员长致何应钦部长指示到平后以安定人心与为政府收拾人心为最重要工作并请面慰蒋梦麟与胡适之电》，1935 年 12 月 4 日，秦孝仪编《“中华民国”重要史料初编——对日抗战时期》续编（1），中国国民党中央委员会党史委员会，1981，第 729 页。

⑤ “The Ambassador in China (Johnson) to the Secretary of State,” Central File: Decimal File 793. 94, Political Relations of States, Relations: Bi-Lateral Treaties, China and Japan, December 12, 1935-January 26, 1936, December 13, 1935, Records of the U. S. State Department Relating to Political Relations between China and Japan, 793. 94/7639, U. S. National Archives.

对外和对内的主张共同构成了胡适的民族主义，然而两广事变之前，他尚未因为拥护中央而放弃以武力抵抗日本的主张，私下拜托王世杰向蒋介石进主战之言。两广事变的爆发使得胡适心中对外和对内主张的地位发生了变化，他开始抛弃与国民党中央的分歧，对蒋介石“攘外必先安内”的政策表示理解。事变发生当日胡适便致电李宗仁、罗文榦，劝其“悬崖勒马，共挽危机”，①他认为日本唯恐中国不乱，必定助力讨蒋，如今“反蒋抗日”反而正中日本下怀，可见其对于以蒋介石为首的国民党中央的维护。胡适上述电文也得到了罗文榦的回复，在回电中，罗文榦质疑称1935年已经听闻“兄因寇患猖獗，亦已改谈抵抗，乃今日西南发难抗日，而兄反又谓不能减轻掀动内战、危害国家之责任，弟实未解”。②这清楚表明了胡适主张的又一次转向，即由主战变为放弃个人主张，站在国家层面对蒋介石单纯拥护。在事变当天给翁文灏的信中，胡适重提“不放弃主权”“服从中央”两个原则，认为处理时局“必须使事事处处不和中央冲突”。③

赴美参加第六次太平洋国际学会会议之前，在“九一八事变”、“何梅协定”签订、华北五省“自治”、两广事变等一系列事件的推动下，胡适思想中的国际主义和民族主义逐渐发展完备，“战”与“和”两条路线都有了思想基础。1936年7月14日，胡适启程前往美国参加第六次太平洋国际学会会议。临行前出于对中国分裂的担忧，胡适心中“安内”的地位超过“攘外”，“和”成为他处理国际关系时的首选道路。7月17日，胡适路过日本时和室伏高信做了一次长谈。在谈话中，室伏发现胡适一反常态地抛弃了自由主义，于是在惊讶之余尖锐地提问中国是向着民主发展还是向着独裁发展，结果胡适居然说：“关于这一点，中国人倒不大注重。应该用甚么方法是第二问题。无论甚么，没有比统一再要紧的，除此而外，全不是现在的问题。”④这充分显示出胡适此次赴美所持的态度，即对蒋介石的拥

① 《致李宗仁、罗文榦》，欧阳哲生、耿云志整理《胡适全集》(24)，第301页。

② 《罗文榦致胡适》，中国社会科学院近代史研究所中华民国史研究室编《胡适来往书信选》中册，中华书局，1979，第631页。

③ 《致翁文灏》(1936年6月9日)，欧阳哲生、耿云志整理《胡适全集》(24)，第304页。

④ 室伏高信：《胡适再见记》，《独立评论》第213期，1936年8月9日，第9页。

护已经取代质疑成了基本立场，对内统一已经取代对外抗日成了国家首要任务。

二、胡适“太平洋均势”学说的形成

1936 年 8 月 15 日，第六次太平洋国际学会会议正式开幕。此次会议有代表 11 个国家的 200 余人参加，在代表的构成上足见该会议绝不是单纯的学术交流。“英国代表团的核心是一名高级官员、一名海军上将和一名领事，此外还有数名议会成员；日本代表包括一位前大使和领事，他们在北洋政府时期都很有名，此外还有数名贵族院成员”。[①] 可见，会议具有较为明显的政治意义，对各国政策制定也具有参考价值。对于这次的参会人员阵容，日本代表芳泽谦吉评论说：“在这次会议上，对日本政治活动的谴责攻击更甚，虽然有可能是其他原因，但我认为，这可能与此次会议相比以往政治家更多有关系。”[②] 此前的太平洋国际学会会议上，当遇到中日问题时，经常回避正面讨论。而这次会议对远东利益争端和日本的政治企图进行了激烈争论，这也成了催生胡适“太平洋均势”学说产生的契机。会议中胡适带领下的中方代表毫不避讳地与其他各国探讨了关乎切身利益的争议性问题，中国国内的新闻报道对于学会也非常肯定。之后他又不断丰富自己的理论，并在美国各大学的演说中使“太平洋均势”学说逐渐形成。归国后，胡适先是在北大演说阐明这一理论，随后又发表《日本霸权的衰落与太平洋的国际新形势》一文，对其进行了总结和完整阐释。他将该文先在《外交季刊》上用英文发表，随后在 4 月 18 日又正式用中文发表在《独立评论》之上。

他的这一“太平洋均势”学说可概括如下：日本独霸东亚时期是在“九一八事变”之前，而“‘九一八’以后，因为日本滥用霸权，引出了一

① *The Chinese Recorder, Volume LXVII*, *The Chinese Recorder and the Protestant Missionary Community in China, 1867-1941* (Thomas Chu & Sons, 1936), p. 718.

② 芳沢谦吉「欧米を見直す（上）二つの驚異！最高峰ゆく米国の物質文明と人種の同化力」、『東京朝日新聞』、1936 年 11 月 18 日。

些新势力，造成一个新均势的局面，那个独霸的局势就维持不住了”。新均势体制下除了日本，还包括回到太平洋战场的一流强国苏联、具有新兴军备的环太平洋非亚洲国家和新兴统一的中国。这些力量的未来存在两种可能性：“如果日本还不明了他所造成的太平洋新形势……如果这些新兴的势力不能好好组织起来朝着一个共同的目标上去发展——那么，这个新均势必定引领我们走上世界第二次大战争”；但如果将这些均势力量作为和平的基石，便可以“用来建立一个太平洋区域的‘集体安全’的和平新机构，在那新机构里，苏联、美国、英国，和中国日本都应该平等的参加，共同的商榷解决太平洋与全世界的安全和平”。[①] 胡适对那些放弃和平希望的代表进行了批评，并自称是“乐观主义者”。他希望利用国际安全机构来图谋中日两国长久的安宁进展，并将这种理想主义的情况作为处理各国关系的首选。但他依然对世界大战的未来进行了慎重考虑，对此有应对的准备。

胡适的这一学说可以分为两个部分，第一是“新均势”得以形成的前提条件，第二是“新均势”发挥作用的两条道路。

围绕前提条件，胡适强调的是太平洋区域各国力量的变化，而其中最为重点的是中国和苏联影响的增强。胡适对中苏两国能够制衡日本的论断来源于对统一政权的重视，这种民族主义情绪是在他赴美之前便形成的。就在胡适临行前，蒋介石和陈诚在南京为两广事变一事接见了胡适，向他表明了国民党中央对西南势力的处理办法，并保证通过这一处理办法，空军和海军的力量会重新掌控在国民党中央手中。蒋介石的保证使得胡适对中国的潜力重新充满了信心，次日，他主动约谈高斯时肯定地表示，“事件的结果会是中国比之前任何时候都更接近于真正的团结”。[②] 而第六次太平洋国际学会会议中讨论的前四个议题——“美国的复兴计划、日本的贸易

① 胡适：《日本霸权的衰落与太平洋的国际新形势》，《独立评论》第230号，1937年4月18日，第3、7—8页。

② “The American Consul General (C. E. Gauss) to the Secretary of State,” Central File: Decimal File 893.00, Internal Affairs of States, China, Political Affairs, July 22, 1936 - February 10, 1937, Records of the Department of State Relating to the Internal Affairs of China, 1930 - 1939 (Part 1), July 14, 1936, 893.00/13664, U. S. National Archives.

扩张、苏俄的经济计划、中国的社会与经济重建",[1] 增强了胡适对各方势力制衡日本的信心。会后胡适在哈佛大学的庆典上同多位美国教育家和外交人员进行交流时称，日本在中国所造成的紧张局势正在使中国达到前所未有的统一，中国正在侵略压力下实现蜕变，“社会进步正在很多领域迅速发生，旧军阀们已经全部消亡，他们的军队移交到了中央政府手中”。他认为等到思想、经济、政治等多个领域的过渡完成，中国就可以成为制约日本的一极。同时，他承认苏联作为太平洋地区另一个主要力量，制约力也正在逐渐增强。其内部复杂的民族问题正在得到解决，“我们也许很快就会见证苏联人民控制自己的政府，这种局势是我们要密切关注的”。[2] 这样一来，如果能够得到美国的配合，在太平洋上形成多极，日本就无法在东亚独占优势。

制衡日本的力量既已齐备，就需要相应的机制使其发挥作用，这就引入了胡适“太平洋均势”学说的第二个部分，即“新均势”发挥作用的两条道路。这部分理论的形成来源于学会中讨论的第五个问题：“太平洋地区力量平衡的转变及和平应对的可能性”。1936 年 8 月 24 日，会议进入到聚焦中日关系的第五个话题。胡适首先发言并阐明了拥护中央和求助国际的基本立场：“中国任何政府，凡足以统一国家而增强国家之地位者，皆非日本所能容忍",[3] 日本不断试图在政治上破坏中国统一，中国只能从美国和国联获得帮助。顺应这一话题，各国代表先行提出继续建设区域公约和区域和平组织这一传统方法。然而，按照《九国公约》和《非战公约》的先例来看，公约和机构都对日本缺乏约束力，这一提议受到了质疑，各国都认为日本在大陆政策的指导下定会不断扩张，传统的和平机器已经失效。对此一位美国代表就提出当前维持亚洲力量平衡的三个前提条件之首便是

① *The Chinese Recorder, Volume LXVII*, *The Chinese Recorder and the Protestant Missionary Community in China, 1867-1941*, p. 719.

② "The Unknown to the Secretary of State," Records of the U. S. State Department Relating to Political Relations between China and Japan, Woods Hole, October 9, 1936, 793. 94/8263, U. S. National Archives.

③ 《太平洋学会胡适指日阻挠我建设》,《申报》1936 年 8 月 26 日第 8 版。

“日本由于地理联系而产生的特殊地位被承认”,[①] 在此基础上中国争取自强，加上英美等国介入，可能起到一定的牵制作用。在充分讨论的基础上，美国外交政策协会会员皮森顺势提出，“解决中国问题之最佳方法，端在各国相约，致使中国得安心建设，而无须武力抵抗外侮”。[②] 这一提议在各国代表中立刻引起共鸣，尤其是欧美各国的代表，更是愿意借此提议提出延缓太平洋战场局势的恶化。会议的最后，各国代表“基于之前会议中交换的观点，致力于讨论太平洋地区各国所面临的利益风险的解决方案”并在会议结束前的8月29日达成共识：“根据报告，日本、英国、苏联和法国的代表都已经同意，集体安全的构建方法是远东面对的最重要问题”。[③] 对于胡适而言，美方代表的这一方案既可以为“安内”提供时间以提升综合国力，又可以牵制日本，似乎一举两得，他对此也持认可态度。由此，这条由各国代表认可的和平方案成为胡适的首选道路，而世界大战则成为这一集体安全机制失败后的备选方案。

胡适对这套重建国际安全体制的外交理论十分满意，1936年12月7日，也就是归国后的第四天，他便去见翁文灏面谈这一理论，称“如英美各国外交态度不坚决，则势必一战，如外交态度坚，尚可纳于□物，重建和平”。[④] 胡适希望通过翁文灏向蒋介石提出建议，由蒋介石与英美一道构建和平均势。实际上，蒋介石此前认为“中国而一旦富强，则必为全世界最大之安定势力无疑也”,[⑤] 也有有着构建安全体制的想法。可以说，在1936年胡适的学说与国民党中央不谋而合。

综上所述，胡适的“太平洋均势”学说有从“九一八事变”以来的国

---

① *The Chinese Recorder, Volume LXVII*, *The Chinese Recorder and the Protestant Missionary Community in China, 1867-1941*, p. 721.

② 《太平洋学会胡适指日阻挠我建设》,《申报》1936年8月26日第8版。

③ “Volume 19842: Conference of Institute of Pacific Relations, Yosemite,” September 10, 1936, British Foreign Office: United States Correspondence, 1930-1937 (Part 2), The National Archives (Kew, United Kingdom).

④ 翁文灏著，李学通、刘萍、翁心钧整理：《翁文灏日记》，中华书局，2010，第96页。

⑤ 《中国之统一与建设》(1936年10月10日)，秦孝仪编《“总统”蒋公思想言论总集》卷十四，中国国民党中央委员会党史委员会，1984，第463页。

际主义和民族主义思想根源，也有第六次太平洋国际学会会议中同各国代表讨论的有力推动。

三、胡适构建太平洋均势制衡的努力

胡适的“太平洋均势”学说将国际关系放置在天平之上，有“和”“战”两个砝码，分别对应均势制衡和世界大战，如上面所述，前者是胡适的首选。待他归国后不久，西安事变爆发，这让胡适产生了“新兴统一”的中国遭到破坏的危机感，他越发感到国际和平环境对凝聚国内力量的重要性。因此，胡适越发坚定优先构建国际安全体制的想法，心中的天平不断向主和倾斜，甚至出现投降主义。这使得他在全面抗战开始后也很难快速意识到转变道路的必要性。

西安事变的爆发对胡适的影响很大，使他对“安内”一事更加执着。1936年12月14日中午，胡适聚餐时面对蒋梦麟、梅贻琦、李蒸等学者甚至表示，“我一向反对国民党，今天我要加入国民党。蒋委员长如有差池，中国要倒退二十年”。[①] 在他看来，所有危害蒋介石统治地位的行为“都是自坏我们国家民族的抗拒力量，都是危害我们自己的国家，戕贼我们自己的民族，都是叛国祸国”。他此时急切期盼着“新兴统一”的中国成为集体安全的组成部分，西安事变可谓是对其理想的破坏。胡适出于对南京国民政府作为唯一合法政府的拥护，对共产党的作为进行了激烈批判。被胡适视为均势重要一极的苏联，在西安事变后也站出来反对，甚至在《真理报》上发表文章诬称事变是以抗日为名的“投机”，实际上“助日本使中国分裂，使中国更加骚乱”，成为侵略的牺牲品。这种表态使胡适相信苏联致力于同国民政府合作维护东亚安全，故而反对同共产党组成“联合战线”的主张。1937年5月在伦敦进行的英日谈判更让胡适自信各国均势的制衡已经有了效果，他认为英国近一年来的政策“就是期望中国造成一个有力量能独立的国家”，而这一次日本大使主动就中国问题征求英方意见，正是均

① 陶希圣：《潮流与点滴》，中国大百科全书出版社，2009，第134—135页。

势道路打破其亚洲门罗主义的开始。据此他再次明确提出，要解决“太平洋的整个问题”，“只有一条大路，那就是由太平洋上的国家，中国、日本、苏俄、英国（和它在太平洋上的自治领）、美国，平等的、积极的参加一个集体安全体制，共同的商讨解决太平洋各国彼此之间不能单独解决的困难问题”。①

以西安事变为契机，胡适更加坚定地认为只有维护南京国民政府对中国的统一，加强其力量的集中，才能达到维持东亚和平的目的，并得到国际社会的认可和支持，为此不应该在国家拥有完备的力量之前与日本开战。这可以说是胡适在“七七事变”前后长时间坚持和平道路的理论依据。

国民党五届三中全会之后，蒋介石开始加紧备战，胡适对此并不认可，在1937年4月25日给蒋廷黻的信中，他认为蒋介石的“政治见地还嫌狭窄一点”，② 言外之意是蒋介石根本没看到目前能拯救亚洲局势的世界大势。然而，很快“七七事变”便宣告了中日间全面战争的开始，胡适一心向往的平衡状态开始崩溃，这让他一时陷入了恐慌。在蒋介石决心抗战时，胡适反倒认为到了英、美、苏发挥均势制衡作用之时，为此构想出如下办法：“第一步是撤军并恢复至战前状态，三个月之后，进行第二步，也就是最终步骤，即正式召开和会，商讨并决定一切事务”，为南京国民政府集中人力物力而发展壮大争取时间。为此，他力劝蒋介石要“保持与日本之间公开的外交关系，并且要承担起力寻和平解决办法的责任，甚至要做到准备好和日本彻底交涉两国一切基本分歧的程度”，③ 并推荐了高宗武这一“外交人才”。蒋介石听闻胡适进言之后，虽然派汪精卫找高宗武谈外交，以表示对其意见的尊重，但他的抗战主张日益坚定。与之相反，胡适日益受到失败主义的影响，其学说的天平彻底倾倒。他与陶希圣致电陈布雷，以求蒋

① 胡适：《伦敦的英日谈判》，《独立评论》第235期，第3页。

② 《致蒋廷黻》（1937年4月25日），欧阳哲生、耿云志整理《胡适全集》（24），第343页。

③ “The Ambassador in China (Johnson) to the Secretary of State, Nanking,” August 26, 1937, *Foreign Relations of the United States Diplomatic Papers*, 1937, Volume Ⅲ, The Far East, pp. 474-475.

介石“放弃力所不及之失地，而收回并保持冀察之领土行政完整”。[①] 在胡适看来，中国正在向团结发展，但是力量远不足以与日本作战，“与其战败而求和，不如于大战发生前为之”。[②] 因为维持和平也是需要实力的，一旦战败中国连参与国际安全体制也做不到，不如“趁此实力可以一战之时，用外交收复新失之土地”，谋求与日本“五十年之和平”，[③] 给中国的强固争得时间。8 月 6 日，蒋介石约胡适谈话并聆听他的意见，当时“蒋甚客气，但未表示意见”。[④] 然而，在次日的国防联席会议上，蒋介石不点名地批评了胡适，并且再次亮明了自己的立场，称“他们都是如此说，中国没有胜利的。我对这般学者说，革命的战争，是侵略者失败的。日本人只能看到物质与军队，精神上他们都没有看到”。[⑤]

8 月 13 日，蒋介石出于战略目的在上海进行主动反击作战，拉开了淞沪会战的序幕。面对“八一三事变”，胡适陷入完全的悲观主义，一面与周佛海、陶希圣“密商外交进行办法，为此次战争（淞沪会战）下场之准备”，[⑥] 一面开始主动联系美方外交人员，并将其均势学说的和平一面发挥到极致，应用到挽回两次事变所造成的局面上。

8 月 21 日，胡适主动约詹森谈话，告知自己在“七七事变”和“八一三事变”后构想的两个外交方策。胡适拟定应对“八一三事变”的求和新策略如下：第一步，在三个月之后由中日举行和会解决一切悬案并消除敌意。之后，由英美介入，实现所谓“中立区”计划，即令中日双方军队皆退出上海。第二步，“争取和日本与苏联签订互不侵犯条约，也许之后也可以争取和其他太平洋国家签订互不侵犯条约”。可见，胡适还没有放弃和平“希望”，试图通过构建上述两个外交策略，依靠美方让太平洋局势恢复到

① 杨天石：《胡适曾提议放弃东三省，承认“满洲国”——近世名人未刊函电过眼录》，《近代史研究》2004 年第 6 期，第 198 页。

② 王世杰著，林美莉编：《王世杰日记》上册，“中央研究院”近代史研究所，2012，第 28 页。

③ 曹伯言整理《胡适日记全编》第 6 册，安徽教育出版社，2001，第 702 页。

④ 王世杰著，林美莉编：《王世杰日记》上册，第 29 页。

⑤ 中国第二历史档案馆：《抗战爆发后南京国民政府国防联席会议记录》，《民国档案》1996 年第 1 期，第 31 页。

⑥ 周佛海著，蔡德金编：《周佛海日记全编》，中国文联出版社，2003，第 61 页。

“集体安全”的状态。胡适策略所基于的“中立区”计划并非首创，而是“九一八事变”后国联调处的一个失败案例。当年日军兵临锦州时，国联曾磋商提出建立一个“在中立国军事视察员监视下，中日双方军队，皆不得通过”的中立区，[①] 并且由各中立国承担警务。但不久，“中立区”计划便在日本的侵略铁蹄下迅速破产。胡适基于他之前提出的“太平洋均势”一说，认定日本霸权只能维持在“九一八事变”之前的状态，断言当前日本的侵略已经引出了新势力，在英美苏等国的制衡下，这一次的“中立区”计划还是有希望的。虽然这一计划被上海市长俞鸿钧否决，但胡适认为“如果日本在停战三个月后和中国举行和会解决问题，中立区计划也有被中国接受的可能”。詹森听后表示了积极配合的意愿，但在谈话后并没有急着将此事禀报回国，他解释“我没有将此次谈话报告到华盛顿是因为我认为它不够重要。我想要等胡适对他的计划给出进一步阐释”。[②] 实际上，面对“七七事变”之后的状况，“中立区”计划早已被美方排除在主要考虑范围外。在詹森表态之后，胡适数日没能给出回应，更反映出了该计划的不可行性。

在抗日的过程中，蒋介石一直重视国际援助，但是在交涉过程中，蒋介石感到“美国态度恶劣，而且变为毫无骨骼之国”。[③] 他需要有人向美国传达中国的抗战态度。8 月初，蒋介石便密电孔祥熙，指示称“适之光甫，努力运用，并即电汇美元两万元备其应用矣”。[④] 8 月 19 日下午的谈话中，蒋介石告知胡适派其赴美之打算。但接到蒋介石的赴美指示后，胡适仍继续之前的工作，在“低调俱乐部”商量淞沪会战之后的外交策略。8 月 30 日，周佛海又“约适之、宗武商对日外交进行步骤及要点等具体方案，由宗武起草”。胡适将之前与詹森沟通中谈及的建立太平洋安全机制的方案通

---

① 《锦州安全问题》，《申报》1931 年 11 月 28 日第 6 版。

② “The Ambassador in China (Johnson) to the Secretary of State, Nanking,” August 24, 1937, *Foreign Relations of the United States Diplomatic Papers*, 1937, Volume Ⅲ, The Far East, p. 467.

③ 《蒋中正日记（手稿）》，1937 年 8 月 18 日，斯坦福大学胡佛研究所档案馆藏。

④ 《孔祥熙呈蒋中正遵电陈光甫李国钦商胡适负责办理对美宣传事宜情形》，1937 年 8 月 4 日，蒋中正“总统”文物档案，002/080106/00008/001，台北“国史馆”藏。

过汪精卫转达给了蒋介石。然而，第二天下午汪精卫就回了电话，“谓吾辈贡献外交进行方式，不被蒋先生采纳”。① 瞬间失望的气氛笼罩了“低调俱乐部”，大家面面相觑数十分钟，胡适也再次明白了蒋介石的立场。9 月 7 日，蒋介石再次约胡适谈话，正式决定“派胡适之赴美”。② 就在前一天下午，翁文灏首先与胡适进行了交流，向其部分传达了刚刚从蒋介石处获知的方针和指示。9 月 5 日，蒋介石约谈翁文灏时告知，“对日抗战，必久战方能唤醒各国，共起相争，而得胜利”。③ 这一说法无疑和胡适“太平洋均势”学说中的战争道路一拍即合，促使胡适向蒋介石的方向靠拢。9 月 6 日，见到汪精卫、高宗武后，胡适便连劝二人“不要太性急，不要太悲观”。④ 可见其思想出现了转机。

此后，胡适肩负着传达中国抗战立场、争取美方同情的政治任务，开始了全面抗战爆发后的第一次美国之行。在这次赴美中，胡适开始将他的学说加以变通，从企图恢复形势平衡逐渐转变为争取世界大战。

四、胡适“太平洋均势”学说的转型

胡适对内对外的态度虽一再软化，但是据他 1948 年的回忆，他称自己在 1937 年 7 月底已经有了“和比战难”的意识，他坦言 8 月“还做过一次（似不止一次）和平的大努力。但我后来渐渐抛弃和平的梦想了”。⑤ 然而就事实来看，胡适的这一说法似乎稍有不实。在 1937 年 12 月之前，他似乎仍试图让美方担任调停角色，进行和平尝试。

胡适于 1937 年 9 月 8 日启程离开北京，辗转多地后于 9 月 23 日到达檀香山。据胡适给一位美国友人的信中所说，他这次是在“只回答问题，澄

① 周佛海著，蔡德金编：《周佛海日记全编》，第 65 页。

② 《蒋中正日记（手稿）》，1937 年 9 月 7 日，斯坦福大学胡佛研究所档案馆藏。

③ 翁文灏著，李学通、刘萍、翁心钧整理：《翁文灏日记》，第 168 页。

④ 曹伯言整理《胡适日记全编》第 6 册，1937 年 9 月 8 日，第 710 页。

⑤ 《致蒋廷黻》（1937 年 7 月 31 日），欧阳哲生、耿云志整理《胡适全集》（24），第 354 页。

清误解，和表明个人立场”的前提下前往美国的。[①] 这表明，在1937年赴美前期，胡适还没有完全认可国民党中央的主张，他在公开场合的基本立场虽然还算坚定，但私下仍继续同时向中方和美方宣传自己先前构想的和平计划，力劝美国插手以恢复东亚的区域和平机制。

在日本发起全面侵华战争后，国联应国民政府制止日本侵略的请求，筹备召开《九国公约》会议。胡适对此寄予很大期待，并将其视为落实“太平洋均势”学说的重要机会，故在1937年10月与美国高层就此事进行了三次长谈。10月12日中午，胡适与时任驻美大使的王正廷谒见了美国总统罗斯福。此前罗斯福在10月5日刚刚发表著名的“隔离演说”，要求对日本予以制裁。这使得胡适对于美方更加支持和信赖，以至于在会见中，胡适竟提出让中国代表在九国公约会议上“避席”，以“表示深信各国主张公道”，[②] 使各国广泛参与中日关系的调和。10月14日，胡适又与王正廷一道，与美国国务卿会面。在这次会面中，他在没有得到蒋介石首肯的情况下，表态称希望借助各国回到“七七事变”之前的状态。谈话中，他歪曲政府意图，为避免事态彻底脱离安全轨道，谎称中国政府只渴望一种稳定的和平，“这种和平建立在美国政府在7月16日和8月23日声明的太平洋共同原则之上，这种原则使日本不能违反现有条约和侵犯中国主权与领土完整，并以此对中国进行干涉和渗透”。[③] 上述两项声明都由美国国务卿发出，即“支持各国自我约束，不利用武力图谋政治权利和干涉他国内部事务”，“支持通过和平协商并达成协议的途径来处理国际关系问题”。[④] 美方称这一原则能够有效管理太平洋国际关系，胡适亦对此深信不疑，甚至大

① 《To E. C. Williams》（1937年9月25日），韩荣芳整理《胡适全集》（40），安徽教育出版社，2003，第318页。

② 《王正廷电蒋中正称与胡适谒罗斯福之谈话内容》，1937年10月12日，蒋中正“总统”文物档案，002/090103/00003/132，台北“国史馆”藏。

③ “Memorandum by the Secretary of State,” October 14, 1937, *Foreign Relations of the United States Diplomatic Papers*, 1937, Volume Ⅲ, The Far East, p. 610.

④ “Statement by the Secretary of State,” July 16, 1937, *Foreign Relations of the United States Diplomatic Papers*, 1937 (in Five Volumes), Volume Ⅰ, General (United States Government Printing Office, 1954), p. 700.

胆称中国政府不需要美国进行军事援助，但这种估计过于天真。10 月 17 日，胡适先后与国务卿赫尔、高等顾问洪贝克以及“比京会议专史戴维斯”久谈，讨论重点便是如何促成各国在远东的势力平衡。赫尔“有意劝苏联变更外蒙地位，增高中国在外蒙主要权以为解决伪满先例”，并且保证美国为“不承认原则之父”，一定不轻言承认伪满洲国。戴维斯也告知“非正式折冲似在英进行”。英、美、苏等国正在采取行动遏制日本在东北及华北的扩张，一切似乎正在朝着胡适理想的方向发展。对此，胡适认为时机已到，于是迅速致电陈布雷：“鄙意比京会议为美国首次正式参加中日争端，我国应充分运用此会议做到一个比较光荣可靠的和局，倘不能亦应在会议中充分运用国际形势促成太平洋国际组织为将来之用，务望委员长与国防会议早决政策。”①

这是胡适最接近实践其学说的一次尝试，他试图说服中国政府层面利用《九国公约》会议之机“创立太平洋区域之集体安全制”。11 月 3 日，胡适分外期待的九国公约会议终于召开，美方虽然谴责过日本违反《九国公约》和《非战公约》，在会议上却拒绝采取任何政策制裁日本。会议逐渐走向失败的现实击碎了胡适理论中均势制衡这条道路的可能性，逼迫他不得不转向呼吁国际大战的一面。值此局势之际，胡适又收到了傅斯年的一封密函。在信中，傅斯年向胡适提出建议，大意是美国最近态度有所转变，“所以希望先生多多加火”。② 这多少也对胡适的政治选择产生了影响。

11 月 13 日，胡适在美国纽约外交政策协会发表演讲《远东冲突背后的问题》，对他此前一再强调的国际制衡体系有了新的看法。首先，他肯定了 20 世纪以来的“世界新秩序”是“合乎人道”的理论，也由此解释了自己一直以来的和平主张。但随后，他马上指出，不管是《九国公约》这类“理想主义的条约”还是各国的谴责通牒都无法遏制日本侵略的脚步，“日

① 《胡适电陈布雷与赫尔戴维斯等商谈美国政府对日华态度，拟提高外蒙主权地位与召开比京会议等解决伪满争端，建议利用此会达成和平或促成太平洋国际组织》，1937 年 10 月 17 日，蒋中正“总统”文物档案，002/090103/00002/010，台北“国史馆”藏。

② 《傅斯年致胡适》（1937 年 10 月 11 日），梁锡华编《胡适秘藏书信选》，远景出版事业公司，1982，第 157 页。

本狂暴的行为解除一切在世界新秩序控制下的狂暴行为的束缚”，中国曾寄希望于和平机器，“有六年的时间企图避免战争，维持和平，可是完全无效”。[①] 胡适的上述说法与一个月前大相径庭，实际上已经否定了其理论中均势制衡这条道路的可能性，也示意了他接下来的学说必将转到呼吁国际大战一面。果然，胡适亮明了中国的立场——“为了维持国际间的法律与秩序，挺身而战”，同时他呼吁美国将日本“目为‘第一号敌人’”，[②] 做遏制侵略的领导者。

胡适摇摆矛盾的外交理念来自他一直以来的失败主义，而这种失败主义最终也被蒋介石的一封电报击败了。11 月下旬，上海逐渐沦陷，南京也危在旦夕。胡适再次感到不安，于是给蒋介石拍发电报，询问中国军队是否能撑过这个冬天。正是蒋介石的这封回电，坚定了胡适的信心，使他的态度根本改变。11 月 21 日，蒋介石回电：“我们的军队必须战斗到最后一刻，绝不向敌人投降。即使首都沦陷了，我们也有必要继续战斗，不光是这个冬天，将来很长一段时间我们都会一直战斗下去。请告知美国政府这一决议”。[③] 蒋介石的此番慷慨陈词坚定了胡适一战的决心。12 月 8 日，他在华盛顿美国女记者俱乐部发表演说，公布了蒋介石的这封电报，称“即使战事延长数年，亦在所不惜”。[④] 在之后的外交活动中，胡适不再主张和平妥协。

12 月 11 日晨，胡适约美国远东事务司副司长汉密尔顿谈话，并主动向其追问“美国在处理国际关系上预期是否可以有对中国有利的进一步办法”，即除去和平调处外，是否提供其他援助。在得到对方否定的答复后，胡适态度坚决地说“无论美国单独还是和英国协作都不能完成调停”，因为只要中国坚守原则，“中日之间就会爆发各种冲突”，分歧已经不能用对话

---

① 胡适：《远东冲突背后的问题》，武菁、陆发春、沈寂整理：《胡适全集》（22），安徽教育出版社，2003，第 592 页。

② 同上，第 593 页。

③ “Dr. Hu Shih to the Chief of the Division of Far East Affairs (Hamilton),” November 22, 1937, *Foreign Relations of the United States Diplomatic Papers*, 1937, Volume Ⅲ, The Far East, p. 711.

④ 秦孝仪编《“总统”蒋公大事长编初稿》卷四（上），1978 年 10 月 31 日，第 149 页。

解决了。胡适不再被各国的虚伪表态所蒙蔽，直言此前《九国公约》会议虽称要找到对中日双方都公平的调和方法，但这在现阶段根本没有可能性。他大胆质问除了和平调解外，美方还“有什么其他道路可供中国选择”。[①]汉密尔顿本着不干涉原则，对胡适的质问拒绝回答。相比于前三次对话，这次胡适虽语气比较委婉，但抗战态度很是坚决。

12月中旬，他又给一位能够在华盛顿起到一定影响力并且关注中日局势的美国人写了一封长信，其中引用了这样一句话，“当我们要动用一个国家的武力，我们需要知道武力为了谁所用”，[②] 暗指美国应该针对日本这一扰乱国际秩序的侵略者动用武力。12月25日，胡适在华盛顿会见了多名美国政府要人，并向他们转达了蒋介石的抗战态度。这一次，他得到了对方的明确答复，“制裁强暴只有作战一途，经济制裁均缓不济事，只要中国能支撑必有意想不到的转变”。胡适立刻意识到，美国不会轻易参战，但只要能够持久抗战，就一定能达到将其卷入战争的目的。于是他将会谈情况电告国民政府并表态，“适本是反对作战最久之一人，到此时也只能主张苦撑到底”。[③] 就目前发现的史料来看，这是胡适第一次在非公开场合明确支持蒋介石持久抗战的主张。

此后，胡适更加积极地向国内汇报美方动向，并针对国际形势提出建议。例如在1938年1月1日，胡适发现美国有意扩大空军规模，限制飞机出口。于是他迅速致电国内，提醒国内所需飞机应该迅速订货，并称有人联系到了美国高层，找到了廉价购买飞机的门路。不难看出，此时胡适的建议已经立足于如何争取武力援助国内抗战。

1938年2月7日，胡适受邀在华盛顿大学进行了题为《中日冲突问题》的演说。在演讲一开始，胡适便提起自己之前提出的“太平洋均势”学说，

① “Memorandum of Conversation,” Records of the U. S. State Department Relating to Political Relations between China and Japan: December 11, 1937. 793. 94/11896, U. S. National Archives.

② 《To E. C. Williams》（1937年12月20日），韩荣芳整理《胡适全集》（40），第320页。

③ 《胡适电陈布雷翁文灏炸舰案已了解证明美国人厌战贪和但排日货运动力量骤增及美国要人谓中国能苦撑必有意想不到转变》，1937年12月26日，蒋中正“总统”文物档案，002/090103/00003/153，台北，“国史馆”藏。

描述了其形成发展过程，并公开宣布了其理论的转型：

> 在座去年听过我演说的各位，不管是在大学里还是在市中心，大概都还记得我对于当前情况做过推测。……在对太平洋局势的构想中，我试图指出日本霸权的彻底打破，和太平洋新均势的逐渐形成。当时我指出，新力量的均势可能会用于构建和平，或者各方力量之间平衡的变化可能引发一种国际大战，这场大战从中日之间开始，最终将太平洋上所有力量卷入其中。那时大多数人——甚至密切关注太平洋局势变化的人——可能都没有认真考虑我的预言。所以，今天，我可以说自己去年的预言已经部分应验了。中日之间的战争，尽管很多人怀疑，已经成为事实了，并且这一事实已经持续超过六个月了。……我预言的第二部分，也就是这场战争将会演变成卷入太平洋所有国家的世界大战，还没有兑现。我有充分的理由相信，这在不久也将成为事实。①

自此我们可以看到，胡适已经克服了残留的失败主义，“太平洋均势”学说的构建最终完成，“和”与“战”的天平彻底倾向了“战”的一边。

在接到出任驻美大使的委派之时，胡适的抗战主张已经十分坚定，将争取美国参战作为主要使命。1938 年 6 月 9 日，他“密痛陈美京领袖，欲救中国应于我抵抗力未衰竭时发动，不可太缓”。② 至 1938 年 7 月 30 日，胡适已经明确了中国下一步争取国际援助的“关键仍在苏俄与美”，并断定这两国“不动则已，动则有力也”，③ 并决定出任驻美大使。此后他又在演讲中站在国家立场上明确做出抗击到底的表态，开始尽量完成争取美国力

① “Bulletin No. 1 1938,” Records of the U. S. State Department Relating to Political Relations between China and Japan, March 26, 1937, 793. 94/12776, U. S. National Archives.

② 《胡适电陈布雷遵命九月后留欧美及于九日痛陈美京领袖欲救中国应于我抵抗力未衰竭时发动不可太缓及罗斯福三十日在纽约演讲或有重要表示》，1938 年 6 月 26 日，蒋中正“总统”文物档案，002/090103/00003/193，台北“国史馆”藏。

③ 《致傅斯年》（1938 年 7 月 30 日），欧阳哲生、耿云志整理《胡适全集》（24），第 398 页。

量的使命。

五、胡适“太平洋均势”学说评析

如前文所说，截止到1937年底，大多数时间胡适在处理中日关系时所秉持的理念都是“和”。然而，胡适的思想绝不是“和”与“战”两个词就可以界定的，他在1936年构建的“太平洋均势”学说具有特殊性。

首先，与1935年之前单纯的求和相比，“太平洋均势”学说是一种“进可攻，退可守”的双向理论。这源于胡适对中国国际地位判断的变化。此前，他认为国民政府无法担任统一、组织国家的重任，断定“我们要御外侮，要救国，要复兴中华民族，这都不是在这个一盘散沙的社会组织上所能做到的事业”,[①] 故而害怕利用他国牵制日本反而“使得中国通过国联成为各国共管”,[②] 因此外交主张比较被动。然而，在经历华北危局、两广事变等内忧外患之后，胡适的自由主义发生动摇，转为构建“国民党政权中心说”。对中国政府信心的增强使他开始考虑“国际大战”的可能性，并能够在发现和平完全无望后迅速转舵，积极争取战争援助。

其次，胡适这一学说基于的国际主张和国内立场都与汪精卫等人有根本区别。在对国际局势的观念上，胡适在1931年之后利用国联和美苏进行调解的思想就已经产生，但汪精卫对于英、美、苏的作用一直估计过低，认为“英法不会离开美国行动，而美国采取中立主义政策，不会制裁日本”,[③] 故而一直主张直接交涉。对于国家内政，胡适则和汪精卫站在完全不同的立场上。相比于汪精卫主张的通过对日求和形成自己的政治团体，

① 胡适：《惨痛的回忆与反省》，《独立评论》第18期，第12页。

② 「日支直接交渉の声広東派内に挙る『国際連盟に深入は危険』と胡、汪両氏の意見発表」、『神戸新聞』、1931年10月31日。

③ 李志毓：《汪精卫对日求和的政治环境及其思想脉络》，《安徽史学》2015年第3期，第96页。

胡适只希望“为国家做一个诤臣，为政府做一个诤友”，[①] 故而会把蒋介石的主张摆在重要位置，在与蒋介石多次交流后，出于对中国未来的考虑，选择了脱离“稳健分子”的行列。

这两个问题基本可以解释，为何在全面抗战开始这一关键节点上，“太平洋均势”学说可以成为胡适对外主张转变的枢机。

综上所述，胡适“太平洋均势”学说的实质是：通过引入美苏等国的力量，使太平洋各国之间形成均势，以此遏制日本侵略，恢复和平。它的前提是维护国家统一，目的是维护国家主权。该学说对其前提和目的之恪守，以及学说本身的灵活性决定了它根本不同于投降主义的妥协学说，也决定了胡适能够在关键时刻及时转向，成为全民族抗战的拥护者。

① 《胡适致汪精卫（稿）》（1933 年 4 月 8 日），中国社会科学院近代史研究所中华民国史组编《胡适来往书信选》中册，第 208 页。

从法属印度的移交
看法印关系的历史基础

田　耘*

摘　要　1947年英国殖民者撤离印度后，欧洲殖民者在南亚次大陆的统治并未结束，法国、葡萄牙等殖民势力仍残存于印度沿海地区。其中，法属印度问题受到的关注远不及果阿等葡属飞地问题，仍有待深入挖掘。法属印度问题虽未导致军事冲突，但作为折射二战后初期两国关系的棱镜，体现了战后国际力量对比的变化和两个相异的"大国梦"的碰撞过程：老牌殖民国家法国的力量不断衰弱，而与之形成鲜明对比的印度迅速成为国际舞台上的"宠儿"。1947—1954年，在法印两国政府的博弈与妥协、当地特权阶层的政治转向以及战后亚非拉民族独立和解放运动等一系列因素的综合作用下，法属印度问题最终得到和平解决。这在一定程度上为日后法印之间的关系发展与战略合作奠定了历史基础，也为当今法国推出"印太战略"、加强法印关系提供了更多的历史解释。

关键词　法属印度；法印关系；本地治里

近年来，随着全球地缘战略重心逐渐转向"印太"地区，法国以其在该地区有别于其他域外大国的主权利益和军事存在，自诩为"印太主权大国"，并紧随美国成为率先提出"印太战略"的欧盟国家，而印度随之成为

* 田耘，中国社会科学院大学历史学院世界历史系2020级博士研究生。

法国参与“印太”事务的重要跳板和伙伴。此种现实的背后有着密切但鲜有人研究的历史渊源。法印两国关系的缘起可追溯至17—18世纪法国东印度公司的建立，其发展则系于战后法属印度问题的和平解决，法属印度问题也构成了冷战初期法印关系的重要议题。在印度独立后构建民族国家的过程中，法属印度的回归是不可或缺的重要阶段。如何解决殖民地问题，折射出印度新政府外交理念的形成和发展过程，故印法两国关于法属印度的和平谈判成为印度外交事务中最显著的成功案例之一。对老牌殖民国家法国来说，法属印度的“割让”则是它在二战后几呈落体般衰落过程中的重大标志性事件之一。当今印度本地治里中央直辖区（Union Territory of Pondicherry）一直没有加入其周围邦，而是由印度南部4个相距甚远的沿海市镇组成。这种行政区划看似不合逻辑，但颇有历史渊源，成为法国在印度留下的结构性殖民遗迹，亦是1947—1954年法印关系的历史和现实写照。

迄今为止，国内相关研究成果尚不多见。国际政治领域的研究成果对法国的“印太战略”与法印合作进行了较为详细的探析，但对其历史背景和渊源的研究尚不够充分，尤其缺乏长时段的深入挖掘和剖析。① 在历史学领域，与卷帙浩繁的英属印度殖民史著作相比，法属印度的历史大多散见于通史、国别史著作中，尚未形成专题研究。② 本文主要依据法国外交部和海外部等机构的档案、《尼赫鲁选集》《尼赫鲁演讲集》等印度文献、法印等国报刊等资料和学界已有研究成果，从法印双边关系的视角，对法属印度的独特性、二战后法国的外交策略与国内外形势、印度独立之初的外交

---

① 国内关于法国“印太战略”与法印关系的研究成果主要集中在2018年之后，参见程智鑫：《印度和法国战略伙伴关系的新动向、动因与前景分析》，《太平洋学报》2022年第5期；田小惠、田佳禾：《法国马克龙政府的“印太战略”探析》，《法国研究》2021年第4期；李颖、陈翔：《法国“印太战略”：内涵、动力及局限》，《和平与发展》2021年第5期；王瑟：《印法防务合作在“印太”逻辑下不断强化》，《世界知识》2021年第8期；梁甲瑞：《印太战略视域下的印法印度洋地区海洋安全合作探析》，《南亚研究季刊》2020年第1期；刘艳峰、冯梁：《法国在印太地区的战略新动向及其影响》，《和平与发展》2018年第6期。

② 国内相关史学著作参见吕一民：《法国通史》，上海社会科学院出版社，2012；林承节主编《殖民主义史·南亚卷》，北京大学出版社，1999；张锡昌、周剑卿：《战后法国外交史（1944—1992）》，世界知识出版社，1993。

策略，以及法属印度当地精英的政治选择等因素及其相互影响进行探析，以期丰富该领域的研究视角和学术成果，并为人们更深入地理解和分析法国的“印太战略”的内涵与法印关系史之间的联系提供帮助。

一、法属印度的独特性

15 世纪“大航海时代”的到来打破了各大洲之间相对孤立的状态，西方的殖民扩张大大促进了其资本的原始积累，欧洲的殖民帝国也开始出现。自路易十四时期开始，法国便致力于建立一个覆盖全球的殖民帝国。17 世纪，法国派商船前往南亚次大陆，至 18 世纪中期，法国在印度的殖民统治曾一度辉煌。随着西欧各国从早期的友好合作演变为激烈的贸易竞争、相互妒忌甚至对立，法国与英国在印度的争夺愈演愈烈。法国在七年战争（1756—1763 年）中的失败使其在印度的殖民梦想最终破灭，虽然法国在印度沿海地区仍保留了几个贸易据点，但从此便长期处于英国霸权阴影的笼罩之下。

（一）法国东印度公司：从姗姗来迟到英法争锋

法国是最晚在印度建立贸易据点的欧洲国家，此前已有葡萄牙、荷兰、英国和丹麦等国的“先行者”相继踏足此地。法国之所以起步如此之晚，主要受限于比其他海洋国家更为复杂的地理条件：它虽然可以从巴黎取道塞纳河通过海路前往亚洲，但塞纳河无法承载大型船只，其内河航运功能远不及英国的泰晤士河发达，因此巴黎无法成为像伦敦、阿姆斯特丹那样具有港口功能的政治经济中心。① 早在 1604 年，就有法国商船陆续驶往印度，但因荷兰人阻挠而未能在此立足。1664 年，法国财政大臣柯尔柏向国王路易十四强烈建议，要打破英国人和荷兰人对欧亚贸易的垄断，法国也要分一杯羹，法国东印度公司应运而生。1667 年，法国东印度公司派遣的

① 羽田正：《东印度公司与亚洲之海》，毕世鸿、李秋艳译，北京日报出版社，2019，第 247—248 页。

第一艘商船在今印度西海岸港口城市苏拉特（Surat）登陆，此乃法国与后来成为“印度”的这片土地关系的开始。随后，法国在印度沿海相继建立5个贸易站：本地治里（Pondichéry，1671年）、昌德纳戈尔（Chandernagor，1686年）、马埃（Mahé，1721年）、卡里卡（Karikal，1738年）以及亚南（Yanaon，1751年）。[①] 其中，本地治里逐渐成为法国在南亚次大陆的政治、经济和军事中心。与葡萄牙、荷兰和丹麦相比，法国与英国在军事上的竞争更为激烈。奥地利王位继承战争扩展到印度后，演变为英法两国东印度公司间的竞争与七年战争。英国和普鲁士战胜法国和西班牙后，法国、英国和西班牙于1763年签署《巴黎条约》，对法国在印度的利益造成沉重打击。该条约第11条对法国和英国在南亚的竞争做了规定，迫使法国放弃其在印度的大部分殖民地，只留下本地治里、昌德纳戈尔、马埃、卡里卡、亚南5个贸易站，以及一些残存的、孤立的补给地，且须拆除防御工事、不得驻军。[②] 由此，英国东印度公司确立在印度的欧洲贸易公司中的主导地位，也为此后英国在印度的殖民统治奠定基础。此外，1814年拿破仑战争结束时签订的《巴黎条约》再次对法属印度军队的规模做了明确限制——至多限于“维持警察所需”。[③] 至此，法国在“日不落帝国”统治下的南亚次大陆的地位彻底退居次席。此条约一直沿用至1954年法国撤出印度，法属印度长期非军事化的状态意味着英国人撤出印度后法国将无力镇压当地的民族解放运动。

（二）法属印度：印度地图上的“小疙瘩”

法属印度总面积约510平方公里，总人口约为36.7万（1939年），占

---

① Archives nationales d'outre-mer, «Inde française et Compagnie des Indes (5 comptoirs)», http://www.archivesnationales.culture.gouv.fr/anom/fr/Presentation/Empires-coloniaux-francais-12.html, accessed March 18, 2022.

② «Traité de paix conclu à Paris entre la France, la Grande-Bretagne et l'Espagne, 10 février 1763», https://mjp.univ-perp.fr/traites/1763paris.htm, accessed March 18, 2022.

③ «Traité de paix entre la France et l'Autriche, 30 mai 1814», https://mjp.univ-perp.fr/traites/1814paris.htm, accessed March 18, 2022.

印度总人口的不到1%。1948年，法属印度仅有781名欧洲人。[①] 由于法属印度没有大面积农田，也少有采矿工业，而纺织业主更愿意雇用当地廉价劳动力，因此法国人在此的工作机会很少。加之受制于1814年的《巴黎条约》，当地法国士兵数量有限，行政人员、商人等也仅因工作任务逗留于此，大多不会定居，因此缺乏支持法国统治的天然选民。在地理位置上，5个贸易站散落在4个不同的土邦，且相距甚远。法属印度首府本地治里位于泰米尔纳德邦，与同在该邦的卡里卡相距100多公里。此外，位于喀拉拉邦的马埃距首府近500公里，位于安得拉邦的亚南距首府600多公里，位于西孟加拉邦的昌德纳戈尔距首府1500多公里。法国贸易站孤立地散落在英属印度领土之间，这意味着它们彼此之间的联系（货物运输、人员往来、信息传递、水电供应等）要经过英属印度，致使其生产生活严重依赖于后者。尽管法国热衷于向海外领地传播法国文化，但其文化在印度的影响非常有限。法属印度居民的语言、习俗与周边英属印度人更为接近，两者长期以来通过种姓关系紧密地联结在一起。法国教育部1946年发表的一份关于法国海外教育的报告指出，母语始终存在于法属印度的教育体系中，即使在主要以法语进行教学的机构中也是如此。[②] 在昌德纳戈尔，每天都有跨城工作的劳动者往来，尤其是前往50多公里外的加尔各答去工作，导致昌德纳戈尔逐渐沦为加尔各答的郊区。法国在印度的存在感甚至还不如葡萄牙，后者在印度除果阿外还有类似的飞地达曼和第乌，而仅果阿的面积就有3000多平方公里，是任何一个法国贸易站面积的十几倍。这些法葡殖民地在印度总理兼外长尼赫鲁的眼中是印度地图上的“小疙瘩”（little pimples）。[③]

---

① Coret Alain, «La cession de l'Inde française», *Revue juridique et politique de l'Union française*, No. 3-4, 1955, pp. 592-596.

② Ministère de l'Éducation Nationale (eds.), *Carnets de documentation sur l'enseignement dans la France d'outre-mer: Les établissements français en Inde*, Carnet No. 15 (Paris: Service de coordination de l'enseignement dans la France d'outre-mer, 1946), pp. 23-33.

③ S. Gopal (ed.), *Selected Works of Jawaharlal Nehru*, Series 1, Vol. 15 (New Delhi: Jawaharlal Nehru Memorial Fund, 2004), pp. 245-246.

除了5个贸易站彼此孤立，在法属印度首府本地治里，英法两国的领地还犬牙交错。尽管1763年和1814年的《巴黎条约》对法属印度贸易站的非军事化做了严格限制，但英国东印度公司仍担心法国东印度公司东山再起，威胁英国在南亚的贸易垄断地位，所以“赋予了法属印度‘尊贵客人’的地位”。[①] 为了保留在本地治里适合安装炮台的高地，英国殖民者对本地治里进行了极不合理的划分。从地图上来看，本地治里像一块七拼八凑的“西洋跳棋棋盘”——白色块代表英国领地，黑色块代表法国领地。但水渠、池塘、电缆等无法完全在两国领地间做出严格区分，而是自然交错地分布在黑白相间的“棋盘”上，英国由此掌控着法属印度的水源、电力。[②] 一个世纪后，独立后的印度政府故伎重施，经济封锁的戏码在法属印度重新上演。

由于英国的压制和排挤，法国在印度的殖民系统几乎瘫痪。[③] 19—20世纪，法国曾多次尝试通过外交渠道巩固其在印度的统治，并提出用法属印度的部分领地换取英国在印度或其他海外殖民地部分领地的各种建议，旨在集中力量扩张法国在本地治里或非洲殖民地的势力。其间，不断有人提议放弃法属印度，但也往往伴随着反对的声音。法英之间的领地交换谈判持续了一个世纪，但由于各种原因而均以失败告终。[④] 这些未果的领地交换谈判在一定程度上促使法国在战后法属印度问题上迈出了“错误的”第一步——为安抚新生国家印度而交还小块补给地——但事与愿违。

从法国在亚洲的殖民政策层面看，法属印度处于法属印度支那（Union

---

① N. V. Rajkumar, *The Problem of French India* (New Delhi: All India Congress Committee, 1951), pp. 20–21.

② Jacques Weber, « Des Barbelés sur le Coromandel: La “guerre froide” franco-indienne (1949–1954) », *Guerres mondiales et conflits contemporains*, No. 190, 1998, p. 30.

③ Jacques Weber, *Pondichéry et les comptoirs de l'Inde après Dupleix: La démocratie au pays des castes* (Paris: Denoël, 1996), p. 16.

④ Administration du CIDIF, « Les différents projets d'échange de territoires », *Lettres du Centre d'information et de documentation de l'Inde Francophone (CIDIF)*, No. 6, 1992, http://cidif2.go1.cc/index.php/lettres-du-c-i-d-i-f/18-lettre-n-6/1581-les-differents-projets-dechange-de-territoires, accessed February 23, 2022.

Indochinoise，1941 年改称 Fédération Indochinoise）的边缘地带，因而往往不受重视。同时，法属印度由于在战略上服务于法属印度支那，因此也会随着法属印度支那的消亡而不复存在。与法国本土资本主义的发展相比，法属印度能够带来的经济利益不过是九牛一毛。此外，这些贸易站虽然沿海分布，但自二战以来其重要性已大为下降——很少有船只在本地治里停靠，该码头自 1952 年底被暴风雨摧毁后就一直没有修复。[①] 同时，当时本地治里没有航空港，与印度支那之间的空运需要经转加尔各答，往返巴黎与本地治里则需要取道马德拉斯［Madras，为泰米尔纳德邦首府，1996 年改称金奈（Chennai）］。因此，法属印度实际上在战略上对法国本土影响甚微。

（三）法属印度：法国在亚洲殖民霸权的“前哨阵地”

法属印度殖民地虽然面积小、位置分散，但在法国看来，其历史之悠久可比肩阿尔及利亚、西印度群岛等地。法属印度是法国最早建立的殖民地之一，甚至早于法国本土的尼斯（1792 年）、萨瓦（1792 年）和科西嘉岛（1769 年）。法国在印度的殖民统治从 17 世纪一直延续到二战后的法兰西第四共和国时期。此外，法属印度还属于具有“特权”的“旧殖民地”。法属印度于 1790 年首次获得在法国议会中的代表权，后因王朝复辟，其代表权一度名存实亡，并屡遭废除。1875 年法兰西第三共和国宪法规定，法属印度在参议院具有 1 个席位，[②] 其代表权从此恢复。随后法国在法属印度推行改革，相继设立了殖民委员会［Conseil Colonial，1879 年改称总委员会（Conseil Général）］、地方委员会（Conseils Locaux）和市镇政府，其成员皆通过当地直接选举产生。1881 年，“放弃个人身份”法令规定，法属印度所有年满 21 岁的男性和女性居民，不论种姓、教派，都具有放弃原有身份

---

① Patrick Pitoëff, «L'Inde française en sursis, 1947-1954», *Revue française d'histoire d'outre-mer*, Tome 78, No. 290, 1991, p. 123.

② «Loi du 24 février 1875 relative à l'organisation du Sénat», https://mjp.univ-perp.fr/france/co1875.htm, accessed March 9, 2022.

而选择成为法国公民的权利。[①] 普选制的推行产生了一个新的群体——政治精英。然而，法国所坚持的“赋权换认同、平等换忠诚”的理念，[②] 在通过赋予法属印度居民公民权以增强扈从忠诚度的同时，也为拥有特权和声望的地方政治精英之后的“倒戈”埋下了祸根。

法属印度被赋予的政治权利源于法兰西帝国的架构及其治理的独特性。法国东印度公司在其创建之初就与英国和荷兰东印度公司的性质大相径庭。后两者是先由民间商人主导建立，而后获得国家许可的商业机构；而法国东印度公司是基于国家意志成立的，其性质类似于政府派出的行政机构。[③] 此外，历经大革命的血雨腥风和普法战争的屈辱灾难而成立的法兰西第三共和国推动海外扩张活动的官方行为，在更大程度上是出于恢复大国威望的心理。[④] 与英国的实用主义不同，印度于法国的价值首先是政治上的，代表着法国的国家荣誉。法国人处理殖民地与本土之间关系的方式深受 1789 年大革命中共和主义原则的影响，其认为共和国是统一而不可分割的，殖民地是母国在海外的延伸，因此要尽最大可能消除殖民地与本土之间的所有差异。这就意味着要在殖民地设立普选制、传播公民权、开展教育，以在政治上、文化上将其完全同化。因此，法国殖民势力的长久存在是保证殖民地“法国化”，进而促使其成为法国的真正选区的重要前提。[⑤]

二、法印双方对法属印度的立场和态度

虽然法属印度在战后初期并未引起法印两国的高度关注，因为两国都

---

① «Décret du 21 septembre 1881», *Journal Officiel de la République française*, 30 septembre 1881, p. 5449.

② 郑非：《法兰西帝国：正式帝国（下）》，https://www.thepaper.cn/newsDetail_forward_2360470，访问日期：2022 年 3 月 19 日。

③ 羽田正：《东印度公司与亚洲之海》，第 248—252 页。

④ 刘梦佳：《法兰西第三共和国的殖民转向——从 1885 年关于殖民问题的议会辩论谈起》，《史学集刊》2018 年第 4 期，第 120—128 页。

⑤ Alain Coret, «La cession de l'Inde française», *Revue juridique et politique de l'Union française*, No. 3-4, 1955, p. 587.

面临着更为迫切、更为棘手的多重挑战，但双方都未轻易放弃对这些飞地的“主权”。在寻求和平解决这一问题的谈判过程中，无论态度温和抑或强硬，两国都始终站在不同的立场上。

（一）战后法国的国内外形势：心余力绌

二战前，法国在印度支那、北非和撒哈拉以南的非洲等地拥有众多殖民地。战争中法国本土沦陷，但因其海外殖民地尚存，为戴高乐的“自由法国”提供了宝贵的物力和人力资源，助力其在反法西斯同盟国中发挥了重要作用。然而，法国作为曾经的“一流强国”，在战后却未被美英苏当作大国甚至战胜国看待，不仅没有收到筹建联合国的敦巴顿橡树园会议的邀请，也未能跻身美英苏首脑参加的雅尔塔会议和波茨坦会议。[①] 如此尴尬而窘促的境况令法国迫切希望恢复国家往日的荣光。虽然战后亚非拉民族独立和解放运动高潮迭起，但是战后法国政府为了确保其在国际政治舞台上的发言权，认为仍有必要将殖民帝国维持下去，法国的殖民遗产由此成为其处理国际关系的重要筹码之一。

虽然法属印度相比于诸多其他海外领地微不足道，但法国仍坚持留驻，因为一旦放弃在印度的领地，就意味着在其殖民帝国的版图上“开了第一道口子”，[②] 将危及法国其他海外领地的秩序与稳定。对于英属印度非殖民化造成的影响，法国持相当乐观的态度，认为挑战与机遇并存：一方面，印度的反殖民立场和情绪的确不利于法国势力的留驻。另一方面，法国对七年战争的失败耿耿于怀，幻想在英国撤离后填补南亚次大陆的力量真空，重写法国的殖民神话，并且可以更好地利用印度政府和民众对英国和葡萄牙殖民者的恶感，尤其是处在萨拉查建立的法西斯独裁统治之下的葡萄牙

① 张锡昌、周剑卿：《战后法国外交史（1944—1992）》，世界知识出版社，1993，第5页。

② «La fin des comptoirs français de l'Inde», Interview du dernier gouverneur de Pondichéry, André Ménard, et de son épouse, Gisèle Ménard, in Patrick Pitoëff, «L'Inde française en sursis, 1947-1954», *Revue française d'histoire d'outre-mer*, Tome 78, No. 290, 1991, p. 128.

对果阿等地的强硬态度更衬托了法国的“自由、平等、博爱”精神。[①] 此外，随着印度支那战争陷入焦灼，法国逐渐意识到法属印度贸易站的战略价值：不仅可以作为其物资运输的中转站，还可以在当地招募士兵派往印度支那。由此，法属印度潜在的地缘政治地位逐渐凸显。

法兰西第四共和国尽管不遗余力地为恢复其大国地位勾勒了宏伟的海外蓝图，但低估了国家在战争中沦陷后重建的困难程度。面临国内政治动荡、经济衰退的严酷现实，法国显然力不从心。二战中，法国约有 150 万人丧生，经济损失高达 5 万亿法郎。[②] 在政治上，由于沿袭了第三共和国时期的议会制共和政体，第四共和国时期党派斗争不断。或因社会经济问题，或因外交和殖民地问题，法国内阁更迭频繁，在 12 年间（1946—1958 年）经历了 24 届内阁。[③] 战后法国的虚弱蔓延至整个法兰西殖民帝国，尤以 1946 年与越南民主共和国领导人胡志明在法国枫丹白露谈判失败后爆发的印度支那战争为最甚。

随着印度支那问题的不断发酵，法国在南亚乃至整个国际上的形象和声誉严重受损。在法属印度问题上，法国几乎未得到国际支持和声援。加入反殖民主义运动的锡兰（今斯里兰卡）中断了与本地治里和卡里卡之间的交通联系。[④] 美国也不愿过多卷入南亚事务，1950 年 12 月美国国务院在一份政策声明中表示要避免卷入印度与法葡间的“飞地”问题。[⑤]

---

① «Étude sur les possessions françaises dans l'Inde», 24 juin 1947, INDE/H/23, Archives nationales de la France d'Outre-mer (ANOM), Aix-en-Provence.

② 吕一民：《法国通史》，上海社会科学院出版社，2012，第 346 页。

③ Assemblée Nationale, «Le Gouvernement provisoire et la Quatrième République (1944-1958)», https://www2.assemblee-nationale.fr/decouvrir-l-assemblee/histoire/histoire-de-l-assemblee-nationale/le-gouvernement-provisoire-et-la-quatrieme-republique-1944-1958#node_2219，访问日期：2022 年 2 月 21 日。

④ Jacques Weber, «Des Barbelés sur le Coromandel: La "guerre froide" franco-indienne (1949-1954)», p. 37.

⑤ "Department of State Policy Statement, 1 December 1950," in *Foreign Relations of the United States (FRUS)*, 1950, Vol. 5, The Near East, South Asia, and Africa (United States Government Printing Office, 1978), p. 1480.

（二）法属印度的行政改革：扬汤止沸

面对战后波澜壮阔、势不可当的反殖民浪潮和民族解放运动，法国试图找到一种和解的方式，以期尽可能维护其海外利益。在语义层面，法国修改了海外殖民地的相关称呼，删去了“殖民”等字眼，如“法兰西殖民帝国”改称“法兰西联邦”，殖民部改称海外部，“殖民地”改称“海外省”或“海外领地”。在法律层面，1946 年 10 月法国立宪会议通过了法兰西第四共和国宪法，其中第 60—82 条对法兰西联邦做了明确规定，宣布所有殖民地居民将在法兰西联邦的框架下具有法国公民“身份”。[①] 这些规定将本土的民主自由话语应用到海外领地，旨在维持法国殖民统治的合法性。然而，该宪法关于法兰西联邦的“平等”原则存在矛盾之处，如第 67 条规定“法国本土、海外省和海外领地的居民享有法国公民的一切自由和其他权利”，但第 66 条却规定“法兰西联邦的议会，半数由代表法国本土的议员组成，半数由海外省、海外领地和联系国的代表组成”。由于法国海外领地的居民数量远超法国本土的居民，法国政府无法也不可能实行一人一票制，因此只能代之以两个选民团这种并非真正平等的模式。法国政府在处理接踵而至的海外殖民地问题时深陷困境：若要基于 20 世纪 40 年代公民权的各项标准，将数百万贫穷的属民变为公民，法国要为此付出高昂的代价，[②] 而这种所谓的“平等”孕育了导致第四共和国覆灭的冲突和战争。

除了总体上的变化，法国政府于 1946—1947 年还颁布了多项关于法属印度行政改革的法令，内容包括将法属印度总委员会更名为代表大会（Assemblée Représentative），由当地普选产生的 44 名成员（其中 22 名来自本地治里，12 名来自卡里卡，5 名来自昌德纳戈尔，3 名来自马埃，2 名来

① Constitution de 1946, IVe République, https://www.conseil-constitutionnel.fr/les-constitutions-dans-l-histoire/constitution-de-1946-ive-republique，访问日期：2022 年 2 月 22 日。

② 简·伯班克、弗雷德里克·库珀：《世界帝国史：权力与差异政治》，柴彬译，商务印书馆，2017，第 367 页。

自亚南）组成；[①] 设立政府委员会（Conseil du Gouvernement），取代总督私人委员会，[②] 新成立的政府委员会由法属印度总督和由代表大会选举产生的3名成员、总督任命的3名成员（分别负责公共工程、卫生、财政、教育等6个部门）组成；[③] "总督"一职改称"共和国专员"；[④] 将5个贸易站改为相互独立的自由市镇，各自全权管理内部事务，由共和国专员统一管理。这些行政改革在一定程度上给予了法属印度更大的自主权，让当地居民更密切地参与到管理中。然而，改革流于形式，并未改变其殖民主义性质，共和国专员仍是法属印度最重要的决策者，自由市镇仍处于法国的控制之下。

（三）印度政府在法属印度问题上的立场和态度：理想主义抑或实用主义？

对独立之初的印度来说，外有印巴分治之争，内有印度"巴尔干化"之虞，法属印度的前途问题尚属次要问题。尼赫鲁在1947年12月10日给印度驻法葡殖民地总领事拉希德·阿里·拜格的信中承认，其目前无暇处理外国殖民地问题。[⑤] 在对外关系上，印度采取不结盟政策，未加入东西方任何一个阵营，但同时又保持着与各方力量的友好关系，对法关系也是如此。尼赫鲁坚持以国家利益为核心的实用主义外交策略，在处理印法关系的整体框架下处理法属印度问题。他在1948年1月11日给时任印度立宪会议议长兼农业部长、后就任印度第一任总统的拉金德拉·普拉萨德的回信

---

① Décret No. 46-2381 du 25 octobre 1946, *Journal Officiel de la République française*, 27 octobre 1946, pp. 9412-9416.

② Décret No. 47-706 du 12 avril 1947, *Journal Officiel de la République française*, 16 avril 1947, p. 3560.

③ Décret No. 47-1490 du 12 août 1947, *Journal Officiel de la République française*, 13 août 1947, p. 7909.

④ Décret No. 47-1586 du 20 août 1947, *Journal Officiel de la République française*, 26 août 1947, p. 8479.

⑤ S. Gopal (ed.), *Selected Works of Jawaharlal Nehru*, Series 2, Vol. 4 (New Delhi: Jawaharlal Nehru Memorial Fund, 2004), pp. 642-643.

中写道："在联合国，法国在重要问题上站在我们一边。关于法国在印度的殖民地，其态度虽然有些拖沓，但并非不友好，我们希望双方在不久的将来就某种解决方案达成一致。"①

由于印度致力于成为新独立民主国家的样板，尼赫鲁不得不耐心地坚持用和平手段解决法葡殖民地问题。相较于葡萄牙与印度在果阿问题上的紧张关系，法印关系相对缓和，且尼赫鲁欲将和平解决法属印度问题作为解决果阿问题的突破口。② 1948 年 3 月，昌德纳戈尔行政长官巴赞的官邸受到当地民族主义者的暴力威胁，尼赫鲁授权驻西孟加拉邦的军队对其进行保护。③ 同年 10 月，马埃发生"暴乱"，亲印政党夺取控制权后向新德里发送电报，要求印度政府接管马埃，但印度政府未予回复。尼赫鲁事实上并不赞成当地的民族起义，认为马埃的未来必须通过全民公投来决定。马埃行政长官伊夫·佩里耶及其家人被民族主义者绑架数日后获得释放，次日法国"博里司令"（Commandant Bory）号军舰抵达马埃港口，武装增援部队登陆，恢复了对马埃的控制。④ 事实上，法国此举已公开违反《巴黎条约》关于法属印度贸易站非军事化的规定，但尼赫鲁并未因此放弃其全民公投的和平主义路线而直接接管贸易站。他希望借此向法国表明印度政府的善意，同时打破与葡萄牙在果阿问题上的僵局。⑤

虽然印度政府在法属印度问题上的态度较为温和，但其坚持收回外国

---

① "重要问题"指于 1948 年 1 月提交联合国安理会的克什米尔问题。参见 S. Gopal (ed.), *Selected Works of Jawaharlal Nehru*, Series 2, Vol. 5 (New Delhi: Jawaharlal Nehru Memorial Fund, 2003), p. 537。

② Sandrine Bègue, «La valeur de l'"exemple français" dans le conflit indo-portugais sur Goa (1947-1954)», *Outre-Mer*, Tome 96, No. 364-365, 2009, pp. 315-343.

③ Pourouchottamin Velanti, «La décolonisation de Chandernagor», *Lettres du Centre d'information et de documentation de l'Inde Francophone (CIDIF)*, No. 24, 2001, http://cidif2.go1.cc/index.php/lettres-du-c-i-d-i-f/36-lettre-n-24，访问日期：2022 年 2 月 28 日。

④ Henri Perrier, «Les émeutes de Mahé en 1948», *Revue française d'histoire d'outre-mer*, Tome 92, No. 346-347, 2005, pp. 173-174.

⑤ Lettre de M. Lévi, ambassadeur de France à New Delhi, à Schuman, ministre des Affaires étrangères, le 13 novembre 1948, in *Documents diplomatiques français (DDF)*, 1948, Tome 2, 1er juillet-31 décembre, ed. Ministère des Affaires étrangères (Bruxelles: P. I. E. -Peter Lang S. A., 2013), pp. 781-782.

飞地的立场从未改变。1946 年 7 月，尼赫鲁表示，希望本地治里成为印度“面向法国的窗口”，但外国殖民地不能在政治层面继续存在于独立后的印度，只能保留其文化影响。① 1947 年 11 月，“圣雄”甘地更明确地表示了“希望法国以体面的方式离开印度”的想法。② 印度此时是在等待法国在印度支那失利的时机，因为法国一旦退出印度支那，其对法属印度也自然会失去控制。

三、法属印度问题的解决

法印在法属印度问题上的僵局持续了 7 年之久。二战后法兰西第四共和国执着于维持其海外殖民统治，而独立后的印度则以反殖民主义为己任。尽管两国立场迥异，但双方始终在处理双边关系的大框架下寻求和平解决法属印度问题，避免了外交关系的破裂。在法国痛失印度支那和法属印度政治精英“倒戈”等因素的综合作用下，法国的“体面”撤离最终为“法属印度帝国”的神话画上了句号。

（一）法国“走错”第一步：补给地的移交

除了 5 个贸易站，法国在印度还有 8 处（另一说是 12 处）补给地，散落在沿海或内陆地区，如位于马拉巴尔海岸的卡利卡特［Calicut，现称科泽科德（Kozhikode）］、位于今奥里萨邦的巴拉索尔、位于今安得拉邦的默苏利珀德姆等。这些补给地总面积不到 4 平方公里，总人口约 2000 人，法国在此建有工厂和仓库。然而，它们却逐渐沦为走私者的法外之地和抗英民族主义者的避难所。法国在此仅保留了最低限度的存在，甚至法国海外部（原殖民部）档案中的文件和法国国家图书馆提供的官方出版物关于其确切

① Lettre de M. Fouchet, consul général de France à Calcutta et délégué du DPRF en Inde à M. Bidault, ministre des Affaires étrangères, 12 juillet 1946, *DDF*, 1946, Tome 2, 1er juillet – 31 décembre, ed. Ministère des Affaires étrangères (Bruxelles: P. I. E. – Peter Lang S. A., 2004), p. 60.

② Samboo Gopaljee, *Les comptoirs français dans l'Inde nouvelle (de la Compagnie des Indes à nos jours)* (Paris : Fasquelle, 1950), p. 106.

位置、数量等信息是互相矛盾的。这说明即使是法国当局也难以保证补给地记录的准确性，甚至混淆了当前法律管辖权的现实与古老的殖民神话的想象，可见法国政府对法属印度不够重视。昌德纳戈尔的最后一任行政长官乔治·泰尔非常遗憾地将海外部存档的法属印度地图和清单比作一种“艺术的模糊”。[①] 大多数补给地实际上只是地图上的点，既没有法国官方代表，也没有作为法国领土的标志。法国驻新德里临时代办亨利·鲁在给外交部长乔治·皮杜尔的信中描述说，在巴拉索尔，只有一个印度士兵代表法国的殖民统治；在卡利卡特和默苏利珀德姆，只有一个当地人负责每天升起法国国旗。[②] 法国对其在印度的补给地的了解程度甚至还不如英国。英国驻本地治里总领事弗莱彻上校在印度独立前夕写给印度政府对外事务和英联邦关系部副部长阿塔·拉曼少校的信中说，一部分法属印度补给地已经消失，而剩下的这些补给地只是法国殖民神话的产物。弗莱彻将法国在印度的殖民代表比作“门房”（concierge），对法国殖民势力在补给地存在的合法性提出了质疑，因为英国警察参与处理了当地的一些刑事案件。[③] 与一些法国官员直言不讳地承认“没有人知道补给地的确切位置”相比，英国的记录更加有效、准确，这使得印度政府认为范围如此模糊的法属印度将不堪一击。[④]

印度独立前夕，法国为了向印度政府表示其和平解决法属印度问题的意愿，平息昌德纳戈尔的民族主义运动，以保证其在贸易站更大的利益，提出将其补给地归还给印度。尼赫鲁欣然接受，并认为这“将有利于加强

---

① Georges Tailleur, *Le premier maillon de la chaîne: Chandernagor ou le lit de Dupleix* (Frontignan: Africa Nostra, 1979), p. 17.

② «Lettre de M. Henri Roux, ministre de France à New Delhi, à M. Bidault», ministre des Affaires étrangères, 31 mai 1947, 128QO/23, Archives du ministère des Affaires étrangères (AMEA), Centre des Archives diplomatiques de La Courneuve.

③ Claude Arpi, *Pondicherry—The Last Months before India's Independence: Perspectives of a British Consul General* (Pondicherry: Pavillon de France à Auroville, 2005), p. 26.

④ «Étude sur les possessions françaises dans l'Inde», 24 juin 1947, INDE/H/23, Archives nationales de la France d'Outre-mer (ANOM), Aix-en-Provence.

印法两国的关系”。[①] 然而，在 1947 年 10 月 6 日的补给地领土移交仪式上，印方代表着重强调了仍待解决的法国贸易站问题，甚至并未对法国的“让步”表示感谢，而是将此举视为法国理应向印度归还领土的第一步。[②] 法国安抚印度的愿望落空，不仅没有缓和双方之间的紧张关系，反而为印度进一步提出归还其他领土的要求提供了机会。

（二）市政选举与全民公投

1948 年 6 月 8 日，法国海外部长保罗·科斯特-弗洛雷在国民议会上宣读了《关于法属印度的政府声明》，宣布法国政府将授予殖民地自决权，由当地居民决定法属印度的未来。他还多次提到了支持法国在印度继续存在的历史文化因素，如《人权宣言》与自由、平等精神的传播。[③] 是月 29 日，尼赫鲁通过与法国驻新德里大使丹尼尔·莱维换文，接受了法国提出的全民公投建议。[④] 双方决定先在这 5 个贸易站举行市政选举，然后由市议会确定全民公投的时间和程序。

1948 年 8 月，昌德纳戈尔举行市政选举，亲印的国大党行动协会（Congress Karma Parishad）获胜。[⑤] 本地治里、卡里卡和亚南的市政选举于 1948 年 10 月举行。由于马埃发生了武装冲突，其市政选举被迫推迟至次年

---

① «Accord par échange de lettres relatif à la date de la cession des anciennes loges françaises de l'Inde au gouvernement de l'Inde», Bases documentaires du ministère de l'Europe et des Affaires étrangères, https: //www. basedoc. diplomatie. gouv. fr/exl-php/util/documents/accede_ document. php? 1669278965873，访问日期：2022 年 2 月 18 日。

② «Lettre de M. Henri Roux, ministre de France à New Delhi à M. Bidault», ministre des Affaires étrangères, a/s de la remise des loges, 8 novembre 1947, 128QO/23, Archives du ministère des Affaires étrangères (AMEA), Centre des Archives diplomatiques de La Courneuve.

③ «Déclaration du Gouvernement au sujet de l'Inde française», *Journal Officiel de la République française*, 8 juin 1948, p. 3289.

④ «Accord par échange de lettres relatif aux Établissements français dans l'Inde», https: //basedoc. diplomatie. gouv. fr/exl-php/recherche/mae_internet_traites，访问日期：2022 年 2 月 18 日。

⑤ Pourouchottamin Velanti, «La décolonisation de Chandernagor», *Lettres du Centre d'information et de documentation de l'Inde Francophone (CIDIF)*, No. 24, 2001, http: //cidif2. go1. cc/index. php/lettres-du-c-i-d-i-f/36-lettre-n-24，访问日期：2022 年 2 月 18 日。

2月。这4个贸易站的市政选举产生了与昌德纳戈尔相反的结果：亲法的法属印度社会党（Parti Socialiste de L'Inde Française）获得了绝大多数选票。然而，对于市政选举的公正性，法印两国政府各执一词。印度方面认为，在法国政府的支持下，法属印度社会党通过金钱贿赂、棍棒威胁等手段，打着民主的旗号操控选票并赢得了选举，并没有体现法国宣扬的共和主义原则。至于马埃的暴力行为，则是缘于当地居民对选举不公正的不满情绪，为反殖民主义作出了重大贡献。① 法国方面的描述是，本地治里、卡里卡和亚南的市政选举取得了圆满成功。马埃的“骚乱”则由临近的马德拉斯省②的印度人引起，“暴乱者”控制了行政长官官邸、市政厅和其他公共建筑，升起了印度国旗，并绑架了行政长官及其家人。③ 由于从两国官方文献中难以辨别孰是孰非，美国学者杰西卡·纳马卡尔通过对法属印度非殖民化期间的暴力事件进行多方考证，在其2017年发表的论文中得出了“法印双方都曾以暴力手段干涉选举”的结论。④

1949年6月19日，昌德纳戈尔举行了全民公投，结果是压倒性多数（7587：114）赞成加入印度。昌德纳戈尔于1950年5月2日被划入印度版图，随后成为西孟加拉邦的一部分。1951年6月，尼赫鲁到巴黎进行第一次正式访问，其间法印双方签署了《昌德纳戈尔移交条约》。⑤ 然而，随着局势日渐僵化，其他4个贸易站未能举行全民公投。

（三）印度政府的持续施压

1948年12月19日，印度国大党在斋浦尔举行会议，明确了对葡法殖

① N. V. Rajkumar, *The Problem of French India*, pp. 28-59.

② 原为英属印度行政区划，1950年改称马德拉斯邦，包括今泰米尔纳德邦、安得拉邦、部分喀拉拉邦等。

③ Henri Perrier, «Les émeutes de Mahé en 1948», *Outre-Mers: Revue d'histoire*, Tome 92, No. 346-347, 2005, pp. 151-195.

④ Jessica Namakkal, "The Terror of Decolonization: Exploring French India's 'Goonda Raj'," *Interventions* 19, No. 3 (2017): 338-357.

⑤ 法国政府于1952年4月批准该条约。参见 Loi No. 52-411 du 17 avril 1952, *Journal Officiel de la République française*, 18 avril 1952, p. 4082。

民地的立场：在自由和统一的印度存在这些外国飞地是一种“不正常的”状态，只能以和平方式使其加入印度。[①] 1949年4月，印度政府单方面终止了1941年的“英法关税同盟协定”，[②] 由此导致的高额关税切断了法国贸易站的供销通道。本地治里和卡里卡之间的铁路交通中断，当地车辆很难出境，这实质上相当于对法属印度进行了封锁。然而，本应使法属印度窒息的封锁措施却产生了一系列不可控的连锁反应——大规模走私，尤其是诸如宝石等奢侈品以及酒精饮料的走私猖獗——本地治里一时成为整个南亚次大陆的黄金交易中心，[③] 由此引发了印度政府的强烈抗议。

1951年3月28日，尼赫鲁在议会中的关于外交事务的辩论重申：“印度不能容忍任何外国势力的存在。”[④] 他显然巧妙地利用了战后法国殖民主义的两难境地：如何以一种更民主的统治形式、一种更为微妙的主权概念来维持其帝国的性质。[⑤] 1952年10月17日，尼赫鲁以法国操纵市政选举为由，认为法属印度不具备进行自由公投的必要条件，要求以法属印度的直接移交为前提进行谈判，正式废除了1948年6月与法国达成的协议。[⑥] 在冷战的大背景下，东方阵营媒体曾报道法美两国达成秘密协议，法国将允许美国在本地治里建立军事基地。[⑦] 面对印度支那的局势，尼赫鲁担心北约的覆盖范围将扩大至亚洲。

1952年12月16日，尼赫鲁决定加紧对法国殖民地的封锁。次年3月，

---

① S. Gopal (ed.), *Selected Works of Jawaharlal Nehru*, Series 2, Vol. 8 (New Delhi: Jawaharlal Nehru Memorial Fund, 2004), pp. 426-427.

② 由于战时需要，英属印度与法属印度于1941年1月28日签订了关税同盟协定。

③ 自澳门市场关闭、印度境内限制交易以来，仅在1949—1952年，就有15吨黄金和珠宝流入本地治里，远远超过了当地的实际需求，这使得本地治里在贸易方面的重要性甚至超过了孟买和加尔各答。参见 Patrick Pitoëff, «L'Inde française en sursis, 1947-1954», *Revue française d'histoire d'outre-mer*, Tome 78, No. 290, 1991, p. 118。

④ Jawaharlal Nehru, *Jawaharlal Nehru's Speeches*, Vol. 2 (New Delhi: Ministry of Information and Broadcasting Government of India, 1954), p. 282.

⑤ 简·伯班克、弗雷德里克·库珀：《世界帝国史：权力与差异政治》，第366页。

⑥ S. Gopal (ed.), *Selected Works of Jawaharlal Nehru*, Series 2, Vol. 19 (New Delhi: Jawaharlal Nehru Memorial Fund, 2004), p. 679.

⑦ 上官嵩：《印度境内的外国属地问题》，《世界知识》1954年第11期，第25—26页。

印度政府在本地治里和卡里卡周围安装了带刺的铁丝网，封锁时间长达一年半。1953年5月，印度政府开始对马埃进行严密封锁。由于印度政府封锁海关，法国无法经停法属印度向其本土运输石油，因此被迫转向吉布提和西贡寻找新的中转站。9月18日，尼赫鲁在议会中声称，这些飞地对国家安全构成了潜在的威胁，即使在和平时期也是政治阴谋、走私活动和社会动荡的中心，一旦发生战争，局势将岌岌可危。[①] 10月底，尼赫鲁通知法国，如果印度支那发生战争，他将禁止法国飞地被用作军事基地。[②]

（四）当地精英阶层的政治转向

法国给予海外领地更大的自主权，原本是为了赢取更有力的支持，但被简化为选票的民主缺乏监督和制衡，结果带来了更大的隐患。按照法印两国事先达成的协定，法属印度市议会应负责决定全民公投的日期和程序。然而，上台后的法属印度社会党并未致力于此，而是一边拖延时间，一边想方设法确保自己最终会站在胜利的一方。殖民地上层精英既想依赖宗主国的保护，又想获得自治，有时甚至为了一己私利而罔顾本土民众的长远利益。

对当地政治精英来说，其政治倾向取决于哪一方能使其保留更大的特权。出生于本地治里的克里奥尔人[③]、一战老兵爱德华·古伯特于1947年4月当选法属印度代表大会成员。为了实现自身利益最大化，古伯特表面上进行友好宣传，暗中却使用恐怖手段，始终在法印双方之间扮演两面派，左右押宝。一方面，古伯特表现出对法兰西联邦的坚定支持，通过操控选举，甚至在雇用打手的情况下，于1948年10月24日赢得了本地治里市政选举。1951年6月，古伯特作为法属印度社会党领袖，以绝对优势

---

① Sandrine Bègue, «La valeur de l'"exemple français" dans le conflit indo-portugais sur Goa (1947-1954)», p. 328.

② S. Gopal (ed.), *Selected Works of Jawaharlal Nehru*, Series 2, Vol. 24 (New Delhi: Jawaharlal Nehru Memorial Fund, 2004), p. 647.

③ 克里奥尔人在这里指欧洲殖民者与殖民地原住民的后代。古伯特的父亲为法国人，母亲为印度人。

(90053：149)获得了法国国民议会的法属印度代表席位。另一方面，古伯特积极与印度政府进行非官方会晤，并在1949年7月与尼赫鲁会面时表示，如印度能给予其更大的自治权，法属印度社会党将会向法国施压以加入印度联邦。[①] 起初，法印双方政府竞相许诺，古伯特则试图通过与双方谈判为法属印度争取一个特殊地位，使其从法国和印度独立出来，获得完全自治权，但法国和印度政府都未同意。此外，古伯特非常善于利用当地政治经济形势的变化，在印度对法国贸易站实施经济封锁期间赚得盆满钵满——10处房产在其名下。[②] 随着形势对法国愈加不利，加之受到法国政府对其逃税和操纵奢侈品拍卖行为的指控，古伯特“在监狱和印度之间，选择了印度”。[③] 1954年3月18日，古伯特在本地治里市议会通过了将法属印度直接移交给印度联邦的动议。3月25日至26日凌晨，古伯特离开本地治里，逃入印度领土。5月17日，古伯特在距本地治里25公里的村庄内塔帕克姆成立了法属印度解放委员会（Conseil de Libération de L'Inde Française），以及由3名成员组成的行政委员会（Conseil Éxecutif），自任主席。这两个机构负责管理已获得“解放”的前法属印度地区。法属印度社会党改称法属印度解放大会党（Congrès de Libération de L'Inde Française），并承诺在法属印度独立后加入国大党。

（五）印度支那的泥潭

1954年3月13日，在越南的法军精锐被困于奠边府。5月7日，法军战败，伤亡惨重，多人被俘。这一消息震惊了法国本土，法国政府意识到无法继续通过军事手段解决印度支那问题。在印度支那的军事失败意味着法属印度失去了作为军事基地和物资运输中转站的战略价值，法国政府因

---

① S. Gopal (ed.), *Selected Works of Jawaharlal Nehru*, Series 2, Vol. 12 (New Delhi: Jawaharlal Nehru Memorial Fund, 2004), p. 417.

② Patrick Pitoëff, «L'Inde française en sursis, 1947-1954», *Revue française d'histoire d'outre-mer*, Tome 78, No. 290, 1991, p. 118.

③ Jacques Weber, «Des Barbelés sur le Coromandel: La "guerre froide" franco-indienne (1949-1954)», p. 37.

此不得不放弃“她的印度”。法国外交官中弥漫着悲观情绪，法国政府也态度消极，意识到无法维持在印度的地位，只能寻求一个体面的解决方案，将剩下的4个贸易站归还印度。在由中、苏、美、英、法以及有关国家参加的日内瓦会议期间，法印巴黎会议于5月14日举行，谈判双方代表为法国外交部政治事务负责人居伊·德拉图尔奈尔与印度外交部秘书长R. K. 尼赫鲁。然而，一方面，法国外交部和海外部之间出现了分歧：外交部希望在处理法印两国关系的框架下处理法属印度问题，而海外部认为应该在法兰西联邦的框架下处理法属印度问题，并坚持遵循宪法规定的公投方案。由此，法国政府内部争论不休，谈判陷入了法律主义泥潭（marais du juridisme）。① 另一方面，印度代表团坚持在协商筹备阶段移交当地行政机构，而法国表示无法接受。6月4日，谈判因没有达成实际共识而以失败告终。

法军在奠边府一役惨败的屈辱消息传到法国本土后，法国政府受到猛烈抨击，拉尼埃政府因此倒台。年轻有为、注重实效的社会党领袖皮埃尔·孟戴斯-弗朗斯于6月19日上台执政，随后果断解决了持续多年的印度支那问题。7月初，孟戴斯-弗朗斯政府试图进行最后的尝试——一是通过海运从印度支那向本地治里输送增援军队和弹药，二是在当地重新扶植一个亲法政党——但力不从心且为时已晚，最终宣告失败。因此，法国政府希望迅速而谨慎地解决法属印度问题。8—9月，在法国海外部长罗伯特·布隆的支持下，法印巴黎会议在新德里重启，法国最终放弃全民公投，同意由法属印度“民选代表”进行协商。10月18日，由法属印度代表大会和市议会组成的代表在本地治里附近的基佐尔举行投票，② 结果为绝大多数代表（170∶8）支持加入印度联邦。

10月21日，法印双方在新德里签署《印度政府和法国政府关于解决法

① Georges Chaffard, *Les carnets secret de la décolonisation*, Tome 1 (Paris: Calmann-Lévy, 1965), p. 226.

② 为了便于已倒向印度的古伯特派参加投票，投票地点选在了位于法属印度与印度边境线上的一座厂棚中。

属印度问题的协定》,[①] 保留了当地法国侨民的经济、文化、社会和宗教权利以及法式中小学教育体系，规定法语为当地官方语言之一。[②] 11月1日，新任法国领事皮埃尔·兰蒂与印度驻本地治里领事科瓦·辛格签署了权力移交书，进行了事实上的移交。尼赫鲁出席了移交仪式，随后赞扬了法国政府的谅解政策。法国在亚洲的霸权统治刚刚结束，法属北非地区的民族独立和解放运动浪潮已此起彼伏。法属印度移交当天又被称为“血色万圣节”（Toussaint Rouge），这一天阿尔及利亚战争爆发。1956年5月28日，法印双方签订了法律上的移交协议，该协议直到1962年（阿尔及利亚战争结束）才获得法国国民议会的批准。法属印度的移交伴随了法兰西殖民帝国灭亡的全过程：既是帝国衰落的开端，又在帝国落幕之时画上了句号。

不论是无奈之举还是利益所在，法国与印度最终达成了看似皆大欢喜的妥协。古伯特集团在法属印度加入印度后扮演了重要角色，他本人于1963年成为第一任本地治里市长、本地治里中央直辖区首席部长，并于1964年成功当选为该区议员。古伯特集团尽管在1954年法属印度被收回之前的官方记录中被描述为“黑帮”“走私犯”，但在此后的印度民族主义叙事中被视为“自由战士”。[③] 印度政府则可以将法属印度的回归书写为印度民族主义运动的胜利与和平主义外交的成功。在1954年进行事实上的移交之际，尼赫鲁写道：“在与法国签订友好协议的基础上，长期与祖国分离的部分领土自愿回到我们身边……这一问题的解决得益于我们的和平主义政策和长久的耐心。”[④] 对法国殖民者来说，其可以轻松、体面地离开印度，并声称顺应了法属印度人民的愿望（但南部4个贸易站并未进行公投）。

---

① 当时尼赫鲁正受邀访华，因此没有亲自签署该协定。

② «Accord élaboré entre les gouvernements français et indien sur les établissements français de l'Inde», 21 octobre 1954, *Annuaire français de droit international*, Vol. 1, 1955, pp. 703-707.

③ M. Dinesh Varma, "Edouard Goubert Who Holds a Fascination for Francophiles in Puducherry," *The Hindu*, July 30, 2014, https://www.thehindu.com/news/cities/puducherry/edouard-goubert-who-holds-a-fascination-for-francophiles-in-puducherry/article6263322.ece，访问日期：2022年9月7日。

④ S. Gopal (ed.), *Selected Works of Jawaharlal Nehru*, Series 2, Vol. 27 (New Delhi: Jawaharlal Nehru Memorial Fund, 2004), p. 221.

四、结语

欧洲殖民国家在二战中遭受了巨大损失，在其海外殖民地的统治难以为继。二战结束后，亚非拉国家的反殖民主义浪潮空前高涨。随着印度的独立，英帝国失去了其“皇冠上的明珠”。然而，饱受战争摧残的法国并未追随英国，而是选择了一条与之相异的道路：加强法兰西联邦的纽带作用，开始重视法属印度的价值，并在当地进行了行政改革。印度是一个正在努力界定（有机会就扩大）其地理边界和意识形态疆域的新兴国家，独立后的新生政权不可能允许外国殖民地继续存在。尽管法印双方都倾向于以和平方式解决殖民遗留问题，但二者立场相异，随着法属印度亲法政党操纵市政选举，印度对这些贸易站采取经济封锁等措施，法属印度的归属问题逐渐陷入僵局。在印度政府在外交等方面的强大压力，法国外交政策失误尤其是挑起印度支那战争导致国际声誉受损，法属印度政治精英由亲法转向亲印等一系列复杂因素的交织下，法国在印度的殖民冒险以失败告终。虽然过程曲折，但在双方的共同努力下，最终避免了诸如果阿战争等流血冲突，以和平方式完成了飞地主权的移交。

法属印度问题的和平解决为之后法印关系的发展奠定了良好基础，两国也并未因此而心生嫌隙，双边关系从此进入了一个新的阶段。1998 年初法国总统雅克·希拉克对印度的国事访问标志着法印两国间战略合作伙伴关系的建立，之后两国关系不断深入、全面发展。法国对同年 5 月印度核试验的反应与其他大国不同，不仅不赞成对印度进行制裁，反而很快承认印度作为“事实上的核大国”的地位；国际社会解除对印度的制裁后，法国率先成为与印度签署民用核能合作协定的国家。奥朗德上台后，提出了“转向亚洲”的战略目标。① 在马克龙第一任期，法国版“印太战略”于

① Hadrienne Terres, «Le “pivot” français vers l’Asie: une ébauche déjà dépassée?», *Politique étrangère*, No. 1, 2016, pp. 177–188.

2021年7月出炉。[1] 随后，其他欧洲大国也纷纷表现出对“印太”地区的兴趣，先后推出各自的“印太战略”构想以及相应的推进机制。英国脱欧后，法国成为欧盟成员国中唯一一个在“印太”地区拥有主权利益的国家，在欧盟参与“印太”事务中扮演着领导者的角色。法国乃至欧盟对“印太”地区事务的积极介入，表明其战略重心正在逐渐向东转移。未来会有更多的欧洲国家参与到南亚及环印度洋区域事务中来，尤其是法国和印度在经济、文化、防务等领域进一步加强合作，有力推动了“印太”地区格局的多极化发展，也使“印太”地区的地缘博弈愈加复杂。以上现象非常值得中国持续关注和警惕。

需要指出的是，法印两国关系在冷战时期之所以未能深入发展，并不能简单地以双方外交政策相异来概括。[2] 两国政府就法属印度问题博弈的过程促使法国对后冷战时期的国际格局有了更深远的考虑，逐渐重视冉冉升起的印度未来在印度洋乃至“印太”地区所发挥的作用对法国的价值。法国虽然未能挽救其在南亚的“前哨阵地”，但是在殖民撤退后采用了灵活的外交政策，与这一新生国家迅速建立了新的合作关系，设法将“法属印度帝国”的覆灭转化为后殖民时代的机遇，以便在国际舞台上发挥更大的影响力。法国从历史渊源入手，基于本国的文化自信，高度重视与前法属印度地区保持共同记忆，促进双方在多领域合作关系的可持续发展。法国尤其善于运用法语这条纽带，通过保持在本地治里等法语地区的文化影响力，维系其在“印太”地区的“积极存在”。本地治里不仅是印度面向法国的窗口，更是联结两国关系的桥梁，为法国强调其在该地区的历史传统存在、加强对印关系、重塑其在“印太”地区的大国地位提供了更多的合理性历史解释，增强了法国积极参与“印太”地区域内国家组织和机制的内生驱动力。法属印度领土争议问题及其解决，为此后其他国家处理殖民历史遗留的领土争议问题提供了借鉴。其间，不甘衰落的老牌殖民国

---

① Ministère de l'Europe et des Affaires étrangères, “France's Indo-Pacific Strategy,” https://www.diplomatie.gouv.fr/IMG/pdf/en_a4_indopacifique_v2_rvb_cle432726.pdf，访问日期：2022年2月18日。

② 肖军：《印度—法国战略伙伴关系评述》，《南亚研究季刊》2013年第2期，第30页。

家法国与新兴南亚大国印度的“大国梦”之间的碰撞，可以给我们更深入地理解法国版“印太战略”的缘起和中国如何积极推动“一带一路”共建以启示。

联合国原子能委员会成立的文献史：美国档案选编*

刘　京**

［编者按］　1945 年原子弹爆炸成功并应用于对日战争，标志着人类在原子能利用上步入了新时代，但人类文明也因此面临着整体被毁灭的风险。为了避免这种风险，对原子能的管制和防止核武器扩散，一直是国际政治中的重大问题。1946 年 1 月，联合国大会通过第 1（Ⅰ）号决议，设立了原子能委员会。① 联合国原子能委员会的设立是国际社会管制原子能的第一次尝试，尽管这一被赋予美好前景的委员会由于美苏争斗并未能取得实质性成果并于 1952 年初被解散，但它为后来国际社会管制原子能提供了宝贵经验。它所讨论的政策建议，部分促成了国际原子能机构的建立，并为以后的美苏部分禁止核试验条约、核不扩散条约、美苏关于限制进攻性战略武器和美苏中导协议的谈判提供了历史借鉴。

---

* 国家社科基金青年项目“国际核不扩散机制起源研究（1944—1952）”（项目编号：19CSS035）阶段性成果。

** 刘京，河北师范大学历史文化学院讲师，研究方向为现代国际关系史。

① 世界知识出版社辑《裁军问题文件选辑》，世界知识出版社，1958，第 4—5 页；英文见 “Resolution Establishing the Atomic Energy Commission,” approved by the United Nations General Assembly, January 24, 1946, Raymond Dennett and Robert K. Turner, *Documents on American Foreign Relations*, Vol. 8, July 1, 1945-December 31, 1946 (World Peace Foundations, 1948), pp. 551-552。

在联合国原子能委员会设立的过程中，美国起到了最重要的作用。这与美国在原子能领域尤其是军事利用方面的垄断地位相关，也反映了美国政府、科学家对管制原子能的思考。参与曼哈顿工程的科学家们二战末期就提出通过大国尤其是美苏合作来达到对原子能的国际管制，从而避免核军备竞赛；杜鲁门政府在1945年10月形成了初步的国际管制政策。但真正奠定联合国原子能委员会成立基础的，是紧接着的两次重要会议——11月美英加三国首脑的华盛顿会议和12月美英苏三国外长的莫斯科会议。华盛顿会议所达成的《英美加三国关于原子能问题的联合声明》（亦称《华盛顿宣言》，19451115，AD000023，档案编号为编者自拟），表明美国的方案成为在原子能开发上走在前列的西方国家的共同方案。莫斯科会议所达成的公报（第七部，19451227，AD000022），则表示在美苏妥协的基础上，经过修改的美国方案为三国所接受，公报的这一部分，实际上也决定了联合国大会第1（I）号决议的文本。

考虑到联合国原子能委员会在原子能国际管制机制上的开创意义，以及美国在该机构成立过程中的引领作用，本文选辑4件反映该机构形成史的重要档案，以供读者参考。除了《华盛顿宣言》和莫斯科会议公报（第七部），本文选编的还有美国为莫斯科会议准备的两份文件。这些文件虽然有继承关系，但也有差异。探讨这种继承与差异不是本文的目的，但细心的读者如果加以对比，也许会有别样的发现。

19451115，AD000023

英美加三国关于原子能问题的联合声明[①]

（1945年11月15日）

美国总统、联合王国首相和加拿大总理发表了如下的声明：

一、我们认为到晚近科学发现在战争方法和实践中的应用，已使前所未知的毁灭手段为人类所掌握，对于这种毁灭手段，不能有充分的军事防

① 参见世界知识出版社辑《裁军问题文件选辑》，第2—4页；英文见 *Department of State Bulletin*, November 18, 1945, pp. 781-782。

御，而且事实上，在使用这种毁灭手段方面，没有任何一国能操垄断之权。

二、我们愿强调：设法保证新的发现用于增进人类福利，而不作为毁灭手段，其责任不仅在于我们三个国家，而且在于整个文明世界。然而，我们在发展和使用原子能方面所获得的进展，要求我们对此事采取主动，因此，我们会集会共同考虑采取下列国际行动的可能性：

1. 防止原子能用于破坏目的。

2. 促进科学知识中晚近和未来的发展，特别是利用原子能的发展，用于和平人道主义的目的。

三、我们明白，完全保护文明世界，使其免受科学知识的毁灭性用途之害的唯一的方法，在于防止战争。无法设计一种保障制度，使其本身就能有效地保证不让一个蓄意侵略的国家生产原子武器，特别是由于在军事上应用原子能和在工业中应用原子能，其所依赖的武器和方法，大部分是相同的。我们也不能忽视这样的可能性，即发生其他的或新的作战方法，可对人类文明构成和原子能的军事用途同样巨大的威胁。

四、我们代表拥有使用原子能的必要知识的三个国家，在一开始就宣布：作为第一项贡献，我们愿为和平目的在充分互惠的基础上与任何国家交换基本科学情报及交流科学家和科学书刊。

五、我们相信科学研究的成果应由一切国家分享，进行研究的自由及思想的自由交流对学术进步是必要的。遵照这一政策，为和平目的而发展原子能所必需的基本科学情报业已公诸全世界。对今后可能陆续获得的一切此种性质的情报，我们愿做同样的处理。我们相信其他国家也会采取同样的政策，从而创造互信的气氛，在此种气氛中，政治协议与合作将会获得很大的发展。

六、我们考虑了关于原子能在工业中的实际应用的详尽情报的公布问题。在军事上应用原子能和在工业中应用原子能，其所依赖的方法大部分是相同的。我们不相信，在可能寻求出为一切国家所能接受的、有效的、相互的及可以强制执行的保障制度以前，传布关于实际应用原子能的专门情报，能有助于达成关于原子弹问题的建设性解决。相反地，我们认为它可能产生相反的效果。然而，一俟能够寻求出防止原子能使用于毁灭性目的的有效的、可以强制执行的保障制度，我们即准备与联合国其他国家在互惠基础上分享关于原子能在工业中的实际应用的详尽情报。

七、为获得最有效的办法，以完全消除原子能为破坏目的的使用和促进其为工业及人道主义目的的最广泛的使用起见，我们主张在联合国之下尽早设立一委员会，以准备各项建议提交联合国组织。该委员会应奉命迅速进行工作，并授权随时提出与其工作各方面有关的建议。具体而言，委员会应对以下各项做出具体的建议：

1. 扩大一切国家间为和平目的而交换基本的科学情报；

2. 在必要范围内实行原子能管制，以保证其仅用于和平目的；

3. 从国家军备中取消原子武器及一切其他大规模毁灭性的主要武器；

4. 通过观察及其他方法的有效保障，以保护守约国不受违约及规避行为的危害。

八、该委员会的工作应分阶段进行，每一阶段的顺利完成，将在下一阶段开始之前培养起全世界的必要的信任。具体而言，该委员会可以首先从事于科学家和科学情报的广泛交换，然后在第二阶段发展[①]关于原料的天然资源的充分知识。

九、面对着科学应用于毁灭目的的可怕现象，每一国家将比以前更迫切地认识到极端需要维护国际间的法统，并从地球上消除战争的灾祸。为实现此目的，唯有依靠对联合国组织给予全心全意的支持，并巩固和扩大其权力，从而创造相互信任的条件，在这种条件下，一切国家的人民得以安心致力于和平的文化。我们决心毫无保留地为达到这些目的而努力。

19451210，AD000092

非正式跨部门委员会备忘录[②]

(华盛顿，1945 年 12 月 10 日)

提交给苏联政府的关于原子能问题的提案草案

为了以最快速度采取措施阻止原子能及其他大规模杀伤性手段用于破

① 此处的发展似应译为“研究获取”。——作者注

② U. S. Department of State, *Foreign Relations of The United States* (*FRUS*), 1945, Vol. 2 (U. S. Government Printing Office, 1967), pp. 92-96.

坏性目的，同时为了人类的利益推动原子能的利用及其他科学进步，美国诚挚地希望与其他国家进行合作。

1945 年 10 月 3 日，美国总统宣布，为了促成这一目标的实现，本政府打算首先与参与原子能开发和利用的国家进行会谈，其后与其他政府进行会谈。① 我们已经采取了第一步，目前寄希望于下一步就此事与苏联政府进行试探性会谈，因为这件事对世界和平以及世界人民的福祉都是如此至关重要。

正如苏联政府意识到的，英国、加拿大、美国政府都认为应在联合国组织之下设立一个委员会，研究由于原子能的发现以及其他相关事宜引起的问题，并向联合国提出建议。本政府希望苏联政府将会加入为此目的而共同发起的提案当中，该草案将于 1946 年 1 月的第一届联合国大会上提出。这里所附上的一份草案，包含美国政府目前关于设立该委员会的方法的观点。本政府希望就此草案与苏联政府进行充分交流，并了解苏联政府是否会加入依据这些方案所制定出的提案。

本政府认为，实质性的问题带来了难以解决的困难；因此，达成一致的国际行动将会超乎寻常的复杂，且必须建立在仔细且认真的研究基础之上。

本政府认为，这包含了大量虽然独立却又相互关联的几部分内容。这些内容包括：（1）不断增加科学家之间的交流，科学情报、科学技术以及材料的交换；（2）发展和交换有关自然资源的知识；（3）交换技术与工程方面的信息；（4）针对大规模杀伤性武器的防护措施与控制方法。本政府认为，与此问题相关在任一阶段成功的国际行动不应当成为其他阶段采取确定性行动的先决条件。无论何时，如果很有可能达成富有成效的成果，都应当采取确定性的行动。

本政府认为依照上述所列的第一部分内容，即科学家交流与科学情报的交换，应立即采取对双方都有利的国际行动。本政府十分重视在科学的各个领域内，形成卓有成效的合作。

① “Special Message to the Congress on Atomic Energy,” October 3, 1945, in PPPUS.

其他部分的内容呈现的都是非常棘手的具体问题，这些问题的解决，需要设计出为所有国家都能够接受的保护措施，这些保护措施需要同时具备有效、互惠以及可执行的特点。美国政府并不打算得到一个能够解决所有这些问题的办法，而是迫切希望与苏联及其他国家尽可能快地在这些领域做出双方都能接受的安排。为此，美国政府将乐于考虑苏联政府在任何阶段提出的涉及此事的各种提案，而双方的讨论既可以利用联合国的委员会进行，也可以单独进行。

[**附件**]

关于由联合国设立一个委员会
来处理由于原子能的发现及其他相关事宜所引发的问题的建议

一、委员会的设立

委员会应当是根据联合国宪章、由联合国大会设立的负责调查与原子能有关的所有问题的唯一机构。

二、委员会的报告

委员会的报告应当交予联合国大会，大会负责转交给联合国的其他成员国、安理会以及经济及社会理事会。联合国大会还应要求安理会和经济及社会理事会就报告中需要采取行动的、分别属于这两个机构职权范围内的事务采取行动。

三、委员会的构成

委员会应由安理会各成员国在安理会中的代表以及目前不是安理会成员国的加拿大的代表组成。委员会的每一位代表都应该配有一名各自认为得力的助手。

四、程序规则

委员会应当建立自己的程序规则。应当选任机构独立的官员，并且只要机构认为有必要就可以任用任何人作为工作人员。

五、委员会的规章

委员会应当尽快对问题的所有方面进行调查，且当委员会认为可行之时，可随时对相关事宜给出建议。委员会应调查的事宜包括：（1）科学家群体实现广泛的交流以及用于和平目的的基础科学情报的广泛交换。(2) 进一步采取措施推动原子能用于和平目的，同时进一步深化必要的控制手段从而将原子能的使用限制在和平利用的范围内。(3) 从国家军备中销毁原子武器以及所有其他大规模杀伤性武器。(4) 通过监察或其他手段对那些遵守委员会建议的国家实施有效的保护措施。

委员会不应当干涉联合国的任何其他组织的权责，但应当为一些依照联合国宪章条款工作的机构提供建议。

[**次级附件**]

关于科学家交流与科学数据交换的美方草案

一、科学家交流与科学情报的交换

(一) 鼓励各国间出于和平目的进行人员（科学家以及学生）交流以及科学情报的交换，并最终使每一个国家都能充分享受由其他国家的科技进步带来的好处。

(二) 为了促成这一目标的实现，需要采取如下措施：

1. 所有国家都应当签署的有关“科学自由”的原则宣言应予以采纳，这项原则声明应以下列政策为基础：

(1) 每一个国家都应当同意邀请其他国家的科学家自由参观进行基本科学研究的实验室，或者是同意由参与方政府或科学家自己安排的参观活动，不得对外国人设置不适用于本国国民的人为制造的障碍；鼓励并协助本国科学家为此目的的自由旅行；出于相同目的，进一步深化学生间的交流。

(2) 每一个国家都应当同意鼓励本国科学家自主发表成果，并对他们的工作成果进行最广泛的传播。

2. 在执行上述原则宣言的过程中，应当在联合国的框架下设置一个国际科学机构，其职责在于通过科学家群体的交流以及科学情报的交换促进国家间实现充分的合作。为履行这一职责，该科学机构应当鼓励包括原子裂变领域在内的所有领域中基础科学情报的宣传，进一步深化科学家及学生间的交流，同时为国际科学大会（International Science Congresses）的召集做出安排。

二、同位素的交换

应当启动对科学和医疗研究有用的某种放射性同位素的国际交换。这种交换很可能是经由先前提出的用于科学情报国际交换的中央机构来进行。在这方面它需要与第一条“科学家交流与科学情报的交换”中列出的措施相协调，从而使得这种同位素交换发挥最大的用处。

19451218，AD000112

美国参加莫斯科外长会议代表团备忘录[①]

（莫斯科，1945 年 12 月 18 日）

美国关于原子能问题的提案

美国真诚希望同其他国家合作，以最为切实可行的速度制定国际措施，以防止原子能用于破坏性的目的并作为其他大规模杀伤的手段，从而以造福人类为目标推动原子能的使用及其他科学的进步。

1945 年 10 月 3 日美国总统宣布，为了进一步实现这一目的，本政府有意与其他正在研发并使用原子能的政府对话，随后再与其他政府举行对话。已经采取了第一步，现在所希望的下一步就是同苏联政府展开试探性对话，这一步骤对于世界各国人民的和平与福祉都是极为重要的。

同苏联政府一样，英国、加拿大以及美国政府都意识到应当在联合国组织之下设立一个委员会，从而研究由原子能发现及其他相关事宜所带来的问题，并向联合国提出建议。建议由安理会五大常任理事国以及加拿大作为提案的联合发起国，于 1946 年 1 月的第一届联合国大会上提出一项与此相关的提案。本政府希望，苏联政府与英国政府均能接受这一建议，并共同向中国、法国及加拿大政府推荐。现下提交一份体现美国政府关于设立该委员会方法的现行意见草案。本政府希望能够就此草案的观点进行充分的意见交换。

关于这些建议，我们提请注意摘自 1945 年 11 月 15 日美英加三国首脑

---

① *FRUS*, 1945, Vol. 2, pp. 663–636。该备忘录于美英苏三国莫斯科外长会议第三次正式会议时作为附件提交。

（美国总统杜鲁门、英国首相艾德礼以及加拿大总理麦肯齐·金）联合发表的《原子能宣言》的下述声明：

四、我们代表拥有使用原子能的必要知识的三个国家，在一开始就宣布：作为第一项贡献，我们愿为和平目的在充分互惠的基础上与任何国家交换基本科学情报及交流科学家和科学书刊。

五、我们相信科学研究的成果应由一切国家分享，进行研究的自由及思想的自由交流对学术进步是必要的。遵照这一政策，为和平目的而发展原子能所必需的基本科学情报业已公诸全世界。对今后可能陆续获得的一切此种性质的情报，我们愿做同样的处理。我们相信其他国家也会采取同样的政策，从而创造互信的气氛，在此种气氛中，政治协议与合作将会获得很大的发展。

六、我们考虑了关于原子能在工业中的实际应用的详尽情报的公布问题。在军事上应用原子能和在工业中应用原子能，其所依赖的方法大部分是相同的。我们不相信，在可能寻求出为一切国家所能接受的、有效的、相互的及可以强制执行的保障制度以前，传布关于实际应用原子能的专门情报，能有助于达成关于原子弹问题的建设性解决。相反地，我们认为它可能产生相反的效果。然而，一俟能够寻求出防止原子能使用于毁灭性目的的有效的、可以强制执行的保障制度，我们即准备与联合国其他国家在互惠基础上分享关于原子能在工业中的实际应用的详尽情报。

…………

八、该委员会的工作应分阶段进行，每一阶段的顺利完成，将在下一阶段开始之前培养起全世界的必要的信任。具体而言，该委员会可以首先从事于科学家和科学情报的广泛交换，然后在第二阶段发展关于原料的天然资源的充分知识。①

① 在正式的第三次会议上，此处的最后一段并没有一开始就出现在美国备忘录中，但在第五次正式会议召开期间，美国代表团将其作为附加的一段内容进行了传阅。

19451227，AD000022

英美苏三国外长莫斯科会议公报（第七部）①

（1945年12月27日）

第七部 由联合国组织原子能管制委员会

讨论原子能问题时，涉及由联合国大会成立一委员会之问题，苏、美、英三国外长同意将关于联合国组织一委员会之建议，提交联合国大会考虑。该委员会将考虑由于发现原子能所引起之种种问题及有关事项。三国外长同意邀请安全理事会其他常任理事国法国与中国以及加拿大与彼等联合担负发起之责任，于1946年1月举行之联合国第一届大会提出下列决议：

联合国大会决定设立一委员会，以处理一切由于发现原子能所引起之问题以及其他有关事项，委员会之组织与职权如下：

第一条 委员会之设立

委员会由大会依据下开第五条之条件设立之。

第二条 委员会与联合国各机构之关系

（甲）委员会须将其报告及建议提交安全理事会，此种报告与建议必须公布，除非理事会为和平与安全利益计，另有规定。在适当情形下，安全理事会应将此等报告转交联合国大会与各会员国，以及经济及社会理事会与联合国范围内之其他机构；

（乙）根据联合国宪章，安全理事会之主要责任原为维持国际和平与安全，故安全理事会应对委员会颁发有关安全问题之指示，关于此等问题，委员会之工作应对安全理事会负责。

第三条 委员会之组织

委员会由安全理事会之每一理事国与加拿大（当该国为非安全理事会理事国时）各派代表一人组织之，委员会中每一代表，可有其本人所合意

① 参见世界知识出版社辑《裁军问题文件选辑》，第1—2页；英文见 "The Ambassador in the Soviet Union (Harriman)," December 27, 1945, *FRUS*, 1945, Vol. 2, General: Political and Economic Matters, pp. 822-824。

之助理。

第四条　程序规则

委员会可聘任其所认为必要之职员，并向安全理事会提出程序规则之建议，由安全理事会作为程序事项批准之。

第五条　委员会之职权规定

委员会必须尽速进行工作，调查此问题之各方面，并于其认为可能时，随时就该问题之各方面提出建议，委员会尤须作下列具体之建议：

（甲）扩充各国间以和平为目的之基本科学情报之交换；

（乙）管制原子能至某种必要程度，借以保证其用途仅限于和平之目的；

（丙）废除国家军备中之原子武器及其他适用于大量毁灭之重要武器；

（丁）借视察与其他方法，作有效之保证，以保护遵守公约之国家免受他国破坏及规避公约所产生之危害。

委员会之工作，应分阶段进行，每一阶段之顺利完成，将于进行次一阶段前，增进世人必要之信仰，该委员会不得侵犯联合国任何机构之责任，但应提出建议供此等机构考虑，以完成其在联合国宪章规定下之任务。

（签字）莫洛托夫
贝文
贝尔纳斯
1945 年 12 月 27 日

法国外交文件选译（七）

沈练斌、郭冬梅、唐璇等*

19590818，FD000184

肖韦尔致德姆维尔电（第2480—2490号）①

（1959年8月18日）

1. 奥尼尔（O'Neil）先生于8月18日向大使馆参赞做出如下阐述：明天在华盛顿举行的有关裁减军备的四国公报的讨论②可能将显示出英国与美国的观点之间存在一定的分歧。这种评论的差异首先体现在四国在日内瓦达成的那份协议的特点上。英国外交部收到的报告显示，国务院内各部门对赫脱（Herter）先生达成的协议并不感兴趣。由于赫脱先生不在华盛顿，因此他们试图缩小该协议的范围。更确切地说，他们努力把协议表现为③……在他们眼中是决定性的，只有在苏联接受特别是设立一个新的限制

* 沈练斌，天津师范大学外国语学院讲师；郭冬梅，山东青年政治学院副教授；唐璇，黑龙江大学西江学院教师。本文由沈练斌、郭冬梅和唐璇等编译。参加编译工作的还有：李智琪（华南师范大学历史文化学院世界史专业研究生）、施卜玮（天津师范大学欧洲文明研究院研究生）、谭书宇（天津师范大学历史文化学院世界史专业本科生）、王子岳（巴黎第三大学欧洲研究院欧洲研究专业研究生）、窦云婷（首都师范大学博士研究生）等人。

① 文献来源：*DDF*, 1959, Tome Ⅱ, pp. 186-188。让·肖韦尔（Jean Chauvel），法国驻英国大使；顾夫·德姆维尔（Couve de Murville），法国外交部长。

② 8月5日，在四国外长会议闭幕时发表的声明中，设想就恢复裁减军备谈判达成协议。——原编译者注

③ 缺文。——原编译者注

性组成的联合国裁减军备委员会的情况下。

英国外交部回应：

a. 英国外交部不想对已经接受的表述附加条件，相反，英国外交部希望将协议最终确定下来。

b. 保持裁减军备审议委员会的现状，即其荒唐而瘫痪的组成，有很多好处。

事实上，在我看来，如果我们坚持要简化联合国和地位对等的委员会的关系，只为后者提供一个尽可能同样无效的竞争对手，这是相当合理的。

因此，这些部门非常坚持不提出联合国委员会的改革问题。在迫不得已时，如果趋势朝着这一方向发展，这个问题在联合国大会辩论过程中就是如此表现的，这些部门可能会接受这样的情况。

2. 对于接受哈马舍尔德（Hammarskjöld）先生关于向 82 人委员会报告有关设立十国委员会的建议①，英国外交部与美国国务院达成一致。但是，如果所有人都同意（按照北约三国报告中的表述）“委员会目前不易召集”这样的情况，即在赞成于 9 月第二周举行会议的美国人和认为在联合国大会之前举行会议更会有战略意义的英国人之间存在分歧。奥尼尔先生承认，对此，在过去的几天中，他的观点已受到英国驻纽约代表团阐述内容的影响，有了进一步的变化。在大会之前举行一次会议可能会缓和表现出的一些反对意见，并改善联合国大会辩论的氛围。另外，正如贝拉尔（Armand

① 自 1957 年以来，关于裁减军备的谈判一直处于搁置状态。第十二届联合国大会（1958 年）的一项决议将裁减军备委员会的成员数目增加到 82 个（即联合国所有成员国）。最初，该委员会仅包括安全理事会成员，如果加拿大不是安理会成员，还有加拿大。从 1957 年起，这个数字将增加到 25。为了走出这种局面，四位外长在日内瓦探寻重启讨论的程序方法。1959 年 8 月 1 日，在和赫脱先生的私下谈话中，葛罗米柯（Gromyko）建议排除中立国，并在对等的基础上建立一个类似于防止突然袭击大会的组织形式的机构，即五个西方国家（加拿大、法国、美国、意大利、英国）和五个东方国家（阿尔巴尼亚、波兰、罗马尼亚、捷克斯洛伐克、苏联）。8 月 5 日，四位外长接受了十国委员会的名称，并达成一致：新的机构将向联合国报告工作，十国委员将使用联合国的服务和设施。哈马舍尔德先生认为这是将联合国宪章赋予联合国处理该问题的职权给剥夺了。在 8 月 5 日的一份备忘录中，哈马舍尔德先生对此显得非常沉默。他本来认为，这个未来的机构是裁减军备委员会的雏形。他一直提出在未来对等的裁减军备委员会与联合国之间建立联系的问题。（有关该事项请见 8 月 6 日来自纽约的第 1077—1082 号电报，未收录。）——原编译者注

Bérard）先生报告的那样，它可能还有机会在某些大会的“头面人物”缺席的情况下进行。

3. 关于在大会上裁减军备的讨论，英国外交部认为，希望在议程安排中有一个议程是涵盖与裁减军备问题有关的所有问题的内容，而不是在诸如对爱尔兰禁止转让原子武器的提议、对摩洛哥和印度禁止核爆炸之类的提议这种细枝末节的问题上做出刻意重要的决定。因此，我们这样打算，哈马舍尔德先生将主动在临时议程安排中增加一个名为“裁减军备问题”的议程内容。

我的合作者回想起我们曾提出由日内瓦①四大国将该内容列入议程安排的建议。

奥尼尔先生回答说，最好将这一事项交给秘书长考虑，因为与苏联人就委员会问题的对话迟迟未进行。

从现在起，我们期待在大会辩论过程中，四大国会再次做出声明，而这也是四大国将在裁减军备委员会前致力于做的声明。围绕我们的程序建议，如果如同预见的那样俄国人愿意的话，辩论应该顺利进行。

但困难将会来自前面所列举的提议中。无论是在对列入日程的事项进行辩论的时候还是在可能进行的深入讨论中，针对摩洛哥②的提议我们将使用一些论据，我可以从现在起就把这些论据介绍给英国外交部，这样可能会有一些好处。这可能会为我们提供额外的机会，就此表明我们期待我们的盟友对于我们的核试验在世界范围内采取什么样的立场。

（李智琪译，沈练斌校）

---

① 根据8月10日的电报（未收录）。法国承认在日内瓦达成协定的功劳归功于四国，并提出联合国采取主动并由联合国进一步提出要求将裁减军备的问题列入联合国大会的日程安排是有好处的。联合国提出这一要求的同时要明确以下这样一个栏目的内容：“裁军——美国、法国、英国和苏联政府的公报”。这种做法的好处在于，以四国提交的文件为基础而进行的讨论更容易引导可预见性的讨论。这在实质上会有助于避免委员会仓促召开会议，同时使秘书长满意。——原编译者注。

② 摩洛哥要求禁止法国的核试验项目：见 *DDF*, 1959, Tome Ⅱ，第70号文件注释。

19590904，FD000187

政策司备忘录[①]

(1959年9月4日)

和法利（Farley）先生的对话[②]表现出和法国订立核协议的问题成为国务院重点研究对象。回复很快，没有任何犹豫和修改。对于行政方面这也许是令人不适的限定期限，但这个期限就要到了，人们也都知道。

以法国和北约间的全面关系为论据在某种程度上起到了最后一着的作用。一遇到困难情形就会把这套话拿出来讲（这是用来同有关生产中程弹道导弹的显著态度进行对照。有关其生产，国务院对于协商过程已经叫停。国务院担心这样的过程可能将讨论引向多多少少要脱离北约框架的双边协议）[③]。

这样的态度会对以下这两个令人担心的问题做出回复：

在给予援助的时候，只有行政方面能够真正地确认这样的援助确实加强了北约实力的时候援助才给出，这样的切实考虑也是唯一的框架，在这个框架里行政方面可以使这一类的协议在面对国会和舆论时得到通过。而在国会和舆论那里，共同安全这个神秘论调是一个“禁忌”，这里可能也是唯一的美国影响力较强的地方，以至于华盛顿认为所给予的援助只能是服务于美国将同意的目标。

一种施压的方法

事实上，在有关核协议方面论据并非没有弱点。国会联席委员会在解释实质性进展的概念时可能犯了一个错误。它很难否认这个事实，即法国

① 文献来源：*DDF*, 1959, Tome Ⅱ, pp. 302-305。由条约司司长和原子事务部主任弗朗索瓦·德罗斯（François de Rose）为德姆维尔起草。

② 参见下文附件中收录的注释。

③ 有关中程弹道导弹和法国的立场，参见 *DDF*, 1959, Tome Ⅱ，第310号文件注释。8月31日条约司的一份未收录的记录表明，美国已经停止就在欧洲生产此类弹道导弹所开展的对话，因为美国总统正准备向法国总统就核问题和中程弹道导弹问题提出具体建议。——原编译者注

已经满足了这个委员会自己提出的条件。国会联席委员会将会明白如果它试图这么做，对于联盟来讲，它会做出一种比使它担心的所有法国政治姿态更有害的政治姿态。

对于在华盛顿来权衡在1960年或1962年达成一项协议的利与弊，我觉得这好像这并不可能。

因此我确信，如果9月2日和3日的谈话①明确了法美间的基调，就有可能在我们撒哈拉的首次爆破后达成一项协议。

这样的一份协议可能只能提出交换情报和提供产品的总原则（1958年与英国的协议就是这种情况，协议细节在1959年的谈判文本中才确定下来）。但原则一旦确立，其余的就接踵而来。

我也相信，如果形势允许我们在这一领域中考虑如此这般地来引导我们和美国的关系，我们就要在我们进行爆破前和他们展开对话。（我们甚至寻思着，万一我们有很大的希望取得成功，我们是否不应该考虑引爆不止一枚炸弹，这是可能的，就在1960年春天之前，以给国会施加压力。）

我相信，在改善的政治环境下，这一盘从1960年起就能获胜。

接下来，困难在1961年会达到最高峰。对于未来，从严格意义来讲，任何预测都太贸然。但可以想象，如果两年中（这两年将会以若干系列的试验以及伴随而来的所有困难为标志）没有与美国达成协议的可能性，法国的精神状态将会是什么样。我现在认识到的是，不单是法国政府面对这些困难。自从我们完成第一次试验，美国处心积虑地想知道如果美国对我们的努力的熟视无睹是否不会构成事实上对北约的最大威胁。

① 艾森豪威尔和戴高乐的会谈纪要收录于*DDF*, 1959, Tome Ⅱ，第108号文件。

附录

政策司备忘录

与哈利（Harley）博士的谈话

（巴黎，1959年9月4日）

1. 终止核试验协定的范围①

仔细斟酌了“不参加由第三方大国主导的核试验”的条款措辞。这些措辞不应该禁止美国同盟国的合作，因为从法律上来说，这种合作符合美国的利益，这都在预料之中。

如果某一天达成一份协议，该协议将不会妨碍与英国的合作并且如果这被认定为符合美国的利益也不会阻止同法国建立合作。

2. 解读《麦克马洪法》

行政方面不会受到国会对“实质性进展”概念解释的约束。（从中可以得出一个结果就是，在美国政府看来，它②要进行的试验数量并没有绝对要求）。

另外，法利先生承认，法国符合国会在其解释中注明的其他一切要求（生产能力、实验室、工业设施、人员、试验场地）。

两个因素更重要：

行政方面必须能够让国会和公众相信，这样的协议符合美国的利益。因此，相关国家与美国之间关系的普遍状态、该国家在联盟中的态度以及

---

① 1958年8月22日，美、英两国在一份联合记录中表达了两国共同的决定，即以专家报告为基础，“迅速与进行过核试验的其他国家进行中止试验谈判，并建立国际检测系统”。同一天，艾森豪威尔总统宣布：“在考虑的协议框架内并在互惠的基础上，从谈判开始起，美国准备中止所有原子或者氢武器试验，为期一年。如果苏联在此期间不恢复试验，并且如果在其他的裁减军备领域取得实质性进展时，则将延长中止期。”同时，请参见 *DDF*, 1959, Tome Ⅱ，第125号文件注释。莫斯科应该同意，在有所保留的前提下。11月27日，在停止核试验大会上，苏联代表提出了一项折中提案。1958年12月18日，通过了未来协议的四条条款：根据第1款，协议的每一方承诺不在其控制的领土上进行核爆炸，并且不鼓励其他大国进行核试验。——原编译者注

② 我们理解为：法国。——原编译者注

稳定性都是最重要的。

当行政方面通过《麦克马洪法》时，如同国会一样，行政方面把目光放在了英国。“第四国的问题”还没有出现，国会认为将就此停止。如今，法国是第四国。国会将会害怕在法国之后还有其他国家出现。国会应当习惯第四国的概念，而不是判断自己是否为其他国家打开了大门。

法利先生明白，一旦技术条件得到满足，拒绝合作可能会构成一种具有重要意义的政治行为。

3. 观点一致

从美国政治局势来看，1961 年将会很艰难，将会产生一位新总统和新的国会。等到 1962 年意味着法国将会进行很多试验。

如果满足上述第 2 条所列的条件，那么 1960 年可能会更有利。法利先生同意这一分析。

假设在日内瓦缔结中止试验的条约，如果法国不加入该条约，将很难同法国达成合作协议。

4. 潜艇反应堆

该提议是在北约框架内提出的。为了美国会出售这样一台反应堆，美国希望得到保证：潜艇将用于加强联盟。因此，诺斯塔德（Norstad）将军的意见很重要。但是，在北约框架内缔结该协议是不正确的。

5. 苏联从未在日内瓦提出过法国核弹的问题。但是苏联多次暗示致力于不增加核大国数量的好处。

（施卜玮、李智琪译，沈练斌校）

19591007，FD000190

塞杜致德姆维尔电（第2771—2774号）①

（1959年10月7日）

参考您发的第4333号电报②。

为设立欧洲原子能共同体的供应机构③而申请的程序已于10月7日在卡斯滕斯（Carstens）先生处完成。他已经了解我们的想法。

卡斯滕斯先生幽默地回顾道，现在法国和德意志联邦共和国的立场都与几年前这两个国家捍卫的观点截然相反。随后，他强调了以下几点：

A. 目前原料和裂变材料已经过剩，这一点没有争议。因此，供应机构的一大存在理由在很大程度上就丧失了意义。

B. 但是很遗憾，由于一些政治原因，对于一个重要的问题还采用不了《欧洲原子能共同体条约》的条款。卡斯滕斯先生毫不避讳地表示，巴尔克先生对这个供应机构一直非常不赞同。但联邦政府已经接受该条约，并希望它得到执行。因为铀储量充足而且可能会一直保持下去，以此基础上申请推迟成立供应机构恐怕是一个无限期推迟。

C. 因此，向奥菲尔斯教授发出的指示是支持创建这个供应机构的，但也要求人员编制要缩减到很少的数量。联邦政府也同意该机构将其采购权授权给有关政府或公司，前提是它们得向机构递交合同。

卡斯滕斯先生希望这对我们来说是一个可接受的折中方案。

D. 奥菲尔斯（Ophuls）教授将被告知我们希望在设立供应机构的原则

---

① 文献来源：*DDF*, 1959, Tome Ⅱ, pp. 430-431。弗郎索瓦·塞杜（François Seydoux），法国驻西德大使。

② 第4333—4340号电报于10月6日送至波恩以及其他站点。该电报未被收录。该电报列出了必须推迟设立供应机构的理由（见下注）。原料和裂变材料市场供应充足，这使欧共体成员国能毫不费力地解决各自的需求。

③ 供应机构置于欧洲原子能共同体委员会管理之下，欧洲原子能共同体委员会可以对该机构发布指示，对其决定有否决权。供应机构对在成员国领土上生产的矿石、原料和特殊裂变材料拥有选择权以及从共同体内外供应此类矿石材料签订合同的专有权。

问题方面对工作团体的职权予以限制，请他务必予以考量。

（施卜玮译，沈练斌校）

19600116，FD000200

政策司备忘录①

（1960年1月16日）

（裁军办公室）

关于裁军问题

所附文件②构成一份裁减军备总计划的要点，这些文件可能会作为建议报送给于1月25日在华盛顿举行的西方五国专家委员会。应当指出的是，这些建议不具有政府性质，但显示了我们想法的总体方向，可能构成专家筹备工作的基础之一；只有在专家的共同研究、交流想法和盟国之间的密切协商之后，政府才会确定最终立场。

这些文件与朱尔·莫克（Jules Moch）先生在联合国阐述的想法以及最近几个月中向美国、英国、意大利和加拿大提出的“建议”总体上一致。它们只涉及一份裁减军备总计划的第一和第二阶段；第三阶段可能不会表现出拟定上的特别困难：这可能会是生产检验、禁止持有和使用以及销毁达到协商水平的阶段，这符合各国国内安全的需要和《联合国宪章》规定的义务。

前两个阶段提出了一些如下主要困难：

一、核武器的运输工具

我们总的想法是重启裁减军备谈判同时把重点放在主要武器上：核武器的运输工具是指火箭、卫星以及主要的航空设备（符合某些标准的飞机）和航海设备（潜水艇和火箭运载舰）。

这一建议的缺点显然是对甚至是威慑的内容提出质疑，即当前平衡的根本基础。以下是在这里由我们的盟国有时对我们的建议提出的批评：

① 文献来源：*DDF*, 1960, Tome Ⅰ, pp. 46-49。

② 未收录（这都是与本记录中依次谈及的问题相关的资料）。——原编译者注

1. 关于火箭和卫星，第一阶段宣布发射计划，随后在第二阶段预先通知和现场核查都没有受到批评。这些措施将使国际合作得到发展，并通过对等存在防止因一方在技术上突然领先于另一方而导致平衡中断。

2. 相反，如果所有发射基础设施的申报和监督的渐进措施本身能构成合乎希望的措施，对西方可能是有意义的，虽然西方未被较好地通报苏联基地的情况，这些渐进措施可能会显示出一点点地损坏威慑的某一基础原则的严重不足，而这一原则正是这些报复基地的秘密和坚不可摧之所在。

3. 同样，在航海和航空方面，预计在第二阶段的限制和检验可能会损害对西方特别重要的威慑因素（盟军最高司令、北极星），并因此受到批评。

如果我们放弃火箭发射场地申报和监督的渐进措施，也要放弃对其他核武器运输工具（航空和航海）的限制和检验。人们会这么想，从逻辑上讲，整体军备的限制和检验是否不会变为不可能，因为这可能是控制次要军备而不是决定性军备的问题。对于拥有现代武器的大国而言，控制裁减军备的问题今后会遭遇相当大的、也许是无法克服的困难。应该回想一下，1958 年在有关突然袭击的大会期间，西方代表团准备并交给苏联有关火箭控制和远程飞行的详细文件。

在所有这些方面，政府的立场必须明确和清楚。

二、核武装备

在关于核武器的文件中，没有提到停止核试验的问题，因为在这一点上，我们目前的立场与我们盟国的立场不一致。在其他问题上（有控制地停止生产军事裂变材料和重新转换库存），这是已经表述过的传统立场。

然而，存在两个严重的问题：

1. 鉴于新的情况，我们对停止核试验和日内瓦会议的态度。

2. 鉴于核武器储备的重要性，苏联和美国可能会决定对有控制地停止生产军事裂变材料进行谈判，在这种情况下我们的态度。

国防部在所附信①中已将这两个问题提交给国务院，政府的立场应该要明确下来。

三、常规军备

关于常规军备，存在两个问题：

1. 部队编制的裁减

我们显然不希望重点放在这个问题上，原因如下：

——鉴于现代武器的发展，部队编制的重要性相对下降；

——由于阿尔及利亚战争，我们的部队编制目前在增加；

——美国在欧洲的部队编制问题，如果不解决政治问题而减少兵力，将引发各种后果。

国防部的立场是仅在第二阶段和满足以下两个条件时才接受第一次裁减编制：

a. 确定在可接受的水平以上允许保留的现役后备役军人的编制，并授权特别准许，以维持内部安全；

b. 有控制的限制常规武器装备，同时限制部队编制。

2. 指定装备的国际看管

在1957年8月29日的西方计划中，我们接受了在无查验的情况下第一次缩减部队编制（美国和苏联为250万人，法国和英国为75万人），同时，我们还接受了根据一致接受的清单对指定武器进行国际看管。

国防部今后会非常反对这项措施。国防部认为，这项措施可能给人一种按照苏联理论进行有控制的裁减军备的错觉。

在所有这些问题上，我们可能在面对我们的盟国时被孤立，政府的态度将必须确定下来。

---

① 这可能是有关1月14日的快件n°0073/E. M. G. D. N. /A. G. /A. L.，未收录。该快件转发了一份“法国和终止核试验”的照会。作为该照会的结论以下内容被提出：1. 法国不再主张停止试验、停止生产和转化库存之间的联系。法国与其盟国的立场保持一致，将有权要求它们提供某些技术补偿。2. 对法国无条件或有条件地加入正在准备中的关于停止试验的协议的可能性进行研究，并以此，对法国以一种或另外一种形式参加日内瓦大会的可能性进行研究。——原编译者注

四、受地域限制的裁减军备

赛尔温·劳埃德（Selwyn Lloyd）先生在1959年9月17日提交给联合国[①]的裁减军备计划中提议召开一次为防止突然袭击的会议。会议不仅涉及问题的技术方面，还涉及“政治”方面，即欧洲的监察区或裁减军备区。英国人曾多次向我们表明，他们仍然忠于1957年的西方立场和1959年5月的“和平计划”。

法国的立场与此类似。然而，在华盛顿的会谈中，必须再次明确这一点，特别是如果我们的盟国的态度又有了进一步变化。

五、最后，在其他领域：武器的买卖和转移、削减军事预算、维持和平的国际权威、在华盛顿的会谈中可能会出现一些困难。

（李智琪译，沈练斌校）

19600229，FD000201

外交部备忘录[②]

（1960年2月29日）

裁军

美、英、法、苏四国外长在1959年8月于日内瓦会晤结束之际曾决定于1960年初重拾裁军问题研究。四方曾达成共识，该会议将以两个阵营即西方五国代表与东方五国代表参与的形式举行。

稍晚些时候，几方达成共识决定于1960年3月15日于日内瓦召开该会议。

从1月底开始，西方五国（美、英、法、意、加）代表就已齐聚华盛顿。

一

如果我们抛开无关紧要的意方和加方代表不谈，代表们将发现摆在他

① 收录于：Ministère des Affaires étrangères, *Documents sur le désarmement. Commission du désarmement (10 septembre 1959) et XIVe session de l'assemblée des Nations Unies. Débats devant l'Assemblée générale et sa Commission politique (New York 15 septembre–13 décembre 1959)*, La Documentation française, 1960, pp. 22–24。有关该计划请同时参照19590923，FD000188及注释。——原编译者注

② 文献来源：*DDF*, 1960, Tome Ⅰ, pp. 233–237。

们面前的是一份编写完整的英国方案以及多项非正式的法方建议。与之相对的，在大多数日子里美方都保持着缄默。

英国方案是对塞尔温·劳埃德于1959年9月17日在联合国大会上的讲话的复述。该裁军方案包含三个步骤：第一步，美、英、苏三国本应讨论停止核试验问题，但日内瓦会议中并没有此项安排，英国首先提议西方其他国家记录下需讨论这一问题。

该方案接着建议召开一个国际会议，以预防突然袭击行为、对当前在编部队及常规武器情况进行申报、研究和平利用大气层外空间以及设立国际军控机构。

第二步，应着手常规武器裁减，停止军用级裂变材料生产，对核武器储备进行首波裁减，并在最后将国际间军控落到实处。其最终目标在于达到第三阶段，即完全禁止生产核武器，更加严格地限制常规武器，并采取措施给予国际组织必要的权力以保证维护和平。

在另一边，法国代表团向他们的同僚介绍了并未形成方案的一系列建议。我们被一种双重观点推动：首先实现对核武器的实际裁减，紧接着不仅要对传统武器（战舰、潜艇、战机）也要对新式武器（火箭、卫星）进行监管，以保证它们不会用作核武器载具。

根据我方的观点，在该范畴下的各种载具都应在第一时间向一个国际组织进行申报，并在第二阶段进行监管，随后在第三阶段得到限制。

对于核武器问题，我方试图在停止裂变材料生产与销毁库存武器之间保持联系。同样地在最后一步我方从简单申报核武转向了禁止核武。

对于常规武器问题，我方建议，达到第二阶段后再根据认可的百分比同步开始常规武器裁减工作。

作为补充，我方还建议成立一个国际裁军组织，涵盖对于突然袭击问题的技术研究，军费控制以及武器销售运输的适当监管措施。

根据我方观点，前两个裁军阶段应该持续两年并能够自动过渡。

二

在2月初的几天，美方表达了他们的态度。一个特别专家委员会，即柯立芝委员会发表了一篇报告，其中仅表达了消极结论。美国国务院因此发现自己正逐渐处于这样一种临时安排之中，它既要考虑到盟友的一些建议，又不能忽视军方高层对于超前裁军极为负面的反应。

第三步，美方在2月25日提出一个方案，并希望盟友能在一星期内予以采纳。这一方案包含一个序言，该序言原则上指出任何裁军措施都仅能在其得到有效监督并能够通过一个合适的国际组织核查的条件下才能有效。

美国方案同样包含三个步骤。它主要包含以下问题：

a. 裁减在编军队人数

美方将此作为第一步骤，并引入了一份关于协调裁减军队规模的协议。该方案（预计）在第一阶段时，美苏两国在编军人不应超过250万人，其他参与国军队规模并未在此详细描述。在第二阶段，两国在编军人应裁减至210万人。更新的裁军措施将在第三阶段实施，届时两国仅应考虑保留足以维持本国国内治安规模的军事力量。

b. 常规武器

在第一阶段，各国将约定好的类型与相应数量的常规武器进行封存。在这一阶段，主要是轻武器、坦克以及水面舰艇。在此基础上，彻底裁减与武器装备裁减之间应建立一种联系。在第二阶段，其他武器装备（战机以及潜艇）如超过了约定限额，也应封存。超过限额的所有武器装备在第三阶段都应彻底裁减。

c. 核武器

美国方案在这一点上显得非常畏缩。第一阶段仅对在何种条件下可以决定停止生产裂变材料与转移库存进行研究。在第二阶段，如果常规武器裁减确有进展，那么裂变材料才会停止生产。另外，转移与销毁库存的工作，在此特指核武器，仅应在各签字方已经通过一个新的协议确认裂变材料已经完全停止生产后才会开始。禁止核武器仅能在第三阶段的某种偶然情况下实现。

d. 核武器载具

美国方案并未遵循我方关于处理一切适用于装填核弹头的载具的一揽子计划的建议。飞机、水面舰艇和潜艇都被作为常规武器看待，超出限额的部分仅做封存处理。

对于新式武器，美国方案对卫星与火箭给予了区别对待。对于卫星，第一阶段中所有发射计划都做正式通告，同时还将进行相关研判以避免其作为合适载具装备核弹头。

在第二阶段，完全禁止令将得到落实。

相反地，对于中程弹道导弹和洲际弹道导弹，导弹发射的正式通知仅在第二阶段才会开始，而其销毁工作仅会在第三阶段作为一种可能性存在。

e. 其他措施

美国方案中这里或那里也包含一部分新观点，如关于军事预算的管控、防范突然袭击、国际裁军组织的落实，然而丝毫没有提及有关武器销售与运输问题。

最终应强调的是，在这一最终版本里，美方同意维持相对容易的步骤一与步骤二之间的过渡，而若要过渡至步骤三，则需要一份新的协议才能予以实施。

三

对于这样一份美国方案，似乎英国、意大利、加拿大对方案通过都持有一定的保留意见。

然而，从法方角度看，这一方案着重强调了困难问题。

首先，即便能够把关键分歧搁置不论，对于相对次要的问题，如在编军队和常规武器的定义问题、防范突然袭击问题、武器销售问题，如果我们想要推出一份西方联署方案的话，它们也不是不可能被解决。

与之相对，虽然从盟国角度看美国近期做出了一些让步，但其裁军方案的推出可以说是非常勉强，尤其是在核力量领域。

美方首先断绝了该方案与 1957 年 8 月 29 日的上一份西方方案的联系，该方案讨论了停止核试验、停止生产军用裂变材料以及销毁库存的问题。

18 个月以来，在同意于日内瓦举行三方关于停止核试验问题的谈判的情况下，美方与英方抽离了三个步骤的第一部分。在仍在进行的华盛顿会谈伊始美方推出的方案中，我们的同僚试图再一次把停止生产的问题剥离出去。

在新的版本里，停止生产与调整库存之间又一次建立了联系，但这却并不是我方所期望的自动关联。如果没有一份新的协议推动，调整库存就将无法执行。

由此产生的结果就是进行了多次核试验且拥有庞大裂变材料储量的大国能够禁止他国走上相同的道路，且其本身不用参与到核裁军之中。

同样的困难也体现在核武器运载工具的定义问题上。美国方案完全拒绝讨论这一问题。我方对卫星的问题感到满意，相反对传统载具问题感到失望，例如战机与潜艇等。另外，火箭将在未来数年内成为核武器最佳的搭载方式，然而它在很迟的阶段才会成为禁令的对象。

美国方案，或许在军队裁员与常规武器裁减上限制过紧，却又没有真正地触及核武器裁军问题的核心。

在这一点上同样需要注意的是，美方的建议与赫鲁晓夫先生的整体裁军计划具有相当程度的相似性，它们都将核武器的裁军置于最后阶段。

事实是，美方与苏方都估计当前条件下实质的裁军能且仅能为核裁军，而核裁军并不可能。没有任何一方愿意放弃双方基于“遏制”达成的共识。对他们来说，和平并非能在裁军的状况下得到保证，而是在双方或三方的武备平衡的情况下得以维持。

因此这就触及一个根本性的问题：我方是否应该在盟友身旁坚持要求其减少报复力量并将之限制在很低且可监督水平；或者说相反地，我方是否应当赞同两个世界上军力最强大的两个国家维持现有措施以获得一种理论上的平衡，如果和平会被偶然事件左右，那么在任何情况下这都是不稳定的。

如果法国不赞成协议，盟国之间的团结或将在开始与苏方谈判前就遭到损害。无论如何，理解以下观点都是合适的：我们可能不会被关于武装力量规模的次要与利己主义的思考所阻碍，相反地，在我们的炸弹爆炸后，或许我们才能在我们所担忧的主张下开始真正核裁军。

（王子岳译，姚百慧校）

19600514，FD000219

德姆维尔与赫脱的会谈备忘录①

（1960年5月14日）

裁军问题

德姆维尔先生与赫脱先生于1960年5月14日11点在外交部举行的有关裁减军备的会谈②

与会者：

赫脱、霍顿（Houghton）、伊顿（Eaton）、麦钱特（Merchant）、法利、马克·布赖德（Mac Bride）

德姆维尔、朱尔·莫克、阿尔方（Alphand）、吕塞（Lucet）、勒让德尔（Legendre）

德姆维尔建议研究一下有关检验核武器运输工具的文件。该文件由法国相关部门拟定并于5月12日送交给国务院。该套文件的前几页是法国提出的建议的整体综述；而建议的内容在最后两页。

赫脱随即提醒，他认为，一开始就做出只有在裁减军备过程结束时才生效的承诺可能会有很多风险。也许这样更符合逻辑：进行谈判并实施一些西方计划③中的前两个阶段的举措然后再考虑一些补充的承诺。

德姆维尔也提示这样的承诺无论如何好像应该是有条件的。这样的必要条件是有关那份西方计划的正确实施和检验取得了令人满意的研究结论。但是目标还是裁减军备本身。因此就不能仅仅是讨论检验。如果研究工作以及随后的检验实施给出令人鼓舞的结果，那也许还可能做出一些承诺。

可以同有关停止核试验的谈判做一个对照。该类实验的最终停止协议只有在确保一个检验系统能够可靠运转时由参加日内瓦谈判的三个大国来达成。同样地，有关核武器的运输工具的承诺只有在检验系统的正常运转

① 文献来源：*DDF*, 1960, Tome Ⅰ, pp. 629-631。

② 赫脱为参加峰会访问巴黎之际举行了本次会谈。

③ 于3月16日提交。有关该计划请见 *DDF*, 1960, Tome Ⅰ，第119号文件。

和效率得到保障时才有可能做出。唯一的区别是，对于核试验而言，在对检验进行研究的期间核试验暂时中止了。对于核武器的运输工具就绝非是这样的情况。

另外，法方有关运输工具的建议丝毫没有排除在其他裁减核武器或常规武器领域中所要考虑的措施以及研究内容。

赫脱强调了裁减核军备普遍上对于西方以及特别对于美国所具有的严重性。他引用了远东和中国的例子，只有用现有的核装备才能保持住这些地区的形势。在核领域大规模地裁减军备有必要发展出一个能够维持和平的国际机构。

另外，如果能够成功地对核武器的运输工具进行检验的有效系统达成一致，这就会使“威慑”削弱或消失，也就是说对当前的战略构思和军力平衡做出最根本的调整。这样一个决定的影响力可能是巨大的。

伊顿问法方文件内容是在西方计划的框架之内还是取代了西方计划。在第一种情况下，法方建议中的第3和第4段内容处于计划的哪一个阶段？

德姆维尔回答说该文件是对计划的补充。这是对计划内容的增加；同时也可以是计划和文件的合并。文件中规定的一些举措和西方计划中规定的举措之间可以建立某种关联。至于文件与计划中不同阶段的确切衔接，这在很大程度上取决于对于检验的事先研究结果以及检验的良好运转。

另外，赫鲁晓夫肯定从大会一开始就会重提由苏联代表团在日内瓦提出的《全面且彻底的裁减军备的基本原则》[①]。目前西方国家或许应该遵循有关他们提出的原则的文件以及遵循在其中所列举的条件（令人满意的检验、连续的阶段、国际组织等）。

赫脱把话题转到法方文件和西方计划间的关联问题上来。他认为将两者分开并因此在裁减核军备和比如说常规武器的裁减或者维持和平的组织间产生分离会很危险。

---

① 这实际上是指西方阵营的五国代表在之前的4月18日提交的计划：Ministère des Affaires étrangères, *Documents sur le désarmement Conférence du Comité des dix puissancessur le désarmement (Genève, 15 mars–29 avril 1960)*, La Documentation française, 1960, pp. 20–21。对此计划的概述，可参见*l'Annéépolitique 1960*, p. 451。——原编译者注

德姆维尔回答道他并没有看到哪有危险。确实需要某种关联，但是对于西方计划中其他要处理的问题的研究绝对不会因为提交法方文件而停止。

赫脱问道法方的意图是否是要将这份文件递交给峰会或者日内瓦会议。

德姆维尔明确了是要将其递交到峰会。

赫脱做出提示，这份文件同样要同意大利和加拿大进行讨论。

德姆维尔表明如果在参加峰会的国家间我们在第一时间内达成一致，这个程序完全不是必要的。

赫脱先生又谈到“承诺”问题及相关的危险性。他认为承诺是处在西方计划第三阶段的事，如果在前两个阶段做出承诺的话就有危险。苏联一定会坚持要求“承诺”。如果苏联接受这份文件，西方就可能会“被做出承诺”。

德姆维尔又一次表明这只是有条件的承诺。我们可能也仅仅是“承诺进行研究”。对于运输工具检验的研究绝不阻碍对随之而来的其他问题的研究，但是目前重要的是强调裁减核军备。

赫脱先生问道，5 月 15 日[①]在赫鲁晓夫应当会访戴高乐将军过程中，裁减军备以及对裁减军备谈判的强调的问题是否会被提及。

德姆维尔回答道，这只是礼节性的访问而且他不认为会涉及实质问题。总的来讲，法方的想法是可能一开始不会谈到德国问题，而是从整体问题开始。尽管如此，如果赫鲁晓夫坚持一上来就谈德国，可能也很难对此表示反对。

赫脱强调了法国文件让他产生的忧虑。苏联可能会接受对法国文件进行研究，强调这些问题而放过其他问题。不过，在伊斯坦布尔，西方部长间有这样的说法，提出一系列的具体措施作为初始阶段。另外，如果法国文件必须要递交，应该和意大利、加拿大还有大西洋理事会讨论一下。赫脱最后说他感到“非常为难”。

---

① 有关该次会访，参见 *DDF*, 1960, Tome Ⅰ, p. 645 及其下文。

德姆维尔重复说道，对这份文件进行研究不会妨碍对其他问题的研究。西方计划和苏联计划这两份计划已经被摒弃了；无论如何应该再找到一个事项来继续谈判。至于赫脱先生提出的建议，目前好像不是必不可少的；如果我们之间存在一个协议，就不会有人提出反对意见。如果苏联接受对法国文件进行研究，这可能不会排除掉其他问题。在日内瓦会议进行的时候也许可以创建一个特别委员会。

赫脱先生表明他保留自己的观点。这个问题可能在转天 5 月 15 日星期天，在 6 点钟召开的西方三国政府首脑会议这一级别中重新被提及。

随后还简单提到了如下几个问题：

朱尔·莫克询问，对于 170 万—210 万的兵员总数是不是还不能达成一个协议。无论如何这会提出一个有关确定兵员编制的问题。

关于 5 月 9 日有关对发射基地和防止突然袭击的空军基地检查的美国备忘录①的内容，德姆维尔表明，从他这一方来讲，对于该文件，在没有涉及区域问题的范围内没有反对意见要提出。

朱尔·莫克强调协议内容不可以含糊的必要性，以避免在日内瓦再次召开会议的时候对协议文本的解释进行喋喋不休地争吵，如同在政府首脑会议之后 1955 年举行的外长会议那样的情况。

德姆维尔认为，赫鲁晓夫希望得到“一些东西”。如果在德国问题上一无所获，他可能希望在裁减军备方面得到些什么。

（沈练斌译校）

① 该文件收录在本辑文件 19600521，FD000220 附录里。

19600521，FD000220

政策司备忘录①

(1960年5月21日)

(裁军办公室)

关于重新开启裁军会议工作

1. 日内瓦裁军大会有可能将于6月7日再次开启。② 由于首脑峰会遭遇失败,③ 这次会议将无法得到共同指导原则。说到底，我们将要面临的情况和第一次会议结束时的情况大致相当，同样的问题还会再次出现，而这次也无法指望着首脑峰会能够试图解决这些分歧。

谈判不会很容易，尤其是因为最近发生的一些事件。但是重要的是，我们必须比以前任何时候的立场都更为坚定。我们的立场必须很难被对方攻击，才能得到其他国家以及舆论的支持。西方阵营建议将会议内容公开，苏方很可能接受这一建议，这就使得我们针锋相对的立场对抗更为重要。

此外，赫鲁晓夫在5月18日的记者招待会④上指出，苏方可能会在某一时刻，将此议题诉诸联合国。而下一次辩论，可能是在裁军委员会展开，也有可能是在下次联大展开。西方阵营应在辩论中持有完整坚定的立场，才能确保轻松拥有2/3的多数。

2. 在西方盟国之间，困难依旧存在。自第一次会议结束之后，对话鲜有进展。法国和美国的立场差距显著，主要分歧在以下两点：

——我方认为，重点应放在削减核武器及核武器运载工具上；

——美方认为，裁军的总体指导思想是，要对最终阶段的裁军条款进行讨论，哪怕只是进行陈述，也必须等到初步的监控措施取得令人满意的

---

① 文献来源：*DDF*, 1960, Tome Ⅰ, pp. 706-710。

② 大会起草委员会虽然在4月28日至29日夜间工作到很晚，但并未就公布成果的共同公报用词达成一致。4月29日会议结束公报的内容仅限于“下次会议将于6月7日10点30分召开”。

③ 有关这次失败的情形，参见 *DDF*, 1960, Tome Ⅰ，第221号文件。

④ 此次在夏乐宫召开的记者招待会可谓汹涌澎湃。赫鲁晓夫先是宣读了序言，又回答了好几个小时的记者提问，语气咄咄逼人。详见 *DDF*, 1960, Tome Ⅰ，第221号文件及第677页注释。

实施效果之后才能进行。

然而，在5月9日的备忘录中及最近在巴黎举行的三国专家谈话中，美国人有所让步，逐渐向我们的建议靠拢。如果这种趋势能继续下去的话，西方阵营的提议将有可能有较大进展，甚至可能重启他们的策略。

3. 大会第一次会议期间，我们一直被美方的态度困扰，在以下两个议题上，美方的态度非常谨小慎微：

a. 美方拒绝定义比较大胆的原则或目标，他们说，他们担心会被做出的承诺约束，而关于裁军，却没有建立有效的控制，最初的措施也没有得到令人满意的实施状况。因此，他们就招致了苏方惯常的批评，即西方阵营只是建议控制武器，而不是真正的裁军。

b. 美方过于强调常规武器的裁减，尤其是部队人数的减少，也就是说过时的军事力量。而对于削减核武器，美方则过于谨慎，对于核武器运载工具削减问题，美方更是缄口不言。因此，他们提出的“具体措施”是不全面的，很容易招致批评。

4. 如果西方阵营能够达成一致，情况就会大有不同：

——提出更为大胆的裁军目标，甚至同意就此展开初步的协商，当然这些目标是不可能达到的。还可以提出，在初步的裁军措施得到令人满意的实施及合乎规定的控制之后，各方将要履行的承诺；

——提出完整的一系列初步裁军措施，包含各个方面，尤其主要的是削减核武器及其运载工具。

正是在法国的压力下，虽然美方仍持保留态度，最近在巴黎召开的三国专家谈话在此方面取得了进展。如果能沿着这条道路继续前进，西方阵营的立场和策略将得以重新激活。

5. 下附：

——5月9日美方备忘录；①

——法国对核武器运载工具的提议计划；②

---

① 见以下附件。

② 见本辑文件19600514，FD000219。

——由专家制定的旨在合并法国提议与西方计划最初两个阶段提出的六项具体措施的提案。[1]

5月9日备忘录体现了美方关于运载工具和发射台的立场出现明显进展。

法国提议的计划为裁军后续阶段可以采取的方式提供了范例，既不必冒太大的风险，又可以避免苏方指责我们只监控不削减武器。

由专家制定的提案展示了如何借助法方的建议，进一步补充增强裁军的初步具体措施，并扩展到主要的武器领域。

以这些文件为出发点，我们可以根据每条裁军措施来制定整体建议，列出马上可以实施的规定及必要的检查，以及后续规定。只有在初步措施及检查得以实施后，这些后续规定才会实施并履行相关承诺。

这种方式的好处是：

1. 这样，我们就可以提出完整的裁军系列措施，可以马上用于谈判和实行。法国关于削减核武器运载工具的提议也被纳入其中。确实，仅是法国这一项提议很难被单独提到日内瓦大会的议事日程。但是国防部参谋部对此非常敌视。

2. 我们可以把每一项措施摆到大会桌面上，在过去四个月盟国之间开展的专家工作的帮助下，我们可以提出完整、坚定、很难被批评的文件，苏方无法对此视而不见，而必将迫使其表明立场。

3. 针对每一项措施，我们都会补充目标、最终规定作为后续补充，这是符合逻辑的必然结果，但是这些措施的实施和与之相关的承诺显然取决于初步措施实施及检查的情况。这就阻止了苏方批评这些措施只是“武器监管”而已，因为一旦初步措施的实施可以令各方满意，这些措施都有后续的完整裁军措施。这也符合我们的《全面普遍裁军原则及条件》[2] 文件的

① 该文件缺失。关于伊顿先生提议的六项具体措施，详见 *DDF*, 1960, Tome Ⅰ，第196号文件。——原编译者注

② 该文件是4月26日由西方阵营代表团向起草委员会提交的，文本收录在：Ministère des Affaires étrangères, *Documents sur le désarmement. Conférence du Comité des dix puissances sur le désarmement (Genève, 7 juin–28 juin 1960), deuxième session*, La Documentation française, 1960, p. 18。——原编译者注

逻辑顺序，我们必须保留这份珍贵的文件，即使这只能阻止苏方指责我们不想全面完整地裁军。因为目前看来，很难在这份文件与苏方相关文件的基础上与佐林先生达成一致。

4. 我们的立场仍处于西方阵营计划的范围内，保留这个共同基础对我们有利。而且我们还要对这个计划进行发展、加强、补充，尤其是以不同的更为惊人的方式介绍这一计划。

5. 如果我们在五六周的时间内，介绍一系列非常完整的裁军具体措施（十条左右），可以立刻用于谈判及实施，并附有后续措施及目标，如果我们为每一条措施提交一份精心准备的文件，我们就可以表明我们裁军的意愿并展示我们这种方法的优点。届时，如果苏方还是继续他们关于全面完整裁军的基本原则的那种学术式的、抽象的、乌托邦式的陈述，双方截然不同的对比就会对我方有利。

如果部长愿意接受这些建议，我们将在上述基本路线的基础上，准备一份更为完整的资料，以便5月30日与我们的四个西方伙伴[①]进行陈述。

附录

1960年5月9日美方备忘录

绝密

A. 以下建议，作为草稿，可以在一定程度上避免由于不幸的偶然事件或误算造成的事故。只有在规定的监管系统真正发挥效力的情况下，这条建议才能在军事方面对北约有利：

1. 在达成共同协定的基础上，对北约及苏联阵营布置在世界范围内（在最终协议中，应把中国包括在内）的航空基地和作战导弹发射场地进行实地检查。

2. 共同协议应规定对哪些基地和场地进行监督及进行何种程度的监督。例如，如果苏方同意将整个苏维埃联盟置于监管之中，则美国全境及加拿

① 在下一次西方五国会议上。参加十国裁军委员会的西方阵营国家有美、英、法、加、意五国。——原编译者注

大也可以接受类似的监督。然而，如果苏方只接受对乌拉尔以西地区的基地和场地进行监督，则北约接受监督的地区可以局限为加入北约的欧洲及中东地区。

3. 如果在这一点上能够达成一致的话，移动发射场可以被包括在内。

4. 监督航空基地的人员应被告知停放于该基地地面的飞机数量及处于警戒状态的设备数量，并有权对这些信息进行核实，应允许核查人员观察飞机的起降数量。

B. 上述提议大致包含以下优点：

1. 该提议可以给双方带来真正的军事利益，我们不必担心突袭、由于不幸的偶然事件或误算造成的事故。我们可以察觉并报告所有设备的集中或是重要的行动以及发射场地任何异常的行动。交通网的数量及地理分布的改变本身就是一种有效的预警。

2. 对导弹发射场地及航空基地进行监督可以看成是对武器运载工具进行监管的第一阶段措施，法方已经强调过对运载工具进行监管的重要性。在后续阶段及最终阶段，则要对导弹进行真正的监管和消除。

3. 上述提议可以起到震惊舆论的作用，因为全世界都在担心导弹袭击和空袭，无论是故意发动的，还是由于误算引起的。正如前面说过的，只有这条提议得到各方的接受并真正付诸实践，才会在军事方面带来好处。苏方只有看到这条提议能为他们带来好处的时候才会认为其可接受。而一旦苏方拒绝了该提议，他们将很难面对舆论。

（唐璇译，姚百慧校）

19600528，FD000224

政策司备忘录①

（1960年5月28日）

（裁军办公室）

5月28日朱尔·莫克团长与部长的会面

朱尔·莫克团长在5月28日与部长会面后做了如下指示：

1. 在与伊顿先生的会晤中，部长向其指出我们对美国代表团在日内瓦提出的六项措施②表示反对，但是我们仍然忠于西方阵营计划③。

2. 在目前的状况下，向日内瓦大会提交关于核武器运载工具的文件是不可取的，但是我们可以提及全面削减核武器并就此展开我们的观点。

3. 法国代表团应努力避免苏美关系的任何恶化。在目前的局势下，想要美苏接近是不可能的，但是应努力重建一种缓和的氛围。

4. 目前，没有任何机会执行美苏中间人或调停者的政策，法国代表团只能满足于宣扬真正的裁军。法国可以就此在某些情况下，采取自主的立场。

5. 我们仍然忠于西方阵营计划，但是我们要尽快到达该计划的第三阶段，前两个阶段在裁军方面不包含任何实际措施。

（唐璇译校）

---

① 文献来源：*DDF*, 1960, Tome Ⅰ, pp. 736-737。

② 关于提到的六项措施，详见 *DDF*, 1960, Tome Ⅰ，第196号文件。

③ 关于3月16日提出的西方阵营计划，详见 *DDF*, 1960, Tome Ⅰ，第119号文件。关于朱尔·莫克宣读并评论的"西方阵营有关原则建议的陈述以及该建议与东方阵营建议的对比"，详见 Ministère des Affaires étrangères, *Documents sur le désarmement. Conférence du Comité des dix puissances sur le désarmement (Genève, 15 mars - 29 avril 1960)*, La Documentation française, 1960, pp. 42 - 46; l'Année politique 1960, pp. 455-457。——原编译者注

19600626，FD000235

赫鲁晓夫致戴高乐的信[1]

(1960年6月26日)

(非正式翻译[2])

总统先生：

我收到您6月11日的信件。您在信中对苏联政府有关全面彻底裁军协议的基本条款的建议进行了评论。这些建议于6月2日转发给您，然后在日内瓦十国裁军委员会进行审核时我们递交了这些建议。

我向您坦率地说，您的回复让我有些困惑，甚至可以说是——苦涩的感觉。很难摆脱这种印象即法国对这一如今成为裁军的核心问题的立场在最近一段时间遭到了实质性的修改。而这些修改不利于有效缓和局势以及裁军。

在我今年春季访问法国期间，我们和您一起谈论过这个问题。我们还达成协议：裁军是时下最紧迫最重要的问题，并且应该在十国委员会中对于在有效的国际管控下所商定的全面彻底裁军措施协商一致。

总统先生，在我们会谈期间，您提出来这个想法，就是在裁军开始阶段应该销毁包括火箭、飞机和其他方式的核武器的运输工具以及相关的军事基地。另外，您还强调，您认为销毁这些核武器的运输工具是唯一可以解决裁军问题的务实的措施。

这样的观点交流表现出我们对于这个问题的立场在本质上是一致的。如同您回忆的那样，我曾指出我们可能也会就如同您所建议的那样开始裁军，即销毁核武器的运输工具。

对于可能应该大胆地向峰会提出裁减核装备和销毁核武器运输工具的问题，我和您的观点一致。

考虑到我们这些观点的一致性并且希望尽快地达成一个有关裁军的紧

---

① 文献来源：*DDF*, 1960, Tome Ⅰ, pp. 890-895。

② 这是指由欧洲司复核过的翻译。——原编译者注

急问题的务实的协议，苏联政府完善了1959年9月18日提出的裁军方案，起草并为四国领导人大会讨论准备了有关实现全面彻底裁军的详细建议。在这些建议中，我们完全考虑到您所斟酌的有关优先禁止并销毁所有核武器运输工具的内容，其中包括军事基地的清除。我们同样考虑到在谈判过程中由我们的合作伙伴提出的其他的各项建议，特别是有关裁军检验的组织、在全面彻底裁军的条件下维持和平与安全的措施的建议以及其他的建议。

在由美国政府发起的针对苏联的挑衅行为之后并且峰会也遭到了暗中破坏的时候，认为裁军问题的审核成为一件迫在眉睫的事项的苏联政府把其建议发送给了所有国家的政府并且把这些建议递交给了十国委员进行审核。这些建议得到了加入了该委员会的波兰、捷克斯洛伐克、罗马尼亚和保加利亚政府以及其他一些国家政府的支持。

这些建议在很大程度上是继我们会谈中达成的谅解后所形成的。但是作为对这些建议的回复，这封来自你们一方的信件中丝毫未提及销毁运输核武器工具以及清除军事基地的内容，而重点放在了对运输工具和基地的“检验”上。

几乎没有必要详尽地证明的是，可以运输以大规模摧毁性武器为目的的运载工具以及建立对于这些运载工具的简易监管而不必将其清除是一些完全不同并且不相干的事情。

销毁那些能够运输原子武器和氢武器的军用飞机、作战用建筑以及火箭，清除那些建成用来威胁其他国家安全的军事基地，并因此保护人民不会受到突然袭击以及核战争爆发的威胁——这是一回事。但是让所有这些核进攻的方式保持完好无损并且将对话只是局限于和裁军、销毁武器的实质性措施毫无关联的检验的话题就另当别论了。这些检验不仅对于和平没有意义，而且恰恰相反只能加剧不信任并且使国家间的关系恶化。

不用说，放弃我们之间关于裁军问题会谈的这个精神只会阻碍通向达成一份协议的道路。十国委员会中法方代表所采取的立场对此是一个附加的证明。应该确认的是西方大国的代表团不仅在最佳的期限内对于促进裁军的协议无所作为，而且恰恰相反这些代表团实际是打算尽其所能来阻止达成这样的一份协议，使委员会的工作偏离解决裁军中的实际问题，为了将裁军事务淹没到无休止并且徒劳无果的并和裁军不相干的检验中去。在同样的情形下我们如何能够判断法国政府的立场呢？只能得出这样的结论，即法方向它的西方盟友做出让步，并且放弃了在和你们进行的谈话中对我表达的观点。

也许这样做是为了不得罪法国的盟友。但是我要明确地表明，法国政府这样的立场并非是你们之前以法国之名表露的立场，这完全是一个截然不同的立场。

这一切都使人相信，致力于推动将十国委员会的工作引向会富有成果的谈判，对此法国政府并不认为很有必要。实际上，法方在委员会中一直和那些将十国委员会的裁军工作引向死胡同的国家暗中配合。

自从十国委员会在日内瓦开始其工作已经过去三个多月了。苏联政府向其递交了在有效的国际检验下裁军的详细具体的计划以进行审核。另外，苏联政府还做出声明，准备对来自其他任何国家的旨在达成全面彻底裁军的建设性意见进行审核。但是西方各大国的政府虽然近期仍然表决支持联合国大会有关全面彻底裁军的决议，但事实上在委员会中避免任何对于裁军具体建议的审核。

而法国、英国、美国、意大利和加拿大方面向十国委员会递交了一份方案。对于这份方案，无论我们持有什么样的愿望，都不可能视其为一份裁军的方案。① 这不如说是一份和裁军不相干的检验方案，更确切地讲，是一份只有利于那些正在酝酿侵略计划的人的合法化的军事侦察方案。如同经验证明的那样，这样的人绝没有消失掉。事实上，西方大国正试图全力以赴地建立一套有关洲际弹道火箭以及人造卫星的检验方式。这样一个计划的含义不难猜出：这是北约国家试图获得单边军事优势，而损坏苏联的安全。

当然不可能在这样的基础之上达成相互谅解。甚至好像参加十国委员会的西方强国为自己确定的目标就是阻止达成任何有关裁军问题的协议。

---

① 指西方国家在4月26日递交给委员会的方案，详见 *DDF*, 1960, Tome Ⅰ, p. 657(note)。

这个委员会对于这些国家无非就是用来试图掩盖它们抵触裁军的障眼法。

就如同在十国委员会谈判中表现出来的那样，加入该委员会工作的西方国家政府明显没有禁止或者销毁像原子武器和氢武器这样可怕的大规模杀伤性武器的愿望。这些政府也不希望清除掉武装部队和传统的武器装备。这也是唯一能够解释西方强国的代表们在这样或那样的借口下一步步地摒弃了有关这个问题的所有建议。不得不指出，由于西方强国所采取的立场，十国委员会的工作已陷入僵局。这种僵局正是这些代表用那些徒劳的舌战一手造成的。这个委员会本身已经完全蜕变，不再是一个致力于裁军事业的机构。很明显，在西方有一股势力，这股势力对实现裁军毫无兴趣，而且反对以任何方式达成有关裁军的协议。并且这些势力已经成功地公然表明西方大国在委员会中的立场。

实际上，这个委员会给人造成的其在裁军方面做了一些事情的错觉只是在错误地诱导人们。而事实上，西方强国加强了军备竞赛，这也使使用核装备火箭导致爆发致死性战争的危险与日俱增。

众所周知，苏联真诚希望达成裁军协议。可现在苏联加入十人委员会中被利用成掩人耳目的工具，去掩盖和真正的裁军毫不相干的行径，这是苏联政府不能同意的。

我们愿意相信法国代表目前在十国委员会中所采取的立场并非是法国最后的决定。我们希望法国政府将以最认真的态度审视在十国裁军委员会中产生的局面。

我和您坦白地说，总统先生，苏联政府在审视了委员会中出现的局面后得出这样的结论：根据其在日内瓦的代表的立场来看，这些西方大国并不想严肃地进行有关裁军的谈判。这些大国自己表达出的观点和裁军任务毫无关联。这同样在随后由这些大国进行的军备竞赛中表现出来，也在委员会的裁军问题的讨论过程中表现出来，因为这些大国只是努力创造出谈判的表面现象并且努力欺骗那些真诚希望裁军问题会得到解决的人们。

考虑到所有这些，苏联政府最终认为有必要暂停其参加的十国委员会的徒劳无果的讨论，以便将裁军问题和 1959 年 11 月 20 日联合国大会对该事项的决议的实施问题提交给下一届联合国大会审核。显然，还要提出来委员会的组成问题。

苏联政府坚信，裁军的问题事关和平与战争，能够并且应该找到针对这个问题切实可行的解决方法。在实现这一崇高的事业过程中，任何人为制造的障碍、任何拖延的方式都是不可容忍的。

总统先生，这些就是我认为自己应该和您通报的有关裁军问题的考虑内容。深知阁下具备对国际形势重大问题广阔的视野以及您多次表达出对有关裁军问题的关心，我非常希望您能深明大义、毫无偏见地来审视我刚刚向您提出的见解。

向您表示我诚挚的敬意。①

（沈练斌译校）

① 这位苏联政治家的信函内容的完整翻译发表在 la Documentation française, *Articles et documents*, n°0971, 12 juillet 1960, Textes du jour; Ministère des Affaires étrangères, *Documents sur le désarmement. Conférence du Comité des dix puissances sur le désarmement（Genève, 7 juin－28 juin 1960）, 2e session*, La Documentation française, 1960, pp. 109－110。对于该函件内容的具体分析（以及针对其他西方国家的分析），请见 *l'Année politique 1960*, pp. 495－496。6 月 30 日戴高乐将军回复的赫鲁晓夫先生的信函。将军表示写信人的考虑让他"受到触动，甚至感到有些意外"。法国对于裁军问题的立场没有改变，但是苏联政府将原子武器的运输工具问题放在了它新的裁军方案的前面并不会意味着法国政府认可了这个方案的全部内容，这里还要算上一些举措，这些举措是有关可能用于运输原子武器的飞机和火箭的条件，而且不同于戴高乐将军在巴黎和朗布依埃会谈时考虑过的举措。法国的立场再一次得到重申。应该从裁减核军备开始裁军，"以一些有效务实的事情"为开端。如果无法做到对核弹以及核弹药还有其转换物的完全清除，巴黎建议禁止"战略性"飞机和火箭运输核弹和核弹药以及禁止它们具有对此类运输所必要的装置，并且还建议要不遗余力以便在基地和发射架上制定出适当的检查方式以使这些禁止内容得到遵守。对于赫鲁晓夫先生方案中提到的将裁军拿到联合国去讨论的内容，将军予以反驳：只能"在和一些主要相关国并且有技术能力的国家的很有限的范围内"以务实的方式来研究这类问题（*Année politique 1960*, pp. 496－497）。戴高乐将军信函的完整内容请参见 la Documentation française, *Articles et documents*，上述那期；Charles de Gaulle, *Lettres, notes et carnets*, Ⅷ, *juin 1958－décembre 1960*, pp. 371－373。——原编译者注

19600625，FD000234

德姆维尔致莫克电（第330—334号）[①]

（1960年6月25日）

紧急。限制转发。

我已详阅您对美方新计划的意见（您的824—838号电报）[②]。

的确，正如您在电报开头所指出的，这份方案体现出美方的一种努力，即考虑我们与我们盟国的意见。

但此文件依旧较为明显地偏离我们自己的想法。依我看，在以下两点尤其如此：

1. 美国方案第7段[③]提到在第一阶段将停止核生产，但仅是指转产为允许数量内的非军事用途的可裂变物质，故并未保证消灭储备。我们也一直遇到同样的困难，甚至更艰难的处境，因为第一阶段如今是一个独立的关键所在。

2. 尽管美方一定程度上考虑到我们在运载工具方面的担忧，但此计划仅提及了现场检查。谈判期间会有技术审查，以便对约定工具种类的消减情况进行检查，但有关审查的表述含糊不清。

鉴于以上情况，若希望达成一份共同计划，西方国家估计还需要很长时间来讨论。只有双方均做出妥协，才有望拟定出一份统一的文本。因此，目前这份美国计划可能会失去其自身的精确与一致性。此外，当双方对于约定的条款分别做出解释时，分歧也会随之而来。

---

① 文献来源：*DDF*, 1960, Tome Ⅰ, pp. 889-890。

② 指6月24日电报，未转载。莫克先生在该电报中表达了对于美方这份新文本（*DDF*, 1960, Tome Ⅰ, 第293号文件已提及）的初步看法。他对其提出一些异议。首先，整体方面，此文本的确反映出我们盟国方面的进展，能够实现依次商议两项裁军条约，一项涉及第一阶段，由十国签署，另一项关系到今后两个由世界会议负责的阶段；但这不是一项全面且完整的条约，而且文本没有规定任何期限。其次，对于技术观察那一章节，这位法方代表指出条约方案存在混淆之处：没有明确区分常规武器与大规模杀伤性武器，且将后者与其运载工具相提并论。其他一些异议涉及军事管制与经费。不过，莫克先生亦强调这份建议有进步之处。——原编译者注

③ 涉及可裂变物质的停产。

因此，正如我在6月25日向伊顿先生所指出的，[①] 我认为更可取的做法是让美国人明白，他们最好自己放弃这份新文本，勿再千方百计寻求其他西方国家的支持，那只是徒劳。

若能如此，我们在原则上也不会反对他们的倡议，亦会拟定我们的意见，不至于让他们感到为难。

请于6月26日会议前将上述内容转告给您的英美同僚。

（郭冬梅译，姚百慧校）

19600627，FD000236

莫克致德姆维尔电（第877—886号）[②]

（1960年6月27日）

绝对优先事项。

一、西方国家会议

1. 今日即6月27日17点，我们在奥尔莫[③]召开了西方国家会议，探讨在苏联猝然决定[④]后应遵循的共同程序。

2. 我们认为给赫鲁晓夫先生的回信[⑤]应包含以下几点意见：

（1）我们对苏联代表的离会感到遗憾。

（2）此次裁军谈判会议是经四国外交部长一致同意召开的，如今因其中一国单方面的决定而中断。

---

① 参见 *DDF*, 1960, Tome Ⅰ，第293号文件。

② 文献来源：*DDF*, 1960, Tome Ⅰ, pp. 900-902。

③ 位于日内瓦附近的别墅，十国裁军委员会法国代表团团长莫克先生的住所。——原编译者注

④ 6月27日，佐林先生发表一份声明，指出十国裁军委员会已陷入僵局，西方强国对此负有责任，“他们不是致力于起草一份裁军计划，而是主张制定一种无裁军的检查”。苏联方面曾为峰会准备了整体全面裁军的建议，在峰会未能成功召开后，又向十国裁军委员会提交，“然而西方强国试图回避研究苏联的新建议，他们无意就裁军问题展开认真谈判”。因此苏联政府退出十国裁军委员会。佐林先生与其他东欧代表团团长公开声明了他们退出裁军谈判会议的决定。——原编译者注

⑤ 电文19600626, FD000235。

(3) 6月28日，我们的代表将按往常时间召开一次会议，以了解苏联代表是否重新考虑他们的态度。由于他们的缺席（在我们看来是肯定的），以及苏联方面缺乏诚意，会议被迫延期。

(4) 但是考虑到和平问题的重要性，我们要求召开安全理事会紧急会议，以便立即召开联合国大会。

二、联合国大会还是联合国裁军审议委员会？

1. 我们对于联合国大会这一问题讨论过很久，伊顿先生对其政府意愿做了以下补充说明：

各国政府可在联合国大会紧急特别会议（session spéciale）与特别会议（session extraordinaire）之间做出选择。决定这一选择的，有可能是我们想不到的一般性考虑因素。如果各国政府确定以上两种会议类型均不合适，那么就应致信苏联要求立即召开联合国裁军审议委员会（Commission du désarmement）。

最后，美国政府将通过各国驻华盛顿大使确保协调西方五国政府的答复。

2. 影响我们选择的考虑因素如下：

在今早佐林先生的陈述里，苏联方面宣称不参加十国裁军谈判会议，而是将问题推迟到九、十月份召开的联合国大会常会上讨论，他们这样做是错误的。有必要强调这一问题已迫在眉睫，因此我们希望能够在前述三机构之一立即展开讨论，希望绝大多数政府能够投票敦促十国裁军谈判会议重启工作。

三者之中选择哪个，这取决于以下考虑因素：

(1) 争取和平的紧急特别会议（assemblée extraordinaire）创立于朝鲜作战时期，具有2个优点与1个缺点：它可以应安全理事会7个理事国请求召开，不行使否决权，但只能商议列入其议程的问题。不过苏联方面会宣布其程序非法，并拒绝参会。

(2) 联合国大会特别会议（assemblée générale extraordinaire）要么由安全理事会特定多数表决召开，要么应其多数成员国请求召开。苏联因此会在安全理事会上反对召开此会，但他们很难公开捍卫这一立场，因为即便他们行使否决权，会议依然可应 4 个成员国请求召开。这一办法的缺点在于，各类问题都能在此会议进行探讨，如目前的 U-2 事件、日本事件、拉甘核炸弹、阿尔及利亚和平等。

（3）如果排除以上两种办法，我们还可以考虑应一个成员国请求召开联合国裁军审议委员会。然而从理论上讲，召集此会主要旨在讨论狭义的裁军，而非通过一项要求十国重启工作的决议。此外，这一会议的反响不如前两个联合国会议。

以上是今日达成的讨论要点。虽然我不倾向求助于联合国，但亦不否认四位同僚所提理由的重要性，即能够改变东方倡议中的不当与不得体之处，并提出西方的倡议，后者旨在向“未表态的”政府证明，西方比苏联更加强烈、真诚地希望裁军。

三、会议内容

十国裁军谈判会议将于明早即 6 月 28 日 10 点 30 分召开。形式不变：主持权先从三个缺席的东方代表依次传递，接着根据字母表顺序，轮到伊顿先生开始主持。

会议任务之一是向裁军审议委员会做汇报，后者再向安全理事会与联合国大会做汇报。依照传统，这一汇报将包含以下内容：

1. 一份关于开会次数的简要说明；

2. 相关会议记录；

3. 已提交的文件，主要指苏联 6 月 2 日方案与美国 6 月 27 日方案；①

4. 应我要求加上的西方五国代表明确责任的共同声明。这是同僚们请我今晚撰写的。我将于明早会议休会期间呈交。待会议重新开始后，这一声明将被宣读，以便有效附加入汇报中。然后会议将延期，下次开会时间待定。

（郭冬梅译，姚百慧校）

---

① 美国方案名为“在有效国际监督下的全面彻底裁军方案”。按此方案，第一阶段将包括禁止将带有大规模毁灭性武器的运载工具运入轨道；建立防止突然袭击的视察区；将武装部队初步裁减到 250 万人，连同对军备的相应裁减；以及停止生产裂变物质。第二阶段的限额包括将武装部队裁减到 170 万人；裁减包括原子武器在内的一切武器；以及在联合国内建立一支国际和平部队。第三阶段完成将部队裁减到维持国内秩序及国际和平部队所需要的水平。《联合国与裁军》，第 98 页。

19600629，FD000237

莫克致德姆维尔电（第945—953号）[①]

（1960年6月29日）

1. 多国首都在评论日内瓦会议中断的原因，特别是华盛顿方面（第3177号电）[②]，对此，我在想5月30日葛罗米柯先生是否没有说出真实理由。我曾向您讲过那天我是在何种情况下应其请求与之进行了一次较长的交谈，当时他从安全理事会回来即将返回莫斯科。葛罗米柯先生以他的方式向我陈述峰会未能成功召开的原因，然后概括补充道："我们已经准备了一份计划，有意在峰会提交，这一计划充分考虑了各方在日内瓦提出的意见，特别是法国的。"我于是问他是否愿意将计划公布于众，特别是在日内瓦。"有什么用呢?"他回复道，"根本没法与现任美国政府谈判。"

接着他就以下三点进行抨击：反对裁军的美方成员十分强势（他列举了盖茨（Gates）先生、麦科恩（MacCone）先生与一些将军）；对于反对裁军与赞成谈判两派成员间的争议，艾森豪威尔总统没有能力仲裁；特别是即将进行总统选举，这让现任美国政府无法做出任何决定。我记下了这位苏联外交部长对我们盟国之一的严厉评判，并问他是否甘愿接受推迟一切重要谈判，直至新任美国总统上台，也就是直至明年年初。他确认说不认为现在能够得到华盛顿方面的决定，他对美国总统及其身边人士不再有任何信任。

2. 此次交谈后不久，葛罗米柯先生就离开巴黎返回了莫斯科。总之，6月1日他在莫斯科，而苏联的新计划在6月2日被公布于众，随后于7日被

① 文献来源：*DDF*, 1960, Tome Ⅰ, pp. 924-926。

② 6月28日第3177—3181号电报（来自阿尔方先生，未转载），叙述了美国对于苏联中断日内瓦十国裁军委员会谈判的反应。美国国务院尚未全面分析佐林先生的动机，且似乎颇为震惊。他们认为苏联这一决定蓄谋已久，是要等着美国大选的结果。需要思考的问题是，如今裁军谈判前景不容乐观，这一中断对于涉及中止核试验的会议进程有怎样的影响。新闻界则表达了他们的愤怒，认为苏联更喜欢联合国的主席台，甚至提出苏联是要影响美国选民以便选出一位好商量的总统。新闻界建议重启核试验，甚至抨击在日内瓦的美国代表团团长。——原编译者注

提交至日内瓦。5 月 30 日，葛罗米柯先生还明显很犹豫，然而很快就决定在 6 月 2 日提交计划。对于造成这一变化的形势因素，我肯定是不知道的。不过我们可以想象后面事态的发展，这并不复杂：苏联方面认为提交计划有利于宣传，因此既然没能利用到峰会的主席台，那就利用日内瓦方面的。但是，他们对于跟任期将至的美国政府谈判的可能性持怀疑态度，提交计划并不会改变这一点。既然宣传的效果已经达到，他们只是通过中断会谈来结束被他们视为无果的谈判。

伊顿先生返美之行①可能加速了这一中断。通过阅读有关华盛顿会谈的电报，苏联方面了解到美国即将提交一个新计划。中断会议是旨在对抗西方的，因此要赶在美国新计划提交之前进行。

3. 22 日星期三发表的东方五国代表团联合公报已让人推测到中断的意愿，因为文本用语是具有倾向性与恶意的。可能在公报发表以前，在莫斯科就已基本做出中断的决定了，约 20 日或 21 日。不过为了充分发挥中断的作用，需要选在东方主持会议的情况下进行，以便能够立即宣布取消会议，让西方没有辩驳的可能。但 23 日星期四是法国主持会议，24 日星期五是意大利，而且伊顿先生一直缺席会议，苏联方面因此认为可以再等等。

25 日星期六，伊顿先生返回。苏联肯定知道我们 26 日星期日在讨论美国方面的建议。因此 27 日星期一是最后日期，以便在新建议提交前中断会议。这个日期也很合适，因为那天是波兰主持会议。

总之，我认为日内瓦会议中断不是东方态度发生变化的标志。苏联一直决意不与现任美国政府谈判。他们之所以在 6 月 7 日重启会谈，是因为希望在峰会提交那份准备好的计划，有助于他们的宣传。从那天起，他们已决心结束会谈，并选择了他们认为合适的最后日期：即他们的阵营主持会议且美国文本尚未提交的那一天。

我对于苏联希望推迟谈判的假设，可以在他们并不急于在纽约重启讨论的表现中得到证实。比如，他们本可以要求立即召开联合国裁军审议委员会，如联合国大会一样，此会议组成也能让他们有机会争取“未表态的”

① 6 月 17 日返回美国，旨在与其政府进行为期多日的商讨。——原编译者注

代表团；或者他们也可以要求召开一届联合国大会紧急特别会议（session spéciale）。但他们却满足于将此问题登记在1960年联合国大会常会的议事日程里，这意味着到9月末和10月初的一般性辩论阶段才开始辩论，而实质性辩论最早也要等到10月下半月和11月初才能在政治委员会进行。因此，这一辩论直到美国选举人选定之后才会结束。在日内瓦委员会或其他机构重启相关讨论也将在联合国大会会议结束以后，即1961年初，到那时新一届美国政府将就职了。

（郭冬梅译，姚百慧校）

19600705，FD000244

十国裁军委员会法国代表团备忘录[①]

（1960年7月5日）

在日内瓦的其余四个西方代表团如今的立场如下：

1. 美国代表团未得到明确指令，他们给华盛顿方面转发了以下材料：

——一个是修订过的美国计划，[②] 还有微调的可能，但已获得其余三个西方代表团的赞同；

——另一个是一份清单，涉及与我们法国意见分歧之处。

美国代表团将全员留守直至有新指示。不过斯特尔先（Stelle）生认为，除非五国代表团重启会谈，否则7月下半月代表团将精简人数。作为驻日内瓦代表，伊顿先生与斯特尔先生整个夏天会留在此处，但将没有或大幅减少专业事务。

通过与美国代表团多位代表的交谈，可知美国方面应该不会反对将裁军归档材料转至大西洋理事会，斯巴克（Spaak）先生似乎也有此意。的确，他们认为不会再有什么紧急情况了，并且希望这份已修订过并获得英

① 文献来源：*DDF*, 1960, Tome Ⅱ, pp. 11-13。

② 涉及6月27日计划，La Documentation française, *Documents sur le désarmement. Conférence du Comité des dix puissancessur le désarmement, Genève, 7 juin-28 juin 1960, 2e session*, pp. 24-26; *DDF*, 1960, Tome Ⅰ，第293—294号文件。此计划经西方国家修订过，但法国未实际参与。——原编译者注

国、意大利与加拿大三国代表团赞同的美国计划，能够被大西洋理事会其余成员国所接受。他们因此有意向我们法国施压，迫使我们逐渐地、部分地改变立场，以避免与我们展开直接对话。事实上，之前在华盛顿进行的预备会谈结束时，就有些美国人士考虑这一策略了。不过当时时间不充裕，但美国已打算寻求妥协以争取法国赞成一份共同计划。

2. 英国代表团也未得到明确指令。他们也将全员留守直至有新指示，奥姆斯比-戈尔（Ormsby-Gore）先生除外，他在会议中断数日后就返回了伦敦。

英国已表态同意这份修订过的美国计划，虽提出以下修改建议，但态度并不坚决：

——增加爱尔兰有关防止核武器扩散的建议；

——删除任何有关减少军事预算以及向不发达国家提供援助基金的提法。

对于把修订过的美国计划寄给大西洋理事会这一程序，他们似乎也不反对。

3. 除马蒂诺（Martino）与卡瓦莱蒂（Cavaletti）两位先生外，意大利代表团也将全员留守。该团建议西方五国代表团于夏季部分时间在日内瓦保持接触，目的有二：

一方面，在尚缺乏共同计划的情况下，为接下来的联合国大会辩论确定统一行动；

另一方面，在裁军多领域继续开展专家级别的技术工作。

4. 加拿大代表团也留在原地，包括伯恩斯（Burns）将军。他们接到指令，即留在日内瓦直至西方国家明确共同立场，以准备后面的裁军审议委员会会议。他们原则上同意这份修订过的美国计划，但其实加拿大政府对此文件并不满意。

加拿大代表团将有可能是最后一个离开日内瓦的。

结论

从目前情况看，若想在日内瓦继续西方五国会谈，并为后面的裁军会议寻求一致意见，现在也许并非适宜的时间。不过，法国代表团此时最好一方面精简人员，另一方面采取足够渐进的方式离开，以免被指责最先离开了日内瓦而回避可能进行的会谈。不过在适当时候，还应及时将我们法国代表团最终离开的日期告知各盟国。

（郭冬梅译，姚百慧校）

19600706，FD000245

德勒斯致德姆维尔电（第356号）[①]

（1960年7月6日）

7月6日举行的北约理事会会议上，美国代表和斯巴克先生提出的裁减军备问题引发了讨论。讨论围绕内容和步骤两个方面进行。

一、在背景方面，美国方案[②]在内容上得到一致的无差别认可，这些认可来自五国中的我的同事也来自一些其他国家代表（荷兰、比利时、挪威、德国），这些代表也做了发言。

从我这一方面来看，我仅指出我们目前不能接受这样一个美国方案，尽管我们的专家已经在分析这个方案了。斯巴克先生当时一直坚持并且表明，就他看来，法国想法已经在戴高乐将军给赫鲁晓夫先生的信中[③]显现出来了，很难看出这和美国方案有什么区别。我当时就指出在两个关键点上有分歧：核运输交通工具，库存转产（请参看您发给日内瓦的第330—334号电）。[④] 但实际上为了避免一场争论，我没有完全展开这个问题，这也是因为我并不掌握有关这场争论的全部内容。当时斯巴克先生问过诺尔廷

---

① 文献来源：*DDF*, 1960, Tome Ⅱ, pp. 46-47。

② 载于 *Documents sur le désarmement. Conférence des dix puissances sur le désarmement (Genève, 7 juin-28 juin 1960), 2e session*, La Documentation française, 1960, p. 24。关于这个方案，亦可参见 *DDF*, 1960, Tome Ⅰ, 第293—294号文件。——原编译者注

③ 载于 *Documents sur le désarmement, Conférence des dix puissances sur le désarmement (Genève, 7 juin-28 juin 1960), 2e session*, La Documentation française, 1960, p. 111，以及 *l'Année politique 1960*, pp. 496-497 (30 juin)。——原编译者注（节译）

④ 电文 19600625, FD000234。

(Nolting) 先生；诺尔廷回答说他能理解法美分歧的本质。不管怎样，他补充说，美国坚持裁减核武军备和裁减常规武器军备的完全并行。如果第一阶段裁军只销毁核运输工具，那两个领域的平衡将被打破。

应该避免共产主义阵营的兵力数量和常规武器的优势显示出来，而为此应当重建平衡，这也是正因为西方的原子威力。施特克 (Staercke) 先生指出不存在一致的西方立场。但斯巴克先生反而强调不应该夸大这些分歧。他补充说有必要更准切地理解这些分歧的实质。

二、关于程序，除了德国和荷兰的大多数代表团，都指出不宜立刻将这一问题交由联合国裁军委员会，但是可能应该在联合国大会召开前的某一个时间将他们召集在一起。并且从那时开始，希望能做出努力拉近西方国家这边的对峙立场。

(谭书宇译，沈练斌校)

19600713，FD000246

法国常驻北约代表致德姆维尔电 (第373号)[1]

(1960年7月13日)

1960年7月13日法国代表团裁军会议陈述概要

一、总体原则

法国的立场主要由两大总体原则所决定：

1. 最重要的是希望把重点放在核裁军上，现今这代表裁军的主要形式，这同时也是科技进步以及公众意见使然。

在这一点上，戴高乐将军已在6月30日给赫鲁晓夫先生的回信中[2]明确指出：我们是如何打算通过控制“运载工具”来达到裁军。法国政府从裁军进程的一开始就没有考虑完全销毁这些器械，这和6月2日的苏联计划所鼓动的意图一样，但法国考虑通过一个旨在禁止搭载核燃料及核弹的战略火箭和飞机的措施。当然，按照法国政府的本意，这些举措应该和适当

① 文献来源：*DDF*, 1960, Tome Ⅱ, pp. 79-82。

② 关于戴高乐6月30日的回信，参见19600626, FD000235注释。

的控制措施同时产生，这些控制措施应按真正的相互核裁军的方式来制定。因此，也许会采用和在西方的相同的降低比例来降低在东方的“威慑力”的级别。对于这一点，在北约会产生担忧是不成立的。

2. 我们担心，当停止军用裂变材料的生产与库存的销毁或转产不同步进行这样的情况出现时，相对于其他国家而言法国就可能处于劣势。

二、美国方案①指导原则引发的与该方案间的分歧。第一项原则引发的分歧

1. 虽然美国方案很好地提及了共同条约中达成的关于发射基地和发射站的现场监督制度，但相反它未规定任何承诺或者保证“运载工具”只能用于和平目的（第4段，第一阶段）。不过，我们认为，正如在共和国总统给赫鲁晓夫的回信中提到的那样，正是在这样的道路上应该做出保证。

2. 美国方案的第二阶段（第2段）规定了将所有种类的武器装备裁减到一个可接受的水平，其中包括运载工具，但并不是销毁那些专门用于军事目的的已建好的运载工具的武器装备，也正是如此法国在日内瓦提出修正案：“运载工具……应当缩减至约定的程度，并随后彻底销毁。”

3. 美国方案（第2段，第二阶段）在大规模杀伤性武器和运载工具间确立了一种相似性，大规模杀伤性武器由于太过分散已经不能查验，而运载工具仍令人担忧。这一立场与法国的观点相差甚远，在后者看来，为了让大规模杀伤性武器失去作用，应当首先销毁军事运载工具，而不是逐渐地并同时销毁原子武器及其运输工具。

1. 美国的计划（第6段，第一阶段）将常规武器和大规模杀伤性等同齐观。实际上，这只是规定了在第一阶段有关商定好的武器数量的措施，而不明确是常规武器还是核武器。然而，如果裁减常规武器，我们就大大削弱了军队的战斗力的话，缩减大规模杀伤性武器而不是将其销毁，我们就可能给潜在的侵犯者留下摧毁其对手的方式。

2. 关于我们第二个总体原则的适用，如果美国方案在第一阶段（第7

① “美国代表团向十国裁军委员会提交的国际有效监督下的全面彻底裁军方案（1960年6月27日）”，刊登在 la Documentation française, *Documents sur le désarmement. Conférence du Comité des dix puissances sur le désarmement (Genève, 7 juin–28 juin 1960), 2e session*, pp. 24–26。——原编译者注（节译）

段）规定了停止核生产，那该规定应该配有“可接受数量”的裂变原料除用于军事用途外的其他转变用途，但该条规定在销毁库存或库存转产上没有提供任何保证，因此，法国在日内瓦提出了一项修正案《实质性的可接受数量》。

三、细节分歧

1. 我们认为，安理会为从一个阶段到下一个阶段的过渡提供的保证（第 4 段，控制原则）是充分的。在这样的条件下，没有理由依次对两个裁军条约进行协商，就如同美国方案中建议的那用，而恰恰相反，最后只是达成一项协议。

此外，这一点上，英国、加拿大、意大利代表团在日内瓦提出的修正案使十国委员会按新的方式规定任期，这点让我们很满意。

2. 在我们看来，为三个阶段中的每一阶段设定期限非常有用。

3. 关于美国方案提出的对于空军基地的检查制度（第 4 段，第一阶段），美国在日内瓦的代表团保证将补充一些细节，这些附加的细节可能会非常重要。

4. 参照生物和化学武器对于我们来讲并不很合适，因为存在着对这样的举措进行检查的困难，此外，这样的措施也没有显著降低大规模杀伤性能力的优势。

5. 在缺少支付参照记录的条件下，我们反对从裁军中抽取资金注入到发展中国家的援助基金中去，这种可能对世界舆论产生轰动影响的举动。

四、结论

问题的详尽讨论之后将在北约进行，双重困难与其相伴。

1. 问题有很明显的技术特点。

2. 目前讨论在五国间继续，已经达成了一些修正，因而现在实际上美国方案也不再那么有效，甚至每天都在改动，这使得在接下来北约继续讨论变得十分困难。其中一些修正使得观点得以趋近，但如果两个机构同时负责一个问题，似乎很自然地就把问题搁置解决，而非深入探讨。讨论的细节应该留给权能机构，即留给五大国的专家。

（谭书宇译，沈练斌校）

19600725，FD000247

政策司备忘录①

（1960 年 7 月 25 日）

（裁军办公室）

关于裁军

所附记录言及一些主要的异议，根据法国的观点，可以将这些异议用于“美国方案修改版”② 的一些安排。目前，西方大国间的情况如下：

1. 我们尚未表示认可“美国方案修改版”，英国、加拿大、意大利以及可能其他的几个大西洋条约成员国已经表示赞同了。我们也不接受真正地讨论这个方案，我们也不会参与协商以期拟订出一个共同方案。我们仅向美国做出如下说明：

a. 我们不会公开批评你们的方案，你们不要为了我们采用该方案而一再坚持。我们的立场实际上大为不同，目前力图使其一致将是徒劳的。

b. 此外继续西方国家间的对话的时间不太适当。准备出一套裁军方案实际上应当就是为了与苏联进行谈判。然而，没有人知道什么时候，如何能够重启有关裁军的真正意义上的谈判。因而最好在拟订一个新计划之前，再等些时日。

面对这些主张，美国没有坚持。它似乎满足于现状。只有英国和加拿大，在某种程度上还有大西洋理事会，坚持主张一个共同的西方立场应该在一份共同方案中表现出来。

---

① 文献来源：*DDF*, 1960, Tome Ⅱ, pp. 145－148。根据 DDF 的注释，该文件抬头有如下手迹“我很高兴了解您的见解。谢谢！M. L.” DDF 注解说明，M. L. 为政策司裁军处副处长的米歇尔·勒让德尔。

② 关于对 6 月 27 日原版美国方案的安排提出的异议，参见 *DDF*, 1960, Tome Ⅱ，第 31 号文件；19600705, FD000244; 19600706, FD000245。根据五国的讨论情况，原文已经经过了修改。——原编译者注

但美国政府做出的要求召开裁军委员会会议[①]的决定可能会重新开启辩论，并且我们的合作伙伴可能会再次和我们坚持这点以便可以递交给该委员会一份西方的方案。无论如何，如果在没有我们参与的情况下，美国独自或联合一些合作国家提交了一个方案，万一有一次投票，这时提出的问题就会从我们的态度中产生了。该假设或许尚早，但不能将其排除。

2. 6月27日的美国方案已在西方国家间得到修订，但我们没有积极加入讨论中。一些安排可能已经得到修改以便顾及我们的观点，但这不是因为我们的坚持。如果我们提出要求或者我们将其作为我们同意的条件，其他一些安排本也能修改。总的来说，如果我们把已经做出的和我们可能取得的修改放在一旁，在我们的构想之间仍存在四个重要分歧，在“美国方案修改版”中反映出来。

1. 我们希望给每个阶段设定完成期限，我们考虑到向联合国安理会求助并且得到其同意构成了从一个阶段到另一个阶段过渡的充分必要条件。如果这些条件都被接受，我们就可能准备好承诺接受这份裁军共同计划的约束，但是我们不会反对一份可能的关于起始步骤的协议，一份可以立刻谈判和实施的协议。

对于这几点，和美国设计上的差别都很明显，甚至重大，但也不是不可能找到一致的片段，例如第一份西方计划的情况。

2. 关于中止军事目的的裂变原料生产，以及已有的这些裂变原料或者说核导弹的库存转产，我们要求转产从一开始就达到相对于库存的实质性比例。这点上我们没有得到满意的结果。至少，只要没有和苏联进行真正的协商并且苏联没有严肃地表现出诚意，美国就不接受在这一领域做出明确的承诺。此外，美国让我们注意到，我们已经接受了第一个西方计划，其中没有给出首批转产的实质性数量的符号。美国诱导我们接受同样的安

① 由于遭到联合国秘书长以及一些西方国家政府（特别是意大利、法国政府，它们担心西方五国对美国最近一次提出的方案达成一个完整的协议）反对，美国政府于7月初放弃了要求立刻召集联合国裁军委员会的计划，在这之后，美国联合国代表团团长卡伯特·洛奇向哈马舍尔德先生提出了一个美国政府的正式请求，即要求在8月初召集该委员会。——原编译者注

排，但持有和之前一样的保留态度。

3. 还剩下核导弹运载工具的问题。在这一领域中，美国的立场在过去六个月里已经有了明显的变化。

a. 我们希望对于海、空军基地、火箭发射架安排的监管制度，确保核导弹的主要运载工具不运输这种导弹，以及这些运载工具不包含这种运输的必要装置，并以此作为首要任务。事实上，这是我们最初想法的演变或明确；开始，我们尤其试图去裁减，随后销毁主要运载工具本身，作为对需要定义的内容的回应。我们裁减并销毁主要运载工具的想法仍然存在，但以后这将配合，或者说，听命于实施的监管措施的指挥，这种监管措施将保证这些运载工具不运输核导弹并且也不会为此目的而进行装备。

这一想法的实现会提出很多问题，而这样的想法，尚未经过法国相关部门仔细研究，这些部门从开始就致力于主要运载工具的逐步裁减。这个想法也没有经过美国的仔细研究。美国迄今未断然拒绝这一想法。美国要求必要的时间来研究其战略影响和意义。就像我们对于裁减并销毁运载工具本身所建议的那样，如果逐步进行的想法伴随着实现过程，美国更好地理解我们的观点也不是不可能，理解的程度就是直到裁军进程结束再进行完全禁止。无论如何，似乎一开始就不可能讨论禁运核导弹或者禁止针对该运载工具的装备的承诺。这一立场与苏联的主张一致，可能和我们传统的控制裁军的立场相对。这只是在落实了一种满意的管控的情况下，可能才会彼此对照逐步地采取禁止措施。在一个整体的方案中，无论如何，这些措施都不可能只在一个阶段内就可以实施完毕。

b. 关于逐步裁减核武器主要运载工具，以实现最终销毁之目的，美国的立场在过去六个月间，已经按照我们要求的方向变化。美国提议逐步控制军事基地和发射基地，这是我们六个月前建议的且遭到了我们盟友的拒绝。另外，虽然在美国方案修改版中没有明确提及，但是美国目前可能准备接受开始对核导弹主要运载工具进行“约定范畴”的裁减，从计划的第一阶段开始。然后，美国在他们目前的方案中还提议，在第二阶段裁减全部的运载工具，这是一个重要的转变。然而，美国反对在这个第二阶段结束时完成彻底销毁。在后面这点上，美国得到了大西洋理事会的一致支持，我们在这点上不大可能进行成功修改。理所当然地，这使我们注意到，我们从未离我们先前的主张这样遥远过。在 1960 年 1 月我们给华盛顿的计划中，[①] 我们只想在进程结束时彻底销毁。况且这个问题和上一段的问题是相关联的。

结论：因此过去六个月美国立场的变化并非无关紧要。如果提交的新的美国方案不像我们希望的那么精彩，如果在许多方面仍不够完善，一些安排就不会和我们的意见一致，也不会趋近我们自己在西方国家间对话开始时已提出的意见。今后，如果我们决定改变我们总体上孤立的态度，美国很可能会再迈出步伐来和我们会面。

（谭书宇译，沈练斌校）

19600801，FD000248

外交部致以色列大使馆照会[②]

（1960 年 8 月 1 日）

备忘录

继 6 月份本·古里安（Ben Gourion）先生访法[③]会谈后，法国政府已重

① 19600116, FD000200.

② 文献来源：*DDF*, 1960, Tome Ⅱ, pp. 183-184。正如文献题头处手写注解所言，此照会在 8 月 1 日已由外交部长交至以色列大使馆。——原编译者注

③ 在法国外交部的档案中未见任何有关以色列总理本·古里安在巴黎会谈的汇报。——原编译者注

新考虑对以色列原子项目提供援助。[①]

从以色列总理本·古里安先生表述的信息，法国政府了解到以下内容：本·古里安先生认为以色列已按协议向法国进行了咨询，同时鉴于法方的反对意见，以色列放弃把在建设施生产的钚用于军事用途。

不过，法国政府同时强调，必须公开钚提取工厂、反应堆工厂以及法国给以色列提供帮助的条件。法国政府还认为有必要对工厂及未来的生产进行检查（待定），以促使前面提到的放弃声明生效。这一检查也应被公开。

法国政府希望知道以色列政府目前能否接受这些安排，如若不能，那么对于钚提取工厂的建设，法国肯定不会继续提供帮助。

工厂建设即将进入实施阶段，以色列政府有必要尽快予以答复。

（郭冬梅译，姚百慧校）

① 1956年12月12日与1957年10月30日，法国和以色列双方主管当局间达成原子能领域合作协议（未发表）。这些协议涉及铀供应以及技术与工业援助，以建设反应堆与钚提取工厂。官方声明，其目的旨在原子能的研究与和平应用。皮诺先生与楚尔先生在1957年10月30日的往来信件（未发表）中规定，若以色列决定改变其购买的和平性质，法国将终止合作。1960年3月18日，在总统戴高乐将军主持的一次法国政府会议上，会议决定终止一切铀供应。但随后的问题检查显示，要确保铀不被用于军事用途，单纯停止铀供应很可能是无效的。因此在1960年5月12日法国总理府召开的会议上，以色列特拉维夫方面被告知，法国认为有必要对法国援助的以色列已建设施进行国际检查。1960年5月13日法国外交部长把告知此决定的照会（未发表）交给以色列大使。以色列国防部秘书长希蒙·佩雷斯抵达巴黎，希望劝说法国政府改变决定，1960年6月8日吉约马先生与德姆维尔先生先后接见了他。在与法国外交部长的会谈中，佩雷斯先生表示拒绝国际检查。6月13日，在以色列驻巴黎大使陪同下，佩雷斯先生询问德姆维尔先生是否可以不考虑欧洲原子能共同体的检查。6月14日，本·古里安先生向德勃雷先生陈述了他对以色列安全的担忧。德勃雷（Debré）先生反驳说法国非常希望在和平性质的原子研究方面帮助以色列，但仅限于此。以色列总理本·古里安先生回答说，当研究超出这一阶段时，以色列就会向法国咨询。德勃雷先生随后提出建设或生产的保密问题。该问题被呈报给戴高乐将军。6月17日，戴高乐总统接见了本·古里安先生，后者陈述了对纳赛尔（Nasser）的担忧，不过声明将放弃生产原子武器。——原编译者注

19600802，FD000249

外交部致加拿大驻巴黎大使馆照会[1]

（1960年8月2日）

加拿大政府通过其驻巴黎大使于1960年7与15日递交给共和国总统先生的照会[2]，法国政府已收到。在照会中，加拿大政府表达了对法国政府在裁军方面立场的担忧，特别是在核裁军方面。

法国政府认为这些担忧的理由并不充分。法国政府认同这一基本原则，即若不从一开始就强调核裁军，那就无法构思裁军计划。此外，这一原则如今已不再受到质疑。

但这绝不意味着我们的建议会缺乏保障机制，特别是不考虑防御的迫切需要。更不意味着我们在要求西方核强国削减的同时，不确保有效检查以保证苏联同样削减。同样地，这也并非意味着要将核裁军与常规裁军割裂。相反，正如加拿大照会所提及的，重要的是应采取谨慎的、逐步的、与其他裁军措施平衡的方式，以保证主要相关国家间的军事现状不发生改变。

在表达这些观点的方式上，盟国间的看法可能会存在差异，因此应把它们列入一个裁军总计划内。裁军措施只有在一个大背景下才会具有意义。其意义也是相对的，因为它既有赖于如何检查，也有赖于如何与其他措施同步、渐进地执行。这一背景也并非一成不变。在某种时候，它依赖于某些条件。然而，无人知晓何时以及如何重启与苏联严肃认真的谈判。现在是确定我们立场的最佳时机吗？回想在与西方伙伴国会谈之初，法国政府阐述的总体意见与许多措施，起初曾被拒绝，但随后又被共同接受和提出，对此，加拿大政府也是知道的。因此要想预测下面数月事态的发展，难道不是件难事吗？

---

① 文献来源：*DDF*, 1960, Tome Ⅱ, pp. 187-188。

② 加拿大政府于1960年7月15日递交给共和国总统的正式照会，表达了对法国核试验的担忧，并建议法国支持美国的新裁军计划，以便西方国家能够结成统一阵线对抗苏联。关于此问题请见 *DDF*, 1960, Tome Ⅱ，第45号文件；19600705, FD000244; 19600706, FD000245; 19600713, FD000246。——原编译者注

加拿大政府在照会中强调了西方阵营统一的“至关重要性”。在西方阵营统一方面，法国政府完全意识到其必要性，并为维护统一在各种场合积极行动，特别是在联合国辩论期间。但无论如何，我们必须注意到目前苏联政府似乎并不准备严肃讨论裁军问题。此外，在像联合国大会这样成员众多的会议上，我们很难有效讨论裁军建议。因此，待时机更加成熟再做决定，这样可能更好些。①

（郭冬梅译，姚百慧校）

19600812，FD000251

戴高乐致赫鲁晓夫的信②

（1960 年 8 月 12 日）

主席先生：

您 7 月 23 日关于裁军的信③函收悉。在我看来，冗长的回复无益，毕竟法国方面已经重申过多次了。不过我还希望再次向您指出法国的立场是什么。这一立场始终未变，依旧不同于您所反复强调的。

我认为持有核武器的强国应开始裁军。同时我还认为，目前只有在发射原子弹工具方面才可能取得某些实际成果。即应禁止为发射此类炸弹而专门建造和装备的火箭、卫星、飞机、军舰，当然也要摧毁那些已经因此而专门建造和装备了的工具。

尽管如此，在我看来要实现上述摧毁和禁止，仅靠声明是完全不够的，

① 附件载有加拿大政府照会原文，未转载。——原编译者注

② 文献来源：*DDF*, 1960, Tome Ⅱ, pp. 214-215；另见 Charles de Gaulle, *Lettres, notes et carnets, T. Ⅷ, juin 1958-décembre 1960*, pp. 391-392。8 月 14 日，德姆维尔通过第 4044—4050 号电将信发给驻苏联大使德让，要其转交赫鲁晓夫，并告知转达的日期与时间。

③ 7 月 23 日，赫鲁晓夫先生给戴高乐将军发了一封有关裁军的重要信函，涉及以下内容：1. 两位元首 3 月 25 日与 4 月 1 日的会谈（*DDF*, 1960, Tome Ⅰ，第 146 号文件）；2. 戴高乐将军在 6 月 11 日与 30 日给赫鲁晓夫先生的信函（关于这些材料，见 *DDF*, 1960, Tome Ⅰ，第 262 号文件；19600626, FD000235 注释）；3. 十国裁军委员会法国代表对于裁军的态度。苏联领导人信函的完整翻译版，见 La Documentation française, *Articles, et Documents*, n°981, 6août 1960，当日文章；相关详细分析，请参阅 *L'Annépolitique 1960*, pp. 517-519。——原编译者注

需要在这方面进行持久且相互的检查。我们处在一个征服太空的世纪，因此我更加不赞同因下述理由就禁止和摧毁所有火箭、卫星、飞机与军舰，这一理由是：若这些工具存在，它们总有可能被加以必要装备而用于发射核弹，哪怕这样做是被禁止的。的确，这种意外情况可能出现，但那意味着要违反国际法并驱逐检查人员。若真有此类情况发生，那么各国都会收到消息并恢复行动自由，我们将重回现在的局面。

的确，万一有国家决定违背承诺，我也想不出任何可以立即强制他们信守承诺的办法。除非建立高于国家的国际性权威、司法机关与强制力，它们强于任何民族，且能够随时随地出现。不过，您和我都知道，这在我们的世界里不存在。

既然如此，我们就应当承认，若要禁止火箭、卫星、飞机、军舰随时运载和突然发射核破坏性装置，就必须对所有规定的发射台、基地、工厂进行明确且持久的检查。此外，只要在通过与实施这种检查的条件方面无法达成共识，那么很显然裁军就不会有效实现，即便是初步措施亦是如此。

因此，我再次总结指出，若希望实现裁军，那就必须果断重启这方面谈判，除此别无他法。此外，在法国政府看来，这一谈判不应在联合国大会那种不协调、冲动且嘈杂的氛围中进行。而应在“十国”这一有限范围内，以便拥有和制造原子武器的四国能够从容不迫地阐述观点，毕竟这四国才是在此领域承担责任的。

顺致崇高的敬意。

夏尔·戴高乐

（郭冬梅译，姚百慧校）

19600815，FD000252

德让致德姆维尔电（第3234—3238号）[①]

（1960年8月15日）

紧急。限制转发。

---

① 文献来源：*DDF*, 1960, Tome Ⅱ, pp. 216-217。

下文涉及您4044号电。

1. 赫鲁晓夫先生目前在克里米亚，戴高乐将军8月12日对其7月23日裁军信函的回复，已于今日即8月15日14点30分（巴黎时间12点30分）由我转达给葛罗米柯先生。

通过简要分析，我指出就问题实质而言，法国立场始终如一。即要启动核裁军，首先要从原子武器的运载工具方面入手；同时，还应有恰当、相互与持久的检查，否则任何裁军措施都无法想象。

至于谈判方法，我提醒葛罗米柯先生，在联合国裁军审议委员会成立后，苏联政府也曾和西方国家政府一致承认，对于如此重要且棘手的问题，在有约80个成员国这样大规模的范围内，任何严肃的工作都无法执行。十国裁军委员会正是在此背景下成立的，并且根据苏联的意愿，委员会建立在代表人数对等的基础上，四个核武器强国参与其中。

2. 葛罗米柯先生指出，苏联政府始终赞成在裁军方面进行一种有裁军的有效检查，拒绝的是无裁军的检查。至于方法方面，苏联政府的观点与我们的不一致。十国裁军委员会未能满足原有的期待，讨论变成毫无结果的冗长空论。苏联政府因此考虑有必要将此问题提交至联合国大会，认为如果西方强国真心有意裁军，那么在联合国大会的讨论也能有所成果。

最后，如苏联领导人往常做法一样，这位苏联外交部长重申，裁军方面的主要障碍在于美国执意拒绝裁军。

我们知道，苏联对其论断给出的理由是，对美国大多数领导人而言，武器制造是国家经济生活重要且不可替代的要素。

我在离开时表示相信，美国和其他强国一样，都能够认识到裁军的迫切必要性，能够认识到所有政府都有责任不懈努力以实现裁军。

3. 戴高乐将军的信函今日也将转达给赫鲁晓夫先生。

（郭冬梅译，姚百慧校）

19600906，FD000253

赫鲁晓夫致戴高乐的信[①]

（1960 年 9 月 6 日）

总统先生：

您 8 月 12 日函悉[②]，十分感谢。信中您友善地就法国裁军问题的立场给我做了补充解释。我们也因此可以彼此详述各自政府对此重要问题的看法，并且我认为这是有益的。我坚信这样的意见交流有助于消除可能存在于彼此的某些不明之处。

然而我还是有必要指出，在某种程度上，我们曾有充分理由认为法国的立场具有此类不明之处。的确，您信中说法国立场始终未变。然而在实践中，我们却发现在法国官方代表的陈述中存在明确且非常重要的分歧。

我清楚记得我们与您在今年三四月份的谈话。总统先生，当时您清晰明确地表达了裁军应从摧毁以下核武器运载工具开始的必要性：战斗火箭、海陆军事基地、火箭基地等。这在我们看来是正确且有意义的想法，您大概还记得，我曾立即回复您说，在此问题上我们的立场不仅相似，甚至是一致的，仅有几处细节有待在今后谈判中进一步完善。

然而不幸的是，在日内瓦十国裁军委员会上，法国代表却采取了另外一种十分不明确的立场。大体而言，我们代表听其阐述的，是考虑进行无真正裁军的检查。首先，他谈到了检查火箭，却不涉及摧毁军用火箭储备；其次，他谈到了检查军用飞机与某些类型的战舰，却不涉及彻底摧毁这些核武器运载工具，仅考虑进行一定“削减”；最后，他谈到了“检查”军事基地，但对清除某些强国在十多个别国建立的基地网的必要性，却只字未提。

---

① 文献来源：*DDF*, 1960, Tome Ⅱ, pp. 320-323。9 月 14 日，法国外交部将该信件通过电报转发驻华盛顿、伦敦、渥太华与罗马外交代表，编码分别为第 13657、11627、2345、3445 号。转发的电报中告知：9 月 12 日维诺格拉多夫已将此封信函带给戴高乐；请驻外使节交给各自驻在国政府（华盛顿、伦敦、渥太华与罗马），并强调其机密性，目前苏联方面尚未公开此信。

② 19600812, FD000251.

总统先生应能够看出，这位法国代表在日内瓦所说明的计划，完全不同于我访法时我们和您所谈的内容。坦率地说，这样的计划对于消除威胁人类的核战争危险无济于事。倘若现存的原子弹与氢弹储备完好无损，而国家还留用前面提到的火箭、战机、战舰以及军事基地，那将何谈摆脱此危险！当我们听说此计划后，尽管并不情愿，但还是不得不做出结论，即法国立场已不同于在巴黎、朗布依埃谈判时。说实话这让我们感到痛心。我们本希望相信这其中存在某些误会，但我们不能认为莫克先生在日内瓦陈述的是有别于法国政府观点的个人见解。另外，在十国裁军委员会以外的其他声明中，这同一位莫克先生又强调应“消除”核武器运载工具，而不能仅是“检查”它们。

总统先生，我很高兴看到您 8 月 12 日的信中再次明确指出，法国主张“应禁止为发射此类炸弹而专门建造和装备的火箭、卫星、飞机、军舰，当然也要摧毁那些已经因此而专门建造和装备了的工具”您还指出有必要建立一种有效检查，以保证留存的和平用途火箭（宇宙飞行器、民用飞机与船只）不会突然被用于核攻击。如果我理解正确的话，这一计划也包含清除某些强国在外国领土建立的军事基地，这些基地在别国边境附近，有可能被用于核攻击。因为在今年春季的会谈中，我们一致同意要求清除此类基地，并摧毁核武器运载工具。这样可以说，对于裁军这一要事，法国与苏联的立场在很多方面是一致的。

如您所知，苏联政府建议裁军应从禁止与摧毁所有核武器运载工具开始，并接受国际检查，具体包括可能发射核弹头的战斗火箭、军用飞机、军舰或炮艇；同时建议清除在外国领土建立的军事基地。这些建议与您 8 月 12 日信中观点不矛盾。何况，我们不止一次公开说过，苏联政府关于裁军的最新提议是在考虑了春季会面时您的积极主张后制定的。因此我们似乎有适当的基础以共同开始讨论裁军问题的和平解决办法。所以，如果法国与苏联能够在国际舞台支持这一立场，我深信在裁军方面卓有成效的谈判的可能性会大大提高。

至于此类谈判的场所问题，您认为有必要在一个小范围机构进行，以便拥有核武器的四国政府“能够从容不迫地阐述观点”。对于数量有限的国家参与裁军谈判这一点，我们毫不反对。苏联政府曾竭力以最积极的方式参加十国裁军委员会的工作。如您所知，我们也已准备好在峰会积极参加裁军问题的审议。然而，一方面，苏联代表遭到美国与其他某些西方强国的顽固反对，他们不同意彻底审议裁军问题；另一方面，美国政府蓄意制造状况致使峰会无法召开，因此，我们也无能为力。不过我已在适当时候给您写信详述过此事，就不再重复了。

简而言之，我们认为联合国大会下届会议审议裁军问题是有益的，而且在目前形势下，鉴于十国裁军委员会的工作没有取得成果，峰会也未能召开，我们认为这一审议也是不可或缺的。联合国裁军审议委员会显然考虑过此事，因为在今年 8 月，经过包括法国与苏联在内所有 82 个成员国的投票，委员会曾建议大会第 15 届会议认真审议裁军问题。①

我们完全不认为此讨论必然会处在“冲动且嘈杂”的氛围中，这也不是我们对联合国大会的期待。苏联政府坚信，作为规模最大、最具权威的国际组织之一，联合国大会定能为接下来的所有裁军谈判提供新动力与正确方向，并进一步丰富去年大会已取得的成果。

显然，如果联合国成员国的国家或政府首脑，或其他的国家领导人出席接下来的第 15 届会议，那么在联合国大会更容易就裁军问题达成一致意见，而且通过的决定也会更有分量。苏联政府因此表示赞成最高级别领导人亲自参加下届联合国大会。

这一想法已经获得很多国家的支持，我们希望其实施能够促进第 15 届会议工作取得成功，特别是裁军问题的顺利审议。

至于今后旨在达成裁军共识的谈判，正如我曾给您的信中所言，还需考虑谈判机构的组成问题，因为某些其他相关国家的参加是合乎期望的。

总统先生，请允许我总结指出，苏联政府与作为苏联政府首脑的我本人，我们十分重视能够与法国总统及政府之间实现相互理解，希望苏联与法国能够为我们时代至关重要的国际问题的解决共同作出贡献，首要的即裁军问题。

---

① 第 15 届会议预计在 9 月 20 日召开。——原编译者注

致以最美好的祝愿与深深的敬意。

1960 年 9 月 6 日
尼基塔·赫鲁晓夫
（郭冬梅译，姚百慧校）

19600914，FD000254

公约处致法国驻大西洋理事会代表备忘录[①]

（1960 年 9 月 14 日）

对荷兰代表在大西洋理事会所提裁军问题的回复

在大西洋理事会上，就法国政府在裁军问题的立场，荷兰代表向法国代表提出了三组问题，其中第三组是第一组的延伸。

以下是对荷兰代表所提问题的回复：

一、在第一组问题中，斯蒂克（Stikker）先生询问，对于西方国家来说，接受在裁军初始阶段禁止核运载工具，这难道不危险吗？即便如法国所指出的，这一措施会接受双方认真、适当的检查，但由于苏联在常规力量方面占据优势，西方国家难道不会处于劣势吗？以西方威慑力量同时应对常规力量与核攻击，难道不是毫无意义吗？最后，法国的立场难道不违背北约的论点吗？北约认为在整个裁军过程中，核裁军与常规裁军之间应保持平衡。

由于现代武器的发展，重新思考裁军行动的等级，并重视核裁军特别是核武器运载工具，这些显得尤为必要。提问中涉及的问题，法国政府也从一开始就认真研究过。

研究的总体结论已被阐述过多次，说明如下。

1. 毫无争议，技术的快速发展迫使我们改变裁军措施的顺序与等级。这是法国政府去年年底就阐述并提出的，同时还强调了核裁军，特别是核武器运载工具。目前大家对此已无异议。

2. 不过，这并不意味着我们要放弃某些早先提出的原则，法国政府始

① 文献来源：*DDF*, 1960, Tome Ⅱ, pp. 335-337。

终坚持这些原则，并充分维护其效力。在 1959 年 10 月 27 日交至联合国的至今完全有效的核心文件中，① 这些原则被再次提及。其中主要的一条强调，在裁军行动中一定不能破坏早先提出的均等原则。只要军队存在，就应同时同步增强所有国家的安全，不能只顾及一部分国家的安全而牺牲另一部分的，这样的方案对于后者来说是无法接受的。此原则要求纠正仅考虑等级的过于绝对的做法。我们应同时考虑相对迫切性和在不同裁军技术领域介入行动的必要性，因此要在每个阶段预见同步措施，以使它们合力持续增强每个国家的安全。

3. 在西方专家审查期间所提的建议里，以及在日内瓦委员会法国代表的声明中，法国都始终忠于这些原则。强调核裁军特别是核武器运载工具的至关重要性，并不意味着我们的建议会缺乏保障机制，特别是不考虑我们共同防御的迫切必要性。相反地，我们强调在西方核强国削减的同时，必须确保有效检查以保证苏联同样削减。同样，核裁军不应与常规裁军相割裂。

4. 在最后这一点上，法国的立场比某些盟国还要坚定。因为在我们看来，若相割裂那么削减兵力毫无意义，如果不对常规武器进行相应削减，我们是无法接受的。因此，如果留存的武器与批准的兵力之间缺少明确、受控的比例，仅仅是存放某些类型的常规武器，那是完全不够的。但如果常规武器的受控限制与兵力的相一致，且裁军主要措施有机融合，那么上述所提问题的担忧就缺乏依据了。

二、在第二组问题中，荷兰代表询问是否能在尚不清楚苏联人如何执行裁军协议其他条款前，就将大量可裂变物质转产为和平用途；在这方面，应如何理解“大量（substantiel）”一词？尤其是考虑到法国“对不平等的担忧”。鉴于法国目前没有大量储备，这可能意味着其余核强国要尽快将其

① 即联合国文件 A/C-1/821, La Documentation francaise, Documents sur le désarmement. Commission du désarmement (10 septembre 1959) et XVe session de l'assemblée des Nations Unies. Débatsdevant l'Assembléegenerale et sa Commisionpolitique (New York, 15 septembre-13 décembre 1959), 1960, pp. 66-68。“法国代表团的建议”，1959 年 10 月 27 日摘自朱尔·莫克团长 1959 年 10 月 22 日在第一次委员会的发言。——原编译者注

储备减至最低水平。

前面回复第一组问题的说明中，已包含对第二组问题回复的成分，下面是具体补充说明。

1. 在西方世界，各国都承认核裂变物质的停产应与现存储备的转产相联系。这一联系自 1957 年起就被列在所有盟国的裁军计划中。但如果从一开始就不落实大量、大比例的转产，如果因转产技术困难就不预先考虑及时、迅速、尽力地完成转产，那么这一联系只会是虚假的、象征性的，其实毫无意义。如果削减只是象征性的，不能在初步措施的基础上继续，那么这一行动可能在某些方面有用，但却与真正意义的裁军无关，而且只会令现在的局面停滞不前。

2. 正如在对第一组问题的回复中所指出的，执行这些削减要符合我们在裁军方面始终坚持的总体原则，并具有保障机制。因此，这些削减与转产应在一个总框架内进行，对此我们已建议过多次。所以，执行这些行动要符合这一总体要求，同时有控制地执行其他措施。

3. 考虑到与苏联谈判的现状，对于“大量”一词，现在明确其范围还为时过早，这取决于可裂变物质的现有储备量。根据专家们目前对这些储备的大致估算，对于主要核强国来说，具有意义的转产量肯定得远超过以前曾提及的。

（郭冬梅译，姚百慧校）

19600916，FD000255

阿尔方致德姆维尔电（第 4461—4469 号）[①]

（1960 年 9 月 16 日）

9 月 16 日五国裁军会议在威尔科克斯（Wilcox）先生助手的主持下于国务院召开。会议目的是在联合国辩论前夕[②]交换总的意见。

---

① 文献来源：*DDF*, 1960, Tome Ⅱ, pp. 343-345。该文件题头有手迹：我想和勒让德尔先生谈谈此事。——原编译者注

② 辩论将在 9 月 20 日于联合国大会进行。——原编译者注

1. 五位代表[①]已在一些方面达成一致：现阶段，不可能精准预测苏联将如何行动——很有必要在联合国大会上不能让自己被拖进有关裁军的细节讨论，而是重申五国的基本立场以及日内瓦谈判破裂的情况——很有必要在十国委员会的框架中要求重启协商。

2. 实际上，根据加拿大方面消息，苏联可能会要求用三个中立国来增援委员会。英国，美国与加拿大考虑坚决反对这一主张。但它们不排除这种假设，即简单纯粹地维持十国委员会是不可能的。这种模式实际上在一些中立国家间不“得人心”。

a. 英国代表提议，如果是这种情况，就提议在联合国范围内成立一个小组委员会，由五个西方国家、三个苏联阵营国家、两个中立国组成。按照其说法，这个方式让裁军谈判重回联合国框架内，并让中立国家参与，可能对一定数量的国家表现出吸引力。相反，苏联可能拒绝这个计划。在这种情况下，好像就应当提议，该项工作的小组委员会应由联合国全体成员指定。人们很快就会明白，在这样一个论坛里不可能严肃地工作，那么就可能会很容易回到一个非常有限的小组的模式之中。

b. 美国的立场从一开始就比英国立场更坚定。从开始就坚持十国委员会这一当前模式是最重要的。需要时，应当提醒这一模式本出自苏联，并且西方国家在接受裁军需要在联合国外并且在一个同等的机构中讨论时，就已经做了让步。然而，如果完全不可能维持当前模式，我们在方法穷尽之时就可能准备站在美国角度来考虑成立新的严格限制在联合国框架内的小组委员会。在这点上，美国立场归根结底还是接近由英国考虑的第一个模式的。

c. 加拿大代表也强调，一开始应该坚持现有模式比较好，但他认为，为了十国委员会的模式“更得人心”，应当考虑两种可能性：

——在十国委员会中加入一个中立的主席。这位主席应该只有引导辩论的作用，没有干预实质内容或参与投票的可能性。

——创建一些以地区为基础的委员会和一些科技委员会。但加拿大代

① 这些西方国家的代表来自加拿大、意大利、美国、法国、英国。——原编译者注

表不认为这样一个模式能使谈判快速进展。依其看法，这个委员会最大的价值，就是在某种程度上让大量中立国家参与谈判，并向这些国家表明整个裁军谈判是何等复杂曲折。

d. 意大利方面也表示同意维持十国委员会的想法，但意大利似乎担心英国推出的模式比如说 5-3-2 这样的模式最终会导致西方代表数量的减少。意大利政府可能也不反对在十国委员会里面增加两个必要时表示中立的中立国家。意大利甚至考虑一个轮流机制，可以每两年更换这些中立国。

e. 考虑的这些模式可能会改变负责裁军谈判的委员会构成或者换掉这个委员会，我方代表提醒注意这些模式包含的风险。唯一有效的并且能够得到有益成果的解决方法就是回到十国委员会讨论上。重要的是从开始就坚持这一点。

3. 美国代表和英国代表提到了爱尔兰提案①显示出的一些问题，这个提案关系到防止更大规模核武器扩散的措施。

a. 美国代表认为，解决方法在于通过一个规定把问题移交给负责裁军谈判的机构的决议。去年问题被移交到十国委员会时就采用了这样的解决方法。

b. 英国代表陈述了在这个问题上英国政府的如下观点：

伦敦认为爱尔兰的提案给了西方做出主动的可能性。西方应当提出一个决议，依据这个决议的内容，拥有原子武器的大国可能要宣布它们的意愿，即不会向没有这类武器装备也不具备用于其生产的信息的大国转让。至于没有原子武器的国家，它们可能要宣布没有制造核武器的意愿。

按照英国代表的意见，在对于西方国家显得很困难的辩论过程中，这

---

① 1958 年第十三届联大会议期间，爱尔兰提出了关于核武器扩散的决议草案，但没有交付表决。1959 年 10 月 28 日，修订的爱尔兰提案要求联合国承认散布核武器所造成的危险，并建议十国裁军委员会应考虑避免这种危险的适当手段，包括缔结一项具有视察和监督的国际协定的可能性。据此，生产核武器的国家不得不将对此种武器的控制权转交给不拥有此种武器的任何国家，而不拥有此种武器的国家不得制造此种武器。再次修订后的爱尔兰提案于 1959 年 11 月 20 日以 68 票对 0 票、12 票弃权被通过，成为第 1380（XIV）号决议。决议全文及大国对爱尔兰提案的态度，见《联合国与裁军》，第 315—316 页。

样的主动可能会有这样的优势，即会受到一些欧洲中立国家舆论的喜爱。因为在原子合作方面的困难，苏联自身也能从这样一个决议中获益，这些困难让苏联肯定会与中国对抗。

如果这个“公布的决议”的主张不能为继，英国就准备支持将问题的研究交给负责裁军谈判机构的决议这一美国模式。不过，在辩论过程中，英国代表团将做出一个声明，明确英国政府的相关观点。

因为在这个问题上没有其他意见了，其他代表仅仅表示他们会向各自的政府汇报英国的建议。

（谭书宇译，沈练斌校）

19600916，FD000256

政策司备忘录①

（1960年9月16日）

（裁军办公室）

1960年9月12日赫鲁晓夫就裁军致共和国总统的信件

赫鲁晓夫9月12日的最近一封关于裁军的信②口气温和，以回复共和国总统8月12日的信件③。信中内容没有任何变化，仍旧坚持主张，重提

① 文献来源：*DDF*, 1960, Tome Ⅱ, pp. 349-351。该备忘录由政策司裁军处副处长米歇尔·勒让德尔完成。——编译者注

② 信件收录于 La Documentation française, in *Documents sur le désarmement. Commission du désarmement (16-18 août 1960), et XVe session de l'Assemblée des Nations Unies. Débat devant l'Assemblée générale et devant les 1re 2e 5e Commissions (New York. 20 septembre 20 décembre 1960)*, pp. 41-42。——原编译者注

③ 收录于 La Documentation française, *Documents sur le désarmement. Commission du désarmement (16-18 août 1960), et XVe session de l'Assemblée des Nations Unies. Débat devant l'Assemblée générale et devant les 1re 2e 5e Commissions (New York. 20 septembre 20 décembre 1960)*, pp. 40-41。——原编译者注

了苏联先前在6月26日①和7月23日②的信件中已经阐述的主题。这些主题如下：

1. 法国政府在核武器运载工具上采取的立场，特别是其日内瓦会议代表团的立场，与共和国总统和赫鲁晓夫先生在1960年3月、4月间在朗布依埃以及在巴黎的会谈的立场不一致。这两个立场间可能有着“一些明显且十分重大的分歧”。

在朗布依埃，共和国总统本义是在“通过销毁如战斗火箭、可以运输核武器的飞机、海上军事基地和陆上军事基地、火箭基地等核武器运载工具来开启军备裁减的必要性”上表达“清楚而不含糊的意见”。相反地，在日内瓦的法国代表本义是采取“另一种更不明确的立场”。他们本义是阐述一些对于并非真正裁军的监管考虑。他们的本义是讨论那种不是彻底销毁各种核武器运载工具库存以及对国外基地的监管。对于该内容，这和先前的信件相比是新的主张。莫克先生个人两次被质疑：“我们不能认为莫克先生在日内瓦只陈述了他不同于法国政府的个人观点。此外，在十国委员会之外的其他声明中，还是这位莫克先生强调消除核武器运载工具的必要性，而不仅是对这些运载工具的监管”。这个策略非常熟悉，被佐林先生运用在日内瓦会议期间。

2. 苏联9月12日的信件重提了第二个常规议题：关于强调法国与其西方盟国之间的立场差异，以及法国与苏联的立场之间的“重合”。赫鲁晓夫先生看来，法国政府的真正立场实际上不可能是如他在朗布依埃、巴黎的会谈间所理解的那样，即销毁火箭、卫星、飞机、用于发射核弹且配备好的军舰，并清除建设在外国领土且靠近其他国家边界的军事基地。

在这种情况下，赫鲁晓夫先生认为，法国与苏联的立场“在很多点上重

---

① 收录于 La Documentation française, *Documents sur le désarmement. Commission du désarmement (16-18 août 1960), et XVe session de l'Assemblée des Nations Unies. Débat devant l'Assemblée générale et devant les 1re 2e 5e Commissions (New York. 20 septembre 20 décembre 1960)*, pp. 36-37。——原编译者注

② 收录于 La Documentation française, *Documents sur le désarmement. Commission du désarmement (16-18 août 1960), et XVe session de l'Assemblée des Nations Unies. Débat devant l'Assemblée générale et devant les 1re 2e 5e Commissions (New York. 20 septembre 20 décembre 1960)*, pp. 38-40。——原编译者注

合”，何况苏联政府最近给出的关于裁军的建议是在考虑法国意见的同时准备出来的；因此存在一个“一同讨论裁军问题的实际解决方法的适当基础”。

3. 关于裁军未来的谈判框架，赫鲁晓夫先生表示“完全不反对有限数量的国家参与谈判”。他补充说道，对此更好的证明就是，苏联政府不仅已经接受了在十国委员会内部的谈判，还准备好积极参与到峰会中的裁军审核。如果这都不可能，那正如大家清楚的，这绝不是因为苏联的错误。对于未来，赫鲁晓夫先生还是表示希望“一些有利害关系的其他国家”也能加入谈判。

不管怎样，目前由于十国委员会及峰会[①]已经失败，赫鲁晓夫先生认为，联合国大会可能是研究裁减军备问题最合适的场合。另外，他让人们去注意裁军委员会中包括法国在内的82个成员国在8月18日召开委员会会议时所提出的建议。[②] 这次大会“能够提供一种新动力，并为今后谈判提供准确的导向，同时推进上一次大会已经实现的成果。”

4. 信件结尾呼吁政府或国家首脑及其他国家领导人参加下次联合国大会，目的是进一步提升通过决议的分量。

结论

赫鲁晓夫先生9月12日的信在根本问题上没有提出新的要点。对于其来讲这是一个重提熟悉议题的机会，这些议题已经在先前的信中陈述过。另外还要指出苏联政府已经回复了6月底十国委员会中五个西方国家的信件分别是通过赫鲁晓夫先生7月23日致戴高乐将军的信件、7月23日致麦克米伦先生的信件、7月24日致迪芬贝克先生的信件以及通过7月26日致美国政府的照会，8月2日致意大利政府的照会回复的。只有共和国总统于8月12日回复了发给总统本人的苏联来信。其他信件或照会的接收方没有发出任何回复。因此需要考虑是否有必要继续一个没有新要点且可能充当苏联宣传的单独进行的对话。

（谭书宇译，沈练斌校）

① 1960年5月17日的峰会以失败告终。关于会议报告，参见*DDF*, 1960, Tome Ⅰ，第221号文件。

② 裁军委员会于1960年8月16日至8月18日在日内瓦召集。——原编译者注

19601021，FD000260

政策司备忘录[1]

（1960年10月21日）

（裁军办公室）

法国裁军代表参加第一委员会[2]

似乎应该特别探讨以下相关几点：

一、再次提及法国在核军备裁减上的观点是合适的，原因如下：

a. 我们一直主张所有裁军方案应当把重点放在核军备裁减上，我们已经建议通过对运载工具的监管来达到这一点。我们只能通过再次呼吁来博得很多国家的同感。就像在最近那个八月份举行的裁减军备辩论所显示出的那样，这些国家非常支持核军备裁减。对此有一种非常普遍的舆论倾向，苏联以提出"全面彻底的裁军"的方式，为自己的利益利用这种强大的舆论，就像尼赫鲁和铁托对赫鲁晓夫方案的赞同表现出的那样。

b. 我们对核军备裁减原则的坚持只会有利于我们在共同体国家间的声望，让这些国家避免受到或者是"全面彻底裁军"这样说法的迷惑，或者像加纳代表提出的导致退出政策的非洲原子中立建议的迷惑。（加纳代表提议为整个非洲建立一个禁止核武器及外国军事基地的区域。）

c. 在构建打击力量将把法国带到重新开启在撒哈拉的试验[3]的时刻，重申我们在中止试验和库存转产上的立场或许是合适的。在这一点上可能想起戴高乐将军在威斯敏斯特的宣言[4]："法国，就其而言，一旦其他国家停止持有一些武器，就非常乐意停止为了给自己配备这些武器进行的试验和生产。"

---

① 文献来源：*DDF*, 1960, Tome Ⅱ, pp. 513-515。由外交事务秘书让-巴泰勒米·莫雷尔（Jean-Barthélémy Morel）完成。——原编译者注

② 联合国大会第15届会议的第一委员会于1960年10月11日至12月19日在纽约成立。法国联合国常驻代表阿尔芒·贝拉尔先生代表法国于10月27日加入。——原编译者注

③ 将在1960年12月27日进行了第三次爆炸。

④ 在1960年4月戴高乐访问英国期间：*DDF*, 1960, Tome Ⅰ，第153号文件。

二、不过多地渲染技术层面来阐述西方的监管构想，并指出9月23日的赫鲁晓夫方案①在这一点上是怎样地和先前的方案没有差别，看法仍然是监管的进行受限于约定的裁军行动，这些做法可能会有益。在联合国框架内成立一个国际监管组织的建议确实给人留下深刻印象。

三、由于赫鲁晓夫先生在纽约重申了他的看法，按照其看法的意思，十国委员会的法国代表团支持了一些不同于在朗布依埃的关于销毁运载工具的观点，这可能就有理由更新我们先前已有的策略。

四、我们考虑向第一委员会重申戴高乐将军8月12日信件②中采取的立场是否合适，该立场是有关重启仅限于十国范围内的谈判的必要性。在裁军委员会以及联合国大会期间，形成了一种支持扩大被委托进行谈判的机构的普遍想法。英国、意大利、加拿大表示自己准备放弃均等原则。尽管如此，还是希望有一份有关在限制框架内对裁军问题进行谈判必要性的措辞细腻的声明。

至于有关目前向第一委员会提出的决议建议，似乎可以了解到麦克米伦文本（le texte Macmillan）③ 建议把研究可能的检验和监管制度的角色委托给一些技术专家，似乎比英国、美国和意大利提出的三方决议方案④更

---

① 载于 La Documentation française: *Documents sur le désarmement. Commission du désarmenment (16–18 août 1960), et XVe session de l'Assemblée des Nations Unies. Débat devant l'Assemblée générale et devant les 1re, 2e et 5e Commissions (New York, 20 septembre–20 décembre 1960)*, pp. 63–66。——原编译者注

② 收录于 La Documentation française, *Documents sur le désarmement. Commission du désarmenment (16–18 août 1960), et XVe session de l'Assemblée des Nations Unies. Débat devant l'Assemblée générale et devant les 1re, 2e et 5e Commissions (New York, 20 septembre–20 décembre 1960)*, pp. 40–41。关于该信，亦可参见 *l'Année politique 1960*, pp. 532–533。——原编译者注

③ 英国1960年10月14日的决议方案，收录于 La Documentation française, *Documents sur le désarmement. Commission du désarmenment (16–18 août 1960), et XVe session de l'Assemblée des Nations Unies. Débat devant l'Assemblée générale et devant les 1re, 2e et 5e Commissions (New York, 20 septembre–20 décembre 1960)*, pp. 82–83。——原编译者注

④ 1960年10月14日，收录于 La Documentation française, *Documents sur le désarmement. Commission du désarmenment (16–18 août 1960), et XVe session de l'Assemblée des Nations Unies. Débat devant l'Assemblée générale et devant les 1re, 2e et 5e Commissions (New York, 20 septembre–20 décembre 1960)*, pp. 81–82。——原编译者注

可取。

a. 确实有理由担心，似乎三方建议会使讨论变成在一些原则上的辩论，以这些原则将会很难不重提，至少部分重提，赫鲁晓夫决议中所叙述的原则。这样就有滑向加重 1378 决议①的危险。

b. 另外，三方建议在处理构成监管的关键点上的方式非常模糊，对此有理由担心辩论会导致产生一个可能不会明确表达西方立场的文本。

（谭书宇译，沈练斌校）

19601027，FD000261

政策司备忘录②

（1960 年 10 月 27 日）

（裁军办公室）

在第一委员会进行的裁军谈判显示的态势包含着某种危险：

很多代表团，尤其是那些不结盟国家（例如印度和南斯拉夫）的代表团希望看到裁军谈判走出僵局，这种愿望能够促使大量代表团表现出支持赫鲁晓夫先生提出的在接下来的春季召开联合国大会特别会议③的提议。如果情况是这样，赫鲁晓夫先生可能会延期得到他在本届联合国进行的会议中所希望的，也就是在所有可能的范围内使“全面彻底裁军”观点得到支持。因为，苏联的策略显然在于通过努力激发中立国家施加压力来分散西方国家对于苏联计划的抵制。

这就是为什么我们认为，应该高度重视可能被呼吁用来重启谈判的机

① 1959 年 11 月 20 日，联合国大会通过了关于全面彻底裁军的决议，其译文全文见《联合国与裁军》，第 96—97 页。

② 文献来源：*DDF*, 1960, Tome Ⅱ, pp. 540-541。由莫雷尔完成。——原编译者注

③ 10 月 11 日，赫鲁晓夫在联合国大会上为了确定在哪个联合国机构展开有关裁军的大会辩论进行了两次发言：按照惯例是政治委员会，或者直接就是联合国全体大会。这位苏联政治家主张后者，同时要求包括一些国家或政府首脑参与商讨，或者在这届大会的过程中，或者在 1961 年春天举行的特别一届会议中。赫鲁晓夫先生没有得到满意的结果，因为该问题已交由政治委员会。——原编译者注

构的组织构成。从这点上看，我们关注的帕迪利亚·内尔沃（Padilla Nervo）先生建议成立一个不结盟国家小组，由这个小组负责总结归纳当前的谈判状况。这样的关注不是没有风险的。因为一个这样的委员会，一旦问世，可能会因为采取或多或少支持全面彻底裁军的立场而削弱西方国家的操控能力。加拿大建议由一个中立国来主持十国委员会，出于同样的原因，这并不合适。

应当注意到地区的裁军想法重新得到了支持（腊帕茨基计划、加纳提出的非洲中立化建议）。

（谭书宇译，沈练斌校）

书 评

社会博弈、革命与文化交流的情感视角

——评尼科尔·尤斯塔斯的《激情是一阵风——情感、权力与美国革命的到来》

李皓轩*

在20世纪末当代史学界发生“情感转向”之后，情感史作为一种较新的研究范畴始终方兴未艾，相关研究层出不穷。① 美国历史学者尼科尔·尤斯塔斯的著作《激情是一阵风——情感、权力与美国革命的到来》② 便是情感史研究中相当优秀的成果之一，该书以不同社会群体的情感表达方式为视角考察了18世纪宾夕法尼亚的社会状况，串联了七年战争、帕克斯顿危机和美国革命等重要历史事件中的情感文化变迁，以及跨大西洋世界之中的交流，亦为读者展示了情感史研究的方法论与重要议题。

---

* 李皓轩，中国人民大学硕士研究生，研究方向为美国史。

① 关于史学界“情感转向”的具体论述，参见王晴佳：《当代史学的“情感转向”：第22届国际历史科学大会和情感史研究》，《史学理论研究》2015年第4期。

② Nicole Eustace, *Passion Is the Gale: Emotion, Power and the Coming of the American Revolution* (Chapel Hill: University of North Carolina Press, 2008), p. 58.

一、情感的时代

1776年，当托马斯·潘恩在《常识》之中批驳反对独立战争、主张对英和解的和平主义者时，他号召读者诉诸人类的激情与感受来判断“以后你们是否能够爱戴、尊敬并忠心服务于那个在你们的土地上烧杀抢掠的政权?”潘恩在此处强调情感的重要性并非偶然的神来一笔，在下文中，情感又被潘恩抬升至更高的高度：“感受和情感经受了自然的考验，没有这些情感，我们就不可能履行人生中的职责，也不可能体会到人生的幸福。”① 潘恩对人类情感的大加赞扬应当被放在当时的历史背景下加以审视，18世纪的启蒙时代又被称为理性时代，不过，当理性在自然科学、政治哲学、经济学、法学等领域之中大放异彩的同时，“情感”这一似乎与理性相对的范畴亦得到了更多的关注：休谟、哈钦森、沙夫茨伯里、斯密、卢梭等耳熟能详的启蒙哲学家在其作品里花费大量篇幅探讨人类情感的本质和作用；在小说、戏剧、诗歌等各种体裁的文学作品中，感性被作为重要议题和风格大加演绎；② 在大西洋世界的两场革命——美国与法国革命之中，情感话语则从私人领域进入政治领域，成为革命者手中的重要武器。③ 因此，从某种角度上说，18世纪不仅是理性的时代，也是情感的时代。

《激情是一阵风——情感、权力与美国革命的到来》一书的作者尤斯塔斯敏锐地发觉了18世纪情感背后的社会意义与政治潜力。在这本2008年出版的情感史研究著作中，作者聚焦于宾夕法尼亚这一充满活力与冲突的英

---

① T. Paine, *Common Sense* (printed, and sold, by R. Bell, in Third-Street, 1776), p. 41.

② 相关研究见 J. Todd, *Sensibility: An Introduction* (London: Methuan, 1986); A. J. Van Sant, *Eighteenth-Century Sensibility and the Novel* (Cambridge: Cambridge University Press, 2004); L. Festa, *Sentimental Figures of Empire in Eighteenth Century Britain and France* (Baltimore: Johns Hopkins UP, 2006); J. Ellison, *Cato's Tears and the Making of Anglo-American Emotion* (Chicago: University of Chicago Press, 1999)。

③ 相关研究见 A. Burstein, *Sentimental Democracy: The Evolution of America's Romantic Self-Image* (New York: Hill & Wang Pub, 1999); S. Knott, *Sensibility and the American Revolution* (Charel Hill: University of North Carolina Press, 2009); W. M. Reddy, *The Navigation of Feeling: A Framework for the History of Emotions* (Cambridge: Cambridge University Press, 2001)。

属殖民地，探究 18 世纪 40—70 年代情感文化的变迁。在这段时间之中，宾夕法尼亚社会对于情感的认识、表达方式以及态度发生了引人注目的转变。对情感的关注有助于读者更好地理解 18 世纪英属美洲的基本社会状况与日常生活中的社会博弈，也为读者提供了审视七年战争、美国革命等经典话题的新视角。此外，该书对于跨大西洋文化交流的关注亦可以启发读者对大西洋两岸对话方式与互动关系进行再思考，打破双方是“影响”与“被影响”的直线思维，理解一种更加灵活的互动关系。

二、情感、权力与革命

在该书的第一章，尤斯塔斯以英国诗人亚历山大·蒲柏的哲理诗《人论》（*Essay on Man*）在费城引起的讨论作为切入点，向读者展示宾夕法尼亚社会情感图景的变迁。在这篇于 1734 年创作的作品中，蒲柏强调人类的激情因自爱与欲望而产生，不过，他主张人们应当拥抱激情，因为激情是生活之中自然且不可剥夺的要素，是神赋予人类的天赋，顺应激情有助于增进社会美德。1735 年，《人论》第一次被费城的印刷商出版，其中对于激情的赞美立马引发了争论。贵格会成员主张有助于促进社会公益的大爱，反对因个人欲望而产生的激情，他们将蒲柏的诗批判为“毒药”，视其为为人类原罪开脱。对于本杰明·富兰克林等具有革新思想的年轻人来说，蒲柏的诗作则获得了他们的青睐，因为诗中的思想蕴含将追求个人利益与社会利益联系在一起的可能性。到了 18 世纪 40—50 年代，英属殖民地与法国、印第安人冲突的加剧使得秉持着和平主义与反战思想的贵格会成员与支持边疆扩张与战争的殖民者爆发了激烈的冲突。对于“激情”的态度是双方争议的焦点之一，贵格会将不受理性控制的激情视作导致战争发生的重要原因，而激情又是与社会对立的自爱与个人欲望所产生的负面情感。贵格会的反对者则逆其道而行之，将激情渲染为一种“阳刚之气”（masculinity），呼吁宾夕法尼亚人建立军事武装，对抗印第安人与法国人。在此过程中，主张激情可以推进社会公益的《人论》为扩张主义者们提供了一种策略支持，被敌人的军事威胁所激发的激情不仅仅是一种出于自爱与欲望的非理性，更是有利于社会的有益情感。

在对《人论》与激情接受史的叙述中，可以看出尤斯塔斯非常擅长通过还原历史、社会语境来透视与解释不同思想之间的冲突。尤斯塔斯通过对蒲柏诗作及其思想进行细致考察，发现他赞扬的并非一切形式的激情，而仅限于可以在满足个人欲望的同时促进公共利益的激情。尤斯塔斯将对于《人论》这一文本的差异性解读的原因归结为宾夕法尼亚人自身的关怀与焦虑。此时的宾夕法尼亚正处于社会变动时期：个人主义思想与自我意识开始萌芽并生长，但此时的自我与社会仍然“不断交织在一起”。[①] 此外，在18世纪，在宾夕法尼亚的政治领域占据主导地位的贵格会正面临其政治对手越来越大的挑战，对激情的倡议成为对抗贵格会和平主义的有力武器。在此背景之下，蒲柏的诗作中对于因自爱与欲望而产生的激情的赞扬自然备受公众舆论的关注。

在第二章至第七章，作者通过四种具体的情感——爱、愤怒、同情和悲伤为我们描绘了一幅18世纪中叶宾夕法尼亚社会的情感画卷。尤斯塔斯敏锐的观察能力使她对于社会地位与权威的话题尤为敏感，在书中，她揭示了在18世纪的宾夕法尼亚关于“爱”的话语如何掩盖了其背后的支配关系。通过考察大量男女之间的信件，尤斯塔斯指出，男性在追求女性时所发表的公开的爱的宣言蕴含着关于社会地位的博弈，当女性接受了其爱意之后，她便不得不在其后半生屈服于一家之主的权威；若被女性拒绝，追求者则会将其失败归咎于女性易受诱惑或是缺乏情感等情感方面的错误上，以此避免暴露自身的缺陷而被公众蔑视。在公共层面，爱的话语常常出现在描述国王与臣民之间的关系之时，两者之间实际上的上下关系往往被亲情的纽带所掩盖。当不列颠在战争期间号召北美殖民地对英军进行援助之时，对于爱的强调常常出现在总督与殖民地议会的谈判之中，殖民地的臣民被期待因爱而向国王提供援助。通过对私人以及公共层面爱的话语的分析，尤斯塔斯指出，爱的话语不一定是解放的，而是在君主制主导的政治

① Nicole Eustace, *Passion Is the Gale: Emotion, Power and the Coming of the American Revolution*, p. 58.

体系以及父权制主导的社会体系中发展起来的。

尤斯塔斯对权威、社会地位与情感之间的联系的关注体现在书中的各个地方，她强调，感情调节能力被彼时的社会精英当作维持精英身份、排斥与压制底层民众的社会控制手段——精英们提倡精致的情感表达方式，而更加强烈的激情则被视为专属于底层民众之物。表现出激情意味着一个人情感调节能力的失败，而这将被视为他们之所以会处于底层的有力原因。精英们将愤怒分为可接受与不可接受的愤怒，前者受到了理性的调节，而后者则是未经过理性思索的失控情感。在彼时的宾夕法尼亚社会，愤慨（resentment）是一种可接受的情感，特指因他人侮辱了自己的荣誉与社会地位而被激起的愤怒。这个词汇通常被用于上层人物身上，黑人、仆人、边境移民、女性等社会边缘群体的愤怒则很少被描述为“愤慨”，而是非理性的激情。对“悲伤”（grief）这一情感的表达亦有着严格的社会约束，尤斯塔斯通过语义学还原了此情感在彼时的特殊性：悲伤在18世纪常常被认为与对现实的委屈与不满联系在一起，是一种对神意或社会秩序的反抗。尤斯塔斯通过梳理关于葬礼与哀悼的记录指出，当时的社会要求人们克制因个人损失（如亲人去世）而产生的悲伤。不过，如果死者是对社会有很大贡献的公众人物，那么这种悲伤就是被允许的，因为这意味着对公众损失的哀悼。

当尤斯塔斯考察“同情”（sympath）之时，她将用语义学来把情感纳入历史语境加以思考的方法论体现得淋漓尽致。18世纪中叶的英裔文化中，对他人情感的感知、对苦难的同情能力越来越得到重视，并被与社会地位联系在一起。七年战争之中，贵格会里的和平主义者招致最有力的批评之一，就是他们对被敌人残害的边境同胞们毫无同情心，因此不配担任政治领袖。尤斯塔斯解读了四个用于表示共同情感的词汇：mercy、pity、compassion与同情，并指出“同情”常常暗含着同情者与被同情者之间的平等地位，而其他三者则暗示一种上级对下级的怜悯。对《宾夕法尼亚公报》中使用词汇的数量分析表示，“同情”的使用频率在18世纪后半叶实现了极快的增长,[①] 这似乎暗示着宾夕法尼亚的社会等级渐渐趋向于平等。

在考察英裔殖民者如何表达每一种情感之时，作者亦花费大量的篇幅讨论他们如何描述黑人与印第安人的情感。黑人常常被描述为无情感、木讷的种族，不具备白人的情感表达能力。有些文本也会少见地记录黑人表达或喜或悲或愤怒的情感，但它们往往以嘲笑或批判的态度记录这些景象。印第安人在英裔人的笔下亦无法掌握情感表达与控制的技巧，他们被描绘为一批心口不一且对盟友和同胞缺乏同情心的人，他们情感能力的羸弱经常导致殖民者的不安全感。与此同时，印第安人也常常表现出非理性的愤怒。通过分析提及以上两者情感的文本，尤斯塔斯引出了另外一个极为重要的话题：英裔美洲人的文化身份认同。在这些文本中，黑人与印第安人被描述为难以良好地调节与控制情感的群体，而英裔人所想象的自我形象正相反：他们对同胞充满同情与真挚的爱，且能精致、得体地表达适度的愤怒与悲伤。优秀的情感表达与调节能力成为英裔美洲人自我认同的重要组成部分，使他们在面对黑人、印第安人等族群时常常保持着强烈的文化优越感。作者在之后的章节中继续讨论关于感情与身份认同的话题，只不过殖民者们用以对比的对象变成了一洋之隔的本土英国人。

在第八章中，尤斯塔斯聚焦于 1863—1764 年宾夕法尼亚边疆地区爆发的“帕克斯顿危机”（Paxton Crisis），将其视作下层群众从精英手中抢夺情感解释权的重要尝试。此次危机源于一批边境移民屠杀了当地无辜的印第安人，在以贵格会为首的精英阶级将移民们斥责为受控于激情、缺乏人性的野蛮人之时，移民们则反过来批判身处城市的精英无法对身在边境、与危险相伴的同胞产生应有的同情。屠杀者与其支持者进而打破精英对愤怒的解释权，将其重塑为象征勇敢与阳刚之气的情感，并将贵格会精英们贬斥为娘娘腔。在关于帕克斯顿危机的争论中，一种专属于英裔美洲人的感情被争论的参与者塑造出来，它兼具欧洲人对文明、优雅的追求以及从美洲环境中获得的阳刚之气。这种平衡了愤怒与怜悯、激情与同情的“美国

① Nicole Eustace, *Passion Is the Gale: Emotion, Power and the Coming of the American Revolution*, p. 274.

情感”将在随之而来的革命时期继续发展，并成为推动革命的重要动力。

在最后两章对革命中情感修辞的研究中，尤斯塔斯带领读者们进入了激情在宾夕法尼亚被广泛接受的最后阶段。自 1764 年英国议会通过《糖税法》以来的一系列帝国危机之中，精英们数次试图通过在顺从的前提下表示悲伤以换取英国人同情的行动常常以失败告终，从波士顿大屠杀开始，英国人因其罪行而被描述为血腥残忍、同情能力低下的道德败坏者，受难的殖民地居民则获得了来自美洲同胞们的同情。对英国人同情能力的不信任，使下层群众所具有的愤怒等激情渐渐为精英们所接受，并被视为一种有力的情感反抗方式。不过，精英们并不准备完全将反抗的主动权和解释权交给下层群众，故试图寻找能将文雅、尊重与激情、力量结合起来的新型情感。“自由精神”（spirit of liberty）是革命者们强调的重要政治理念，这一概念从古典美德之中汲取能量来烘托激情的力量，强调人们积极表达对自由之爱、主动去争取自由，而非被动地等待英国人的同情。

通过对革命情感修辞的细致分析，尤斯塔斯将革命者们呼吁的自由精神总结为爱国主义、正义之怒、同情与悲痛的综合体，有无自由精神被用来区分应当获得自由之人与只能被奴役之人。随着抗议活动的不断深入，革命者的策略从简单遵从英国人主导的“感性”（sensibility）规则，转向主动宣扬美洲人自己的感情的优越性，尤斯塔斯断言：“欧洲的感性让位于一种新的美国情感文化，在这种文化中，激情是力量的源泉，同情心则被表明适合统治。”① 本部分中尤斯塔斯对情感话语如何促进革命的分析颇为精彩，她强调，在阶级差异仍然明显的 18 世纪，革命者若要整合不同群体共同追求独立与革命，则需要以一种共同的身份认同来建立跨阶级的团结。在这种情况下，情感话语打破了其他形式的社会壁垒，将在不同群体之间塑造认同的标准转变为“共同感情”（shared feeling），故而建立了革命所需要的跨阶级团结。

不过，尤斯塔斯并不满足于单纯赞扬自由精神，而是敏锐地为读者指

---

① Nicole Eustace, *Passion Is the Gale: Emotion, Power and the Coming of the American Revolution*, p. 428.

出这种情感文化的残缺之处：革命者对“自由精神”的呼吁带来限定性的自由，在白人通过给予情感的身份认同建立跨阶级联盟的同时，数十万的黑人奴隶仍然被排除在这“感情共同体”之外。美国早期史研究有一个重要议题：当革命者们为自由高唱赞歌之时，他们却能继续容忍一群与自己生活在一起的人处于完全的奴役状态，那么，革命者们究竟如何掩饰这种强烈的反差？尤斯塔斯从情感史的角度回答了这个问题：黑人长期被指责为情感能力低下的群体，支持奴隶制的革命者认为，这样一个种族难以拥有与理解自由精神，他们不会心生追求自由的激情，而是会心甘情愿地延续被奴役的状态，故他们是不配享有自由的“自然奴隶”。在革命中的情感话语为白人带来解放的同时，却又为黑人带来了新的束缚。

三、跨大西洋的情感对话

本作值得称道之处颇多，其中之一便是尤斯塔斯没有仅仅将情感局限于个人心理活动的维度，而是将其放置在由社会、政治与权威组成的公共空间，试图挖掘情感的公共性。正如本书向读者展示的那样，在特定的社会背景下，关于情感表达与调节的规则也会产生特定的形式。在 18 世纪的宾夕法尼亚社会中，个人主义与社群主义之间已经出现矛盾，但两者又没有完全决裂。在这种环境之中，因个人欲望与自爱而产生的激情成为争论的焦点。对于上层的精英来说，激情是一种未经理性调节的情感，应当让位于更加精致的情感表达。而随着七年战争、帕克斯顿危机以及美国革命的爆发，激情又因其所蕴含的力量而渐渐受到青睐，最终被广泛接受。除了暗示社会现实之外，情感表达的公共性又体现在它被广泛用于不同群体的社会博弈之中，男性通过向女性表达爱意来争取家主的支配地位，哀悼者通过悲伤来表示对社会秩序的反抗，贵格会的反对者通过将激情与阳刚之气结合在一起来争取政治权力，革命者通过呼吁自由精神来建立跨阶级同盟。尤斯塔斯揭示了情感的公共性，有力地证明情感并非历史研究中不值一提的花边装饰，而是具有历史行动力的主体。①

了解情感的公共性及其在历史之中的重要意义，有助于读者审视尤斯塔斯在本书中的另一项雄心勃勃的尝试：在广阔的跨大西洋文化交流网络之中，探索一种美国化的情感文化。一直以来，美洲殖民地在文化上都深受其母国大不列颠的影响，而在18世纪帝国危机爆发之前，这种联系很紧密而非被削弱。尽管欧斯塔斯没有专门论述欧洲的情感文化，但她也没有忽视英国的存在，她介绍了英国诗人蒲柏的《人论》在宾夕法尼亚的传播以及影响。除了这种最为直观的文化产品，她还在几个章节之中以一位年轻的殖民地精英在英格兰拜访亲戚的整段经历作为引子，将英国与殖民地社会对情感表达的要求放在一起讨论。不过，欧斯塔斯想强调的并不是双方情感文化的一致性，而是美国人通过接纳激情，甚至借鉴印第安人的情感表达，渐渐创造出与追求精致地表达情感的英国人不同的情感文化。这种文化兼具欧洲的文雅与教养，以及源自美洲环境的勇敢与阳刚，并为英裔美国人创造了一种新的身份认同，使其既能与黑人和印第安人相区分，又不同于母国大不列颠的人民。

这种美国式的情感可以引导出另一个更具国际视野的议题：在跨大西洋世界之中，美洲殖民地究竟扮演了什么角色？用尤斯塔斯自己的文字来回答："如果宾夕法尼亚一开始是亚历山大·蒲柏等欧洲人的作品的接受者，那么在世纪末，它就成了新的美国情感文化的原创生产者。"② 她在本书中始终坚持用宾夕法尼亚州的本土语境来理解各种文本与事件，宾夕法尼亚人自身的关怀与利益使得他们能以不同的视角来解读《人论》、对待激情、理解战争。自我与社区若即若离、殖民地居民深陷于与印第安人的冲突、占据权威地位的贵格会受到挑战以及当殖民地的自由即将被母国剥夺的关键时刻，以上这些特有的环境足以让宾夕法尼亚人对各种情感产生与英国

① 关于情感史研究之中情感的社会意义的探讨，可参见文章 B. H. Rosenwein, "Problems and Methods in the History of Emotions," *Passions in ContextI* (2010): 1-32。在该文之中，作者将个人的情感表达视为一种社会交流，可以再调整社会关系。

② Nicole Eustace, *Passion Is the Gale: Emotion, Power and the Coming of the American Revolution*, p. 15.

人不同的理解，并形成与欧洲不同的情感文化。尤斯塔斯试图为我们展示一种更加灵活与辩证的跨大西洋交流模式，在这种模式中，殖民地与母国的关系很难被简单地划归为单向的“传播者”与“接受者”，或者说接受者也不是不假思索地接受一切。正如我们在本书中所看到的那样，母国的文化传播到殖民地之后，就必然会被殖民者通过当地的语境进行再阐释，从而形成一种崭新的文化，殖民地摇身一变，由最开始的接受者成了生产者。美洲殖民地更像是在与欧洲进行互动式的对话，在接受影响的同时，也在积极对这些影响进行重构。

总体而言，尤斯塔斯考察“美国情感”如何形成的尝试十分成功。该书在强调来自“旧世界”的影响的同时，也注意到宾夕法尼亚人如何在自身的本土环境之下阐释这些舶来物，并创造出新的东西。与此同时，作者还注意到情感在不同时代有不同的表现形式，这令她在考察各种感情时有意识地去还原18世纪的语境，而非以现代人对考察对象的看法来解释历史，避免落入“刻舟求剑”的窠臼。

不过，其中仍有一些难以忽视的小瑕疵。如要说明一种情感文化的特殊性，就需要与“他者”进行对照。然而，该书始终站在美洲殖民者（在革命中则成了新的国民——美国人）的角度上进行叙述。这不禁令人衍生出一种疑问：英国人，或是其他欧洲国家的人是否也存在同样的情感文化？他们有没有同样因一些事件或文本而与美国人一样渐渐接受了激情，最终形成了相似的“自由精神”？正如我们在该书中所见，宾夕法尼亚的底层群众并不拒斥激情，激情慢慢被精英们接受，最后形成了新的情感文化，那么，其他国家是否也有这种基于阶级划分的情感表达差异？是否也出现了像美国一样的合流？大概是受限于研究范围，此问题没有得到很好地解答。不过抛开这一点，该书仍是一部值得关注的精彩之作，书中大量创见性观点与视野对相关题目的研究者大有裨益。

“亲密的敌人”：《英国的德国形象：钦佩、敌对和矛盾（1860—1914）》评介

梁啸天*

一战前的英德关系是国际关系史研究的重中之重，它对于探讨战争罪责问题和欧洲一体化问题都有着重要的意义。传统的英德关系史研究往往将视线聚焦在政治层面，着力考察两国的外交政策和军事冲突。澳大利亚历史学者理查德·斯库利于2012年出版的著作《英国的德国形象：钦佩、敌对和矛盾（1860—1914）》①（以下简称《英国的德国形象》）跳出了传统的国际关系史书写框架，从文化史的角度考察这一时期的英德关系。这本书对史料的挖掘和关注的主题都为日后的国际关系史研究提供了新的视角。

目前在英德关系史领域主要存在三种研究模式：在第一种模式下，学者们主要关注两国的政治关系；遵循第二种研究模式的历史学家则是将两国进行比较研究；第三种研究模式相对兴起较晚，是在跨国史的影响下形成的，代表性学者主要考察两国之间的跨文化交往，关注一个国家的发展是如何影响另一个国家的。此类研究往往预设存在两种不同文化传统，进

* 梁啸天，首都师范大学历史学院世界史专业硕士研究生，研究方向为德国近现代史、英德关系史等领域。

① Richard Scully, *British Images of Germany: Admiration, Antagonism & Ambivalence, 1860 - 1914* (New York: Palgrave Macmillan, 2012).

而考察二者之间的相互作用。① 许多历史学者认为，19世纪末20世纪初英德关系的恶化是一战爆发的重要原因。因此，一战前的英德关系受到了历史学者的广泛关注。保罗·肯尼迪的综合性研究《英德对抗的兴起（1860—1914）》是此类研究的代表性作品。② 随着探讨的深入，学者们的关注点逐渐从传统的政治军事层面转向观念层面，由此诞生出一批研究“他者”形象的作品。他们探讨的重点是英德两国是如何看待彼此的。在这个研究分支下，不少学者从文学层面入手考察英国文学作品中的德国形象。他们大多认为德国的形象在战前的几十年里发生了由正面向负面的深刻转变。③ “反德情绪”是这些作品频繁强调的历史现象。然而，认为一战前“英国社会存在广泛反德情绪”的观点越来越受到学界的质疑。《英国的德国形象》一书就是在“他者”研究的视角下，采用新史料探讨英德关系的作品。

一、结构和内容

《英国的德国形象》一书内容主要关注的问题是，到1914年战争爆发时，德国在多大程度上成为英国人明确的“敌国他者”？为了回答这个问题，斯库利通过四部分展开论述。

（一）英国地图上的德国形象

标题为“绘制德国”的第一部分内容主要涉及两方面内容：英国出版的地图对德国的描绘以及两国制图师的合作。结合了凯斯·罗宾斯（Keith Robbins）、丹尼斯·伍德（Denis Wood）等人的理论，斯库利指出，地图像

① Jan Rüger, “Revisiting the Anglo-German Antagonism,” *The Journal of Modern History* 83, no. 3 (September 2011): 579-617.

② P. M. Kennedy, *The Rise of the Anglo-German Antagonism, 1860-1914* (Ashfield Press, 1987).

③ P. E. Firchow, *The Death of the German Cousin: Variations on a Literary Stereotype, 1890-1920* (Bucknell University Press, 1986); Gisela Argyle, *Germany as Model and Monster: Allusions in English Fiction, 1830s-1930s* (McGill-Queen's Press, 2002).

艺术作品和文学作品一样，能够揭示一个社会过去所持有的假设和想法。因此，这一时期英国绘制的德国地图为了解英国的态度和思想提供了有趣的视角。地图上的标题、比例尺、关键词等信息，以及有意刻画的颜色、地名和边界等元素都有助于历史学家对地图进行“解码”，以探查绘图者对世界的固有偏见和基本假设。通过对这一时段英国所绘制德国地图的分析，作者描述了一个有趣的现象：英国的地图制作者倾向于将德国在政治上描绘成一个由不同元素组成的松散国家，在他们所绘制的地图中还保留着许多已经不存在的边界。更具体表现在，德国并不是以统一的颜色在地图上被呈现出来的，它的各个邦国，甚至普鲁士的各个省份都会被赋予不同的颜色。这种情况一直持续到 1871 年德意志统一后，直到 20 世纪初才有所改变。

基于德意志帝国向外扩张的历史事实，斯库利进而将地图放在更广阔的视角下考察。在这里，他将论述的重点放在英德两国的非洲殖民地以及对英国有着重要意义的北海地区。这一时期英国人对非洲地图的描绘没有表现出对德国在海外扩张的担忧，而是倾向于强调英国作为一个殖民国家相较于德国的优越感。也就是说，德国只是在非洲从事欧洲帝国主义“文明化任务”的又一个大国，而不是一种威胁。对于英国这种强调海权的国家而言，海洋往往被视为与其他政治实体之间的边界和屏障。英吉利海峡就是这样一个将英国与法国“他者”隔开的水域。然而，在英国绘制的地图中，北海是一种非常不同的边界，它所表现的更多是英国与德国之间的联系。北海被描绘成周边国家的焦点，是海上贸易的重要舞台。对这片海域的命名显示，整个 19 世纪，英国制图者都在交替使用“北海”和“德国洋”这两个名称。随着 19 世纪末 20 世纪初德国海军力量的壮大，制图者们逐步停止使用“德国洋”的叫法，改用政治上更加中立的“北海”。这确实是德国世界影响力的增长带来的微妙变化。

大概与此同时，越来越多的地图开始将整个德意志帝国用同一种颜色描绘，即与英国类似的粉红色。这被作者进一步阐释为“粉红色的联系”。粉红色是当时墨水中最鲜艳的颜色，在地图中往往被用来表示英帝国的权力和财富。在当时的宗教地图中，粉红色一般标示的是以基督教为主要信仰的地区。在范围比较小的地图中，粉红色被保留给那些信奉新教的地区。斯库利试图论证这种广泛的色彩运用惯例实际上带有制图者的主观性。他提出，英国制图者没有强调英国圣公会、德国路德教和加尔文教之间的差异，更多的是意识到英德间的宗教亲和力。《泰晤士地图集》和《世界地图集》中的“欧洲种族图”展示了更有趣的现象：日耳曼民族和使用日耳曼语言的地区是粉红色的，法国、意大利等罗曼语国家是蓝色的，而东方的斯拉夫地区则是绿色的。如果说在上述宗教地图中英德两国被用完全相同的颜色描绘，从而暗示一种平等的上帝子民间的“兄弟关系”，那么在种族地图中，使用比代表英国的浅粉色更深的红粉色描绘德国更能显示出一种带有“亲代”性质的关系。也就是说，英国的制图者相信他们的民族和语言起源于德国北部，他们的祖先来自德意志地区。

单就制图者这一群体而言，斯库利认为英德两国的制图师之间存在着密切的联系。他重点论述了从事制图业的英国巴塞洛谬（Bartholomew）家族与德国制图师之间持续几代人的交流与合作。1860—1914 年的英国人普遍认为德国的地图具有最高的质量，其在科学性和细节性上都比英国的作品好。因此，他们会向德国人学习制作地图的专业技能。此外，斯库利还提及了有多国制图者参加的国际地理大会。遗憾的是，这种具有国际主义精神的专业领域合作无法在欧洲大国间公开的军事冲突中生存下来。

（二）英国游记中的德国形象

在该书的第二部分，斯库利使用旅行指南、游记等样本考察 1860—1914 年英国人前往德国旅游的状况。

德国出版商贝德克（Baedeker）制作的英文版德国旅行指南在 19 世纪 60 年代逐渐成为英国旅行者的权威指南，收录的旅行信息准确而实用。更重要的是，它强调那些被认为对英国人最有吸引力的东西——德国的“自然”和“传统”。一开始，贝德克的旅行指南与大多数旅行手册一样，主要关注莱茵河流域的各种景点。这样做，一方面迎合了英国旅行者的偏好，另一方面也推动了 19 世纪 60 年代莱茵河旅游的狂热。莱茵地区的民间传说、浪漫风景、哥特式城堡和温泉疗养等元素都在很大程度上吸引着来自英国的旅行者。普法战争期间英国的旅游文学反映的是“对德国的亲切感和偏爱”。人们普遍认为这场战争是在莱茵兰和德国南部进行的，因此对旅行者而言，“他们最喜欢的度假胜地被法国军队掠夺了”。这也使得当时的英国人在情感上更坚定地站在德国一边。在德国统一之后，所谓的“旧”德意志地区仍然是吸引英国旅行者的主要因素，这几乎没有受到德意志帝国建立的影响。英德两国之间的王朝联系也是英国人前往科堡-哥达公国等地旅游的推动力。①

在19世纪80年代和90年代的英国旅游文献中，人们对德国和德国人的印象无疑是积极的，这种情况持续到20世纪初。在这个时期，英国的旅行手册继续将德国各地区分开编辑，而不是试图发行一部整体的“德意志帝国旅行指南”。即使德国在政治上取得了统一，但是在英国旅行者心中，德国还是被划分成不同区域，有效地保持了一个不统一的地理传统。理查德·瓦格纳的音乐、尼伯龙根神话以及英雄传说，使得传统的莱茵兰地区保持甚至增加了对英国人的吸引力。除此之外，英国旅行者的兴趣还扩展到传统的莱茵兰以外的地区，其中最有代表性的是黑森林（Schwarzwald）②。除了温泉和自然风光，那里有关精灵和水怪的传说也颇具魅力，唤醒了英国旅行者脑海中德国是“一个梦幻国度”的形象。在19世纪的最后十几年里，包括北海和波罗的海沿岸的其他德国地区也进一步向英国游客开放，这是与英国人对水上运动的兴趣相联系的。英国的游记作者记述了在旅行中与“大量有思想的德国人”的相处，以及由此产生的“德国人从官员到农民都很有礼貌”的印象。

英国人在德国的旅行范围不仅超出莱茵地区，甚至延伸到帝国的首都柏林。总体而言，相比于魏玛等文化名城，柏林对于英国旅行者而言是令人失望的。尽管如此，英国人在19世纪末前往柏林旅行的兴趣仍稳步增加。旅行者们的记述一方面驳斥了对普鲁士士兵、水手和海关人员的刻板印象，指出他们对平民是很友好的；另一方面他们也提到，在参观普鲁士军队的

① 1840年2月，英国维多利亚女王与其表弟萨克森-科堡-哥达的阿尔伯特王子联姻，建立了两国王室间的亲密关系。

② 黑森林位于今德国西南部巴登-符腾堡州，是该州最重要的旅游区。

兵营和堡垒时，确实也存在一定程度的不安。斯库利认为，这表明英国国民对“德国表亲”不可否认的军事力量感到越来越矛盾。

然而在大多数情况下，英德关系的紧张以及布尔战争带来的痛苦似乎并没有抑制英国人对在德国旅行的喜爱。不仅巴伐利亚的上阿默高受难耶稣表演吸引着英国游客，甚至越来越多的人会去观看威廉港和基尔港的海军表演。前者展现了英国旅行者对“旧”德国伟大的精神和智力成就的崇敬，后者则体现了他们对“新”德国有秩序的生活方式的欣赏。

1904 年英法达成一系列协定，旅行文学中关于英法友谊的表述有不可否认的增长。但英国与法国的密切联系并没有否定其与德国的亲密感。20 世纪的英国旅行作家试图寻求一种对德法双方不偏不倚的态度。尽管如此，他们的作品中仍然能够表现出对德国挥之不去的偏爱。当电报传来弗朗茨-斐迪南大公被刺杀的消息，许多英国人还在德国享受着假期。在一战期间，英国人如果想要前往德国旅行，阻止他们的是西线战场上的铁丝网、德军的潜艇和无畏舰以及不太具体的思想障碍。而直到晚些时候英国旅行文学中对德国和德国人的描述才呈现出一种外来的、敌对的“他者”形象。

（三）英国文学中的德国形象

该书的第三部分集中探讨了英国文学作品对德国形象的描绘，斯库利形象地冠之以“模范和野兽”的标题。以往的研究都强调这一时期的英国文学作品将德国视为敌人，而作者认为这实际上掩盖了英国人感情的复杂性。他进一步指出，直到一战爆发时，将德国视为“模范”（model）和“野兽”（monster）的文学表达都是很明显的。为了弥补此前研究的不足，斯库利对这一时期英国的“通俗小说”和“严肃文学”展开了同步研究。

托马斯·卡莱尔（Thomas Carlyle）被视为德国思想和文学在英国的传播者以及德国在英国文学中积极形象的宣传推动者。在他的影响下，越来越多的英国作家开始关注德国。宣扬德国学术和教育方法的优越性是 19 世纪 60 年代英国作家描绘德国的首要方式。除此之外，在音乐和艺术方面的成就及旖旎的风光同样是这一时期英国文学所重点描绘的德国特征。总的来说，19 世纪 60 年代德国在英国文学中是一个让英国人感到基本舒适和友好的国家。

英国人普遍对德国在普法战争中的胜利感到不安，文学界对此既感到惊愕又感到矛盾。随之出现的是所谓的“入侵文学”，其代表作是1871年出版的小说《多金之战》（*The Battle of Dorking*）。历史学家们一般认为这是一部表达对德国入侵恐惧的幻想小说。与普遍的看法不同，斯库利认为，《多金之战》将“新”德国看作“衡量英国军事机构不足之处的完美标准”，有着现实的政治考量，意在推动英国的军队改革。《多金之战》想要表达的并不是德国的野蛮战胜了英国的文明，而是德国的高效值得英国学习，英国应当避免内部的腐化和堕落。实际上，在《多金之战》这类小册子引发短暂的热潮之后，英国的阅读人群中并没有任何持久的恐德意识。在19世纪70—80年代的英国文学中，对德国的政治发展和政策的提及，无论是积极的还是消极的都很少。然而，通过对乔治·艾略特（George Eliot）、玛丽·奥古斯塔（Mary Augusta）等人作品的分析，斯库利发现在19世纪70年代至80年代的许多其他英国小说中，出现了对德国的恐惧心态。而对于德国究竟是“模范”还是“野兽”的深入探讨，从19世纪90年代起开始变得愈加强烈。

乔治·梅恩迪斯（George Meredith）和乔治·吉辛（George Gissing）的作品延续了《多金之战》建立的将德国同时视为“模范”和“野兽”的文学传统，前者更强调其“模范”作用，后者则对将德意志帝国视为英国民族复兴榜样的观点提出了挑战。二者展开的文学对话重新引发了英国人对德国意义的广泛辩论。但斯库利指出，这仅仅是一个孤立的文学现象，因为在19世纪90年代的大部分时间里，英国小说仍然主要关注德国的“古典音乐”“文化成就”和“浪漫风景”。随着英德外交关系在20世纪前后的恶化，“入侵文学”再度兴盛。斯库利指出，这一时期以《沙之谜》（*The Riddle of the Sands*）为代表的入侵题材小说被历史学家们简单地曲解了，他们只是将其视为一批越来越仇视德国的文本。实际上，在这些作品中，德国既是复兴的典范，也是需要被抵制的潜在威胁。这一时期的英国，“入侵文学”的受欢迎程度依赖于欧洲大国之间发生的小规模冲突所激起的爱国主义和仇外情绪，而不是依赖于阅读者群体中任何根深蒂固的恐德意识。

随着辩论的不断深入，爱德华·福斯特（Edward Forster）的作品回避了德国军事力量的问题，将论述的重点放在错误的“德国模式”将会带给英国的可怕文化后果上。福斯特通过他笔下人物的个人关系明确了他对英国应走何种道路的看法。与福斯特一样，这一时期的其他小说家选择了更微妙、更不明确的方式来解决所谓的德国模式问题，并采用了一种以人际关系代指国家间差异的叙事形式。斯库利指出，直到德国入侵比利时和法国时，文学界仍在讨论应将德国视为“模范”还是“野兽”。甚至在战争开始后，这种辩论的最后余波仍在继续。

（四）政治漫画中的德国形象

斯库利在该书的第四部分旨在结合历史背景考察英国的政治漫画，以弥补此前历史学家对这一样本的误读。

在19世纪60年代早期，漫画中矮小的德国形象表明，与英国、法国和其他大国的事务相比，德国的政治争吵被认为是小菜一碟。德意志帝国和普鲁士都被描绘为渺小或脆弱的形象。在普鲁士进行王朝战争期间，漫画家普遍对被侵略者持同情的态度，普鲁士被表现为贪婪的野猪或强盗。而更普遍的情况是，漫画作者在描绘普鲁士和德国的统一事业时表现出的是一种矛盾的心理。

德意志的统一带来的改变是英国漫画对德国的描绘更多地集中在“铁血宰相”俾斯麦身上。斯库利指出，在19世纪七八十年代的政治漫画中，俾斯麦经常被视为精明的政治操纵者和幕后策划者。而当这种操纵符合英国的利益时，俾斯麦又会被看作伟大的正面人物，甚至是合作伙伴。首先，对于俾斯麦的“文化斗争”和反社会主义政策，漫画家们表现出矛盾的态度。他们支持这种对教皇至上主义①者和社会主义者的抨击，但不赞成俾斯麦的具体做法。这种政治操纵者的形象不仅适用于对俾斯麦在国内政治的描绘上，同样也被用于刻画铁血宰相在外交舞台上的行动。漫画作者认为

① 教皇至上主义（ultramontanism）是天主教会中的一种宗教政治观念，强调教皇的特权和权力。

他掌握着威廉一世、弗朗茨·约瑟夫和亚历山大二世这三位皇帝的命脉。斯库利敏锐地观察到，在俄土危机以及后来的柏林会议期间，俾斯麦被描绘成英国人成熟的伙伴，而当德国开始干预非洲殖民事务时，漫画家笔下俾斯麦的操纵者形象又回来了。

随着威廉二世的继位和俾斯麦的下台，英国政治漫画更多地把精力集中在对威廉二世皇帝的刻画上。同样地，这种刻画也是矛盾的。斯库利认为，皇帝通常被描绘成一个具有讽刺意味的儿童形象，但是在两国感情深厚时期，英国漫画家也会把这个专制的顽童形象变成一个孝顺的年轻人，一个英国在困难时期可以依靠的朋友。被宠坏的孩子形象更多体现的是英国人的担忧。他们认为德国君主拥有专制倾向，且德国宪法对这种权力的限制非常薄弱。然而，德国及其统治者好的一面在合适的条件下就会重新在漫画中出现。正是在威廉二世登基后首次访问英国的过程中，他开始被英国漫画家描绘为维多利亚女王孝顺的孙子、一个拥有令人钦佩品质的年轻人。在克鲁格电报事件和布尔战争期间的漫画里，这种矛盾的情感得到了最生动的展示。威廉二世给克鲁格总统发送的祝贺电报引发了英国人的愤怒，随之而来的批评漫画中所表达的更像是对一个顽皮的孩子的训斥，而不是对敌对行为的直接愤怒。等到德国皇帝再度访问英国以及英德矛盾的暂时平息时，伴随对两国和解的期待，漫画中的皇帝又变成了那个“被需要的朋友”。

对威廉二世的正面描绘一直持续到 20 世纪初。在德国报刊的批评和德国民众反英情绪的推动下，漫画家们把注意力转向了批评他的臣民和他的国家。在爱德华时代中期，漫画中的德国是一个让人害怕和防范的潜在敌人。到了这时，即使英国和德国在外交上偶尔采取一致行动，漫画也表现出对德国的反感。然而，矛盾的情绪一直存在。英国的漫画作者时而赋予德国皇帝以海军军人的形象，以此表达对德国海军扩张的恐惧；时而通过反映两国王室关系的漫画给人这样一种感觉，即德国是可以被驯服的，与德国和解是值得期待的。在战争一触即发的关头，德国恶魔的形象充斥到英国的战争宣传海报和其他媒体中，打破了私人和公共领域之间的旧有障碍，迎来了大众仇恨的新政治。

通过以上四部分内容的论述，斯库利传达了这样一个观点：在英国人讨论德国究竟对他们意味着什么的时候，他们的态度显然是很矛盾的。在两国关系紧张期间，英国人仍然会将德国视为教育和文化上的典范，认为两国在种族、王朝、宗教上存在联结的想法也依然保留着。正如他在该书中所描绘的那样：在很长一段时间，英国人保持着甚至加强了他们与德国在旅行和专业上的联系（例如制图学领域），前往德国的旅行者也基本上没有受到两国外交困难的影响。文学家们则通过小说来反映现实，在德国的榜样力量和其带来的威胁之间徘徊。而政治漫画更是会受到现实外交状况的影响，在德国究竟是敌是友这个问题上摇摆不定。

在斯库利的论述中，我们能够看到以下现象：制图这样的专业领域所受到政治影响比较有限，因此英国的制图者往往只有在亲临恐怖的战争，或者经历亲人在战争中牺牲带来的痛苦之后对德国态度的才会产生突变，进而仇视德国。同样地，旅行者大多是在战争到来，面临军事封锁的情况下，才渐渐停止了赴德旅游。而在文学作品和政治漫画层面，文学家和漫画家自身就持有着丰富的价值判断和政治倾向。因此，他们自始至终展示出的都是一种矛盾的心态。在这一点上，仅对小说文本和漫画图像进行分析是不够的。对此，斯库利也辅以相关材料，结合各种因素进行了深入探讨。

二、贡献与缺憾

正如斯库利自己承认的那样，《英国的德国形象》最突出的贡献是为我们打破了一些观念上的障碍。许多历史学者都会采用目的论回溯这段历史，展现出英国人的反德情绪。这种论调的基本观念是，因为最终没能避免走向战争，所以1914年以前英德之间的亲密关系看上去没有那么重要。相比于后来的敌对，两国文化上的联结微不足道。而斯库利则通过他的研究有力地反驳了这种观点，描绘了一幅鲜为人知、鲜有人察觉的历史图景。为此，他选用了此前在很大程度上被忽视或没有被充分理解的材料展开讨论。

《英国的德国形象》中所使用材料的丰富程度值得称道。该书四个主要部分分别以地图、游记、文学作品和政治漫画为核心材料。在此之外，作者还使用了大量的辅助材料，其中包括制图者的书信、英国出版的旅行手册，以及有关英国漫画家的政治倾向的回忆录和传记。不仅如此，斯库利还针对已有研究，对材料进行批判性的重新评估，以更充分地理解英国人思想感情的复杂性。在此过程中，他指出，像地图、文学作品和政治漫画这样的史料，不能直截了当地作为简单化的意象应用在历史写作中，服务于某一观点，而是需要结合它们产生的历史背景以及创作者自身的思想倾向深入分析，以洞察历史真相。这种从原始材料出发的实证研究是很有价值的，对历史研究的创新大有裨益。

然而，该书仍然存在一些缺憾。美国学者入江昭提出了国际关系史研究的三种取向：权力取向（power approach）、经济取向（economic approach）和文化取向（cultural approach），前两种取向在传统史学研究中比较常用。[①]尽管斯库利选用非传统的史料填补了英德关系史研究中的空白，但在对某些历史现象进行解释和分析的过程中，作者所采用的仍然是传统的国际关系史研究方法和视角。例如，在该书的第四部分，作者依托的史料是能够反映创作者文化属性和思想观念的政治漫画。然而，在分析漫画中俾斯麦和威廉二世的形象变化时，作者给出的解释仍然是传统而局限的，即英德两国的军事和经济实力的转变以及两国外交关系的改善与恶化是影响上述二者形象变化的主要因素。因此，该书主要的突破在于史料的创新，但缺少理论和方法的创新。

当前的国际关系史研究越来越关注文化因素，出现了外交史的“文化转向”。许多历史学者都认识到英德两国的相互看待是多样的、变化的、开放的，英国是否存在广泛的反德情绪也受到了质疑。在这样的语境下，斯库利的《英国的德国形象》在填补史实空白的同时，也为今后的国际关系史研究打开了一扇门。

---

① 参见 Akira Iriye, “Culture and International History,” in *Explaining the History of American Foreign Relations, ed. M. J. Hogan* (Cambridge University Press, 1991), pp. 214–225。

国家权力与意义之网：《文化冷战与认同塑造：美国对东南亚华人华侨宣传研究（1949—1965）》评介

丁何昕子[*]

《文化冷战与认同塑造：美国对东南亚华人华侨宣传研究（1949—1965）》[①] 是近年来将美国外交宣传史、华人华侨史、中美关系史融会贯通的作品。该书以美国对东南亚华人华侨的文化宣传政策为切入点，考察了1949—1965年为了遏制远东共产主义力量，美国政府通过其海外文宣机构展开的一系列文化宣传活动。和同类型的作品相比，该书的独特之处在于探究了美国外交宣传政策制定、执行、效果评估的全过程。不仅如此，该书还融合文化史的研究方法，通过分析文化与权力的关系，还原了冷战文艺制品包含的美国权力意志。

一、研究议题与学术史定位

为了对《文化冷战与认同塑造：美国对东南亚华人华侨宣传研究（1949—

* 丁何昕子，首都师范大学历史学院博士研究生。

① 翟韬：《文化冷战与认同塑造：美国对东南亚华人华侨宣传研究（1949—1965）》，世界知识出版社，2020。

1965）》在学术史中的定位进行较为准确的观察，还是要对其所涉研究领域及研究状况进行简单回顾。该书所涉核心领域是美国对外宣传史，根据不同的研究重点，对外宣传史又与“文化冷战史”“文化外交史”“公共外交史”有所重合。倘若从学术源流来看，这些领域都是20世纪80年代冷战史、美国外交史研究中“文化转向”学术潮流的体现。[①] 这股研究潮流在发展中受到两种不同学术源流的影响，第一种源于传统外交政策史研究。相较于探讨冷战中的政治、经济、军事战略，文化开始作为冷战的“第四种武器”进入研究人员的视野。这类研究承袭了美国外交史“政策设计—政策实施”的基础路径，围绕文化政策、心理战、文化机制展开独立而深入的讨论。[②] 第二种研究取径受到后殖民理论的影响，尤其是受到萨义德的《东方学》的影响。相关作品首先在文学研究领域出现，研究人员以冷战时期特定的文艺作品为切入点，围绕知识生产的链条，观察文本背后隐藏的国家权力，并在此基础上指出“美援文艺体制”的重要影响。[③]《文化冷战与认同塑造：美国对东南亚华人华侨宣传研究（1949—1965）》的突出贡献在于对两种研究取径的融合，使得“政策制定—政策执行—文本生产”的研究链条愈加完善，国家权力运作的线索也随之变得清晰。

此外，因研究主题涉及美国对东南亚华人华侨的宣传，该书也从属于

---

① 从学术潮流来看，“国际转向”与“文化转向”的确是20世纪80年代后冷战史、美国外交史研究特征的表现。不过，仍应关注入江昭在20世纪70年代前后所做的铺垫工作，以及20世纪60年代前后新左派关于意识形态的思考。文化冷战视角的突出价值在于逐渐摆脱了纯粹的“国家理性”状态，也因此得以突破国家安全、国家利益的思路，更多地把冷战视作一场思想文化、意识形态的斗争。

② Kenneth Osgood, *Total Cold War: Eisenhower's Secret Propaganda Battle at Home and Broad* (Kansas: University Press of Kansas, 2006); Nicholas J. Cull, *The Cold War and the United States Information Agency: American Propaganda and Public Diplomacy, 1945-1989* (Cambridge: Cambridge University Press, 2008).

③ “美援文艺体制”是中国台湾学者王梅香提出的说法，但关注知识生产链条中国家权力的作用是文化史研究的基本特征之一。参见 Christina Klein (ed.), *Cold War Orientalism: Asia in Middlebrow Imagination, 1946-1961* (Berkeley and Los Angeles: University of California Press, 2003)；王梅香：《隐蔽权力：美援文艺体制下的台港文学（1950—1962）》，博士学位论文，“国立清华大学”社会学研究所，2015。

华人华侨史的研究领域。华人华侨在近代东亚、东南亚的历史中发挥了突出作用，是跨国人员流动、跨国贸易网络中的重要组成部分。追逐着华人的流散、华商贸易网络的建立、华人与居住地政权的关系，海外华人华侨史研究诞生了一批极具全球视野的作品。[①] 不过，华人华侨问题在非殖民化阶段的考察主要集中于国别外交史的线索之中，或者作为中国侨务研究的组成部分，或者作为东南亚国家民族问题的分支，因而被切割在了相对分散的话题里，华人华侨史研究尚未与冷战时期亚太地区的国际格局关联起来，冷战史研究与华人华侨史研究之间也缺乏问题意识层面的呼应。[②] 从这个层面上看，该书则试图将两个研究领域联系起来，从国际化的视野中对二战后华人华侨史研究的重要议题予以重新考察。

此外，虽然该书从美国外交史的视角展开讨论，但它同样在中美关系的格局中把握美国外交政策的制定。实际上，若想理解 20 世纪 60 年代中期前美国的东南亚华人华侨政策，便不能以地缘关系作为问题的出发点，将之视为美国东南亚政策的分支，而是要跟随美国战略规划的路径，从美国对华政策逻辑衍生的角度展开研究。而美国对华政策的变迁，又深刻地嵌套在冷战时期中美关系的双边结构里。

二、结构与内容

《文化冷战与认同塑造：美国对东南亚华人华侨宣传研究（1949—1965）》共分四章，谋篇布局严密围绕美国文化宣传中“政策制定—政策实施—政策影响”的流程展开。由于该书的重点议题集中于美国文化宣传

---

① 孔飞力：《他者中的华人：中国近现代移民史》，李明欢译，江苏人民出版社，2016；施坚雅：《泰国华人社会：历史的分析》，许华等译，厦门大学出版社，2010；王赓武：《华人与中国》，上海人民出版社，2013；滨下武志：《资本的旅行：华侨、侨汇与中国网》，王珍珍译，社会科学文献出版社，2021。

② 孙志伟：《冷战与侨民：华人华侨史研究中的国际关系视野》，《江西师范大学学报》2016 年第 2 期，第 175 页；陈希：《侨务与外交关系——中国放弃“双重国籍”的回顾与反思》，中国华侨出版社，2005。

政策的实施过程，因此在结构安排上，政策实施部分占据两章内容。其中，第二章用以明确政策执行的机制与网络——华盛顿与海外美国新闻处的关联，第三章则分析海外美国新闻处生产的文宣制品，以此证明特定文宣制品与美国国家权力之间的关联。最后一章分析了文化政策的效果与影响，并对全书进行总结。该书逻辑上层层递进，内容上互为印证。

第一章标题是“美国对东南亚华人华侨宣传政策的演变”，论述了1949—1965年美国对华文化冷战的设计思路与阶段性调整。为了实现在亚太地区围堵共产主义的目标，配合遏制战略在远东的规划，同时吸引亚太地区非共左翼力量加入自由主义阵营，美国先后围绕着中国大陆、海外华人华侨群体、东南亚国家展开了以“扬美—反共”为核心线索的文化宣传。在不同阶段，伴随着外交目标的调整，宣传对象也随之发生变化，“扬美—反共”宣传主题的偏重也有所变迁。

第一个阶段非常短暂，狭义上说自1949年开始，20世纪50年代初结束，从广义上看则可以提前至1945年。基于对中国内部形势的判断，在“等待尘埃落定”的过程中，美国驻华的信息、文化机构一边逐步向中国南方撤退，一边观望等待时机。由于这种特定的时代背景，这一阶段“扬美—反共”的政策主要宣扬美国生活方式与中美间的传统友谊，对共产主义的反对围绕着离间中苏关系展开。这一时期“扬美”是美国文化宣传工作的重点，反共只作为补充。在文化宣传对象上，主要针对中国大陆的居民，而国民党势力在大陆的迅速败退，毛泽东对美国在华宣传的高度重视，以及20世纪50年代初的东亚国际格局都导致针对大陆居民的文化宣传政策几乎无法展开。

为了应对上述状况，艾森豪威尔政府正式将宣传对象的重点转移至东南亚华人华侨群体。此时美国政策的意图在于削弱中国大陆对东南亚华人华侨的吸引力，吸纳华人华侨加入“自由世界”的阵营，以此实现在远东地区遏制共产主义的目标。“扬美—反共”的政策逻辑因此转变为宣扬美国和自由主义阵营的优越性、攻击和诋毁中共，其中“反共”超越了“扬美”的重要性从而成为这一阶段的重点议题。若仅从战略设计本身考虑，集中于“反共”宣传的政策大约始于1952年，并在1956—1957年发生转变，向第三阶段过渡。

第三阶段的政策调整实际源于第二阶段政策招致的一系列问题。由于美国针对东南亚华人华侨的宣传是美国对华政策的逻辑延续，因此无论从离间华人华侨与中国大陆关系的角度，还是从鼓励华人华侨效忠台湾当局的角度看，都是“中国问题”的延续。这种逻辑强化了东南亚华侨的独立属性，不利于他们融入新独立的民族国家之中，也引发了他们与本土政权的一系列矛盾。于是，1956—1957 年美国开始逐步调整其外交政策的重点，对东南亚华人华侨的政策开始让位于美国对东南亚的政策，促进海外华人融入当地社会成为首要目标。到了 1962 年，美国针对东南亚华人华侨的相关宣传项目开始逐渐减少，直接支持台湾当局的宣传也逐渐式微，“扬美”再度成为美国文化宣传的主题。

总的来说，1949—1965 年针对东南亚华人华侨的文化宣传成为美国文化宣传工作的重点，经历了“扬美—反共—扬美”三个阶段宣传重点的变迁，并呈现出从“中国问题”到“东南亚问题”转变的特征。

第二章标题是“美国对东南亚华人华侨宣传的机构、媒介与目标人群”。在宣传政策制定完毕后，便进入政策实施的环节。宣传政策投入执行之中需要严密的执行网络，而执行机制本身的结构也会直接影响外交政策推行的效果。本章的突出贡献不仅在于刻画了美国文化宣传政策执行进程中的制度与媒介，更在于发现了执行机构的路径依赖导致的政策“扭曲”。

本章的重点实际围绕着 1952—1965 年美国外交政策的执行机制展开。其中，艾森豪威尔政府的第一任期不仅是美国遏制远东共产主义政策大幅调整的阶段，同样是美国文化宣传机制大规模调整的阶段。在文化宣传制度的变化中，最为重要的便是 1953 年美国新闻署从国务院系统中独立出来，成为国家级别的独立宣传机构。① 1953 年之前，宣传机构从属于外交机构，是外交职能的附属，文化宣传的目标也是配合国务院的外交共工作。而 1953 年之后，宣传工作的独立性与重要性都大幅提升，美国新闻署的海外

① 不过，文化外交职能（包含教育交流、文化艺术交流、海外图书馆项目）保留在国务院内，此后的 25 年里，宣传和文化工作机构都处于“分治”体制框架下。

分部虽然嵌套在使领馆的体系之中，但直接向美国新闻署汇报工作。

在这种体系下，面对东南亚华人华侨的宣传执行网络逐渐形成了“华盛顿—香港—台北”的三角工作结构。美国新闻署负责规划海外华人华侨的宣传工作并制定政策，香港和台北的美国新闻处辅助政策规划。港台分工各有偏重：香港美国新闻处进行反中共的“负面”宣传，鼓励海外华人华侨对大陆的离心倾向；台北美国新闻处则实施提升台湾当局声誉的“正面”宣传，鼓吹台湾的“政治、经济和军事成就”。港台的美国新闻处利用上级相关业务部门提供的宣传材料、结合本站点采写编辑的宣传素材来制作文字印刷品和广播录音带，然后运送到东南亚国家的美国新闻处站点。东南亚各地的美国新闻处在执行网络中的作用相对有限，主要负责散发香港和台北方面提供的宣传材料。[①]

有趣的是，在执行过程中，东南亚的美国新闻处与港台的美国新闻处却并未如想象中一般形成高效运作的网络，相反地，东南亚的美国新闻处对华人华侨的问题并未表现出足够的关注。于是，1956—1957 年尽管美国决策层意图转变文化宣传工作的重点，在执行过程中却依然依赖旧有的执行路径。香港和台湾仍旧维持着反共与“扬台”的基本策略，在东亚开展激烈的冷战对抗活动，而东南亚各国的美国新闻处则表示没有精力与人手展开促进民族融合的宣传。这就导致 1957 年虽然是美国外交政策转折的年份，但执行过程的转折要到 1962—1964 年才逐渐发生。

外交政策执行过程中的又一重要问题是宣传目标与宣传媒介的确定。该书认为这场心理战运动的核心部分是 20 世纪 50 年代至 60 年代中期，以香港的美国新闻处为基地，运用文字出版物对东南亚华人华侨的宣传活动。选择文字出版物作为观察媒介，主要还是由于印刷品在美国新闻处宣传体系中的重要地位。而针对东南亚华人华侨宣传的目标人群主要是教师和学生。究其原因，与美国在全球推行的融合“非共左翼”战略思路拥有很大关联。根据美国方面的评估，教师和学生存在“亲共”属性，是中共“渗透”东南亚的主要工具，因此也是需要争夺的人群。而在明确宣传政策

① 翟韬：《文化冷战与认同塑造：美国对东南亚华人华侨宣传研究（1949—1965）》，第 122 页。

(目标)、宣传执行网络、宣传手段与目标人群之后，便要开始对宣传文本进行分析。

第三章标题是“美国对东南亚华人华侨宣传的主题和形象”。在当前的研究成果中，宣传机制与宣传文本通常在两个相对独立的话题中展开讨论。本章的重点关切，在于将二者结合起来，观察政策设计到执行的进程中文化宣传政策的目标与意图如何进入知识生产末端的宣传文本之中，观察“宣传者如何给宣传对象编制‘意义之网’”。①

前文已经明确港台的美国新闻处在政策设计与执行中的关键作用。② 本章则围绕着美国的新闻处如何将反共与宣扬自由主义的议题置于教师、学生群体的日常阅读之中。中英报刊是传播面最广的文字宣传品，港台的美国新闻处围绕不同的主题支持了诸如《今日世界》《侨风通讯》《学生评论》《海外》等一系刊物，其中以《今日世界》包含的议题最为丰富，影响最为深远。除了报刊、小册子之外，美国的新闻处还组织了书籍出版工作。书籍又分翻译作品和原创作品两类，两类作品在主题上亦有所偏重：在香港翻译的英文书籍主要是正面介绍美国社会文化的信息，原创中文书籍通常体现反共话题。反共原创小说的产生通常比较复杂，香港的美国新闻处往往充当联络人身份，联系大陆赴港“流亡者”根据美国的新闻处的宣传意图进行中文创作，《秧歌》《赤地之恋》以及纪实文学《红色中国的叛徒》的诞生与这种时代背景不无关系。从故事内容看，反共的宣传目标、冷战意识形态斗争的话题借由故事的情节和人物的选择传递出来，从而实现了文本与国家权力之间的勾连。“扬美”的话题也在同样的文化权力关系结构中展开，这类主题通常强调华人华侨与“自由世界”之间的联系，宣扬华人的“美国梦”。故事内容大多是华裔美国人的奋斗史，故事情节强调华人并未遭遇种族歧视，同时还受到当地社会和政府帮助，故事的结局也在强调华人在美国的社会经济地位的提升。

“扬美”与“反共”的主题，在上述文化宣传制品之中的独立运作还形

① 翟韬：《文化冷战与认同塑造：美国对东南亚华人华侨宣传研究（1949—1965）》，第 14 页。

② 1953 年，香港的美国新闻处不仅酝酿了对海外华人的宣传计划，引导计划出台，随后还逐渐掌握了文化宣传计划的制定权。

成一系列的子命题。但本章内容同样指出，艾森豪威尔总统时期，冷战阵营对垒最为激烈的年代，围绕着“华夷之辩”的主题，“扬美”与“反共”还建构出一套完整的对抗性叙事体系。美国文化宣传政策将中国大陆定义为接受马克思主义改造的外来文化，是为“夷”；同时又将海外华人视为中华文化的正统继承者，是为“华”。美国利用“华夷之辩”攻击中国大陆的正统性，将传统文化置于共产主义的对立面，以中国文化反共，形成文化方面的对立。与此同时，美国又将海外华人作为独立于大陆的“小中华”与“自由世界”阵营进行关联，实现“华夷之辩”与扬美（自由世界）与反共的逻辑映衬。

在对文字宣传品的解读中，本章同样揭示了美国外交政策阶段性的调整：1952—1956 年，反共、“华夷之辩”的主题要远多于宣传美国与自由主义优越性的主题；自 1956 年之后，“扬美”的主题再次回到宣传目标中的优先位置上。1956 年前后，“华夷之辩”的表现形态也有一定差异。在 1956 年之前，“华夷之辩”的政治意味浓厚，宣传意图主要在于引导对台湾当局的政治效忠。而自 20 世纪 50 年代中期开始，政治性的“华夷之辩”开始逐步转向文化上的“华夷之辩”。新阶段的宣传论调降低了对台湾当局政治效忠的讨论，转而围绕文化认同组织宣传文本，强调台湾当局是中国传统文化的“监护者”。不过，执行机制中产生的“路径依赖”同样影响着文化宣传制品的生产，这也是为何 20 世纪 50 年代中期至 60 年代中期“华夷之辩”的主题仍然长兴不衰的缘由。

第四章标题是“美国对东南亚华人华侨宣传的效果”，核心立意在于综合分析文化宣传政策的特征，评估其影响。从特征上看，该书反映了文化冷战的隐蔽性，指出美国海外宣传的特点和影响，认为其不在于追求即时效果，而是善于开掘话题，塑造价值观和思维方式。在“反共”与“扬美”的主题中，美国宣传共产主义革命是一种激进的、偏离了人类正常发展轨道的异端文化。共产主义不符合中国传统的文化精神、破坏了中国的文化。而在宣扬“自由世界”方面，美国鼓吹台湾当局是广大海外华人应该效忠的对象，至少是文化上应该认同的对象，并宣传中国文化和自由主义之间的天然联系。“华夷之辩”构筑了文化与意识形态层面的对立思维模式：在政治意识形态上，自由主义与共产主义之间是相互对立的；在民族身份上，中华与非中华之间是对立的。其核心意图则在于重新建构东南亚华人华侨的身份认同。本章指出，"'自由中国'成为颇具代表性的象征和形象，一方面是'自由'，另一方面是'中国'，正好一个是政治意识形态层面，另一个是民族身份认同层面。美国宣传部门的目的是要把冷战政治信仰和意识形态因素建构为华人政治认同和民族身份认同的一部分，或者也可以反过来说，把中华民族身份意识的话题整合进冷战意识形态当中"。①

对宣传效果的考察主要引用三个方面的证据。本章首先考察了文字印刷品的印量，其中既包括刊物的发行量，也包括出版小说的种类与重印次数，以发行量和流通率，即宣传的广度来评估影响。其次，考察读者的评价和反馈也是效果评估的方法之一，本章指出《今日世界》常年接到大量读者来信，香港的美国新闻处也相信有相当一部分华人华侨学生读者受到了《今日世界》的影响。最后一个方面来自内部反馈，本章结合档案材料发现香港与台北的美国新闻处及上级单位会做一些关于效果方面的调查和研究，而美国政府内部甚至认为台北的美国新闻处的宣传材料在促进台湾当局的事业方面，比台湾当局自己制作的材料作用还要大。② 不过作者同样表示，对文化影响的评估仅作为一种参考而非定论，但无论如何，从全书结构的完整性角度来看，"政策制定—政策实施—政策影响"的逻辑链条至此画上了句号。

三、研究特点——权力与文化关系的考察

该书理论层次的关切在于"权力与文化关系"的议题，隶属于美国外交史与冷战文化史的研究领域。该领域关于宣传政策及其目标的研究来源于传统外交史，讨论也相对充分，但此类研究回应的是美国外交政策肌理的议题，因此通常不太关注政策的执行。随着外交政策史研究内容从决策

---

① 翟韬：《文化冷战与认同塑造：美国对东南亚华人华侨宣传研究（1949—1965）》，第337—338页。

② 翟韬：《文化冷战与认同塑造：美国对东南亚华人华侨宣传研究（1949—1965）》，第324页。

向执行过程的转移，关于宣传制度和宣传媒介的考察也逐步增多，但它们回归于制度史研究的议题之中，也较少关心知识生产末端的文本。有关宣传形象和宣传主题的作品大多集中在文学研究领域，对文化冷战的理解通常集中于“时代特征”，因此也不足以彰显国家权力。为此，该书对权力与文化关系的考察，重点在于寻找国家政策与宣传话语勾连的“证据”，观察政策目标如何进入宣传文本。故而，该书的材料来源也充满特色，不仅使用了国家安全委员会、国务院层级的“高层文件”，还使用了美国驻港、台、东南亚新闻处在当地活动的档案，同时将美国对华宣传的中英文杂志、书籍、小册子、宣传海报、漫画纳入考察范围。

无论是借鉴自福柯的《知识考古学》还是萨义德的《东方学》，文化研究的方法赋予该书的新视角在于注重“感知”（perception）。为此，研究对象东南亚华人华侨群体的重要性，便不完全基于华人本身的影响力程度，而是在于美国外交宣传决策者脑海中对他们重要程度的感知。这回应的是与《冷战东方主义》[①] 类似的问题——美国外交宣传决策者是如何理解亚洲的？又是如何根据外宣目标建构亚洲的？这个亚洲既是一个地理意义上的亚洲、一个实际存在的亚洲，但更加是一个观念性的亚洲。同样，该书的研究对象东南亚华人华侨，既是一群切实生活在海外的中国人，又是美国外宣决策者脑海中的文化符号。他们要回应的问题是，东南亚华人华侨这个群体对于美国“反共”“扬美”“保台”的战略而言意味着什么？而在这些意义的筛网下，又要如何重新建构、发现东南亚华人的“传统”身份？

感知的变化与实际环境中发生的事件有关，对文化与权力线索的关注使得“扬美—反共—扬美”的三个阶段变化成为贯穿全文的暗线。无论是对执行机制的讨论，还是对宣传文本的分析，都能看到 1952 年与 1956 年两个关键时间点前后，香港和台北的美国新闻处在执行文化宣传政策时进行的阶段性调整，也能看到文字宣传品的内容与主题的变化。1956 年之前，当美国将反共置于亚太地区冷战的中心位置时，东南亚华人华侨成为必须

① Christina Klein, *Cold War Orientalism: Asia in the Middlebrow Imagination, 1945–1961* (Berkely and Los Angeles: University of California Press, 2003).

被争取至己方阵营的关键群体，这个群体也因此被作为一个不加区分的整体来对待。而当“争取第三世界人心”成为冷战的核心命题之时，美国外宣政策便需求一套与遏制共产主义相并行的法则，推行《冷战东方主义》总结为“融合”的战略，加强华人华侨与所在国之间的文化关联。

四、小结与反思

美国对东南亚华人华侨的政策是美国对华外交政策的逻辑延伸，在“扬美—反共”宣传主题与“华夷之辩”的逻辑框架下展现阶段性特征。在针对东南亚华人华侨展开文化宣传的执行网络中，“华盛顿—香港—台湾”遥控指挥模式贯穿了1949—1965年的文化宣传全过程，东南亚美国新闻处的边缘位置导致1956年美国虽然提出了战略转型的构想，却无法在实际运作中落实下去，也使得围绕攻击共产主义、中国共产党，宣扬自由主义、美国成就、巩固台湾当局的文化宣传产品在“华夷之辩”的逻辑结构下持续了十余年之久，并对东南亚地区华人华侨的身份认同产生了深远的影响。

如何评估这种影响？这不仅是该书的薄弱之处，亦是文化史研究共同的困境。影响并非文化史研究中的“顽疾”，而应厘清对文化影响的批评关注的问题为何；其次，考察文化影响的难度或许并不在于资料的分散，而在于观察角度的单一。学界目前对文化研究影响力的质疑大约可从三个维度展开，第一个维度是由于影响不可考察而质疑文化研究的重要程度。从这个角度看，文化外交与经济、政治外交类似，它们回应的都是国别外交史的特征与阶段性特点。例如，艾森豪威尔政府时期宣传战是尤其重要的外交模式，研究文化史的意义便嵌套在艾森豪威尔政府的外交特征之中。《冷战东方主义》一书正是以此为议题，对传统的“遏制战略”进行了结构性更新。该书也通过这一研究方式指出，1949—1965年东南亚华人华侨政策是“中国问题”的延续。因此，从回应国别外交史主题的角度看，不存在政治重要于经济、经济重要于文化外交的逻辑，这些政策本质上都是政治性的，依托载体是手段和表现形态的差异而非重要性的差异。

第二个维度通常在于质疑文化宣传政策的效果。例如，质疑艾森豪威尔政文宣政策的效果。这种疑问或许源自外交史的研究传统，因为自约翰·加迪斯撰写《遏制战略》以来，外交史研究基本用战略运行与战略设计的吻合程度来评判战略的成功与否和影响大小。可是，1945—1965 年美国战略设计的三次调整实际反映出政策执行中的诸多不畅，似乎也反映了文化宣传政策在效果上有所折扣。这种质疑有其合理性，但对效果评估的关注有些追逐“成功”或“失败”性质的意涵，应当将对性质的偏重转移至对过程的考察上来。实际上，1949—1965 年的三次政策调整反映出政策阶段性影响与下一阶段政策规划之间存在互为因果的关联，即是说 1952 年的战略调整是第一阶段文化宣传政策的结果所导致的，而 1956 年与 1964 年的调整亦然。该书的一项推进恰恰在于观察到“政令不出华盛顿”的奇怪现象，而观察执行网络为何无法推行高层政令比探寻效果性质更具讨论价值。

第三个维度通常是质疑文化宣传政策与研究内容所强调的影响是否存在直接因果关联。带入本文，便是在质疑美国文化宣传政策是否直接影响了东南亚华人华侨的身份认同？更进一步，这种影响是否具有唯一性？若非唯一联系，那么它在影响中比重几何？这种质疑最具挑战性，对美国外宣特征的隐蔽性和强渗透性的刻画似乎在突出其影响力，而“身份认同”议题与美国文化宣传政策之间的非绝对关联又似乎弱化了主题。若想在这个维度更新影响力的考察，实际回应的是该书自我批评的另一个重点——中美关系史或冷战国际史视角的缺乏。它意图说明美国外交政策是在多种外力的作用下产生的，若将海化外人华侨认同置于观察点中心，那么美国文化宣传政策也只是一个组成部分。同样，承认美国政策影响力并不意味着需要独占影响力，[①] 美国外宣史并不等同于文化冷战史，对文化外交影响的考察应补充中美关系、东亚冷战格局等更多的线索，从而重新定位美国冷战文化宣传在影响力环节的位置。

顺应着冷战文化史的线索，该书中受到篇幅与主线的制约而无法展开

① 张杨曾指出，应关注美国在海外展开的文化活动，但不应高估海外美国新闻处、使领馆等“前线”工作的效果。参见张杨：《“前线”外交：冷战初期美国在香港的文化活动初探》，《美国问题研究》2015 年第 2 期，第 22—44 页。

的线索实际提供了诸多讨论空间。例如，在1949—1952年，“第三势力”与美国文化宣传政策出台之间存在怎样的关联？而顺着美国支持“第三势力”的线索继续挖掘，“自由世界”阵营内部的美台关系同样需要进一步考察，1956年之后“华夷之辨”主题得以继续的原因，多少是由于海外美国新闻处的机制，又在多大程度上源自美台关系的结构性矛盾？而从中美关系的线索上继续深入，也要追问1955年中国在万隆会议上宣布取消双重国籍、1956年之前美国左翼阵营在宣传战中的优势地位带来的影响。更为完整的构图将进一步优化美国外交宣传影响力的考察，也能够在冷战博弈与内外互动的线索中把握亚洲文化冷战更为均衡的图景。

库尔德问题研究新进展*

——评《动荡中东与库尔德问题》

肖文超**

对于中东学者来说，库尔德问题并不陌生，它是影响中东和平与稳定的两大民族问题之一。相比于阿以冲突，库尔德问题自身呈现的高度复杂性与矛盾性不亚于前者，作为一个对中东地缘政治持续产生重要影响的跨界民族问题，长期以来受到国内外学者们的广泛关注。在国外，“库尔德学”已经成为一门显学，每年产出的学术成果甚多。由于成果数量庞大，目前难以统计具体的数字。相比较而言，国内学者对库尔德问题的研究要弱很多，无论是科研队伍建设还是成果产出都与国外存在较大的差距。通过查询中国知网可见，目前国内发表库尔德问题文献数量超过 3 篇（含 3 篇）的学者不超过 10 人，且相当一部分研究者并没有保持对该问题的持续性跟踪研究。从著作数量来看，目前专著共有 4 部，分别是唐志超的《中东库尔德民族问题透视》①、汪波的《中东库尔德问题研究》②、敏敬的《中东库

* 本文为 2021 年度中原英才计划——中原青年拔尖人才（哲学社会科学与文化艺术类）、河南省高等学校哲学社会科学创新人才资助重点课题“中东史专题”（项目编号：2021-CX-21）阶段性成果。

** 肖文超，信阳师范学院历史系副教授，河南师范大学世界和平与发展研究院研究员，长期从事库尔德问题与中东政治研究。

① 唐志超：《中东库尔德民族问题透视》，社会科学文献出版社，2013。

② 汪波：《中东库尔德问题研究》，时事出版社，2015。

尔德问题研究》[①] 以及李秉忠的《土耳其民族国家建设与库尔德问题的演进》[②]。对于这些奠基性的学术著作，中东学界予以高度赞誉并称为“四库全书”。

当然，在“阿拉伯之春”爆发10周年之际，我们也庆幸地看到了第5部库尔德学著作——《动荡中东与库尔德问题研究》的问世。[③] 本文拟就该书的主要内容、特色、创新性等谈一些粗浅的看法。

一

2017年，在打败“伊斯兰国”后伊拉克库尔德人举行了全民独立公投，引起了国际社会的高度瞩目。如果伊拉克库尔德人公投成功并宣布建国，那么其对整个中东地缘政治将会产生什么样的影响？如果伊拉克库尔德人公投不成功，那么库尔德人又将如何处理与主体国政府以及周边国家的关系？诸如此类问题引起了国际社会以及学术团体组织的思考与讨论。可以说，《动荡中东与库尔德问题》一书正是这一时代背景的产物，它最初源于2017年底马晓霖先生在北京组织的一次主题为“动荡中东与库尔德问题”的学术研讨会。当然，学术研讨会的最终成果就是呈现于读者面前的《动荡中东与库尔德问题》一书。该书并非专著，而是一部汇编了30位中国学者研究成果的学术论文集。全书共分三大部分，收录论文21篇，一定程度上反映了“阿拉伯之春”后国内学者在库尔德问题上的最新观点。

第一，深度阐释“库尔德之春”，突出“阿拉伯之春”后库尔德政治势力与活动的新变化。2011年中东剧变后，整个中东库尔德政治势力与活动发生了翻天覆地的变化，尤其是叙利亚库尔德政治力量的崛起以及伊拉克库尔德地区的公投问题成为亮点。对于库尔德政治势力与活动的这一重大变化，国内学者普遍称为“库尔德之春”。唐志超研究员认为“库尔德之

① 敏敬：《中东库尔德问题研究》，中央编译出版社，2015。

② 李秉忠：《土耳其民族国家建设与库尔德问题的演进》，社会科学文献出版社，2017。

③ 马晓霖：《动荡中东与库尔德问题》，中国民主与法制出版社，2021。

春”主要源于“中东正处于新旧秩序转换的历史性大变局中”。相关学者分别围绕叙利亚与伊拉克库尔德问题近年来出现的新变化进行了专题研究。李明波在《美俄博弈背景下叙利亚库尔德问题的新发展——基于叙利亚库区的两次田野调查》一文中认为，“2011 年爆发的叙利亚内战给叙利亚库尔德人带来了历史性机遇。过去几乎很少被外界关注的叙利亚库尔德人一下子跃入国际政治的中央位置，叙利亚库尔德人领导的武装成为美国领导的国际反 IS 联盟的最主要地面武装。由于叙利亚库尔德人在 IS 问题上一直持有坚定的立场，美国与俄罗斯围绕着叙利亚库尔德问题展开了新一轮的地缘博弈”。王晋则在《自治与平等：2011 年以来叙利亚库尔德人的诉求与挑战》一文中主要分析了 2011 年以来叙利亚库尔德人的诉求与挑战。他在文中提到 2011 年以来叙利亚库尔德人坚持地方自治，以期获得自己所提出的民族权利。这种自下而上的斗争方式，既是叙利亚库尔德人为了应对叙利亚内战带来的局势动荡，在自我保卫的目标下做出的无奈之选，也符合中东地区库尔德人争取民族政治权利的斗争传统。①

第二，深度阐释外部势力对库尔德问题的影响。长期以来，外部势力的干预被认为是诱发库尔德问题的重要因素。从 19 世纪末奥斯曼帝国时代至今，英国、俄国、法国、美国甚至以色列等国家都先后介入过库尔德问题。当然，这些国家介入库尔德问题本身并非为了满足库尔德人的政治与经济诉求，更多的是一种国家利益安排。在该书中，国内学者探讨较多的是美俄干预叙利亚库尔德问题以及以色列干预库尔德问题。李明波认为美国与俄罗斯在叙利亚的博弈深刻影响了叙利亚库尔德问题的发展。② 对于以色列为何介入库尔德问题，国内已有学者进行过相关专题研究。③ 郑州大学博士生贾森则从功利主义视角给出了自己的解读。他认为以色列对库尔德人的政策完全以本国利益为导向，具有明显的功利主义特点。库尔德问题

① IS 即“伊斯兰国”的英文名称缩写。参见马晓霖：《动荡中东与库尔德问题》，第 2、138、334 页。

② 马晓霖：《动荡中东与库尔德问题》，第 138 页。

③ 参见肖文超：《以色列对库尔德人的政策及其面临的挑战》，《世界民族》2018 年第 1 期；汪波、历晶晶：《“外围战略”视域下的以色列库尔德政策》，《阿拉伯世界研究》2020 年第 2 期。

的复杂性、美国对土耳其的态度、以色列与库尔德人的分歧等因素成为双方关系难以逾越的障碍。以色列在库尔德问题上需要调整“外围战略”思维，而且双方唯有采取稳健务实的态度，方能维护既有合作成果并开拓双方关系的新局面。

第三，在库尔德问题上中国受到关注。新中国成立初期，中国政府对库尔德问题的关注并不多。直到冷战结束后，中国政府积极参与全球治理，再与涉库尔德问题相关国家进行外交互动时又不可避免会触及该问题。这也对中国政府形成了新的考验。唐志超研究员认为库尔德问题事关地区安全与稳定、事关国际法准则与国际道义，涉及中国国家利益与国家安全，中国难以回避。如何处理与库尔德人的关系，如何处理库尔德问题不仅是一个新课题，也是一个新挑战。为此，他也提出了相关政策建议。其一，把握原则。中方应该明确宣示在处理民族问题上所一贯坚持的原则立场。其二，既要积极应对，又须谨慎低调，要把握尺度，注意平衡，保持一定的政策模糊性。其三，在发展与库尔德人所在国中央政府关系的同时，中方也要多方面加强与各地库尔德人的直接接触与交往。其四，发挥大国作用，秉持公正立场，发挥调解作用，以中国理念和中国方案，积极帮助解决库尔德问题。其五，国内学界和智库对库尔德问题的研究还很不深入，有待于进一步加强。① 其六，研判库尔德问题的未来前景。2017 年，伊拉克库尔德人举行了全民公投。围绕该问题国内已有诸多学者从不同角度进行了深度分析。②

二

作为国内库尔德问题研究的第 5 部著作，该书的出版一定程度上有助于

① 马晓霖：《动荡中东与库尔德问题》，第 136—137、203 页。

② 参见朱丽涵：《独立建国还是冲突内战——伊拉克库尔德问题将走向何方?》，《当代世界》2017 年第 11 期；唐恬波：《伊拉克库尔德人“独立公投”述评》，《国际研究参考》2017 年第 12 期；季澄：《库尔德独立公投或另有考虑》，《中国国防报》2017 年 8 月 25 日第 23 版；陈昌山：《库尔德独立公投搅动中东局势》，《中国国防报》2017 年 9 月 22 日第 23 版；邹志强：《伊库尔德独立公投的能源地缘冲击》，《中国石油报》2017 年 9 月 26 日第 2 版。

弥补国内库尔德问题研究领域的相关不足。从总体上来看，该书在研究内容、研究视角、编纂体例等方面都凸显了一定程度的创新。

第一，研究内容覆盖面宽，更加关注对“阿拉伯之春”以来库尔德问题的新动态研究。从该书作者群体提供的论文内容来看，主题涉及库尔德民族主义、库尔德政党政治、宗教与库尔德问题、大国与库尔德问题以及欧洲库尔德移民问题等诸多领域。从研究重心来看，“四库全书”更多关注2011年之前的库尔德局势，而该书除了对20世纪的库尔德问题略有涉及，更加关注2011年中东剧变以来库尔德问题产生的新变化、新进展以及深度挖掘影响库尔德问题的多维因素。因此，追求最新动态可以说是该书相对于“四库全书”的新意所在，是该书内容上呈现的一大特色。诚如编者所言，“从丰富中国库尔德学研究的角度，从多视角思考中东力量与格局的角度，从处理复杂民族关系和国家认同建设的角度，从有效进行国家治理并处理民族关系与外交博弈的角度看，库尔德问题依然大有文章可做”。

第二，跨学科研究方法的更多借鉴与运用。书中所选论文研究视角多元化，涉及现代化、全球化、地缘政治、功利主义、“准联盟”以及国际法等角度。研究视野的多元化本身就是跨学科研究方法的最好体现。此外，为了更好地论述库尔德问题的起源与流变，深度阐释影响库尔德问题的内外因素。该书的相关论文还涉及两个结合。其一是宏观与微观的结合。该书论文中，既有宏观层面上对库尔德民族主义的历史考察，也有微观层面上的库尔德问题个案剖析。其二是历史与现实的结合。读者还可从书中发现，所选相关论文中既有对库尔德历史的深度阐释，又有结合现实问题进行的定性分析。这两者的深度结合将有助于进一步加深学术界对库尔德问题的历史根源以及现实困境的理解。

第三，编纂体例富有一定的科学性。尽管该书是论文汇编，但是涉及文章众多，编者根据文章本身涉及的主题内容，进行了分门别类的合理编排，将其分为时代思潮、地缘博弈以及内部流变三部分。从整体上来看，该书结构上具有一定的科学性和严谨性，体现了主编人员在库尔德问题研究上具有的整体视野与宏观驾驭能力，也体现了主编的匠心安排与独到设计。此外，该书的结尾处还编译了库尔德问题相关组织、机构和重要人物及一些专有名词，这为读者的进一步阅读带来便利。

三

尽管该书体现了一定程度上的创新，但在研究主题、资料运用与注释规范等方面仍有进一步深化和规范的空间。

第一，相关研究主题有待于进一步扩充和深化。库尔德问题并非简单地等同于库尔德人自治或者独立的问题。从宏观角度来看，库尔德问题衍生过程中涉及的一系列政治、外交、经济、文化、社会等问题都应该纳入库尔德学的研究范畴。尽管该书涉及多元主题，但是仍有一些前沿主题缺少直接关注或者关注程度不够。这些主题范畴主要包括以下四类。（1）大国与库尔德问题。域外势力干预一直是库尔德问题衍生和变化的重要诱因，也是跨界民族问题的重要成因。尽管书中有部分研究者谈及美国、以色列、中国对库尔德问题的政策，但是对于英国、欧盟以及俄罗斯等库尔德问题的政策缺少研究，尤其缺少委任统治时期大英帝国对库尔德人的政策、冷战后俄罗斯对库尔德问题的政策转向等。（2）伊朗库尔德问题。伊朗库尔德问题是库尔德问题中的重要一部分。冷战结束后，伊朗库尔德政治力量出现了新的分野，不仅对伊朗国家安全构成了新挑战，而且影响了周边地缘局势的动荡，值得进一步关注。（3）库尔德妇女问题。库尔德妇女在库尔德政治与社会生活中扮演了重要的角色。库尔德女战士更是在收复科巴尼的战斗中表现出英勇无畏。在叙利亚库尔德地区，库尔德妇女普遍具有较高的政治地位。对于库尔德妇女问题，国外学者已有相当数量的研究成果，[①] 而国内学者较少关注。（4）欧洲库尔德移民问题。库尔德移民问题不仅是一个历史问题，更是一个影响欧洲政坛的族群问题。欧洲库尔德移民不仅影响库尔德人在欧洲的社会融入，而且影响中东多国库尔德问题的有

① 参见 Michael M. Gunter, *Historical Dictionary of the Kurds* (Lanham: Rowman & Littlefield, 2018), pp. 466-470。

效解决，亟须进一步深入研究。①

第二，重视档案史料在库尔德问题研究中的运用。对库尔德历史问题的研究离不开史学研究方法的运用。档案实证对于研究一战前后大国与库尔德问题的起源无疑具有重要价值。以伊拉克库尔德问题研究为例，要想深入理解现代伊拉克库尔德问题的起源，大英帝国外交部、殖民部、战争部以及印度部系列的相关档案在研究中不可或缺。英国政府的各部门档案中不仅记录了大英帝国在一战后初期对中东秩序的总体安排，也记载了库尔德人与英国政要的外交互动。同样，要研究冷战时期美国对库尔德问题政策，美国传统外交档案以及中央情报局的档案等都是难以回避的重要核心资源。在该书中，大多数学者更多从现实角度对库尔德问题现状进行透视，较少有学者重视档案史料在库尔德问题研究中的运用。因此，重视对库尔德问题档案资源充分发掘和利用，有助于弥补库尔德问题形成研究的不足，也值得国内学者进一步关注。

第三，全书注释规范性有待进一步完善。注释规范是学术严谨性的重要体现。该书附录的部分组织名、机构名以及人物名的简称需要进一步规范。建议组织名、机构名以及人物名以全称显示，避免直接以缩写的形式出现。库尔德组织的简称并非全部是由英文缩写而来。例如，库尔德工人党（PKK），实际上“PKK”并不是英文简称，而是库尔德语 Partiya Karkerên Kurdistanê 的首字母缩写。此外，由于库尔德组织名称非常复杂，而且不同时期都会呈现一定的变化。以伊朗的科马拉（Komala）为例，此组织后来出现多个变体，包括一些新生的组织也称为“科马拉”，但是与最早的科马拉组织也具有明显的区别。最后，由于库尔德斯坦在传统的世界历史地图中是不存在的，为了便于普通读者阅读，建议寻找与库尔德斯坦相关的地图以方便读者更好地感知库尔德地理的复杂性。

① 已有相关论文可参阅唐志超：《政治游说与社会公关：库尔德移民对欧盟库尔德政策制定的影响》，《西亚非洲》2019 年第 3 期；张学琼：《欧洲库尔德移民与国际关系》，《云南行政学院学报》2009 年第 1 期。

中国第二次世界大战史研究会2021年年会暨学术研讨会综述

张　逦*

在中国共产党成立100周年之际，中国第二次世界大战史研究会2021年年会暨学术研讨会，于2021年10月30—31日如期举行。因疫情缘故，除了30日上午的开幕式和换届选举采用线上线下两种方式召开，会议其他环节活动均在线上进行。本次学术研讨会由中国第二次世界大战史研究会主办，中国社会科学院世界历史研究所、武汉大学中国第二次世界大战史研究所、武汉大学中国边界与海洋研究院共同承办。来自国内多所大学、研究机构、博物馆与纪念馆的研究学者共105人参加了会议，集中展现了二战史的研究心得与最新成果。

一、主题报告：二战史研究的重大问题与现实问题

本次年会的主题报告分别就二战史的重要问题及当代重大问题做了精彩的阐释。

胡德坤在《外国档案文献中的中共马克思主义中国化》的报告中指出，

* 张逦，武汉大学历史学院博士研究生。

无论战时盟国美国还是敌国日本，它们二战时期的档案文献对中国共产党的认知大致是相同的：中国共产党与时俱进，以毛泽东为核心的中国共产党领导集体将马克思主义的普遍原理与中国抗日战争的实践相结合，创造性地提出了中国化的马克思主义理论——新民主主义论，是中国坚持持久战的指导思想，使中国共产党迅速发展壮大，成为中国抗战的中流砥柱，并预言未来的中国是属于中国共产党的。正如习近平所说："我们党的历史就是一部不断推进马克思主义中国化的历史，就是一部不断推进理论创新、进行理论创造的历史。"胡德坤总结说，马克思主义中国化已成为中国共产党百年历史中的优秀传统，必须继承和发扬。

徐蓝以《中国与二战后国际秩序关系的演变——兼论中国外交的发展》为题，从宏观上介绍了战后国际秩序关系的变化与中国自身的外交发展。战后国际秩序的基本原则依然主导着今天的世界国际关系。回看历史，中国作为积极参与构建二战后国际秩序的国家，与这一国际秩序的关系却经历了从构建者之一到被排斥者和挑战者，再到参与建设者的不同寻常的变化。面对"百年未有之大变局"，中国对新的国际秩序提出了自己的全球治理方案，证明了中国始终是世界和平的建设者、全球发展的贡献者、国际秩序的维护者、公共产品的提供者，以自己的新发展为世界提供了新机遇。

李绍先的主题报告《阿富汗局势及中国的应对》重点介绍了阿富汗的概况、美国为什么发起阿富汗战争、阿富汗未来的局势发展，以及中国的机遇与挑战等几个问题。他从地理、文化、宗教、经济、军事等各方面对阿局势进行分析，使我们充分理解了复杂的阿富汗问题并对中国如何处理与阿富汗关系问题有了更深的认识。

袁鹏在主题报告《当前的中美关系》中指出，中美间一系列的变化不是一件事促成的，它是实力对比、战略态势、战略基础共同发生变化导致的结果。从长远看来中美将保持战略相持，双方在相持过程中互相磨合、互相斗争。中方应守住三条底线，即"不搞冷战、不搞热战、不搞脱钩"。坚持三个原则，即"一个中国原则、相互尊重的原则、不干涉内政原则"；最终目的是实现中美新时代的和平共处、合作共赢。

由于会议主题的丰富性和与会学者研究方向的多元化，会议主体议程分为4个组、6个大主题、11个线上会议室进行，评议人对各小组的论文进行了精彩的点评，与会学者们也进行了热烈的讨论与交流。

二、二战中的中国共产党抗战问题

近年来，学界关于中国共产党在抗日战争以及反法西斯战争中的作用研究，随着对外学术交流的持续、跨学科方法的引入、研究方法的多样化和研究领域的不断拓展而不断加深。本次会议关于这个研究问题收录的论文最多，可以分为以下三个主题。

（一）中国共产党战时外交

韩永利的《中国共产党促进美英合作反法西斯的思想述评》，从坚持将美英纳入反法西斯范畴、批评和抵制绥靖、赞同与支持“先德后日”的策略这三个中国共产党的政策方面进行分析，认为中国共产党以马克思主义理论为指导辨析时代的主要矛盾，从最大限度孤立和打败法西斯出发，率先提出构建反法西斯统一战线，确定并坚持将美英纳入反法西斯合作范畴。

王睿恒的《貌合神离：抗战时期国共两党与美国新闻处关系探微》，以美国新闻处作为观察视角，聚焦国共两党围绕新闻处的争斗，揭示了国共两党对新闻处的不同政策与政策的成因。一方面是国民党的限制、冲突与反对，另一方面是中国共产党的积极、主动的统战策略。最后结果是中国共产党收到了更好的宣传效果。

刘晓莉的《联合国制宪会议与中国共产党外交突围》提出，反法西斯战争后期，中国共产党全面启动对外政策的制定与对外交往的实践，中国共产党的外交与国际社会对战后世界秩序的构建密切相关。该文详细分析了中国共产党突破国内政治阻力，派遣代表组成中国代表团出席旧金山联合国制宪会议的过程。

（二）外国档案文献中的中国共产党抗战

武汉大学的二战史研究者们依托搜集的外国档案文献，从不同角度展示了当时外国对中国共产党抗战的观察，包括中国共产党的统战政策。这些国家既有敌对国日本，也包括盟国美英。其主要价值是向学术界打开了外国看中国共产党抗战的窗口。

彭敦文的《从满铁调查部〈中国抗战力调查报告〉看中国抗战力构成》尝试解读抗战时期装备极其落后的八路军、新四军面对拥有现代化武器的日军是如何积蓄力量形成战胜对手的有效战力的问题。他提出满铁调查部的《中国抗战力调查报告》从思想、政治、经济、军事等视角深刻认识到中国共产党的抗战力量。

卢晓娜做了题为《迪克西使团的中国共产党观察及中国共产党与美方军事合作》的报告，指出 1944 年夏，美军延安观察组突破国民政府的阻力来到延安，对延安的生产生活，以及中国共产党武装力量所领导的敌后抗战进行了全方面的深入观察，并做了详细记录。这些报告真实、正面、积极，很大程度上击碎了国民政府对中国共产党的负面宣传，也改变了美国对中国共产党的既有印象，美国军队及政府内部关于同中国共产党建立合作的呼声日高。

喻卓的《战时英国对中国共产党抗战的认知（1931—1945）》，通过对 1931—1945 年英国外交部的《中国政治报告》的梳理，提出英国对中国共产党抗战的认知经历了四个阶段，并认为报告从英国视角对中国共产党抗战给予了高度评价。韩永利提出，材料使用的单一不利于史学研究的深入，战时英国对中国共产党的认知还需要更全面多维的考察。

赵耀虹的《斯诺与中国共产党抗战形象的国际传播》关注中国共产党形象的国际传播者埃德加·斯诺（Edgar Snow）这个微观案例，提出斯诺对战时中国共产党的宣传集中在三个层面，即中国的形象、统一战线和中国共产党抗战，这三者是紧密相连缺一不可的。他引发的战时集体“亲共”的叙述模式，究其原因正是这些外国人士通过实际调研得出的对中国的现状和未来的思考，而并非“亲共”立场导致了这样的叙述。

张逦的《中国共产党抗战的政治攻势与战略战术特点分析——以 1940—1944 年日本军方情报机关档案资料为中心》，主要从 1940—1944 年日本军方情报机关的有关中国共产党的情报档案出发，提出了日方通过调查研究认识到，中国共产党最大的威力在于该政党的政治攻势，同时配合了人民战争随机应变的战略战术，使得日军无法通过“治安战”彻底压制中国共产党的抗战和发展。

（三）共产国际与中国共产党抗战

汪金国的《从共产国际、苏联史料看中国共产党抗战的国际影响》，依据苏联史料，认为中国共产党在抗战时期坚持的独立自主原则暴露出共产国际已不适应各国革命斗争需要的缺陷，其解散是必然的。而苏联认为在各国共产党中唯有中国共产党是有力量打击日本，并能阻止日军在远东发动侵苏战争的。该论文提出中国共产党抗战在战时国际主义运动中树起了一面旗帜，得到了共产国际和苏联的认可，在国际主义运动中影响深远。

郝江东的《苏联远东军、共产国际与东北抗联教导旅的组建》认为，从1938年下半年至1942年东北抗联教导旅的组建，东北抗联历史的变迁实际上可被视为苏联远东战略不断调整的一个缩影，在某种程度上也可作为这一时期远东地区国际反法西斯统一战线的重要体现。如果忽视苏联因素对这一历史进程所发挥的作用，或是单纯以中国革命史或东北抗战史作为叙事主线，则是不充分和不完整的。

综上所述，与以往的宏观视角不同，21世纪以来有关中国共产党抗战的研究，更多结合了微观或者中观层面的观察，关注重点从政策层面转向理论、政策和实践三者兼顾层面。从研究内容看，更多的是转换视角解读常见史料或挖掘外国档案拓展新课题，将中国共产党抗战置于全球反法西斯战争背景之中考察，呈现中国共产党抗战时期的外交情况、抗战政治策略与战略、抗战理念传播和实践的丰富进程，展示中国共产党抗战的日武装发展路径和战力实态以及全民抗战形式的多样性，这些成果有助于增进人们对中国共产党抗战史的整体认知和深入理解。

三、欧洲大陆、美英与二战

二战中的欧洲、美英问题是二战史研究的重要课题，此次会议提交的相关论文较多，主要集中于以下几个方面。

（一）欧洲大陆与二战

张志华在《希特勒的狂人谵语——评纳粹德国对美国宣战》中认为，希特勒虽然有分三步称霸世界的扩张计划，其实他是很忌讳得罪英美的。对英国的“海狮计划”在很大程度上是英国拒绝和谈的结果；而对美宣战，虽然受到日本因素的影响，但希特勒实际上已经意识到美国迟早要加入反法西斯战争，也是一种无奈之举。

罗衡林的《二战中的德国女性》提出，二战中的德国女性研究，不仅要关注妇女辅助部队，还要关注战争中的德国女性受害者。德国的侵略战争，不仅使被侵略国家的人民受到伤害，包括德国妇女在内的德国人民实际上也是受害者。全体欧洲人民都是二战的受害者。这也是包括科塞勒克等德国史学家在内的欧洲史学界强调共同的历史记忆的价值所在。

徐之凯的《“不合作”策略——论二战末期法国与盟国的对德决策博弈》，关注二战末期、法国光复之后，法国临时政府开始积极争取盟国支持，以实现法国国际形象的恢复。参与德国占领，进而影响国际事务，成了法国领导人的核心理念。然而，由于盟国在国际协商中的排挤，法国虽然得以参与占领，却无法介入盟国的战后决策。戴高乐由此发起了“不合作”策略，甚至在德国采取军事冒险，不惜引发“斯图加特危机”，以显示法国立场，迫使盟国让步。徐志凯认为，“不合作”策略在波茨坦会议后得以延续，不仅关系法国战后对德政策，还影响了法国在冷战乃至当今时代的外交策略。

（二）美英与二战

高国荣的《从生产控制到土壤保护——罗斯福“新政”时期美国农业调整政策的演变及其影响》，聚焦罗斯福“新政”时期美国的农业调整政策问题，分析了该问题与美国农业萧条空前严重、自由放任主义主导下反农业危机政策的失败，以及农业利益集团与农民斗争的大力推动都有密切关系。该文提出罗斯福“新政”时期的农业调整政策有效地缓解了美国的农业危机，开创了生态补贴的先例，为进步主义时期的资源保护运动走向战后环保运动起到了承上启下的作用。

武垚的《二战时期英国与欧洲流亡政府的关系——以南斯拉夫流亡政府为例》，从英国对南斯拉夫流亡政府的政策切入考察二战时期英国与欧洲流亡政府的关系。文章论述了英国不仅承认 8 个流亡政府的合法性，还与流亡政府展开广泛合作，建立同盟关系；英国积极向南斯拉夫国内抵抗运动派遣军事联络官，为他们提供力所能及的物资援助；同时，英国还积极调停流亡政府内部派别矛盾，维护流亡政府团结一致的形象。该文还认为英国对欧洲流亡政府的政策解决了英美苏战后合作面临的重要问题，反映了国际重大危机面前大国的领导作用。

四、二战史研究理论探析

二战史研究的理论问题，尤其二战的起源是与会学者关心的重要问题。

林利民的《拓展第二次世界大战史研究的新机遇》，将二战史研究分为三波大发展阶段：第一波大发展源于二战结束后需要对大战进行反思和总结；第二波大发展源于国际社会对第三次世界大战危险性的认知与忧虑；目前的新冠疫情则是第三波大发展阶段，它导致人们重新思考世界大战的新形式。他认为，新时代的二战史研究既要继承传统的研究范式、分析框架及逻辑，又要不断引入其他的分析范式，将二战史与现实的国际问题进行学术链接，加强研究的现实性。

梁占军的《全球史视域下的抗战史研究》认为，要在全球史视域下进行抗日战争史研究，重视中国战场的跨国合作研究，用全球史观、全球史理论来分析问题。在研究方法上，要用跨学科的知识和理论进行分析，不仅要使用历史学的研究方法，还要使用人类学、社会学、经济学、甚至环境学、医学等学科的研究方法。他指出，中国抗日战争史研究的全球史范式亟待建构。

何桂全的《从世界历史发展潮流看第二次世界大战》，聚焦全球化特点，认为二战是世界历史发展的一个重要节点。该文由此谈到二战对世界格局和全球化方式的影响，而当前到了另一个历史发展的节点，以及在这个节点上中国的现代化、全球化应如何走的问题。

赵文亮的《第二次世界大战何以爆发：关于二次大战起源问题的争鸣》，在指出苏联学者与西方学者关于二战起源不同看法的基础上，重点讨论了中国大陆学者的观点，并归纳出了八种起源学说。该文强调在该问题研究中要处理好几对关系：近期原因与远期原因的关系，直接原因与间接原因的关系，主观原因与客观原因的关系，主要原因与次要原因的关系，历史原因与现实远因的关系，政治经济原因与社会历史文化原因的关系。

李怀顺的《我国史学界绥靖政策研究评述》，大致梳理了国内学者有关英法绥靖政策的主要观点，阐述了绥靖政策的错误与教训，着重探讨了英国推行绥靖政策的原因。该文从四个方面进行分析：英国认为德国的扩张是有限度的，是可以满足的，其结果是刺激了德国侵略的欲望；英国认为和平是可以维持的，否认战争的不可避免性，希望通过外交手段安抚德国，最后却仓促地进入了战争；英国多方面压制法国，破坏了法国的同盟体系，削弱了法国的力量；在与苏联谈判过程中，英国缺乏对谈判的准备和与苏联联合的诚意，对苏联的作战能力持怀疑态度。同时，英国担心苏联趁机扩张而导致谈判失败。

闫自兵的《构建中国话语：国内学术界对二战起点的认知》，将中国学术界对二战起点的讨论及观点分三个阶段进行了较细致的梳理。该文重点谈到“1939 年说”“1937 年说”“1931 年说”，以及这三种说法在这三个阶段的变化，认为二战经历了一个从局部战争到全面战争的发展过程，而局部战争始于中国人民的抗日战争。

五、战争记忆与战争观念问题

战争记忆与战争观念问题是二战史研究的重要问题，二战中与德国、日本相关的历史记忆和战争史观是近年来研究正在深化的领域。

陶赋雯的《“后记忆”视域下的二战影像——被重构的战争记忆与迭代创伤》，以玛丽安·赫希（Marianne Hirsch）提出的“后记忆”理论为切入点，考述“后记忆”视域下的二战影像问题。该文提出在大众文化发展趋势下，从文学到影视的虚拟转向中，“后记忆”成为战争叙述研究的新视角，以再现“银幕上的祖代”生成身份认同，呈现被重构的记忆引发迭代创伤，战争史观指涉实现未来的政治认同。当遮离战后阴影的新一代个体通过银幕上富有感染力的历史创伤碎片重新认识战争，并将从影像中继承的战争“后记忆”传承下去，对战争及其历史的想象也由此定型，记忆再塑形成“入戏真实”，并将这种真实演化为技术时代的“政治正确”。

王薇的《二战期间英国皇家国际事务研究所对中国国际地位认识的演变》，拟通过利用英国皇家国际事务研究所（查塔姆研究所）档案、英国外交部档案、英国战时内阁档案，研究该所二战期间对中国国际地位认识的演变过程，以便更深入地理解英国政府的中国观及世界秩序观的思想来源，以及二战期间世界与中国关系的变化。

朱大伟的《山雨欲来风满楼：二战爆发前中国知识界的“第二次世界大战”意象》，注意到从20世纪20年代末到二战爆发前，中国知识界对日趋紧张的国际局势保持着关切和思考。该文通过分析该时期知识分子的文章来了解他们对当时国际政治的预判，提出了我国知识界于特殊情势下生成的二战意象与随后爆发的二战史实经验高度契合，做出的一些判断在今天依然有一定前瞻性，对于我们今天二战记忆完整图景的构筑有着相应价值的结论。

孙敏的《论靖国神社文化记忆的媒介与结构》提出，在文化记忆的视域下，靖国神社成为一处记忆之场。靖国神社包括四种记忆媒介，即景观、仪式、文本、身体。在这四种媒介中，文化记忆都呈现出宗教、历史、政治的三重结构。靖国神社是近代建立的神社，依托神道这一宗教，对近代历史进行了记忆，但是在国家政治意志的凝视之下，历史记忆发生了变形、歪曲甚至颠覆，并进行了重构，宗教记忆也不得不进行了改造，“发明”了新传统。作者认为，在靖国神社文化记忆生成的过程中，记忆与遗忘并存。同时，宗教与世俗的互渗也发挥了重要的基础性作用。

六、二战期间的国际关系

二战期间的国际关系是一个历久弥新的课题，不少学者对二战中错综复杂的国际关系进行了深入的研究。随着对新材料的运用、新视角的选择，这一课题的考察呈现出更加多元的面相。

王新谦的《二战与战后国际秩序的嬗变》注意到二战是人类历史的一个重大转折点，也是战后国际关系史发展的一个重大转折点。战争彻底打破了原有的国际力量平衡，加剧了全球均势的改变。随着欧洲的式微，国际体系中诸多关系的变化最终导致了原有多极体制的瓦解，催生了以美国为首的西方阵营和以苏联为首的东方阵营两极格局的出现。作者认为，战后两极格局是几百年来国际关系史上出现的新现象，它的形成是历史的必然，符合当时国际力量对比的现实。

石建国的《论金九与大韩民国临时政府辗转迁徙时期的外交活动》，依据大量中韩文资料重新梳理了大韩民国临时政府辗转迁徙面临的困难，以及在这一困难时期金九主导下的外交活动与其所取得的成效。金九本人在大韩民国临时政府中的几次职务变化，或称为政府沉浮；与当时国民政府之间的关系也出现过忽近忽远的情况；还受到日本方面的施压等诸多因素的影响。面对危难局面，金九提出与中国结盟的外交路线与政策，为临时政府搭建起外交成功的路线图与框架，解决了临时政府发展的空间和命运问题。

郑晓明的《二战时期的泰国外交》，关注泰国外交的传统原则“以夷制夷”的形成与发展，认为二战时期的泰国外交包含妥协屈服，但善于审时度势，手段灵活，目标明确，完全服务于国家的安全和利益，这是泰国作为小国在国际政治中的成功生存之道。这样的生存之道也延续至二战之后，其体现即是“大国平衡”政策。

蔡佳的《弗凯德夫人的秘密战争：二战法国最大的间谍战》，评价《弗凯德夫人的秘密战争》时围绕联盟这一具体的抵抗情报机构，以人物为线索，系统阐述了该情报机构在二战中发挥的作用，提供了全新的视角诠释二战中法国的抵抗运动。该评介展现了二战的特殊战场，揭示出战场背后的残酷与间谍工作，指出参与间谍工作的人员不仅面临生死考验，还要面对“政治认同”，使得间谍战的相关研究值得进一步深入挖掘。

七、二战史研究的其他问题

除了对传统问题的新探讨，此次研讨会还涉及众多新议题。学者们的研究和讨论凸显了二战前、二战中和二战后中国与世界其他地区之间的密切联系和相互影响。

史林凡的《20 世纪 30 年代英国和平主义者关于武装国联的争论》，论述了 20 世纪 30 年代英国和平主义者提出武装国联方案的原因及其局限性，强调了相关争论造成的影响。宋立斌的《战争罪行委员会对战后国际法的贡献》指出，在二战后的军事法庭审判中，战争罪行委员会密切关注法庭实践并对其局限进行补充，积极与联合国相关部门合作，极大地促进了国际人道法和人权法的发展，为战后国际法庭的审判作出了历史性的法理贡献。马天新的《美苏租借物资清偿问题的缘起》，考察了二战期间美苏租借物资清偿问题的缘起、内容及负面影响。路文睿的《1943 年西方反法西斯盟国对共产国际解散的态度》，以《纽约时报》等报纸为主要的考察对象，分析了 1943 年西方反法西斯盟国对共产国际解散的态度变化，即从吃惊和怀疑慢慢成为理解和欢迎，凸显了新闻媒体引导公众舆论时对大国关系的巨大影响。曹占伟的《反法西斯战争时期殖民地附属国士兵的参战经历、贡献及其影响》，考察了二战中英法等宗主国对非洲和南亚殖民地附属国进行的大规模士兵动员，强调了殖民地士兵自身的成长和对战争的巨大贡献。

杨赛的《新四军的音乐活动》认为，新四军战地服务团和教导队文化大队开展的戏剧创演和歌咏活动，极大地鼓舞了军民的斗志，团结了各种抗日力量，对抗战的胜利起到了积极作用，还为新中国的音乐事业培养了大量人才。宋青红的《全面抗战时期中国护士学会与战时护士动员》，考察了中国护士学会总动员委员会在 1942 年成立后的活动及其遇到的困难，总结了抗战时期战时护士动员四个方面的特征，突出了烽火岁月中他们表现出来的专业素养和爱国情怀为抗战作出积极的贡献。叶炘睿的《历史知识传播过程中的困境与误区——以歌曲〈在太行山上〉创作过程考证为例》，考证了歌曲《在太行山上》的创作过程，认为“首创、首唱说”及“烟壳写歌词说”存在诸多值得商榷的地方，反映出历史知识在传播过程中存在的问题或误区。白明宇的《抗战时期晋察冀边区基层党组织建设》，论述了抗战时期晋察冀边区基层党组织发展的四个阶段。

高翠的《馆藏马海德文物概况及其学术价值》，介绍了馆藏马海德文物的概况，强调了它们的学术价值。林泉忠的《抗战期间“琉球青年同志会”的活动及其影响》指出，1945—1957 年以蔡璋为核心的“琉球青年同志会”对中国琉球政策的影响力体现在引起南京国民政府高层的高度重视，提高了琉球议题在中国社会的能见度，增加了中国政府与社会舆论对“收回琉球”主张的支持等方面。杨瑞璟的《远略驰而近忧迫：全面抗战时期中国对伊洛瓦底江之运营构想与交涉》，以台北“国史馆”的滇缅运输海路档案为中心，考察了全面抗战时期中国对伊洛瓦底江的运营构想，分析了中国政府与英国、缅甸两国政府交涉失败的原因。张华的《伯力士在浙江的鼠疫防疫人才培养工作初探》，聚焦于国际著名防疫专家伯力士 1941—1948 年在中国浙江的鼠疫防疫人才培养工作，认为他为中国卫生防疫事业作出了杰出贡献。

上述论文选题比较新颖，体现了二战史研究对象的多样化。这充分表明当今中国的二战史研究，已经突破政治史、外交史、军事史和国际关系史的传统选题范围，越来越多地把二战史视作“全球史”“大历史”或“总体史”来研究。

会议闭幕式由新一届中国第二次世界大战史研究会副会长、武汉大学教授彭敦文主持，他对会议召开及取得的成果给予了充分肯定。新一届中国第二次世界大战史研究会会长、国际关系学院教授林利民致闭幕词，他指出，世界在历史的长河中瞬息万变。过去一个世纪，人类社会经历诸多大事，发生了两次世界大战，在此之后的冷战、伊斯兰和基督教之间的文明冲突，以及日新月异的技术创新。二战史的研究正因为其重要性、复杂性、政治影响的持久性、为人类服务的目的性而不断发展。习近平总书记在2018年中央外事工作会议上发表讲话时指出："当前中国处于近代以来最好的发展时期，世界处于百年未有之大变局，两者同步交织、相互激荡。"如何理解、把握、应对这个"百年未有之大变局"以及在大变局中从容不迫地发展，二战史的深入研究无疑可以提供更多的经验和创造性方案。因此，二战史研究的学人们既要立足宏观思辨，又要重视微观考证，在宏观理性思考的基础之上进行严谨细致的新发掘、新探索，方能为人类社会的生存发展、为"人类命运共同体"的建设作出创新的建议与贡献。至此，会议圆满落下帷幕。

稿　约

《近现代国际关系史研究》是由首都师范大学历史学院国际关系史研究中心出版的学术辑刊，每年 2—3 辑。本辑刊旨在为从事国际关系史研究的学者提供一个相互交流的平台，设有专题研究、二战史研究、中外关系研究、美国外交研究、宣传与公共外交史、法国与冷战、研究生论坛、档案文献、学术动态、书评等栏目，欢迎学界同行赐稿。相关信息如下：

1. 研究性论文要以一手档案为基础，具有原创性且未曾发表，欢迎选题新颖、运用多边档案的长篇研究。其中，研究生论坛中刊发博硕士及本科生的优秀论文。本辑刊尤其愿意刊发能反映学界动态的研究综述、书评书讯、专题书目等内容的稿件，也欢迎以某个专题内容为核心整理的档案资料汇编。

2. 文献引证注释规范见附录。来稿并请附上论文英文标题、中文摘要和关键词。

3. 编辑部将组织同行专家对来稿进行评审，并将评审结果尽快通知作者。

4. 来稿一经录用，请勿再投他处。

5. 录用并出版的作品，将略致薄酬，并赠样书两册。刊发后稿件版权归《近现代国际关系史研究》辑刊所有。

6. 来稿请投《近现代国际关系史研究》编辑部，邮箱：guojiguanxijk@163. com。

首都师范大学历史学院
国际关系史研究中心
2020 年 3 月 12 日

附：

《近现代国际关系史研究》引证注释规范

一、书籍

1. 中文

（1）专著

示例：

徐蓝：《英国与中日战争》，首都师范大学出版社，2010。

（2）编著

示例：

王绳祖等主编《国际关系史》第12卷，世界知识出版社，1995。

（3）译著

示例：

H. 卡尔：《两次世界大战之间的国际关系（1919—1939）》，徐蓝译，商务印书馆，2009。

（4）析出文献

示例：

李世安：《第一次世界大战在人类历史长河中的地位》，载齐世荣主编《一战百年："第一次世界大战爆发一百周年"学术研讨会论文集》，世界知识出版社，2016，第11—21页。

2. 西文

（1）专著

示例：

J. P. Taylor, *The Struggle for Mastery in Europe, 1848-1918* (New York: Oxford University Press, 1980).

（2）编著

示例：

Arnold Toynbee（eds.）, *Survey of International Affairs, 1939–1946: Hitler's Europe*（New York: Oxford University Press, 1954）.

（3）译著

示例：

Franz Kurowski, *Deadlock Before Moscow: Army Group Center, 1942–1943*, trans. Joseph G. Walsh, West Chester（Atglen: Schiffer Publishing, 1992）.

（4）析出文献

示例：

Robert Gilpin, "Peloponnesian War and Cold War," in *Hegemonic Rivalry: From Thucydides to the Nuclear Age*, eds. Richard Ned Lebow and Barry S. Strauss（Boulder, Colorado: Westview Press, 1991）, pp. 31–49.

二、论文

1. 中文

（1）期刊

示例：

胡德坤：《中国抗战与日本西进战略的破产》，《世界历史》2009 年第 4 期。

（2）报纸

示例：

江建国：《二战：不能"历史化"的过去》，《人民日报》2005 年 4 月 29 日第 7 版。

（3）未刊论文

示例：

任东来：《对国际体制和国际制度的理解和翻译》，全球化与亚太区域化国际研讨会论文，天津，2000 年 6 月，第 9 页。

朱大伟：《第二次世界大战与战后世界发展模式转换》，博士学位论文，武汉大学，2010。

2. **西文**

（1）期刊

示例：

David A. Messenger, "The Course of Military History in the United States since World War Ⅱ," *The Journal of Military History* 20, no. 4 (November 2011): 455–478.

（2）报纸

示例：

Joseph S. Nye Jr., "Work with China, Don't Contain It," *New York Times*, January 26, 2013, p. 19.

（3）未刊论文

Philip Liste, "International Relations Norms Research and the Legacies of Critical Legal Theory" (paper presented at 11th Pan-European Conference on International Relations, Barcelona, Spain, September, 2017).

Aaron Lobel, "Anticipating the Collapse? Political Judgment and the Debate over CIA Assessments of the Soviet Union, 1975 - 1991" (Ph. D. dissertation, Harvard University, 2001).

三、档案文献

1. **中文**

示例：

《斯大林与毛泽东会谈记录》，1949 年 12 月 16 日，俄总统档案馆，全宗 45，目录 1，案宗 239，第 9—17 页。

2. **西文**

示例：

U. S. Department of States, *Foreign Relations of the United States*, 1932, Vol. Ⅲ, The Far East (Washington D. C.: Government Printing Office, 1948), p. 8.

四、电子资源

来源于互联网的电子资源，除注明作者、题目、发表日期等信息外，还应注明完整网址。

1. **中文**

示例：

习近平：《在纪念中国人民抗日战争暨世界反法西斯战争胜利 70 周年招待会上的讲话》，2015 年 9 月 3 日，http://www.xinhuanet.com/politics/2015-09/03/c_1116458457.htm。

2. **西文**

示例：

Stephen Badsey, "The Western Front and the Birth of Total War," BBC, March 8, 2011, http://www.bbc.co.uk/history/worldwars/wwone/total_war_01.shtml.

五、其他

1. **再次引证时的项目简化**

第一次引用应注明全名与出版项，再次引用可以简化为“作者、著作（可只保留主标题）、页码”。

示例：

悉德尼·布拉德肖·费伊：《第一次世界大战的起源：大国博弈之殇》，于熙俭译，文化发展出版社，2019。

悉德尼·布拉德肖·费伊：《第一次世界大战的起源》，第 28 页。

2. **间接引文的标注**

间接引文通常以“参见”或“详见”等引领词引导，反映出与正文行文的呼应，标注时应注出具体参考引证的起止页码或章节。标注项目、顺序与格式同直接引文。

示例：

参见理查德·内德·勒博：《国家为何而战？过去与未来的战争动机》，陈定定等译，上海人民出版社，2014，第 28 页。